汲古叢書 118

若江 賢三 著

秦漢律と文帝の刑法改革の研究

汲古書院

目　次

第一部　秦漢の律と文帝の刑法改革 …… 3
序　章　隷臣妾と爵の価格——秦漢律における労役刑把握の基礎—— …… 5
第一章　三族刑と誹謗妖言令の除去を巡って …… 14
はじめに …… 14
一　収律相坐法の除去 …… 16
二　誹謗妖言令の除去 …… 18
三　三族刑について …… 22
四　班固の視角 …… 24
むすび …… 26
第二章　髠刑および完刑を巡って …… 30
はじめに …… 30
一　臣瓚説への批判 …… 31

二　完と耐……33
三　髡鉗城旦舂……38
むすび……40
第三章　秦律における盗罪とその量刑――ことに盾・両・甲の銭額について――……44
はじめに……44
一　秦律における貲額の単位と爵価について……45
二　盗罪における貲額……49
三　盗罪の量刑としての労役刑と貲罪――漢律との比較――……52
むすび……54
第四章　秦律中の隷臣妾……59
はじめに……59
一　黄展岳説の再検討……60
二　隷臣妾の労役内容……64
むすび……70
第五章　隷臣妾の刑期について……74
はじめに……74
一　高恒氏の無期刑説について……76
二　隷臣妾の刑期……80

むすび……83
第六章　秦律中の城旦舂……88
はじめに……88
一　城旦舂の刑名……89
二　城旦舂の労役……93
三　城旦舂と隷臣妾……95
むすび……97
第七章　秦律および初期漢律における「刑城旦舂」……100
はじめに……100
一　「刑城旦舂」の存在……101
二　「刑城旦舂」の刑期……108
三　「刑鬼薪白粲」および「刑隷臣妾」の刑期……111
むすび……112
第八章　秦漢律における司寇と隠官――刑と身分――……117
はじめに……117
一　『睡虎地秦墓竹簡』に見られる司寇……118
二　『張家山漢墓竹簡』に見られる司寇……124
三　隠官とは……128

むすび……131
第九章　秦漢時代の鬼薪白粲……135
はじめに……135
一　鬼薪白粲の労役……136
二　恵帝詔と『二年律令』……138
三　鬼薪白粲と城旦舂……139
四　完鬼薪白粲の存在……144
五　文帝期以降の鬼薪白粲……146
むすび……147
第一〇章　「罪人有期」について……151
はじめに……151
一　『漢旧儀』の記述……152
二　文帝の刑法改革……153
三　隠官と司寇……155
むすび……159
第一一章　秦漢律における労役刑の実態――繫城旦舂の役割――……163
はじめに……163
一　繫城旦舂について……164

二　奴妾、一般人、隷臣妾が繋城旦舂となるケースについて……166
三　刑徒の家族が民間に貸し出されるケースについて……167
四　隷臣妾・城旦舂の司寇……169
五　司空律一四六―七簡に即して……172
むすび……174
おわりに……178

第二部　秦漢刑法史研究……185

秦漢律における不孝罪……187
はじめに……187
一　秦代に見られる不孝罪……190
二　漢代（武帝期以前）に見られる不孝罪……195
三　不孝罪の変遷……203
四　秦律から唐律へ――むすびに代えて――……210
漢代の不道罪……227
はじめに……227
一「不道無正法」について……228

二　大逆無道と大逆不道……234
三　「不道」の概念の成立について……240
むすび……243
漢代の不敬罪……247
はじめに……247
一　不敬の語義について……249
二　不敬罪とその量刑……253
三　不敬・大不敬の時期的特徴……258
むすび……268
『張家山漢墓竹簡』奏讞書の和姦事件に関する法の適用――公士の贖耐について――……273
はじめに……273
一　和姦事件と裁判の経過……274
二　本件の事件に関連して付記される律の諸規定……278
三　公士の贖耐について……282
むすび……284
伝統中国における禁錮……292
はじめに……292
一　官吏身分剝奪説とその問題点……293

二　伝統的禁錮の実態とその特色……297
三　錮と禁錮について……305
四　禁錮の概念の変遷……308
五　文帝の刑法改革と禁錮……313
むすび……316
『元典章』および『唐律疏議』に見られる伝統中国の不孝罪……323
はじめに……323
一　悪逆罪について……325
二　唐律における不孝罪……329
三　元代の不孝罪……334
むすび……343
伝統中国における「孝」と仏教の〈孝〉思想……352
はじめに……352
一　原始仏教における〈孝〉思想……354
二　伝統中国における不孝罪の変遷……357
三　中国仏教における〈孝〉思想……364
むすび……369

第三部　中国古代史の基礎的研究……373
『漢書』食貨志の「黄金方寸、而重一斤」について――「黄金一斤、直万銭」との関連――……375
はじめに……375
一　『睡虎地秦墓竹簡』の效律の規定と度量衡……377
二　『里耶秦簡』および『嶽麓書院蔵秦簡』に見られる甲の額と爵価……379
三　黄金方寸と標準金塊……385
むすび……388
中国の古尺について……393
はじめに……393
一　関野氏の方法論……394
二　関野説の問題点とその検討……398
三　歴代律暦志の記述と徂徠の方法論……401
四　大尺と小尺および度と量の関係……406
五　「尺」字の起源と「丈夫」について……410
むすび……413
漢代の穀価……417

はじめに……417
一　戦国期より秦代までの穀価……419
二　前漢前期の穀価……423
三　前漢後期より後漢初期までの穀価……427
四　後漢の百官俸給制と穀価……431
五　穀価の上昇傾向と後漢の穀価……435
むすび……438
後漢官僚の俸給制における半銭半穀……445
はじめに……445
一　宇都宮氏の七銭三穀説と布目氏の半銭半穀論……446
二　半銭半穀の原則とその実態……450
三　漢代穀価の動向と後漢の俸給制……459
むすび……462
『史記』列伝のテーマについて……467
はじめに……467
一　司馬遷の思想的立場と循環史観……468
二　伯夷列伝について……474
三　貨殖列伝について……477

四　「述而不作」について……481
むすび……486
あとがき……491
初出一覧……498
索　引……*1*

凡例

一　本書は三部構成をとり、第一部では著者の研究の中心課題である秦漢律と文帝の刑法改革の問題を考察した。第二部は中国古代の刑法史の研究であり、第三部は中国古代史研究における基礎的な諸問題を扱った論を集めた。

一　発表時より見解が変化した部分があるが、これについては、書き直しをするか、あるいは見解の変遷が客観的に分かるよう、工夫しつつ記述した。

一　初出の段階では気づいていなくてあとから分かった部分については、これについても加筆するか、補注や付記をつけるなどして補った。

一　第一部は一一章立てとなっており、第九章のみ書き下し、他の一〇章は既発表のもの一論文を一章としてそれぞれに加筆し、不要と思われた部分や他章と重複する記述については適宜削除した。この一一章に、全体の序とむすびを加えた。

一　第二部は刑法史関連の論文のうち、不孝、不道、不敬、悪逆、禁錮、および仏教史関連の問題を扱った七篇を集めて加筆した。

一　第三部は貨幣、度量衡、穀価、俸給制、および司馬遷論の五篇を集めて加筆し、部分的に改稿した。

一　本書の字体は基本的には新字を用い、場合によって旧字を用いた。

一　仮名遣いは、漢文書き下しには旧仮名遣いを用いたが、地の文は原則として新仮名遣いとした。

秦漢律と文帝の刑法改革の研究

第一部　秦漢の律と文帝の刑法改革

序章　隷臣妾と爵の価格
――秦漢律における労役刑把握の基礎――

秦律における城旦舂、鬼薪白粲、隷臣妾等の労役刑は有期刑であったのか無期刑であったのか、というのが秦漢律の根本的な理解にかかわる現時点までの最大の論点であった。(1) これらの労役刑は爵によって贖うことができたようであるが、『睡虎地秦墓竹簡』ではそのことを名言しているのは軍爵律のみで、秦律十八種一五六―七簡に

爵二級を帰して以て親父母の隷臣妾と為れる者一人を免じ、及び隷臣の斬首して公士と為れるもの、公士を帰して故妻の隷妾一人を免ぜんことを謁むれば、これを許し、免じて以て庶人と為す。

とあり、公士という一級爵を国家に返上することによって隷妾となっている故妻を免じて庶人にすることを可能としていた。父母の場合は条件を厳しくしてこれを免ずるために爵二級を要するが、原則は爵一級が隷臣妾の刑罰に対応するということであった。すなわち、爵一級が隷臣妾の刑を贖う贖刑能力を有したということである。

この論のもととなる拙稿(2)を発表した時点において筆者は、爵二級と隷臣妾の刑期が対応すると見、また、罰金の単位としての「貲一甲」の額が爵一級の価格（一万銭であると推定）と等しいと推測し、甲や盾の額を高く見積もりすぎたために、贖刑との関連を考えるうえで、やや牽強の解釈とならざるを得なかった。(3)(4) よって、まずは最も基本的な部分の修正が必要であり、その修正点を明示しておきたい。なお、爵で隷臣妾を購えるのは隷臣妾が刑徒ではなく、隷属身分であったが故であるとする解釈があったが、(5) 後に出土した『里耶秦簡』には、隷臣妾が城旦舂や鬼薪白粲とと

もに「徒隷」であったことを明示する記述があり、[6]隷臣妾が刑徒であったことは疑う余地はなくなった。以下においては、本稿での修正点を明瞭にするために、ある程度前稿の原型を残し、再検討した経過が読者に理解されるように論を進めてゆくこととする。

さて、前掲の軍爵律において、隷妾の故妻よりも父母を贖うことのハードルが高くなっているのであるが、これは、男徒である父親に基準を合わせ、二つの観点から親の贖の条件を厳しくしたと考えられる。儒教の未だ流布していない戦国期の秦において、親の立場を国家が支持する「不孝」罪が存在したことからも窺われるように、親の為に子が尽くすのを当然視する考え方が存在していた。[7]これを国家が利用してその贖額を高くしたと見られ、これが第一の観点である。次に、『睡虎地秦墓竹簡』秦律十八種六一―二簡の倉律に

隷臣妾人の丁隣者二人を以て贖はんことを欲すれば之を許す。（中略）隷妾丁隣者一人を以て贖はんと欲するも之を許す。

とあるように、労働力として価値の高い男徒は、これを贖うに当たって女徒の倍の額が要求されたのであるが、軍爵律の場合は、母親を贖う際に、国家は父親と同等額を要求したことになり、一方では隷妾であった故妻を贖うのには爵一級で可能とした。ここからは、若い夫婦を支援し、家庭を復活させることによって人口と生産力とを増大させて国力を強化しようとする国家の方針が窺える。これが第二の観点である。

次に、隷臣等の刑徒が有期刑であったと仮定して、例えば四年間の労役に服したとするならば、その場合、その間に労役した労働量を賃金で計算するとすれば、それはどのような額になるかを考えてみる。幸いなことに、司空律に債務労役（居貲贖責）に関する規定が記されており、そこには「日居八銭」とあった。[8]すなわち、一日の労働が八銭

と評価されていたことが知られるのである。そこで、仮りに年間三一二・五日労働したとすれば、その労働価がちょうど二五〇〇銭（秦律では二甲弱に相当、漢律では四両）となる。すると四年では一万銭という額になる。これが、以下に考察するごとく、爵一級の額に等しいのである。これは偶然ではなく、爵制を制定した秦の商鞅が、当初よりそのように設定していたと見る方が自然であると筆者には思われる。

この爵（商鞅爵）の起源について述べる『商君書』境内篇には

能く甲首一級を得る者は爵一級を賞し、田一頃を益し、宅九畝を益し（中略）乃ち兵官の吏に入るを得。

とあり、戦陣で敵首一級を挙げた功によって爵一級が与えられ、それに田一頃（及び宅地の九畝）が伴い[9]、さらには武官となる資格が得られる、というのである。そこで問題となるのが爵一級と田一頃との価値関係、ひいてはまた田一頃の価格である。目下のところ、秦代の田の価格を直接的に示す史料は見当たらない。しかし、やや下って前漢武帝期になると資産としての田の価格を記す史料が得られる。それは『居延漢簡』中の觻得県広昌里の公乗であった礼忠の財産に関する記録である。そこには

小奴二人直三万、大婢一人二万、軺車二乗直万、用馬五匹直二万、牛車二両直四千、服牛二六千、宅一区万、田五頃五万、凡訾直十五万。

とあり[10]、また西道里の公乗であった徐宗の記録に

宅一区直三千、田五十畝直五千。

とある[11]。木村正雄氏によれば、これらは武帝時に商人抑圧策として強化された緡銭車船税の課税のための帳簿の一部であるという[12]。前漢半ばにおいて田一頃が一万銭と評価されていたことがこれによって知られるのである。

ところで、商鞅が爵制を定めた時期の田の価格と武帝期のそれとは果たして等しかったと言えるであろうか。当時

の田の価格は、主として田からの収穫物である穀物の価格によって規定されたと思われる。秦の田価そのものを示す史料は見られないにしても、穀価についても史料は存在する。二つの穀価を比較して、漢代の田価に照らして秦の田価を推算することは可能であろう。秦の標準的穀価については秦律十八種一三六簡、司空律に

　繋城旦舂公食者、当責者石卅錢。

とある。繋城旦舂(13)の労役に就く者の家族（または主人）は一石（約二〇リットル）当たり三〇銭の標準価格で食費を負担させられたのである。また戦国時代の魏の穀価を記した李悝の尽地力の教の中に「石三十」とあり、(14)戦国期の魏や秦において一石三〇銭が標準粟価であったことを確認できる。一方、漢代中期の穀価を示す『居延漢簡』には

　朱千秋入穀、六十石六斗六升大、直二千一百廿三。

とある。(15)これによると当時の穀物の価格（粟価）は一石当たり三五・〇銭であったことが分かる。また別の簡には

　董次入穀六十六石、直二千三百一十●入銭二千一百八十七。●凡銭四千四百九十七。

とある。(16)これもまた判を押したように一石三五・〇銭となっている。これを漢代の穀価の推移の中に位置づけると、後漢末期に石は五〇銭（米価に換算すると石八〇銭）であり、その前の延平元年（一〇六年）の時点の百官俸給例が宇都宮清吉氏(17)のいうように七一・四二銭の米価を前提として作られたこと、前漢末の功直銭が日に一〇銭（秦律では日居八銭）であったこと等を踏まえると、戦国時代及び漢代初期から後漢末までの間、穀価は粟価で石三〇→五〇銭、米価でいうと石五〇→八〇銭へと徐々に上昇していったことが知られるのである。(18)このように、戦国期より漢代初期までは、戦闘や気象異変がない限りは穀価は安定していて、粟価で石三〇銭であったことが知られるのである。こうしてみると、田価についても（実際に売買がどの程度行われていたかは不明であるが）その価格は安定していたと見られる。

これをさらに遡らせるならば、商鞅が新たな法制と爵制とを定めた時点で、田価は一頃一万銭が標準価となっていたと推定できるのである。そうすると爵一級につき田一頃を与えるというのは、爵一級につき、一万銭の経済的保障をつけた、ということではなかったか。

爵は漢代になると金銭で取引されるようになる。本来爵の価値は名誉的なものを基本としながらも、特権的側面あるいは経済的側面があり、これらは爵の価値と一体不可分のものであったと思われる。しかしながら、経済的価値の側面が独立的評価を受け始め、やがては爵の価値を代表する場合さえ生じたと思われる。そこで、爵に経済的価値が付与されたとするならば、商鞅爵では　爵一級＝田一頃（宅地の九畝は少額の故にしばらくは考慮の外に置く[19]）であったはずである。商鞅の頭の中には「爵一級＝田一頃＝一万銭」の図式があり、彼が爵の経済的価値をほぼ一万銭に置いていたことは確かと思われる。商鞅が活躍した時期には貨幣経済がある程度進展しており、貨幣が経済価値の尺度となっていた。商鞅が「爵一級＝一万銭」を念頭において爵制及び刑制を定めたことはほぼ疑いのないところである。ただし、秦代には爵に価格がつけられた明証はない。ところが漢代には爵が金銭で取引されており、例えば『漢書』巻二四上、食貨志上には、漢代文帝期の飢饉に際して民が困窮し、ために爵及び子を売ることを請うたという事実を述べた賈誼の上奏文を引いて

失時不雨、民且狼顧、歳悪不入、請売爵子。

とある。この賈誼の上奏に基づいて民間における爵の売買が認められたのは文帝期のことであるが、賈誼の上奏は、それ以前における民間の爵の売買の実在を前提としていることを推測させ、民に売爵が認められると、爵の価格は目一杯のものとなったにちがいない[20]。また同右によれば、賈誼にやや遅れて鼂錯が納粟授爵を文帝に上言したことを記して

令民入粟辺、六百石爵上造、稍増至四千石為五大夫、万二千石為大庶長、各以多少級数為差。

とあり、これによれば六百石を納入した者には二級爵の上造を与えんとしていることになる。前掲『居延漢簡』によって石三五銭で計算すると、六〇〇石は二万一千銭となる。これが爵二級であれば一級はほぼ一万銭となる。同様に五大夫（第九級爵）と大庶長（第一八級爵）とについてみれば、それぞれの爵一級は五大夫が一万五千余銭、大庶長が二万三千余銭となる。爵価は爵位の上昇につれて累進的に高くなるが、下級爵ほど爵一級の値が一万銭に近くなる。上言した鼂錯の頭の中にも「爵一級＝一万銭」という観念があったものと思われる。これは彼の個人の観念ではなく、当時の一般常識であったに違いない。単純に秦と漢の爵の有つ意味や価値（ひいては価格）を比較援用することは謹まなければならないが、それにしても秦の商鞅と漢の鼂錯とがほぼ二世紀近く隔てながら共に「爵一級＝一万銭」と観念していたことは偶然の一致とは言い難い。両者間には必然的なつながりがあると共に「爵一級＝一万銭」という観念がしかるべき時代的根拠と一般常識を踏まえたものであったことを推測させる。商鞅の「爵一級＝一万銭」が認められるとすれば、前述の隷臣妾は爵一級＝一万銭で贖うことが可能であったことになり、隷臣妾が有期の刑徒であったことが明らかとなる。終身刑が四年の労役で購えるはずはないからである。

以上は一九八四年の時点での筆者による推論であったが、一九八三年に出土し、二〇〇一年にその全貌が公表された『張家山漢墓竹簡』の『二年律令』三九三簡の爵律に

諸そ当に爵を賜受すべくして爵を拝すべからざる者には級ごとに万銭を予ふ。

とあり、爵一級に相当する銭額が一万銭であったことを示している。また、一五一―二簡の捕律には

諸侯従り来たりて間を為す者一人を捕らふれば、爵一級を拝し、有た二万銭を贖ふ。当に爵を拝すべからざる者

は級ごとに万銭を賜ふ。

とある。「諸侯より来たりて間を為す者」の語は戦国時代を思わせ、秦律より踏襲した規定であったことを思わせる。敵国のスパイを捕らえた場合、爵を与えられるべき身分の者であれば、爵一級に加えるに二万銭が与えられたようであるが、一般人であれば、爵一級の代わりに一万銭が与えられたということであろう。これらの史料は、漢代初期の漢律においても、爵一級の価値を一万銭としていたことを裏付けており、商鞅爵の価格が漢代に継承されていたことを示す証拠といえるのではないか。商鞅はこの価格を共通因子として、刑法をはじめとする諸制度を整えて行ったと見られるのである。

注

（1）隷臣妾の無期説をはじめて出したのは高恒氏であった。以後、中国および日本においては無期刑説が主流を占めている。高恒「秦律中〈隷臣妾〉問題的探討」（『文物』一九七七年七期）を参照。

（2）拙稿「『睡虎地秦墓竹簡』の誣告反坐を通して見た貲罪の一考察」（岡本敬二先生退官記念論集『アジア諸民俗における社会と文化』〈国書刊行会、一九八四年〉）を参照。

（3）当初、一甲の額が一万銭、一盾の額が五千銭であったと理解した。しかし、『張家山漢墓竹簡』の出土により、その盗律によれば貲一盾が漢律の罰金一両に対応し、貲二甲が罰金四両に対応することが明らかとなった。厳密にいえば銭額が少し違うのであるが、詳しくは第三章を参照されたい。

（4）拙稿①「秦漢時代の労役刑――ことに隷臣妾の刑期について――」（筑波大学東アジア研究会編『東洋史論』第一号、一九八〇年）、②「秦漢時代の「完」刑について――漢書刑法志解読への一試論――」（『愛媛大学法文学部論集文学科編』第一三号、一九八〇年）、③注二の拙稿、④「秦律における贖刑制度（上）（下）――秦律の体系的把握への試論――」（『愛媛大学法文学部論集文学科編』第一八号、一九八五年、第一九号、一九八六年）、⑤「秦律における刑期再論（上）」（『愛媛大学法文学部論集文学科編』第二五号、一九九二年、第二七号、一九九四年）、⑥「秦漢律における贖刑制再考――刑期との関連を探る――」（愛媛大学「資料学」研究会編『資料学の方法を探る（五）』二〇〇六年）、⑦「竹簡の秦漢律を読む――労役刑の刑期と文帝の刑法改革――」（愛媛大学「資料学」研究会編『歴史と文学の資料を読む』創風社出版、二〇〇八年）等。

（5）例えば籾山明「秦の隷属身分とその起源」（『史林』第六五巻第六号、一九八二年）。

（6）第八章一一七頁を参照。

（7）第二部「秦漢律における不孝罪」を参照。

（8）秦律十八種一三八簡の司空律。

（9）宅地として「九畝」は広すぎる故に、平中苓次氏は「五畝」の誤りであるとし、これが定説化している。平中苓次「秦代土地制度の一考察――『名田宅』について――」（『立命館文学』第七九号、後に『中国古代の田制と税法』〈東洋史研究会、一九六七年〉所収）。しかし、「五」と「九」とは字形は似ておらず互いに書き誤ることの必然性が見出せない。これについては第三章の補注二を参照。

（10）『居延漢簡甲乙編』三七・三五。

（11）同二四・一B。

（12）木村正雄『中国古代帝国の形成』（不昧堂書店、一九六五年）九頁を参照。

（13）繋城旦春は城旦春の労役を補助監督する労役であった。詳しくは第一一章を参照されたい。

（14）『漢書』食貨志上に、李悝が魏の文侯に尽地力の教を説いた中に記される。

（15）『居延漢簡甲乙編』一九・二六。

（16）同三〇三・三。

（17）宇都宮清吉「続百官受奉例考」「続百官受奉例再考」（共に『漢代社会経済史研究』〈弘文堂、一九五五年〉所収）を参照。

(18) 第三部「漢代の穀価」を参照。

(19) 厳密にいえば、秦代の爵価と漢代の爵価には七・五二パーセントだけ差があったが、しばらくはこれを無視して、秦爵と漢爵とは同額であったとして論を進める。商鞅爵制制定の際、爵一級につき田一頃（一万銭）の他に宅地九畝を付け加えたのは、その差額に意味合いがあったと思われる。詳しくは第三章、および第三部「『漢書』食貨志の「黄金方寸、而重一斤」について」を参照されたい。

(20) 『漢書』食貨志上には「漢興（中略）大飢饉、凡米石五千。人相食、死者過半。高祖乃令民売子。」とあり、漢初にも異常事態の中で売子が認められたという状況が記されている。爵についても実際にはそれより以前から売買されていたと見るのが自然であろう。

〈付記〉『睡虎地秦墓竹簡』を史料として用いた秦漢刑罰史に関する最近の研究として我が国の代表的な著述を挙げると、冨谷至『秦漢刑罰制度の研究』（同朋舎、一九九八年）、籾山明『中国古代訴訟制度の研究』（京都大学学術出版会、二〇〇六年）、水間大輔『秦漢刑法研究』（知泉書館、二〇〇七年）、陶安あんど『秦漢刑罰体系の研究』（創文社、二〇〇九年）、宮宅潔『古代中国刑罰史の研究』（京都大学学術出版会、二〇一〇年）等がある。参照されたい。これらはいずれも無期刑説に立っての研究である。この他に『睡虎地秦墓竹簡』を使った研究としては工藤元男『睡虎地秦簡よりみた秦代の国家と社会』（創文社、一九九八年）、池田雄一『中国古代の律令と社会』（汲古書院、二〇〇八年）、廣瀬薫雄『秦漢律令研究』（汲古書院、二〇一一年）等がある。『二年律令』の内容については冨谷訳、飯尾訳を参照させていただいた。記して感謝の意を表したい。冨谷至編『江陵張家山二四七号墓出土漢律令の研究・訳注篇』（朋友書店、二〇〇六年）および専修大学『二年律令』研究会（代表、飯尾秀幸）編「張家山漢簡『二年律令』訳注（一）～（一二）」（『専修史学』第三五～四七号、二〇〇三年一一月～二〇〇九年一一月）。

第一章　三族刑と誹謗妖言令の除去を巡って

はじめに

『漢書』刑法志によれば、漢の元年（前二〇六年）、高祖劉邦が秦の父老たちと法三章を約した後、「四夷未だ附かず、兵革未だ息まず、三章の法以て姦を禦ぐに足らざる」故に、蕭何に命じて秦法を取捨して作ったのが「九章律」であったことになっている(1)。一方『晋書』刑法志によれば、戦国時代の魏の李悝が作った『法経六篇』が秦に受け継がれ、さらにそれが漢律に受け継がれて九章律になったという(2)。

しかしながら、班固が基礎史料としたはずの『史記』には「九章律」の語は記されていない。班固が生きた後漢の初期に『漢章九法』なる書が存在していたことは事実である(3)。けれどもその作者については当時から疑問視されており、後漢の王充は、『論衡』において、その刑罰として文帝によって初めて廃止されたはずの肉刑が記されていないことから、それは蕭何であるはずはない、と断定していた(4)。王充によれば、「蕭何律有九章」という表現もされていることから、『漢章九法』が『蕭何律』とも称されていたことが知られるのである。

ところで、一九八三年出土の『張家山漢墓竹簡』の『二年律令』は呂后期に用いられた律文が記されており、ここには二七の律名と津関令とが記されている。そのうち、田律、金布律、関市律、徭律、(軍)爵律、置吏律、效律、行書律、(内史)雑律、は『睡虎地秦墓竹簡』の『秦律十八種』にも見られるが、賊律、盗律、具律、告律、捕律、収律、銭律、均輸律、復律、賜律、戸律、興律、帙律、史律の名は『睡虎地秦墓竹簡』中には見られない。逆に、倉律、厩苑律、工律、工人程、均工、司空、伝食律、尉雑、属邦の律名は『秦律十八種』にあって『二年律令』には見られない。よって両者ともにその時点の刑法典のすべてを網羅したものでないことは明らかであるが、『漢書』刑法志にいう「九章律」が漢初に成立したということは史実にそぐわない。このことからも、「法三章だけでは姦を禦ぐことができないから漢律を作らせた」というのは班固の解釈に過ぎないことが明らかである。文帝の改革に対する班固の視点については次章に述べるが、劉邦が蕭何に秦法の調査を命じたのは、約法三章の時期とほとんど同時であった。[5] 劉邦が秦の父老たちと三章の法を約したのは、口頭によるものであり、刑罰については寛大な方針で行くということを示し、民衆よりの支持を取り付ける要があったのである。

その後、文帝による刑法改革を経て、漢代も半ばを過ぎると法令や決事比の類が増大し、専門家でも全貌が分からないという事態が生じ、漢律は何度か整理編纂されたと思われる。後漢になると、「科条限り無し、又律に三家有り其の説各異なる」という状況となる。[6] こうした史料に拠る限り、刑法志を編纂した班固自身にも前漢初期の刑法の体系は必ずしも精確には把握されていなかったと見るべきであろう。

本章では、まず即位(前一八〇年)早々に文帝が行った収律相坐法の除去と『二年律令』との関係について考察し、続いて翌年行われた誹謗妖言令除去について、恵帝の遺志を承けて呂后がなした「三族罪・妖言令除去」との間に重複があることの背景を考察し、そしてその後の三族刑の存否を論じ、[7] 最後に文帝の刑法改革について論じた『漢書』刑法志の著者班固の視点がいかなるところにあったかを考察する。班固が残した史料に関する史料批判こそが本研究の出発点となるからである。

一　収律相坐法の除去

呂后没後、漢王朝創業以来の臣下たちによる呂氏一族誅滅のクーデターが成功し、その後、輿望を担って登場したのが高祖劉邦の第四子であった文帝である。即位して間もない元年の一二月、いちはやく収律相坐法の除去を断行する。『史記』及び『漢書』からその名称の部分を抜き出すと

除収帑諸相坐律令（史記、孝文本紀）
尽除収帑相坐律令（漢書、文帝紀）
除収孥相坐律（史記、名臣年表）
尽除収律相坐法（漢書、刑法志）

となっている。それぞれの対応から、収律＝収奴律、相坐律＝相坐法であったことが知られ、収律という律とその中に含まれる（あるいはこれに関連する）連坐に関する諸規定が廃止されたということであろう。一九八三年出土の『二年律令』一七四―八簡には収律が存在し五条が記されている。以下にその内容を記す。

・罪人の完城旦舂・鬼薪以上及び奸に坐して府（腐）されたる者は皆妻子、財、田宅を収す。其の子に妻、夫有り、若しくは戸を為して爵有る、及び年十七以上、若くは人妻と為りて棄てられ、寡たる者は皆収する勿れ。奸、略妻に坐し及びその妻を傷して以て収せらるるは、其の妻を収する勿れ。

・夫罪有りて妻之を告すれば、収及び論を除く。妻罪有りて、夫之を告すれば、亦た其の夫の罪を除く。

・夫毋き及び人の偏妻と為り、戸を為し若しくは別居して数を同じくせざる者、罪有りて完舂・白粲以上ならば之を収するも子を収する勿れ。内孫は夫の為に収する毋し。●罪有りて当に収すべく獄未だ決せずして賞を以て罪を除かれたる者は之を収せよ。

・当に収すべき者は獄史官嗇夫・吏と雜して之を封じ、其の物数を県廷に上し、以て臨計せよ。

・奴罪有らば、其の妻子の奴婢為る者を収する勿れ。告劾有りて未だ遝せられずして死すれば之を収す。収を匿すれば盗と法を同じくす。

右の五ヶ条が当時の収律のすべてであったかどうかは不明であるが、国家が家族という繫がりを通して民衆を支配しようとする古代の刑法の性格を端的に示す法であった。これを廃止した文帝は、無罪の者を罰すべきではない、という視点を有していたことは確かである。文帝は刑名の学を好み、黄老の学を好んだと言われるが、もちろん「刑罰中たれば民は慤む」とある儒家的な思想も踏まえていた。[8]『漢書』刑法志には

法は治の正にして暴を禁じ善人を護る所以なり。今法を犯せる者已に論ぜらるれば、無罪の父母妻子同産相坐して収せらる。朕甚だ取らず。其れ議せよ。

と述べた文帝の詔に対して左右の丞相であった周勃と陳平は

父母妻子同産相坐するは其の心を煩はし、法を犯すを重から使むる所以なり。之を収するの道は由来する所久し。臣の愚計にて以為らく、其れ故の如きが便ならん。

と述べたことが記される。これに対して文帝は

朕之を聞く「法正なれば則ち民は慤み、罪当なれば則ち民は従ふ」と。且つ夫れ牧民して之を道びくに善を以てするは吏なり。既に道びくこと能はず又不正の法を以て之を罪するは、是れ法が反りて民を害なひ暴を為すもの

なり。朕未だその便なるを見ず。宜しく孰れか之を計れ。

と反駁し、改革を断行するのである。法家思想が法の対象を平均人に置いたのに対し、それを道徳的人間の線まで引き上げようとする儒家思想的なところ(9)に文帝の統治方針が表れている。故に罪のない父母妻子等を連坐させることは許されざることになるのであろう。

二　誹謗妖言令の除去

文帝は続いて翌二年五月、誹謗妖言除去の詔を発する。『史記』名臣年表にはこのことを「除誹謗律」と記しており、誹謗律の中に妖言令も含まれていたと見られる。それはちょうど収帑律の中に相坐の法が含まれていたのと同じ関係であろう。孝文本紀には

上曰く「古の天下を治むるに朝に進善の旌・誹謗の木有り。治の道を通じて来諫せしむる所以なり。今法に誹謗訞言の罪有り。是れ衆臣をして情を尽くさざらしめて而して上由りて過失を聞く無き也。将に何ぞ以て遠方の賢良を来らしめんや。其れ之を除け。民或いは上を祝詛し以て相約結して後に相謾けば、吏は以て大逆と為し、其の他言あるも吏は又た以て誹謗と為す。此れ細民の愚にして死に抵るを知る無ければなり。朕甚だ取らず。自今以来、此を犯す者有りとも聴治する勿れ」と。

とある。誹謗妖言罪は当然のことながら秦法を受け継いだものであり(10)、思想統制を目的とした法であった。天下が安定すると、これが不要となり、天下に賢良の士を求めるためには、これを廃止する必要があったのであろう。そうした状況の中で、民間出身の張釈之のような人材が現れ、本格的な刑法改革の下地が整っていったと推測される。右記

の中に「大逆」の語が見えるが、この刑名が必ずしも罪刑法定主義的な法運営がなされていたわけではない、という事実を示している。(11)吏の匙加減によって、法の適用が大きく左右され得る余地があった。そうしたところにも文帝は歯止めをかける必要を感じていたと思われるのである。

次に妖言令についてであるが、『漢書』高后紀には、恵帝の没後の詔に

元年正月、詔して曰く「前日孝恵皇帝言えらく『三族辠、妖言令を除かんと欲す』と。議未だ決せずして崩ぜり。今除去せよ」と。

とあり、この呂后元年（前一八七年）に妖言令は三族罪とともに除去されたことになっている。とすると、文帝二年の妖言令除去は、これと重複することになる。ここに顔師古が注して

高后元年、詔して妖言の令を除けり。今此に又た訞言の罪有り。是れ則ち中間に曽重し復た此の条を設くる也。訞と妖は同じ。

と述べる。師古の意図は必ずしも明瞭ではないが、この罪名がその後、復活した故に再び除去令を出したという理解のようである。しかしながら、文帝が即位する直前の時点で妖言令を復活させなければならないような状況が存在したであろうか。この点は甚だ疑問である。〈補注1〉そこで、いま一つの解釈として、呂后の出した除去令が、実際には効力を発していなかったという理解もあり得る。(12)そこに、恵帝・呂后期における漢律と秦律との関係についての考察の要が生ずるのである。

漢律は基本的には秦律を踏襲していたと見られるが、しかし、単純に秦律を引き継いだものではなかった。例えば『睡虎地秦墓竹簡』の法律答問六簡には

甲牛を盗み、牛を盗める時、高さ六尺なりき。繋ぐこと一歳にして復た丈るに、高さ六尺七寸たり。問ふ、甲は

何をか論ぜん、と。（答ふ）完城旦に当つ、と。

とあり、牛を盗んだ甲は、その時点では身長が六尺五寸に満たざる未成人であったために黥城旦とはせず、身柄を拘留して翌年の計測で六尺七寸となったことを確認して、然る後に完城旦舂として労役させる、という内容である。一般人が牛を盗む罪は黥城旦であったが[13]、この答問からすると、未成人者が黥城旦に相当する罪を犯した場合には、黥という肉刑は科すことなく、完城旦の刑徒として労役させる、ということであるから、犯罪時に未成人の者の犯罪には肉刑は科さないという原則が秦律には存在していたと推測されるのである。しかるに『漢書』恵帝紀には、恵帝即位年（前一九五年）の詔には

民の年七十以上若しくは十歳未満にて、罪ありて刑に当たる者は皆之を完とす。

とある。もし右記の秦律の原則がそのまま漢王朝に踏襲されていたとすれば、右の詔のうちの「十歳未満」の部分は不要であったはずである。なぜならば、「十歳未満」は未成人の充分条件であるから、未成人者に肉刑を科さないのは当然であったはずである。したがって、未成人者の犯罪に肉刑を科さないとする秦律の原則は、漢王朝では一旦白紙に戻されていたと推測されるのである。このように、漢初の律は蕭何によって制定されて以来固定していたのではなく、時の皇帝の詔によって随時補足や削除がなされていたということが知られるのである。

ところで、『二年律令』は恵帝が死去し、呂后が実質の皇帝となった第二年目（前一八六年）に書写されたものとされるが、この時点での漢律中に誹謗律および妖言令が存在していたことを直接的に確認することは不可能である。しかしながら、文帝が廃止する前の時点で妖言令が漢律中に存在していたことは確かである。そして『漢書』高后紀に記されるように、呂后が恵帝の遺志を承けて三族罪とともに除去したことも事実とすれば、顔師古注に記すように、「中間」で妖言令（と三族罪と）が復活したことになる。しかし、復活するにはその必然性がなければならないのであ

る。呂后歿後、呂氏一族が誅滅されるという一大政変が起こった。劉氏の王朝が国家の威信をかけてこの誅罰を断行したとすれば、それは刑法上の如何なる論拠に依拠したのか。それこそまさに「三族刑」に他ならない。皮肉なことに、彭越や貫高等の人物を三族刑に処した張本人が呂后であった。しかし、創業の皇帝の后であり、前皇帝の母であった呂后の一族に対して、大っぴらに三族刑を適用するという表現は憚られたのであろう。〈補注2〉こうして見てくると、文帝即位の時点で、三族刑が律文から除去されてしかるべき安定した社会状況にはなっていなかった。そこで、漢律と政変との関係を考察すると以下のような理解に落ち着くのである。

すなわち、呂氏誅滅の政変によって即位した文帝は、その即位の時点より、漢律を慎重に見直していたであろうことは容易に察せられる。〈補注3〉この時点で呂后の権威は崩壊していたはずである。とするならば、『二年律令』がそのまま漢律であり続けたと解するよりも、文帝即位の直後、あるいは呂氏誅滅の事変の直後より、呂后時に用いられていた漢律（『二年律令』）は恵帝時の漢律に戻されていたのではないか。

なお、『二年律令』は張家山二四七号墓のみならず、三三六号墓からも出土しており、そのうちの賊律の一部分ではあるが、別の版本が確認される。(14)つまり、『二年律令』が偶然的に筆写されたものではなく、いわば公式に出版されたものであったことを示している。(15)そのように見れば、この中に誹謗罪や妖言令がないのは当然であり、後に文帝が除くこととなった収律については記されていた。そうすると、顔師古自身の理解はともかくとして、(16)事実としては誤りとは言えないのであり、事実上三族刑や妖言令は文帝の即位時には復活していたことになる。おそらく文帝は、即位とともに恵帝時以前のものに復していた漢律について検討を命じ、前年の誹謗律除去についで、妖言令についても検討し、これを除去したと思われるのである。

三　三族刑について

三族刑は最も大規模でかつ残酷な刑罰である。『漢書』刑法志には

令に曰く「三族に当たる者は皆な先づ黥・劓し左右趾を斬り、之を笞殺し、其の首を梟し、其の骨肉を市に菹《しおづけ》にし、其の誹謗詈詛する者は先づ断舌す」と。故に之を五刑を具すと謂ふ。彭越・韓信の属、皆此の誅を受く。

とある。「三族に当たる者（当三族者）」とは、必ずしも刑の及ぶ範囲を示すものではなく、三族刑という最重の刑罰を科せられるべき者、という意であろう。五刑とは必ずしも五つの刑ということではなく、ありとあらゆる肉刑を加える残虐さを表現していたと思われる。では次に、三族とは何を指すか。『史記集解』には秦本紀の「（文公）二十年、法に初めて三族の罪あり」という箇所の注釈に

張晏曰、父母兄弟妻子也。

如淳曰、父族母族妻族也。

と三国時代の二人の注が記されている。文公二〇年といえば春秋時代以前（前七四六年）であり、この時代の「父母兄弟妻子」であれば一族というべきで、あえて「三族刑」とする必要があったのか。そのことを考えると張晏説は首肯し難く、如淳のいう「父族母族妻族」が三族の範囲であったことは疑いない。その証拠に漢初の彭越がこの三族刑を受けたことを記す『史記』本紀及び『漢書』帝紀には

夷三族

とあり、『史記』及び『漢書』彭越伝には

夷越宗族

と記されてある。漢律は基本的に秦律を受けており、両伝の記述の対応関係から、漢初の三族が宗族を指し、戦国以前の秦律における三族刑の及ぶ範囲も宗族であったことが読み取れるであろう。父母兄弟妻子であれば「宗族」とはいえない。

前述したように、この三族刑は妖言令と共に、呂后によって一旦は廃止されたはずである。ところが、文帝後元年(前一六三年)の時点で新垣平に対してこの刑が適用されているのである。『史記』孝文本紀(文帝一五年および一七年の条)に

十五年(中略)趙人新垣平、以望気見、因説上設立渭陽五廟。欲出周鼎、当有玉英見。(中略)十七年、得玉杯。刻曰人主延寿。於是、天子始更為元年、令天下大酺。其歳、新垣平事覚、夷三族。

とある。新垣平が二年前より周到の準備をして「人主延寿」と記された周の鼎が出土したとしてこれを献上させ、文帝はこれを瑞兆として年号まで改めたが、後にこの事が偽りであることが発覚し、やむなく文帝は新垣平を三族刑に処したのである。

班固は『漢書』刑法志において、文帝が二年(実は元年)に連坐制(収律)を廃止した時の文帝の語「朕之を聞く、法正しければ則ち民は愨み、罪当なれば則ち民は従ふ。(中略)不正の法を以て之を罪す、是れ法反りて民を害し、暴を為す者也。朕未だ其の便なるを見ず」を記し、収律の廃止を断行したことを述べた後

其の後、新垣平逆を為さんことを謀り、復た三族の誅を行ふ。

と記し、三族刑や相坐法が復活してしまった事を嘆じているのである。

文帝の刑法改革の歴史的な意味合いを確認しようとするときには、しっかりとした史料批判が必要となる。『史記』には文帝の刑法改革については詳しく記されていない部分があり、その故に、これを補完する『漢書』刑法志の著者である班固の視点の理解が重要なポイントとなる。

四　班固の視角

班固の文帝に対する評価は、前述の新垣平事件で三族刑が復活したことを記した後

是に由りて之を言へば風俗の移ろひ易く、人の性は相近くして習ひ相遠しとは信なるかな。夫れ孝文の仁、(陳)平・(周)勃の知を以てするも猶ほ過刑謬論此のごとく甚だしき有る也。

とある語によって知られるであろう。文帝の仁徳と陳平、周勃の官僚としての「知」を一応は評価しているごとくであるが、その結果は過刑、謬論の甚だしきに至ったと皮肉を込めて語る。酷評とも言える班固のこのような視点がどこから来たのか、我々は班固の立ち位置をしっかりと確認しておかねばならない。

まず、班固は三族罪の三族を父母妻子同産と解しているふしがある。この刑が呂后によって除去せられ、さらに文帝によって収律相坐の法が除去せられたのに、新垣平の事件によってどちらも復活させてしまった。故に文帝の業績はむしろマイナスの結果を招いたとする。肉刑廃止の評価については次章で論ずることとするが、この収律と三族刑の認識において班固に誤謬があったことを指摘しておかなければならない。三族の範囲が父母妻子同産ではなく、父族母族妻族であったことは前述の通りであるが、班固が漢初に三族罪があったことを記した直後に父母妻子同産を対象とする収律相座法を除いたことを記すのは、彼が三族刑の対象を同じ父母妻子同産と見ていた故であろう。しかる

に新垣平の偽りの発覚により彼に対して三族刑が施行されたことによって、収律を除去したことの成果を無に帰せしめたのであって、呂后や恵帝の業績までも台無しにしてしまったとする。班固は『史記』にはなかった孝恵本紀を立てたことから窺えるように、前漢王朝を踏襲する後漢時代の知識人としての観点から記したものであり、いったん廃止したはずの妖言令を文帝が再度除去したことについては、おそらくその理由が把握できていなかった。

前述したように、今日我々が見ることのできる『二年律令』に収律が存在していて誹謗律や三族罪に関する条文がないのは、偶然ではなく、誹謗律や妖言罪の除去された漢律を書写して残されたのが『二年律令』であり、文帝によって改革されたのは、『二年律令』そのものではなく、呂氏誅滅の後、恵帝期（以前）のものに戻されていた漢律を出発点としたと考えられるのである。したがって、文帝期に三族令が復活していたのではなく、文帝が改革に手をつけた時点では、漢律中に三族刑は存在していたと見られるのである。そのことを窺わせる史料として『史記』張釈之伝には、高祖廟の玉環を盗んだ人物に棄市の刑を妥当としたことに対して文帝が怒って

吾が廷尉に属せしは之を族に致さんと欲すればなり。

と述べた問答が記されており、時の漢律中に族刑が存在していたが故にその適用を期待して文帝は張釈之に玉環の盗人に対する処罰を託したのである。族刑と三族刑は別であったとする見解もあり得るが、前述のように、少なくとも班固は三族刑の処刑対象を父母妻子同産と見ていたはずであるから、文帝の刑法改革以前の漢律から三族刑が除去されていたということにはならない。廷尉は法を司る立場であるから、その適用にはさまざまな角度が有り得ても、文帝は廷尉張釈之に対して、超法規の立場で犯人の処刑を求めていたわけではなかった(17)。一方、収律を廃止したという文帝の実績については、後代までその恩典は続いたのである。

むすび

文帝は即位早々、元年一二月の時点で収律と連坐制を除去するところから刑法改革に手をつけ、その翌年、誹謗妖言令を除去したのであるが、改革の前に漢王朝の刑法典が恵帝以前の漢律に戻されていた。皇帝不在で刑法典を変更することは考え難いから、文帝自身の出発点は漢律を呂后以前のものに復したものを漢律として認可するところから始まったはずである。恵帝の遺志を受けて呂后元年に除去したはずの妖言令を（改めて）除去したというのがその証拠である。三族令はその後も存続し続けたと見られる。この見解は『二年律令』の出土によって確かめられることとなった。『漢書』刑法志において班固は呂后によって三族罪妖言令が除かれたことを記した後、文帝元年に収帑律が除去されたことを文帝二年の条に記し、文帝二年の「誹謗妖言令」の除去については敢えて記さない。あるいは新垣平の行為を妖言令に触れる犯罪と考えた班固が、新垣平への三族刑適用によって、妖言令および連坐制廃止の意義もともに失われてしまったと見たのかも知れない。(18)

注

（1）　漢興り高祖初めて関に入り、法三章を約して曰く「殺人は死、傷人及び盗は罪に抵す」と。煩苛を蠲削し、兆民大いに説ぶ。其の後四夷未だ附かず、兵革未だ息まず、三章の法、以て姦を禦ぐに足らず。是に於いて相国蕭何が秦法を攈摭し、其の時に宜しきを取れば律九章と作る。（『漢書』巻二三）

（2）　秦漢の旧律は其の文魏の文侯の師李悝より起こる。（中略）著す所六篇のみ。然るに皆罪名の制也。商君之を受け、以て秦に相たり。漢は秦制を承け、蕭何律を定む。参夷連坐の罪を除き、部主見知の条を増し、事律・興・厩戸の三篇を益し、合して九篇と為る。（『晋書』巻三〇）

（3）漢章九法、大宗改めて作り、軽重の差は世々定籍有り。刑法志第三を述ぶ。（『漢書』巻一〇〇下）

（4）法律の家、亦儒生に問いを為して曰く「九章は誰の作る所なるや」と。「彼聞く皐陶獄を作ると、必ずや将に皐陶と曰ふならん」と。詰めて曰く「皐陶は唐虞の時ならば唐虞の刑は五刑也、今律を案ずるに五刑の文無し」と。或いは曰く「蕭何なり」と。詰めて曰く「蕭何は高祖の時なり。孝文の時、斉の太倉令淳于徳、罪有りて徴せられて長安に詣る。其の娘緹縈父の為に上書して言ふ『肉刑一たび施されれば改悔するを得ず』と。文帝其の言を痛み、乃ち肉刑を改む。今九章の象刑を案ずるに、肉刑に非ざるなり。文帝は蕭何の後にて時肉刑を知れるなり。蕭何の造る所は反りて肉刑を具するなり。而るに九章は蕭何の造る所と云う乎」と。

（5）沛公咸陽に至る。諸将は皆争ひて金帛財物の府に走りて之を分かつ。（蕭）何独り先に入り、秦の丞相御史の律令図書を収めて之を蔵す。沛公漢王と為り、何を以て丞相と為せり。（『史記』巻五三、蕭相国世家）

（6）漢興りて以来三百二年、憲令稍や増し、科条限まり無し。又た律に三家有りて其の説各々異なれり。（『後漢書』列伝三六、陳寵伝）

（7）『漢書』高后紀に「元年春正月詔曰『前日孝恵皇帝言、欲除三族辠・妖言令、議未決而崩、今除之』」とある。文帝は即位した早々、一二月に「尽除収奴相坐律令」とあるように収奴律を除き、二年五月には「誹謗妖言之罪」を除いた。続いて一三年には肉刑の廃止にともなう大改革を行って一連の刑法改革を完了するのであるが、その三年後には高祖劉邦の時以来行われることのなかった三族刑が新垣平に科せられた。それはともかく、文帝期には天下に「断獄四百」といわれる、古代にあっては稀に見る刑罰の少ない状況ができあがったことは確かである。

（8）文帝の思想の中に儒家的名要素がどの程度存在していたかについては検証が困難であるが、例えば「父は子の為に隠し、子は父の為に隠す」（『論語』子路第一三）とあるのは家族関係を安定社会の基礎とする考え方であり、文帝の改革の方向性とも一致する。その立場からするならば、無罪の父母を罰することはできないはずである。

（9）根本誠『中国伝統社会とその法思想』（東洋哲学研究所、一九八八年）九九頁および二九五頁を参照。
（10）『睡虎地秦墓竹簡』中には見られないが、漢律の制定のさいにわざわざこの法を設けるという必然性は見出せない。
（11）第二部「漢代の不道罪」を参照。
（12）米倉豊「漢初恵帝期刑政考――いわゆる緩刑をめぐって――」（『駿台史学』第二二号、一九六八年）を参照。
（13）盗という犯罪についての量刑は第三章を参照されたい。秦律では、黥城旦舂と完城旦舂との間に刑城旦舂という刑名があったが、漢律では盗罪による刑城旦舂はなくなっていた。第七章を参照。なお、「刑」が肉刑を意味する場合もあった。
（14）『簡牘名蹟選五（湖北篇三）』（二玄社、二〇〇九年）には、『張家山漢墓竹簡』二四七号墓出土の簡とされる一～五の竹簡が紹介されているが、これらは、『二年律令』の内容ではあるが、一九八三年出土の二四七号墓のものではない。東京大学大学院在籍中であった石原遼平氏より畑野吉則氏あての私信メールによると、竹簡撮影のための二玄社の荊州博物館訪問の予定日が大きくずれたために、当初見せる予定であった二四七号墓のものではなく、三三六号墓より出土のものを提示したために、二玄社が誤解して二四七号墓のものとして出版するという事態になったとのことである。貴重な情報を頂いた石原氏に謝意を表したい。次注を参照。
（15）若江賢三・畑野吉則「『二年律令』の資料学的検討――簡の観察の視点から――」（愛媛大学人文学会編『人文学論叢』第一三号、二〇一一年）を参照。なお、金秉駿氏は、『二年律令』を公式的なものとする見解に否定的であり、偶然的な要素が強いという見解を取っている。金秉駿「張家山漢簡『二年律令』の出土位置と編連――書写過程の復元を兼ねて――」（藤田勝久編『東アジアの資料学と情報伝達』〈汲古書院、二〇一三年〉所収）を参照。
（16）唐代の顔師古がどの程度漢初の事態を把握していたのか不明であるが、呂氏の権威が崩壊した後に文帝が即位したことについては、さほど意識しなかったようである。廃止したはずの律がしばしば復活したという後代の諸例から推測して、呂后が廃止してより文帝が即位するまでの間に復活したと彼は解釈したのであろう。しかしながら、当時の社会状況の中に妖言令復活の理由を求めるのは無理である。ただし、呂氏一族誅滅の政変は事実上の三族刑であり、法的な観点から辻褄を合わせるためにも、三族罪が存在していた漢律に復しておく必要があったという可能性については充分にあると思われる。

（17）　張釈之伝には「法は是の如くして足れり。且つ罪当にして然も逆順を以て差と為す」とあり、法の適用にあってはバランス感覚が重要であることを張釈之は強調する。

（18）　肉刑復活論者であった班固であったから当然とはいえ、文帝の刑法改革に対しては低い評価に留められている。

〈補注1〉　大庭脩氏は梁玉縄の『史記志疑』巻七の孝文本紀への見解を援用して文帝詔の「誹謗妖言之罪」の「妖言」の二字は衍字であると解している。確かに誹謗と妖言とは異質のものではあるが、共に思想的な犯罪として括ることはできるであろうし、高后紀にいう三族罪と妖言令にしても、その性質は異なるのである。筆者は原文の通り理解すべきであると考える。大庭脩「漢律における『不道』の概念」（『秦漢法制史の研究』〈創文社、一九八二年〉所収）を参照。

〈補注2〉　穿った見方をするなら、呂氏一族の安泰を考えた呂后が、彭越らの勢力を退けるために自ら率先して適用した三族刑の存在に危険を感じ、これを廃止しようとしたとも受け取れる。長らく続いた戦乱の時期を乗り越えた恵帝や呂后が安定と平和を切実に欲していたことは確かであろう。皮肉なことに、呂氏一族が滅んだ後も、三族罪は漢律中に存続したのである。

〈補注3〉　呂后歿後の政変については「諸呂の乱」として、郭茵氏によって詳しく論じられている。郭茵『呂太后期の権力構造――前漢初期「諸呂の乱」を手掛かりに――』（九州大学出版会、二〇一四年）を参照。『二年律令』との関連については深くは論究されていないが、文帝が呂后政権を否定するところから出発していたとすれば、『二年律令』として書き留められた漢律が、恵帝期以前のものに戻されていたことは当然とも見られる。

第二章　髡刑および完刑を巡って

はじめに

高祖劉邦の第四子であった代王恒は、呂氏一族の誅滅という政変を経て漢王朝創業以来の旧臣たちに迎えられて即位し、皇帝となる（前一八〇年）。文帝は即位早々収律相坐法を除去し、刑法改革に手をつける。そして翌年（前一七九年）には誹謗妖言罪を除去した。その後、盗鋳銭令の除去や宮刑の廃止等の改革を行い、こうした一連の改革の総仕上げとして成されたのが肉刑廃止に伴う大改革であった（前一六七年）。そのきっかけになったのが斉の太倉令であった淳于公の娘緹縈からの上書であった。文帝の詔を承けて多くの議を経て決定されたのが『漢書』刑法志記すところの次の内容である。

諸そ完に当たる者は完して城旦舂と為す。黥に当たる者は髡鉗して城旦舂と為す。劓に当たる者は笞三百、斬左止に当たる者は笞五百、斬右止に当たる者（中略）は皆棄市。

ここに「諸そ完に当たる者は完して城旦舂と為す（諸当完者、完為城旦舂）」とあるのがどういうことを意味するのか、その解釈如何が刑法改革の内容の理解を決める第一のポイントとなる。さらに黥刑を廃止するために代替刑となった髡鉗城旦舂とはどういう謂われの刑罰であったのか、というのが第二のポイントとなると思われる。

一　臣瓚説への批判

『漢書』刑法志の臣瓚注には

文帝の肉刑を除くは皆以て之に易ふるもの有り。故に完を以て髡に易へ、笞を以て劓に易へ、釱左右止を以て刖に代ふ。今既に完と曰へり。復た完を以て完に代ふとは云はず。此れ当に髡は完と言ふべし。

とある。臣瓚の言うには、肉刑は他の刑と置き代えることによってこれを除去したのであり、頭髪の剃去を意味する「髡」という（肉）刑を（非肉刑である）完に代え、劓という肉刑を笞に代え、刖という肉刑を釱左右止[1]に代えたのであるから、「諸そ髡に当たる者は完為城旦舂」となるべきであって、「完」は髡の誤りである、と解するのである。

以来、この臣瓚説に異議を唱える者はいなかったようで、臣瓚説が定説化していたと言っても過言ではない。しかし、冷静な眼で臣瓚注を見るならば、彼には決定的な誤認識があったことが分かるのである。その誤認識とは、瓚が髡を肉刑の範疇に入る刑罰と見ていたことである。[2]さらに彼は髡刑が以前より存在していた、という前提に立っていることが知られるであろう。

ところで、文帝が肉刑を廃止した主な理由は二つある。そのことを確認するために、刑法改革の背景を記す『漢書』刑法志を挙げる。

即位十三年、斉大倉令淳于公、罪有りて当に刑せられんとして詔獄にて長安に繋せらるるに逮ぶ。淳于公男無く五女有り、当に行かんとして逮に会ひ、その女を罵りて曰く「子を生むも男を生まざれば、緩急に益有るに非ず」

と。その少女緹縈自ら悲泣し、乃ち其の父に随ひて長安に至り、上書して曰く「妾が父吏為りて斉中皆その廉平を称す。今法に坐して当に刑せられんとす。妾傷む、夫《も》し死すれば復た生くる可からず、刑せられれば復た属すべからず、後に過を改め自新せんとすると雖も、道繇る亡きことを。妾願はくは没入せられて官婢と為りて以て父が刑罪を贖ひ自新するを得しめよ」と。書天子に奏せられ、天子其の意を憐悲し、遂に令を下して曰く「御史に制詔す、蓋し聞く、有虞氏の時、衣冠を画し章服を異にして以て戮と為し、而も民犯さざるは何ぞ治の至りなる。今法に肉刑三有り（今法有肉刑三）、而も姦の止まざるは其の咎安くに在りや。朕が徳の薄きに非ざるか。吾れ甚だ自愧す。故に夫の訓導純ならずして愚民焉に陥る。詩に曰く『愷弟の君子は民の父母』と。今人過有れば、教未だ施さずして刑已に焉に加えられ、或いは行を改めて善を為さんと欲するも道繇りて至る亡し。朕甚だ之を憐れむ。夫し刑して支体を断じ肌膚を刻すれば終身息せず。何ぞ其の刑の痛ましくして不徳なる。豈に民の父母為るの意に称はんや。其れ肉刑を除け。以て之に易ふるもの有らん。及び罪人各々軽重を以てし、亡逃せざれば有年にして免ぜよ（有年而免）。具して令と為せ」と。

ここから読み取れるのは、肉刑の最大の問題点は①受刑者に肉体的苦痛をあたえることの不道徳と、②刑が執行されれば受刑者の社会への復帰が絶望となるということであり、また肉刑が文帝一三年の時点で三つ存在していたということである（今法有肉刑三）。その三種類の肉刑とは孟康注を待つまでもなく、①黥②劓③刖（斬左右止）であったことはいうまでもない。宮刑はすでに廃止されていた[3]。この中に髠刑は含まれていない。髠というのは文字からも明らかなように頭髪を剃ることを含む刑であるが、頭髪を剃られても肉体的な苦痛はなく、かつ毛髪はいずれ再生するのであるから、それが社会復帰への望みを断つことにはならない。要するに、髠は文帝のいう肉刑ではないことに留意すべきである。

次に臣瓚説の矛盾について指摘する。瓚は髠を肉刑であると見て、文帝は、肉刑を非肉刑である他の刑に代えることによってこれを廃止したものと解した。彼の理解を図式で示すと

髠→完
黥→髠
劓→笞三百
斬左止→笞五百
斬右止→棄市

となる。ところがここに明らかになる矛盾は、「黥→髠」は肉刑から肉刑への移行であったことになる。瓚はその矛盾に気づいていたか否かは不明であるが、「以髠代黥」という記述をしていないのである。

以上の検討から、臣瓚注の矛盾が鮮明になったと思われるが、『漢書』刑法志の該当部分の伝写の過程で誤りが生じたという説が否定されると、では「諸当完者、完為城旦舂」は何を意味することになるのか。筆者の見解によれば、それは、それまでの律では複数あった「完」刑はすべて「完城旦舂」とする、ということであったに違いないのである[4]。

二　完と耐

『漢書』恵帝紀記すところの恵帝即位の年（前一九五年）の詔に

上造以上の内外の公孫耳孫、罪有りて刑に当たる及び城旦舂に当たる者は皆耐して鬼薪白粲と為す。民の年七十

以上若しくは十歳未満にて罪有りて刑に当たる者は、皆之を完とす。

とある。この内容は『張家山漢墓竹簡』の『二年律令』にも記されている[5]。右記恵帝紀の「完」の注釈として次のようにある。

孟康曰、不加肉刑髡鬍也。

孟康は後漢の人であり、漢初の法の実態をどの程度熟知していたかについては疑問がある。けれども『史記』『漢書』『漢旧儀』を除けば、めぼしい史料がほとんどなかった時点においては、秦律や漢律の実態究明のためにはこれらの注釈に頼るしかなく、そしてやがてまた、この注釈についても注釈者の意図が不明となり、異なった理解が併存するという事態が生ずるようになる。右記孟康注の意味は、切り方によって正反対の理解となるのである。清末の法律史家沈家本は、後で紹介するように、右記孟康注を「肉刑を加へず髡鬍するなり」と読んでいる[6]。一方『漢書補註』において王先謙は

髡鬍を加へざれば則ちこれを完と謂ふ。

と解しており、浜口重国氏[7]はこの王先謙説を採るのである。では、完刑に頭髪を剃るという付加的刑罰は伴ったのであるか否か。

ところで、「完」と関連する刑罰用語として「耐」という名称が存在する。前掲の恵帝詔に「耐為鬼薪白粲」とあったのがそれである。『中国法制史』の著者陳顧遠氏は

耐は則ちその頬毛（ほうひげ）を去りて以てその髪を完うするなり。（中略）漢の耐刑は鬚（あごひげ）を去りて髪を留む。髠に較べて一等を減ず。（中略）凡そ髡鉗の罰は均しく五歳刑。鬢を去るの罰は則ち四歳刑。

と述べる。この陳顧遠説は『歴代刑法考』における沈家本の説と基本的にはさほどの違いはない。沈家本は

案ずるに、孟康は完を以て髠と為せり。然るに髠は鬄髪す。完は僅かに須鬢を去るのみにて実は同じからず。と述べる。髠刑は頭髪を剃り落とすが、完刑の場合は（孟康は髠鬄するというが、実は）ただ顋鬚と頬髭を剃るのみで、髠鬄することはなかった、と彼は見る。

これに対して浜口氏は、『説文』而部に

耏罪は髠に至らず。

とある史料等を援用して

耐とは元来耏と書かれたもので、耏とは口髭・頬髯・頤髯の類を指し、刑法用語として「耏」と言えば、陳顧遠氏（中略）が「去鬚而留髪」と断定したように、口髭の類のある者にその剃去を命ずるに相違ないのである。

と結論するのである。(8)

さて、ここで前掲の恵帝詔に「耐為鬼薪白粲」の語があったことを想起したい。鬼薪に対応する女徒が白粲である。我々は漢初の『二年律令』五五簡等に「耐為隷臣妾」という刑名があることも知っている。隷臣妾とは男徒である隷臣と女徒である隷妾とを併せた呼称である。このように女徒も耐罪の対象であったという事実からするならば、少なくとも恵帝期や呂后期の漢律における耐罪の「耐」が髭を剃ることを意味するものではなかったということが理解できる。そうであれば、完と耐の違いについても、語源はともかくとして、既に刑法上のテクニカルタームとしての用法になっていたと見るべきではないか。なお、『睡虎地秦墓竹簡』には「耐為隷臣妾」の語は見られないが、隷臣と隷妾は対で用いられており、耐為隷臣があって耐為隷妾がなかったとは考え難い。つまり、秦律においても既に「耐」が髭を剃るという原義から離れていたと見て大過ないと思われるのである。

なお、後漢の孟康が「不加肉刑、髠鬄也」と記したことは無視することはできない。後漢時代にも完城旦舂は存在した。故に、孟康は、現に髡鬄されて労役に就いている完城旦舂と称される刑徒の実態を知っていたはずである。一般人にあっては頭髪は男女ともに有している。したがって、肉刑も髡鬄も加えないのが完刑である、という注釈は刑罰用語の解説としては不適切である。（例えば肉刑や髡鬄のない刑罰といえば、罰金刑までが完刑の概念に入ってしまうことになる。）沈家本のごとく、孟康注を「肉刑を加えず髡鬄するなり」と読むべきことは言うまでもない。[9] 現時点では画像等の史料による確認を取ることのできないことが残念ではあるが、後漢の時期に完城旦舂の者が頭髪を剃るという原則はあったと見なければならないであろう。

次に、後世に多くの誤解を与えたのが、やはり後漢時代の応劭が残した注釈であったと思われる。すなわち『漢書』高帝紀の高祖七年条の「耐罪以上は之を請す」とあるところに

応劭曰、軽罪不至于髡完其耏鬢、故曰耏古字従彡、髪膚之意也。

とある。陳顧遠氏[10]や浜口氏[11]らは「軽罪にて髡に至らず、其の耏鬢を完《まっと》うす、故に耏という。古の字は彡に従う」と読んだようである。これは『説文』の「耏罪は髡に至らず」に引きずられた解釈と言えよう。浜口氏の解釈では、完と耐の区別がつかなくなってしまうのである。〈補注1〉

そこで筆者の読みを提示すると以下の如くである。応劭注については早い段階から意味が不明なものとなっていたようで、『史記』巻一一八、淮南王伝の「耐罪以上」に引用される注の百衲本には

応劭曰、軽罪不至於髡完其耐鬢、故曰耐字与彡、髪膚之意。

となっている。右記の「与」は「従」の誤りと見られるが、内容に関してはこちらの方が原形に近いと思われる。筆者の解釈は以下の通り。ポイントは「軽罪不至於髡完」までがひとまとまりとなっていることであって、耐罪は髡鉗城旦舂や完城旦舂よりも軽い刑であることを述べている。「完」の起源は非肉刑の刑罰ということであったに違いな

い。『孝経』によるなら、身体を父母より生まれた通りの完璧な状態のまま傷つけないということが、古代の人々の最低限の孝行であった。髪や髭について完うするという表現は、管見の限り他には見られない。一方「耐」は当初は髭を剃り落とすという意義が込められていたのであろうが、おそらく『睡虎地秦墓竹簡』の記された時点では、完刑より一ランク軽い罪を意味する記号となっていた。[12] 右記の応劭注の後半には書写の過程で誤りが生じたと見られる。修正したものを掲げると

軽罪不至於髡完、其耏鬢故曰耏、字従彡、髪膚之意。

であり

軽罪にて髡・完に至らず、其の耏鬢は故(も)と耏という、(故に)字は彡に従ふ。髪膚の意なり。

と読むべきであり、もともと鬢は広義の耏の概念に含まれていたという意であったのではなかろうか。

次に、時代が少し下った唐代の人が文帝の改革を記す冒頭の記述をどのように理解したかを知るための手がかりが『唐六典』刑部に残されていて

諸当完者、為城旦舂、当黥者、鉗為城旦舂。(中略)罪人獄已決、髡為城旦舂満三歳、為鬼薪白粲(以下略)。

とある。『唐六典』の編纂者は「完」は頭髪を剃る「髡」の意を含んでおり、その故にあえて「髡鉗城旦舂」と記さなくても「鉗為城旦舂」と記せばよかったのであろう。唐代の公式の見解として、孟康の注釈を沈家本と同じく「肉刑を加へず髡剃するなり」と読み、内容的には「完」刑に髡髪が伴ったと認識されていたのであろう。なお、「当完者、為城旦舂」についても、複数存在していた「完刑」を城旦舂(のみ)にした、という理解のもとに記され、それは正当な理解であったと思われるのである。

三　髡鉗城旦舂

文帝は黥刑を除去するために、黥城旦舂を「髡鉗城旦舂」に改めた。この髡鉗城旦舂については、沈家本氏や浜口氏より以下、秦代より存在していたことを前提とするのであるが、果たしてこれが文帝期より以前から存在していたものであるかどうか、筆者には疑問があった。今日では研究者たちは『睡虎地秦墓竹簡』や『張家山漢墓竹簡』にそのような刑名が見られないことを知っている。しかし、一九七〇年代半ばの時点では、その刑名が秦代以来存在していたのが当然のことと理解されていた。「髡刑を完刑に代えた」とする臣瓚説を疑う者がほとんどいなかったからである。しかし、臣瓚説に矛盾があることに思い至った筆者は、或いは髡鉗城旦舂が黥城旦舂を除去するために新たに設けられた刑名ではなかったか、と考えた。若干ではあるが『史記』および『漢書』の文帝期以前の記事中に「髡鉗」の語が現れる。故に、これらを一つ一つ洗い直してみる必要がある。

まず『史記』巻八九、張耳伝には

（漢九年）上（高祖）乃ち詔す「趙の群臣賓客、敢て王に従ふ者は皆族せよ」と。貫高と客孟舒等十余人、皆自ら髡鉗して王家の奴と為り、従りて来る。

とある。これは趙王であった張敖が謀反の罪に問われたとき、彼の賓客であった孟舒等が彼の無罪を主張して自ら髡鉗して奴隷（或いは囚人）用の赤い衣をまとって王家の奴だと称して趙王に付き従ったという事件を記したものである。同じ内容が巻一〇四、田叔伝にも記されており

孟舒・田叔等十余人、赭衣して自ら髡鉗し、王家の奴と称し、趙王敖に従ひて長安に至る。

とある。この場合、孟舒等が赭衣を着たのも髡（鉗）したのも、刑罰を受けてそうなったのではなく、捕らわれの身となった趙王に随従するために、自発的にそのような格好をしたのであろう。「敢て趙王に従う者は三族罪に処す」という高祖の詔が出されており、最悪の事態を覚悟した彼らが、一族の者に罪が及ぶのを避けるために奴隷の姿をとったものと思われる。「王家の奴」とは刑徒を擬したのであろうが、しかし「鉗」は金属製の首かせであり、自分の手でこれを装着したりはずしたりすることは不可能であり、張耳伝も併せて「鉗」の字は衍字である可能性が大である(13)。そして、結果的には貫高のみが張敖に謀叛を教唆した過によって三族刑を受けることとなった。同じく季布伝には

（周氏）迺ち季布を髡鉗し、褐衣を衣せ、広柳車の中に置き、並びに其の家童数十人と与に魯に之き、朱家之を売ふ所たり。

とあり、高祖より追われる身であった季布が、奴隷に身をやつして難を免れたことが記されてある。上記の「鉗」についても衍字と見られる。奴隷に鉗がなされるいわれはない。

次に、高祖没後、呂后が趙王如意の母戚夫人に対して為した仕打ちを『史記』呂后本紀（及び『漢書』外戚伝）の記すところによれば

呂后（中略）迺ち永巷に令して戚夫人を囚へし（髡鉗して赭衣して舂せし）む。

とある。「（髡鉗衣赭衣、令舂）」という語は『史記』には記されていない。『漢書』外戚伝に記すところの「赭衣」は鬼薪白粲や城旦舂以上の罪人に着せる囚人用の赤衣であり(14)、外戚伝では、律の規定によって戚夫人を「髡鉗（城旦）舂」で罰したという記述になっている。しかしながら、『史記』の太子公曰くの条に

高后は女主たりて制を称し、政は房戸を出でず、刑罰用いらるること罕に、罪人是れ希なり。

とあるごとく、呂后は恵帝の遺志を襲って誹謗妖言令を除いて以後は、刑法に対しては概して寛大な方針を採ったよ

うで、私怨を晴らすに刑法によるというやりかたはしなかった。戚夫人を永巷に幽閉せしめた後とあるごとく、律の規定に基づくことなく、残虐な刑を加えている。したがって、「髠鉗衣赭衣、令舂」というのは、後人が呂后の行為を合理化して解釈し、あたかも当時行われていた漢律に則って戚夫人を罰したかのごとくと伝えたのではないか。この伝承を以て呂后期に髠鉗城旦舂が存在していたという証拠とはなし得ないのである。〈補注2〉

　太后遂に戚夫人の手足を断ち、眼を去り耳を煇べ、瘖薬を飲ませ厠の中に居せしめ、命じて人彘と曰はしむ。

むすび

本章での検討により、明らかになったことは以下の内容である。

まず、三国時代の臣瓚が、『漢書』刑法志にある「諸当完者完為城旦舂」の注釈として記した「完は髠の誤り」とした論には論拠がなく、第一節に論じたごとく、彼が「髠」を肉刑と見なしたことから生じた誤解であった。文帝の対象とした肉刑は黥・劓・刖の三つのものであり、髠がその対象となる肉刑でなかったことは文帝自身の発した詔によって明らかである。一方、肉刑の廃止に反対する臣下の理解を得るために行った手段が代替刑の設置であった。劓を廃止するための措置が笞三百であり、刖の中の斬左止を廃止するための措置が笞五百であり、斬右止についてはこれを死刑に組み込むことによって肉刑廃止を実現したのである。同じように、黥（城旦舂）を廃止するための措置とされたのが髠鉗城旦舂であり、これは、文帝一三年の改革の時点で初めて設けられた刑名であったと見るのが妥当である。『睡虎地秦墓竹簡』（および『張家山漢墓竹簡』）には「髠鉗」という熟語が見られず、『史記』等の在来史料にも「髠鉗」が確かに文帝の即位より以前に存在していたことを証するものがない故である。

次に、秦漢律にいう「完」とは、その語源は身体を傷つけないことであったと思われるが、ある時点から刑罰の専門用語として定着し、その重さが「耐」罪と黥刑との間に位置する刑であった。なお、「不加肉刑髠鬄也」という孟康注は、「肉刑を加えずして髠鬄するなり」と読むべきで、完刑には頭髪を剃る髠鬄が伴うのが、当初よりの原則であった。一方「耐」罪の語源については、確かに髭等の類を剃り落とすことであったかと思われるが[15]、秦漢律では「耐為隷臣妾」や「耐為鬼薪白粲」の語が存し、女徒である隷妾や白粲も耐罪の対象であったのであるから、戦国期の秦において既に髭を剃り落とすという原義から離れた刑法用語に転化していたと推測されるのである。

注

(1) 釱左右止は文帝期にはなく、居延漢簡に現れるので、武帝期頃に設けられた刑であったと見られる。詳細は不明。

(2) 『孝経』に「身体髪膚受之於父母、不敢毀傷、孝之始也」とあるが、髪膚を傷つけないことを重視する考え方が古くよりあった。しかし、文帝の改革の趣旨からすれば、毛髪の剃去については、苦痛のないことと再生が見込めることから、肉刑の対象外であったことが明らかである。

(3) 『史記』鼂錯伝によれば、文帝の業績を称えた記述に「除陰刑」とあり、文帝が宮刑を除去したことは確実である。宮刑を廃止するためにその代替刑として設けられたのが禁錮であったと筆者は考える。

(4) 他の完刑としては隷臣妾があったことは後述するが、その他には鬼薪白粲があった。これについては第九章を参照。

(5) 『二年律令』八二簡に「上造、上造妻以上、及内公孫・外公孫、内公耳玄孫有罪、其当刑及当為城旦者、耐以為鬼薪白粲」とあり、八三簡には「公士、公士妻及□□行年七十以上、若年不盈十七歳、有罪当刑者、皆完之」とある。

(6) 沈家本『歴代刑法考』（沈家本の遺作により一九八五年に中華書局より出版）を参照。ここには「孟康曰、不加肉刑、髠鬄也。」（三〇二頁、句読点は原文通り）とあり、「完とは肉刑を加えないで髠鬄することである。」と孟康注の認識を示し、「然れども髠は鬄髪にて完は須鬢を去るのみ。実に同じからず。」と述べ、孟康の見解は誤っていると述べている。一方、これに対して浜口氏は、孟康注の読み方自体が誤読であると沈説を切り捨てている。次注の浜口著書六五二頁の注六を参照。
(7) 浜口重国『秦漢隋唐史の研究（上）』（東京大学出版会、一九六六年）六二二頁を参照。
(8) 同右。しかしながら、浜口――陳説では隷妾や白粲等の女徒に耐罪が科せられたことの説明がつかないであろう。
(9)「肉刑を加える」という表現はあっても、「髡鬄を加える」という表現は他には見られない。注六を参照。
(10) 陳顧遠『中国法制史』商務印書館、一九三四年。
(11) 浜口氏注七の書。
(12)『張家山漢墓竹簡』の『二年律令』の具律に耐罪を贖う贖耐の額を一二両と記している。これは三年分の労役の賃金に相当する。耐罪は三年刑を意味する刑法の専門用語となっていたと見られる。
(13) 筆者は、景帝期の刑徒墓から出土した二つの鉗が茂陵博物館に展示されているのを一九八八年に実見したが、頑丈に造られてあり、それなりのサポートがなければ、これを刑徒の首に著けることは不可能であろうと思われた。
(14)『睡虎地秦墓竹簡』の司空律に「城旦舂衣赤衣、冒赤帽、枸櫝欙杕之」とあり、また「鬼薪白粲、羣下吏毋耐者、（中略）皆赤其衣」とある。
(15) 兵刑一源といわれるが、兵馬俑の兵士の顔を見る限り、兵士には必ず髭が伴っており、髭のあることが兵士たることの条件であったと思われる。罪を犯した耐罪以上の罪人は当初は儀礼的な意味あいから髭を剃られたのであろう。刑罰は男子が主体であった。

〈補注1〉　韓樹峰氏は「秦漢律令中的完刑」（『中国史研究』二〇〇三年第四期）において、文帝の改革時に初めて刑期が設けられたということを前提として、秦漢時の完刑は時によって内容が変化していたという。すなわち、秦代の完は「耐」、漢初の完は「耐」或いは「髡」であり、文帝の改革以後、完の意味するところが、今日の身体髪膚が完全で無傷の状態を指すようになったとするのである。しかしながら、髡鉗城旦は文帝以前の律である『二年律令』には見られず、また『二年律令』一二七簡にその痕跡が見られる「刑為城旦舂」という刑名が黥城旦舂と完城旦舂との間に存在していたとすれば（第七章を参照されたい）、その説は成り立たないであろう。

なお、蘇林は「一歳は罰作と為し、二歳刑以上を耐と為す」と述べているが、漢代以前より「耐」が刑期に関連する刑法用語であるという意識で用いられていたと考えられる。秦代以前より、高身分者には肉刑を科さないのが原則であった。このことを考えると、斉の太倉令であった淳于公の「有罪当刑」というのも、肉刑が科せられんとしたのではなく、おそらくは「贓吏」として刑城旦の量刑が予測されたのであろう。完刑以下の場合は刑期終了後の役職復帰はあり得たけれども、刑罪以上であれば絶望となった。それが緹縈のいう「刑者不可復属」の意味であったと思われる。緹縈の上書が肉刑廃止のきっかけとなったということで、緹縈が称えられることとなった。

〈補注2〉　斎藤秀昭氏は、完は肉刑を加えない意味であるから必然的に（刑罪ではなく）耐罪に含まれる刑罰であったとするが、完と耐とは明確な区別がなされていたはずであるから、完には頭髪を剃る髠の内容が含まれていたとする。さらに、完は髠鉗城旦舂が登場したことで実質的な内容を変えたが、髠刑は従来あったものと理解する。斎藤氏の論は『張家山漢墓竹簡』の内容が全面的に公表されるより以前にまとめられたので情報不足があったと思われる。『二年律令』の中に「髠（刑）」という刑名が現れていないということと、「刑城旦舂」という刑名が存在したとする拙論（第七章を参照）を踏まえての再考が期待される。斎藤秀昭「秦漢時代の身体刑について――「刑」と「完」に関する一考察――」（堀敏一先生古稀記念『中国古代の国家と民衆』汲古書院、一九九五年）を参照。

第三章　秦律における盗罪とその量刑——ことに盾・両・甲の銭額について——

はじめに

『睡虎地秦墓竹簡』には、盗額一一〇銭未満の貲額として盾、甲という単位があったが、実際に罰金額として現れたのは一盾、二盾、一甲、二甲、二甲一盾の五種類であり、馬の皮膚を傷つけてその長さが二寸までという特殊なケースで貲二盾という額が科せられたのであるが、筆者は二盾＝一甲であると見なした。(1)また、盗額一〇〜二〇銭の罰は秦律では貲一盾であり、これが漢初の『二年律令』では「罰金一両」とされていたので、秦と漢とでは銭額に変化はなかったという前提に立って一盾＝一両であると見なした。(2)

しかしながら、二〇一一年に編纂され二〇一二年に出版された『嶽麓書院蔵秦簡（貳）』によれば、銭額の単位として、垂、盾、両、甲、馬甲という単位があり、(3)一盾と一両とは別額であり、二盾の額と一甲の額とも一致しなかった。故に、秦律における貲額についての理解は根本的に改めざるを得なくなったのである。

本章では、まず第一節において秦律中の貲額について再検討し、続いて第二節においては、秦律中の盗や告不審における量刑としての罰額についても再検討し、続いて第三節では、漢の『二年律令』と比較しつつ、秦律の盗罪の量刑全般を再検討する。以上によって、秦律の盗罪関連の量刑についての二〇一三年以前の筆者の見解について修正を加えたいと考える。

一　秦律における貲額の単位と爵価について

二〇〇二年に出土した『里耶秦簡』の第八層の第四六簡に

公士僰道西里亭、貲三甲、為銭四銭卅二。

とあり(4)、秦代の一甲の額が一三四四銭であったことが初めて知られることとなった。この数値を見ると、八の倍数になっていることに気づくであろう。貲一甲の罰額を労役（居貲贖責）によってあがなうとすれば、司空律にいう「日居八銭」の労働価を当てはめると、一六八日ということになり、約半年分であったことになる。

次に『嶽麓書院蔵秦簡（貳）』の八二／〇九五七簡には

貲一甲直銭千三百卌四、直金二両一垂。一盾直二垂。贖耐馬甲四、銭千六百八十。

とあり、八三／〇九七〇簡には

馬甲一、金三両一垂、直千九百廿。贖死、馬甲十二、銭二万三千卌。

とある。上記より

二両一垂＝一三四四銭

三両一垂＝一九二〇銭

とある連立方程式を解けば、一両＝五七六銭、一垂＝一九二銭という額が明らかになる。さらに、一盾の額である三八四銭（＝二垂）および一馬甲一九二〇銭（＝一〇垂）という額も明らかとなり、一両の五七六銭と一盾の額三八四銭とが一致しないこと、および二盾（七六八銭）と一甲の額とが一致しないことも確認された。

さて、右に見た銭額を示す数値からは、重要なことが知られるのである。それは、前述の甲ばかりではなく、垂、盾、両、甲、馬甲のすべてが八の倍数になっていることである。このことが何を意味するか。それは司空律の「日居八銭」とこれらの数値に関連があるということであり、「日居八銭」という労働価を前提としてこれらの単位が定められていたということであろう。刑罰制度や爵制等の基本を定めた商鞅は、当初より多くの貨幣単位を労働価を基準として制定した、という推測がここから成り立つと思われる。よって、爵制においてもこの基準は貫かれていると考えられるのである。『睡虎地秦墓竹簡』秦律十八種一五六―七簡の軍爵律には

隷臣斬首為公士、謁帰公士、而免故妻隷妾一人者、許之、免以為庶人。

とあり、公士という商鞅爵一級によって、故妻である隷妾一人をあがなうことを可能とした。(5) 一方、司空律には

百姓有母及同牲為隷妾、非適罪殴、而欲為冗辺五歳、毋賞興日、以免一人為庶人、許之。

とあり、「冗辺五歳」という代替の労役によって、その肉親である隷妾一人を贖うことを認めているのである。ただし、代替の際にはその興日は免除しない（毋賞興日）という。興日は最大年間九〇日であったと見られ、(6) もし隷妾の労役が四年であったとすれば、代替するその四年の間に一年分の興日が伴うことになる。そこで、その一年分をいわば内税として「冗辺五歳」に組み込んだとすれば、四年と一年とを併せて「五歳」となる。このように見れば、隷妾の四年刑が「冗辺五歳」によって代替し得るという原理・原則が読み取れるのである。〈補注1〉

以上の考察から、隷妾の刑期四年とするのは妥当であり、隷妾が四年刑であれば隷臣も同じく四年刑であるということが認められるであろう。隷臣妾が四年刑であったとすると、その刑期の四年は一年三六〇日で計算すると、一四

四〇日となる。ただし、刑期中に一日も休息日がなかったとは考え難い。ある程度は休息を与えた方が、作業能率が上がることは、為政者は充分に知悉していた。そこで、仮に休息日を月二日設けたとすれば年間二四日、四年間では九六日であったことになる。すると刑期の一四四〇日からその休日を差し引いた実労働日数は一三四四日となる。この一三四四日間の労役を賃金に換算すると、それは一〇七五二銭となるのである。注目すべきことは、これがちょうど八甲の額と一致するということである。つまり、爵一級の価格を八甲として、爵制を定めた商鞅が、当初よりそのように構想していたことになるのではないか。このことは極めて重要である。八甲の額でもある一〇七五二銭を「日居八銭」の労役で支払おうとすれば、その日数が一三四四日かかることになる。このことは、予め意図をもって爵制と貨幣政策とが有機的に組み立てられていたことを物語るのである。前述したように、商鞅爵の一級で隷妾一人をあがなうことができるとすれば、四年刑の隷妾と爵一級は、軍爵律の規定通り両者が等価であったと理解されるのである。

　商鞅爵の一級がほぼ一万銭であったことは序章で推定した通りであるが、ここで、一〇七五二銭という爵の額と、『商君書』巻五、境内篇第一九の記述との関係を考えておく。すなわち境内篇には

　能得甲首一者、賞爵一級、益田一頃、益宅九畝。

とある。商鞅は爵制の制定に当たって、賜与する爵に対して、いかに信用をつけるかに腐心したと思われる。そこで爵一級に一頃の土地と宅地九畝（八畝の誤り？〈補注2〉）とを付加したのである。漢代の地価から類推して、秦代の地価も一頃（＝一〇〇畝）当たり一万銭というのが標準価格であったと見て大過ないと思われる。すると一頃プラス九（八）畝の地価が一〇九〇〇銭（一〇八〇〇銭）となり、これが一〇七五二銭と極めて近い額となる。これも偶然で片付けることはできないことがらである。[7]

商鞅爵の額はこのようにしてその単位価格が定められたとするならば、それは秦における標準的な五口で一頃の土地を耕作する農家の生産する穀物をすべて換金したときの額と等しくなる。商鞅爵の出発点はここにあったと見るのが妥当と思われるのである。〈補注3〉

以上の検討から、秦における貲および爵の単位を表にまとめると、左の〈表1〉のようになる。

表1　貲及び爵の単位と銭額

単位	垂	労働日数	銭
垂	一	二四（日）	一九二（銭）
盾	二	四八	三八四
両	三	七二	五七六
甲	七	一六八	一三四四
馬甲	一〇	二四〇	一九二〇
（一・五馬甲）	一五	三六〇	二八八〇
爵	五六	一三四四	一〇七五二

二　盗罪における貲額

法律答問四〇簡に

誣人盗千銭。問盗六百七十、誣者可論。毋論。

とあり、告発した想定量刑に変わりがなければ、たとえ誣告であっても告発者が罰せられることはない、というのが秦律の原則であった。(8) この原則は盗額が少なくて量刑が貲罪の場合にも貫かれていたと考えるのが妥当であろう。

次に、法律答問四二簡には

甲告乙盗直□□。問、乙盗卅、甲誣加五十、其卅不審。問、甲当論不当。廷行事、貲二甲。

とある。不明の空白が二字分存在するが、ここには「八十」の文字があったと思われ、それ以外の数値は考えられない。実際には乙が（甲より？）三〇銭盗んだことを知りながら、わざと八〇銭盗んだと告発した甲について、これをどう裁くかというのが問いである。ここでその問いが「甲当論不当」となっていることに留意する必要がある。これは罰すべきか否か（罰するとすれば罰額はどうなるのか）、という問いである。

筆者はかつて、実質上の罪である「誣加五十」の罰が「告不審八十銭」の罰と合計されて貲二甲となったと推定した。(9) すなわち五〇銭を盗む罪（貲一甲）が告不審八〇銭（貲一甲）の罪に加算されて「貲二甲」で裁かれたものと解したのである。しかしながら、その推定は三つの観点から、修正が必要となった。

まず第一点は、右記の筆者の解釈のごとき単純な裁きであれば、廷行事（過去の判例）が引用される必然性がないということである。「盗三〇銭」という罪を五〇銭分故為に水増しして「盗八〇銭」と告発したというのはかなり複雑である。機械的に律文が適用され得るケースであれば判例を尋ねるまでもなかったであろう。第二の論点は、前掲四〇簡の例から類推すれば、実際の額である三〇銭盗んだ罪に対して、告発した八〇銭を盗んだ罪の量刑がもし等しかったとすれば、告発者である甲は罰せられることはない、とするのが原則であったことである。そして、このケースにおいて「貲二甲」の罰が科せられたのであるから、その結果の方こそより重視すべきである。つまり、「盗卅銭」と「(告)盗八十銭」とでは、その量刑の罰額が異なっていたと見なければならないのである。第三点は、漢代の『二年律令』一二七簡には「告不審」の場合は「誣告」の場合よりも罪一等を減ずるという原則があり、秦律においても同様であったとすれば、貲一甲と貲一甲とが加算されて貲二甲となったということでは、その説明ができない、ということである。

筆者は一九八三年の『張家山漢墓竹簡』の出土に先立つ拙稿[10]においては、盗額一～(一一または)二二銭の罰額が貲一盾、二二～一一〇銭が貲一甲であると推定した。しかしながら、秦律はその量刑についてはかなり精密に計算が行き届いており、盗額一一〇銭未満が貲一甲という罰金で、一一〇銭を越えるといきなり労役刑となるように設定されていたと解するのは落差が大きすぎて不自然さが伴う。当初よりそのようになっていたのかどうか不審であり、いずれ再検討の要ありと考えるようになった。

その後、二〇〇一年に『張家山漢墓竹簡』の全容が公表され、前述したように、初期の漢律においては一～二二銭が罰金一両、二二～一一〇銭が罰金四両となっていた。秦律における盗額一～二二銭の量刑が罰金一両というのはその推定が漢律の原則とほぼ合致するのであるが、二二～一一〇銭の盗は罰金四両であった。故に、秦律における盗額二二～一一〇銭の盗の刑罰が貲二甲であったと修正した[11]。

しかしながら、前述したように、盗額二二銭より一一〇銭(未満)までの罰額(盗三〇銭や盗五〇銭や誣加五〇銭)が等しく「貲二甲」であったとすれば、四二簡において「甲当論不当」という問いは発せられなかったはずである。想定量刑が同じであれば、誣告や告不審の罪は成立しなかったからである。とするならば、このケースの正当な理解を得るためには、少なくとも盗額三〇銭と八〇銭との間に量刑の境界線が引かれていたと判断するしかなく、さらに盗五〇銭の罰額も両者とは別であったと見なければならないのである。その境界線は二二銭と五〇銭との間、および盗五〇銭と盗八〇銭との間にあったと考えられ、量刑の境界線は他例と同じく一一の倍数の所にあったはずであるから、(12)その妥当な境界線は四四銭と七七銭のところにあったとすればバランス的によいと思われる。つまり、一～二二銭が貲一盾であることは動かせないが、次が二二～四四銭、次が四四～七七銭（これが貲一甲に相当）、さらに七七～一一〇銭が貲二甲であったと思われる。不明の二二～四四銭の量刑が（一甲と一盾との中間にある）一両（五七六銭）であったとすれば美しいバランスとなるであろう。すなわち、盗額一～二二銭の量刑が貲一盾、二二～四四銭が貲一両、四四～七七銭が貲一甲、七七～一一〇銭が貲二甲であったと推測されるのである。そして法律答問四二簡の内容については次のような理解が得られる。すなわち、三〇銭を盗んだ乙を訴えた甲はその盗額に五〇銭を水増しして「盗八〇銭」の罪で告発した。この量刑については「誣加五〇銭（＝盗五〇銭）」の罪と「告盗八〇銭不審」の一甲、「告不審八〇銭」は貲二甲より一等が減ぜられて貲一甲、この二つの罪が合計されて貲二甲となったと見られるのである。なお、秦律における「盗三〇銭」の罪は貲一盾と貲一甲の間であるから、それは貲一両であったと考えられる。一九七五年出土の『睡虎地秦墓竹簡』中には罰金額としての両は現れないが、商鞅が制定した当初の秦律には両も罰金の単位として存在していたという可能性は十分に考えられるのではなかろうか。

三　盗罪の量刑としての労役刑と貲罪——漢律との比較——

秦律における一両の額と漢律における一両の額とは異なっていた。『嶽麓書院蔵秦簡（貳）』八〇／〇四五八簡には

十六両一斤。卅斤一鈞、四鈞一石。

とあるが、ここに見られる両は重さの単位であった。一方『二年律令』の具律一一九簡には

贖死、金二斤八両。贖城旦舂・鬼薪白粲、金一斤八両。贖斬・府、斤一斤四両。贖劓・黥贖金一斤。贖耐、金十二両。贖遷、金八両。

とあり、ここにある両は一斤の一六分の一を示す重さの単位であると同時に、金一斤の価格を示している。漢では、「黄金方寸」を一金とし、一万銭とした。したがって、漢の一両は一万銭の一六分の一であり、六二五銭という額であった。なお、秦の一両は五七六銭であったので、漢の一両の九二《パーセント》強であった。秦においては「一六両＝一斤」は重量についてのみ当てはまるが、一斤は金額の単位ではなかった。すなわち、漢は秦制を改めて、金の重量比と銭額とを一致させ、貨幣制度もシンプルなものとして、一金＝（金一斤）一万銭、一両六二五銭として制定したと理解されるのである。(13)

漢代初期の律である『張家山漢墓竹簡』の『二年律令』五五—六簡の盗律には

盗蔵直過六百六十銭、黥為城旦舂。六百六十銭到二百廿銭、完為城旦舂。不盈二百廿到百一十銭、耐為隷臣。不盈百一十銭到廿二銭、罰金四両。不盈廿二銭到一銭、罰金一両。

とあり、漢初では盗額と量刑との関係が、盗額一～二二銭で罰金一両、二二～一一〇銭で罰金四両、一一〇～二二〇

銭で耐為隷臣妾、二二〇～六六〇銭で完為城旦舂、六六〇銭を越えると黥為城旦舂となった。また、『二年律令』一二七簡の具律は、赤外線写真版によって筆者が復元したところによると

告不審及自告者、減罪一等。死罪黥為城旦舂、黥為城旦舂罪刑為城旦舂、刑為城旦舂罪、完為城旦舂、完為城旦舂罪（以下闕）

とある。これによれば、呂后期の漢律において、黥城旦舂より一等下位にある刑は刑為城旦舂であり、さらにこれより一等下ると完為城旦舂になったことが知られ、黥城旦舂と完城旦舂との間に（刑為）城旦舂という労役刑の存在したことが明らかとなった。[14]このことについては、秦律においても同じであったと見られる。ただし、『二年律令』の盗律においては、黥為城旦舂の次に位置するのが完為城旦舂であったが、漢律よりも細かく規定されていた秦律においては、両者の中間に刑為城旦舂の量刑となる金額があったと見るのが自然であろう。

そこで、刑（為）城旦舂の盗額の範囲を求めておきたい。法律答問四六簡には

甲盗羊、乙智盗羊、而不智其羊数、即告吏曰、三羊。問、乙可論。為告盗駕臧。

とある。このケースは盗んだ羊の数を確認しないで、多めに三匹盗んだとして告発したという例であるが、本条の「三羊」という数字は重要である。実際に盗んだ羊が一匹であれば、差額の二匹分が告盗加蔵の額となる。盗んだ羊の数が一羊と二羊と三羊とではそれぞれ量刑が異なったと予測されるからである。

秦漢の時期の畜産の価格を示す『史記』貨殖列伝に

陸地、牧馬二百蹄、牛蹄角千、千足羊。

とあり、馬五〇頭、牛一〇〇頭、羊二五〇匹の値段が共に二〇万銭であったと見られる。[15]とすると、羊一匹の値段は四〇〇銭程度であったことになる。しかしこれは大まかな数値であって、羊についてはやや高めに見積もっていたと

見られる。右記の牛の価格は一頭（蹄角一〇）当たり二〇〇〇銭ということになり、羊がその五分の一とするのはやや高すぎて現実と合わないであろう。その羊の価格を推測させる史料として法律答問九二簡には

小畜生入人室、室人以投挺殺之。所殺直二百五十銭、可論。当貲二甲。

とある。かつて筆者は小畜生を小型の家畜と解してその値段が二五〇銭程度であったと考えた[16]。その理解で大過ないと思われる。成熟した羊の値段が二二〇〜三三〇銭程度と想定されていたとすれば、盗羊一匹の罪は完城旦舂であり、盗三羊であれば黥為城旦舂となる。そして二羊は四四〇〜六六〇銭で、それを盗む量刑が完城旦舂と黥城旦舂との中間で刑城旦舂であったと理解されるのである。もしその理解が正しいとすれば、まさに四四〇銭の所に完城旦舂と刑城旦舂の境界線があったことになるであろう。

以上の考察と前節での考察の結果とを併せると、秦律および漢律（二年律令）における盗額とその量刑の対照表が次頁の〈表2〉のごとくなる。なお、文帝によって肉刑が廃止された時点で刑城旦舂は完城旦舂に吸収され（盗罪の場合に限っていえば『二年律令』の段階ですでに刑城旦が完城旦に吸収されていた）、黥城旦舂は廃止されて髡鉗城旦舂となったのである。

むすび

『嶽麓書院蔵秦簡』の公表により、これまでには知られていなかった秦代の貲額の単位が明らかとなり、基本単位たる一甲は一三四四銭であった。その他に垂、盾、両、馬甲という単位もあり、それらが八の倍数となっていて、当初より「日居八銭」の規定を組み込んだ数値であったと理解される。そして爵一級の価格が八甲（一〇七五二銭）と

設定されていたと理解され、この額を労働によって贖うには一三四四日を要したのである。さらに一両は五七六銭と設定されており、漢代の両の額とは異なっていた。漢は秦とは別の金銭の単位を設定した。すなわち一金（黄金方寸の価格）を一万銭とし、その一六分の一を一両としたのである。よって漢の一両は六二五銭であった。盗に関連する当初の秦と漢とではその量刑は少しく異なっていた可能性があり、両者を対比すると左表〈表2〉のごとくである。〈補注4〉

表2　盗罪における秦律と漢律の銭額と量刑対照表

盗額（銭）	秦律（銭）	二年律令（銭）	（改革以降）
〇～一	繇三旬（二四〇）	無罪？	
一～二二	貲一盾（三八四）	罰金一両（六二五）	
二二～四四	貲一両？（五七六）	罰金四両（二五〇〇）	
四四～七七	貲一甲？（一三四四）	同右（二五〇〇）	
七七～一一〇	貲二甲（二六八八）	同右（二五〇〇）	
一一〇～二二〇	耐隷臣妾	耐隷臣妾	耐隷臣妾
二二〇～四四〇	完城旦舂	完城旦舂	完城旦舂
四四〇～六六〇	刑城旦舂	刑城旦舂	完城旦舂
六六〇～	黥城旦舂	黥城旦舂	髡鉗城旦舂

注

（1）效律に「官嗇夫貲二甲、令・丞貲一甲、官嗇夫貲一甲、令・丞貲一盾」とあり、二甲の半分が一甲であるのと同様、一甲の半分が一盾であると解した。拙稿「秦漢時代の労役刑——ことに隷臣妾の刑期について——」（筑波大学東アジア研究会編『東洋史論』第一号、一九八〇年）を参照。

（2）拙稿「秦漢律における贖刑制再考」（愛媛大学「資料学」研究会編『資料学の方法を探る（五）』二〇〇六年）を参照。漢代の一両は「一金＝一万銭」の一六分の一で六二五銭であり、秦律の一両の額とは異なっていた。

（3）一垂は一九二銭、一盾は三八四銭、一両は五七六銭、一甲は一三四四銭、一馬甲は一九二〇銭であった。

（4）『里耶秦簡』第八層六〇簡の表。

（5）親の場合は父であれ母であれこれを贖うのに爵二級を要したが、これは父の方に合わせたために母の贖額も高くなったものである。

（6）拙稿「秦漢時代の『完』刑について」（『愛媛大学法文学部論集文学科編』第一三号、一九八〇年）を参照。

（7）『漢書』食貨志に引かれる魏の李悝の尽地力の教によれば、一〇〇歩＝一畝制の魏において標準的農家で一〇〇畝の田を耕作して得られる年収が四五〇〇銭であり、この割合を二四〇歩＝一畝制の秦に適用すると、年収は一〇八〇〇銭となる。この額と一〇七五二銭とが極めて近いということは偶然とは言い難い。李悝の尽地力之教は商鞅の頭の中にも入っていたと思われる。なお、一〇七五二銭という爵価と金の価格との関連については拙稿「幻の重量単位『鎰』について」（愛媛大学「資料学」研究会編『資料学の方法を探る（一三）』二〇一四年）を参照されたい。

（8）盗六七〇銭も盗一〇〇〇銭もどちらのケースも黥城旦舂となり、想定量刑は同じであった。

（9）拙稿「秦律における債務労役——居貲贖責について——」（平成三年度科学研究費補助金一般研究（B）研究成果報告書『出土文物による中国古代社会の地域的研究』〈代表、牧野修二〉一九九二年）を参照。

（10）拙稿「秦律における贖刑制度（下）——秦律の体系的把握への試論——」（『愛媛大学法文学部論集文学科編』第一九号、一九八六年）を参照。

(11)『雲夢竜崗秦簡』四一簡には「貲二甲、不盈廿二銭到一銭」と記された断簡があり、秦代末期には『二年律令』の具律に近くなっていたと推測される。

(12) 秦律十八種六七簡の金布律に「銭十一当一布。其出入銭、以当金布、以律」とあり、一一銭を単位とする布が存在した。何故に一一の倍数が区切りとなるかは不明であるが、おそらくは什一の税との関連がある。商品等に一割の税を内税として組み込んでおけば、取引もスムーズにゆくと思われる。

(13) 第三部「『漢書』食貨志の「黄金方寸、而重一斤」について」を参照。

(14) 詳しくは第七章を参照されたい。

(15) 第三部「漢代の穀価」を参照。

(16) 注一〇の拙稿等を参照。

〈補注1〉「興日を賞するなく」というのは別の解釈もあり得る。債務労役の場合は食費を引いた一日の手取り銭額は六銭となる。この計算によれば、五年（＝一八〇〇日）では一〇八〇〇銭となる。この額が筆者の計算した商鞅爵の額と一致することになる。この見解に従うならば、「興日を賞するなく」というのは、「冗辺五歳」の期間中に発生する興日については、別途取り立ててはならない、という解釈になる。拙稿「秦の爵価と贖刑の制度」（『愛媛大学法文学部論集人文学科編』第三七号、一〇一四年）を参照。いずれにしても、爵一級分で隷妾をあがなえるという事実は、隷妾が有期の刑徒であったことの証拠の一つとなり得る。

〈補注2〉井田説を説く『孟子』等には「五畝の宅」とあり、これが標準的な宅地の広さであったとする平中苓次氏は「九畝」は「五畝」の誤りであるとし、これが定説化してきた。平中「秦代土地制度の一考察――『名田宅』について――」（『立命館文学』第七九号、後に『中国古代の田制と税法』〈東洋史研究会、一九六七年〉に再録）を参照。しかしながら、「九」と「五」とでは字体が随分異なり、筆写の過程で誤写が生じたと見るには難がある。また漢代以降の人が「九畝」と認めていたことにも理由があったと考えられるのであるが、それは二千年近く謎のままであった。しかし、『張家山漢墓竹簡』の出土により、解明の目途が立った。それは『二年律令』の戸律の中に、宅地として一宅の面積が三〇歩×三〇歩で九〇〇平方歩と定められていたことが明らかとなり、これが秦代から受け継がれたものであると漢代の人々は信じたのであろう。しかしながら、九〇〇平方歩を九畝とするのは戦国時代の魏等の諸国においてであり、秦では早くより二四〇（平方）歩＝一畝とする制が採られており、その開始時期は商鞅によって秦の国家体制が整えられる時点以前であった。したがって、九〇〇平方歩は九畝ではない。けれども漢代の知識人は戦国時代には「一〇〇歩＝一畝」とする常識があり、商鞅の時の秦においても同じであったと解したのであろう。筆者の理解では、当初「八畝の宅」と記されていた『商君書』の記述を「九畝の宅」に改めたか、或いは誤写がそのまま信じられるようになったものであろう。「五」でも「九」でもなく、「八畝の宅」であったと解するのが最も筋が通る。

〈補注3〉　商鞅が秦律の大系を創り上げた時点で、貨幣がどの程度流通していたかということが問題となる。江村治樹氏によれば「斉法化（斉大刀）」の裏に「三十」と読める装飾的な線と突起とがあり、一方、斉で用いられていた貨幣と見なされる「賹貨」はその重量の三〇分の一に当たるという（江村治樹『春秋戦国時代出土文字資料の研究』〈汲古書院、二〇〇〇年〉の一七〇―一頁を参照）。筆者はこの「斉法化」がまさに三〇銭であり、賹貨が一銭に相当する貨幣であったと考える。秦で半両銭が鋳造され始めたのが商鞅の生存時であったか否かは現時点では確定できないが、「銭」という単位が春秋期頃より中国全土に普及していた可能性はある。第三部「漢代の穀価」の補注を参照。当時の貨幣の出土状況については江村治樹『春秋戦国時代青銅貨幣の生成と展開』（汲古書院、二〇一一年）を参照。

〈補注4〉　盗額二二～七七銭の罰額については試論の域を出ないが、このように考えなければ法律答問四二簡が記され、廷行事まで持ち出されたことの意味が理解できない。戦国期の社会の変化のなかで、秦律にもおりおりの改変が加えられたと思われる。

第四章　秦律中の隷臣妾

はじめに

文帝の刑法改革の時点で存在していた労役刑は、城旦舂、鬼薪白粲、隷臣妾であり、『睡虎地秦墓竹簡』中にもこれらの名が見られ、秦代より存続していた刑名であった。衛宏の『漢旧儀』によれば、髡鉗城旦舂（文帝時に設けられた）が五年刑、完城旦舂が四年刑、鬼薪白粲が三年刑、そして（文帝期以降刑名となった）司寇が二年刑であった。[1]しかし、隷臣妾についてはその名がなく、刑期も記されていない。

ところで、『睡虎地秦墓竹簡』中には隷臣妾に関する記述は他の労役刑に比べて圧倒的に多く、にもかかわらず、その刑期の記述がない。そこで高恒氏[2]はその理由を考察して、秦律では刑期が定められていなかった故である、という大胆な説を打ち出したのである。つまり、隷臣妾は（恩赦令等に遭遇しない限り）刑徒という身分から終身脱することのできない存在であったと見たのである。さらに、隷臣妾より重い城旦舂や鬼薪白粲についても、秦律の段階では刑期がなかったとする説を提示した。そしてこの無期刑説が、中国および（ことに）日本においては、この四〇年近くに亘って定説の地位を確保してきたのである。

この高恒説を受けて、秦律における隷臣妾は官奴婢であった、として隷臣妾の問題を検討したのが黄展岳氏の「雲夢秦律簡論」(3)である。『里耶秦簡』の出土により、隷臣妾が鬼薪白粲や城旦舂と共に徒隷として記されていたこと(4)から、今日では隷臣妾が官奴婢であるとする説そのものは否定されるのであるが、限られた史料から、隷臣妾の来源に関する考察をしたという点等において大いに参考になる。そこで、まずは黄氏の説に沿って論を進め、然る後に『睡虎地秦墓竹簡』に即して隷臣妾がどのような労役を担ったのかを考察して秦律の実態究明のための準備としたい。

一　黄展岳説の再検討

高恒氏は秦律における隷臣妾以外の刑徒も無期（乃至は終身）刑であったと見るのに対し、黄展岳氏は隷臣妾の特殊性を強調し、秦代の隷臣妾は官奴婢であって、これが刑名となったのは漢の文帝による刑法改革以降であったとする。黄氏は『睡虎地秦墓竹簡』中に五〇ヶ所以上にわたって記される隷臣妾を分析し、その来源を考察して①本人が犯罪によってこの身分に陥る場合の他に、②家族や伍人の犯罪により籍没される場合、③戦争中の逃亡兵が帰国した場合、④投降してきた敵国人、⑤私奴婢を官に没収した場合、⑥私奴婢を官が購入した場合、⑦官奴婢の子女が成長して官奴婢となる場合、以上の七つのケースがあるという。

黄氏の挙げた①〜⑥までには重要な視点が含まれており、『張家山漢墓竹簡』出土以前の限られた情報の中から読み取った隷臣妾の来源のうち、ことに縁坐によって犯罪者の家族が隷臣妾として役使された可能性については、本章のもととなった前稿(5)発表の一九九六年および一九九七年の時点で筆者も賛意を表したが、『張家山漢墓竹簡』の『二年律令』四三五簡金布律に諸収人、皆入以為隷臣妾。

とあることによって裏付けられることになる。[6] 完城旦・鬼薪以上の妻子は身柄は一旦国に没収され、おそらく犯罪者当人の刑が宣告された時点で隷臣妾として労役に就いたと解せられる。ただ②について言えば、黄氏は隷臣妾以外の刑は有期であるという立場に立っており、例えば夫が完城旦の罪を犯してその身を没収された妻は夫の刑期終了後も隷妾という身分のままであったのか、という問題に何故か思い至らなかったようである。

次に③及び④の場合であるが、帰国した逃亡兵や投降して来た敵国人を生涯隷属身分にしておくという理解はいかがであろうか。ことに戦国時代は戦力や労働力としていかに人を確保し、その潜在能力をいかに引き出すかに富国強兵の鍵があったはずで、投降者等は自由身分として活躍させた方が国家にとって得策ではないか。また、⑤のケースについてであるが、没収された犯罪者の家族が隷臣妾となることはあったけれども、私奴婢が隷臣妾とされるという例は確認されていない。奴婢が犯罪を犯した場合には、刑を終了させた時点でもとの主人に与えるのが原則であった。[7] 次に⑥のケースであるが、私奴婢が官の労役を担うことはあったが、それは隷臣妾という身分とは区別されていた。[8]

次に、⑦のケースについても問題がある。同氏は法律答問一七四簡に

女子隷臣の妻と為り、子有り、今隷臣死し、女子その子を北（出）して以て隷臣の子に非ずと為せり。問う、女子の論はいかん。或いは顔頯に黥して隷妾と為す。或いは曰く、完と。之を完とするが当なり。

とあるのを引用し、女子と隷臣妾の間に設けられた子の出自を偽った母親が罰せられるのは、隷臣妾の子は隷臣妾であるべきなのに、それを自由身分の子と偽ったからである、と解するのである。ここに「隷臣妾の子は隷臣妾であるべき」とあるが、この見解が正当であるか否かは、秦漢律の理解の為には重要な問題である。ここで想起すべきことは、彼の女子は、自由身分の女性であったということである。自由身分の女性が隷臣妾と夫婦になることは法制上は

有り得ない。(9) したがって、死亡した隷臣妾と女子とは夫が死亡して隷臣となる前に結ばれていたはずであり、夫が隷臣の身分のままで死んだとすれば、子の父親が隷臣であったことを隠そうとするのは自然の人情でもあり、その行為が罰せられるからといって、その子が隷臣となるという証拠とはなし得ない。同じく法律答問一一六簡には

隷臣が城旦を将して之を亡せしめたれば、完為城旦舂とし、其の外妻子は収せよ。

とある。ここには夫が隷臣でその妻子が自由身分であった例が記されており、夫（或いは父）が城旦を逃亡させたという過失によって自らが城旦とされ、その故に妻子が身を没収されることになるのである。子の立場からすると、もし隷臣であった父に過失がなかったなら、その身分は自由身分のままであり、成長しても隷臣となるコースは歩まなかったはずである。故に、この一一六簡が隷臣の子が隷臣となるという説に対しての立派な反証となるであろう。なお、官奴婢の子が官奴婢となることはあったであろうが、隷臣妾が有期の刑徒であったとすれば黄氏の説は成り立たない。

次に、黄氏は、隷臣妾と刑徒との違いを挙げて、①隷臣妾が奴隷身分である他は、平時においては自由人と変わりなく、ただ再犯の場合にのみ刑徒と同じ待遇となること、②隷臣妾は刑徒とともに築城や舂米や土木工事に就くことも多くあったが、田の耕作や兵役や、ことに官府での労役に隷臣妾以外の刑徒が当てられることはなかったこと、③隷臣妾は終身服役するけれども、刑徒には刑期があったことが挙げられる。しかして、漢代になって社会条件が変化したことに伴い、文帝が刑法改革の際に、それまでの官奴婢の名称であった隷臣妾を刑名に改めた、というのが黄氏の見解である。

このように、隷臣妾が官奴婢であって刑徒とは違うと黄氏は述べるが、その論拠は不十分と言わねばならない。例えば、法律答問一二四簡には

捕貲罪、即端以剣及兵刃、刺殺之、可論。殺之、完為城旦、傷之、耐為隷臣。

とあり、軽罪の者を逮捕するに当たって、故意に武器を以て刺殺した役人には完城旦、傷害を与えた場合には耐隷臣とするという。ここから完城旦の方が耐隷臣より刑が重いことが明らかである。にもかかわらず耐隷臣が終身で完城旦が有期刑であるというのは不合理である。このことは高恒氏も論じていて、氏はその故に城旦舂も無期刑でなければならない、とするのである。この点に関しては高恒氏の説の方が筋が通っている。

次に、刑徒の待遇について考察する。秦律十八種一三九―四〇簡の司空律に

鬼薪白粲の群の吏に下されて耐に毋ざる者、人の奴妾の城旦に居貲贖責する者は皆その衣を赤くし、枸櫝欙杕して之を将司す。

とあるように、耐罪でない鬼薪白粲は（主人の）債務のために居貲贖責する奴婢と同様に囚人用の赤い服を着せられ、枸櫝欙杕が科せられた(10)。これに対して隷臣妾に枸櫝欙杕や赤衣を着せよという規定は見られない。黄氏はこれらを以て隷臣妾が刑徒扱いされなかったと解したと思われる。

ところで、黄氏自身も認めるように、秦律に見られる刑徒と隷属身分の問題には微妙な問題点があり、その境界線に截然としない部分がある。その視点は重要であり、出土した『張家山漢墓竹簡』の傅律等を見れば、その境界線上にあったのは、第八章に論ずるごとく、実は隷臣妾ではなく、司寇であったことが明らかとなるのである。なお、鬼薪白粲については、『漢書』恵帝期の即位年の詔に

上造以上、内外公孫耳孫、有罪当刑、及当為城旦者、皆耐為鬼薪白粲。

とあるように、もともと二級爵たる上造以上の爵を有する者を対象とする刑罰であった。有爵者は刑法上も無爵者に比べて有利に計らわれるはずであり、その鬼薪白粲にも枸櫝欙杕が科せられるということは、その対象となる罪がか

なり重いものであったことを推測させる。[11]それに比べれば、隷臣妾の場合は、もともと庶民対象の刑であり、比較的軽い罪であった。故に、その処遇も比較的寛大であり、その潜在的労働力を有効に利用し得る法制度が作られていたと見るべきであろう。

なお、二〇〇二年出土の『里耶秦簡』には、城旦や鬼薪白の刑徒と共に隷臣が郵便や物品の輸送や官府でのさまざまな作業に従事する例が見られ、[12]今日では隷臣妾が刑徒であることは疑う余地はないが、限られた情報源によらざるを得ないという条件下で考察した黄氏の論点を吟味再考することによって、今後の秦漢史研究にも幾ばくかの示唆が得られると思われるのである。

二　隷臣妾の労役内容

これまでの検討から、隷臣妾が刑徒たりしことは明らかであるが、ここでは隷臣妾が有期の刑徒であったという仮定の上で、具体的にどのような労役に従事したかを探ってみたい。まず、秦律十八種四九―五二簡の倉律に隷臣妾の公に従事するもの、隷臣は月ごとの禾二石、隷妾は一石半とす。其の（公に）従事せざる者は稟ふる勿れ。小城旦隷臣の作する者、月ごとに一石半石とし、未だ作する能はざる者は月ごとに禾一石とす。小妾舂の作する者、月ごとに禾一石二斗半斗とし、未だ作する能はざる者は月ごとに禾一石とす。嬰児の母毋き者は各々半石とし、母有りと雖も其の母と公に冗居する者は亦た之に稟ふること半石とす。隷臣の田する者は二月を以て月ごとに稟ふること二石半石とし、九月の尽くるに至りて其の半石を止む。舂は月ごとに稟ふること一石半石とす。隷臣城旦の高さ六尺五寸に盈たざるもの、隷妾の高さ六尺二寸に盈たざるものは皆な小とし、高さ五尺二寸なれば皆な之を作せしむ。

とあり、倉に従事する男子（隷臣と城旦）は身長六尺五寸、女子（隷妾・舂）は六尺二寸に達すれば成人者としての食糧額を支給されて、それぞれの労役に就く。未成人で身長が五尺二寸に達しない者は、それぞれ小隷臣・小隷妾（小城旦・小舂）と称せられ、未成人者としての労役（＝作）に就けられる。未成人者の労役としては、例えば厩苑律一六―七簡に

公の馬牛を将牧し、（中略）其の小隷臣妾の疾死せる者は其の□を告して之を□し、その疾死にあらざる者は、その診書を以て官に告して之を論ぜよ。

とあり、小隷臣が官営の牧場で牛馬の世話をする役を担わされることのあったことが知られる。ただし、金布律（同七七―九簡）に

隷臣妾の公器・畜生を亡せる者有れば、其の日月を以て其の衣食を減じ、三分取一を過る勿れ。其の亡する所衆く、之を計るに終歳の衣食を以て賞するにたらざれば之を居せしめよ。其《も》し之を居せしめず、其の人（死）亡すれば、其の官嗇夫及び吏の主る者をして之を代償せしめよ。

とあるように、牛馬の監視の責任を持つのは成人の隷臣であったことはいうまでもない。ここに注目すべきは、公器や牧畜の動物を亡くしたり逃がしたりした場合の損害賠償として、当人の衣と食とを減じ、一年で返済ができない額であれば、債務労役によって賠償すべきことを命じていることである。債務労役に就くということは、刑徒たる隷臣妾としての本務から一旦は離れないと不可能である[13]。このように、刑徒の身分ではあっても、その刑を中断して債務労役（居貲贖責）する隷臣妾もあったのである。

次に、前掲の倉律四九簡に

（公に）従事せざる者は稟ふる勿れ。

とある規定について考察する。これによって、官府で食糧を支給されない隷臣妾がいたことになり、それは、隷臣妾が経済的に自立していた故であるという説がある。[14]しかし、刑期のない刑徒という身分と経済的自立とは明らかに矛盾する。また、一三四―五簡の司空律には

隷臣有妻、妻更及有外妻者、責衣。

とあり、隷臣に自由身分の妻がいる場合は衣の代金については支払うことになるが、食については妻ではなく、どこかから支給されなければ飢えてしまう。右記倉律で従事しない者というのは、「公の労役」に従事しないということであり、裏を返せば民間の仕事に従事するということであって、その場合は当然貸し出された先から食糧は支給されることになるであろう。この規定が倉律中の条文であることを考慮すると、倉庫に関する業務を行う官府としては、籍はそこに置いてあっても、実際には民間に貸し出されることがあったという事実を物語っており、その場合、食糧支給については官府での実労働数に合わせ、水増し請求がなきように、と命じたのが前掲の倉律（四九簡）である。

四八簡の倉律にも

妾の未使にして公より衣食せしめるもの、百姓の仮りんとする者有れば之を仮し、就きて焉に衣食せしめ、吏は輒ち之を柀事せよ。

とあり、妾（小隷妾）が民間に貸し出されることのあったことが知られ、他の隷臣妾が貸し出されるケースも存在したと推測されるのである。柀事とは、貸し出す際の手続きを指していると思われる。[15]彼らは公に従事しない故に、その衣食の支給については借り出された先からの支給となるのが当然であろう。

さて、倉庫において隷臣妾が従事する業務として一般的なものは、穀物を運搬して出し入れすることであろう。ま

た前掲の五一簡には

隷臣田者、以二月月稟二石半石、到九月尽、而止其半石。

とあった。二月より九月までの間、農耕に従事する隷臣はそのエネルギー消耗を考慮して、後述する土木工事の従事者と同じく月に半石分食糧支給を増額する。彼らは一〇月より一月までの三ヶ月はまた別の労役に就いたはずである。

次に同じく五九簡の倉律に

免隷臣妾、隷臣妾の垣及び它事を為すこと垣と等しき者は、食、男子は旦半、夕参、女子は参とす。

とある。「免隷臣妾」[16]については第八章以下に論ずることとなるが、筆者の考察によれば、隷臣妾の刑を免ぜられて刑徒たちと共に労役に就く半自由民（司寇）であったと思われる。それはともかく、これらの刑徒（および元刑徒）らが土木工事に携わったことが知られるのである。また一〇八簡、工人程には

隷臣、下吏城旦の工と与に従事する者、冬は矢程と為し、之に賦すること三日にして冬の二日に当つ。

とある。ここからも知られるように、彼らは城旦と共に城壁造り等の土木工事に従事することもあった。冬の三日を夏の二日分に当てるということは、戸外での労働であったことを示すものである。逆に隷妾の労役については、冬期は屋内でのものが原則であったことになるであろう。

次に、法律答問一一六簡（前掲）には

隷臣が城旦を将して之を亡せしむれば、完為城旦とし、その外妻子を収す。

とある。ここからは刑徒である城旦の監督等もその任務の一つであったことが分かる。その任務の最中に城旦を逃亡させると、その罪によって、隷臣自らが城旦とされ、同時に自由身分であった妻子の身も没収されるのである。城旦の労役を監督するのは主として城旦司寇の任務であったが、人手不足の際には隷臣妾が当たることもあった。一四六―

七簡、司空律に

城旦司寇以て将するに足らざれば、隷臣妾をして将せしめよ。（中略）司寇踐《た》らざれば、城旦の労三歳以上の者を免じて以て城旦司寇となせ。

とある。城旦司寇[17]については第八章に譲るが、隷臣妾が土木工事の指揮をとることのあったことが確認されるであろう。その他秦律十八種一五七簡、軍爵律には

工隷臣の斬首し及び人が斬首して以て免ぜられし者は皆な工と為す。その完ならざる者は以て隠官の工と為す。

とあるように、兵士として戦闘に参加する場合もあった。ただし、刑徒が兵役に応ずる場合、一定以上の能力を認定されることが条件であった。始皇帝陵の兵馬俑の兵士たちの顔が一体一体異なっており、そしてそれが兵士本人をモデルにした故と考えられることからも、秦では兵士となること自体が大変に名誉なことであり、その故に、その選抜についても厳しかったに違いない。また、同一一三簡、均工律には

隷臣の巧みなる有りて以て工と為すべき者は、以て人の牧養と為す勿れ。

とあり、ある技術を持った隷臣妾が工として働いたことが知られるのであるが[18]、特殊技能のない者が牧[19]とか養（料理人）として労役に就いたと。一方、女徒の技術者もいた。六二簡、倉律に

女子の攺工を操る者は贖するを得ず。

とある。刺繡等の技術を有する隷妾については、別の男子が代替することによる贖刑は認めないという[20]。そのことは一一〇簡の工人程にも

隷妾の箴を以て緍繡它物を為るものは、女子一人を男子一人に当つ。

とあり、熟練工としての隷妾は男子の技術者と同じノルマが与えられたようである。また、非熟練工として用いられ

ることもあった。一〇六簡、工人程には

冗隷妾は二人を工一人に当て、更隷妾四人を工（一）人に当て、小隷臣妾の可使の者は五人を工一人に当つ。

とある。冗隷妾とはフルタイム労働の隷妾であり、男女の力の差によってノルマを半分にされると見られ、更隷妾は半日労働の隷妾であったと見られノルマは工の四分の一、小隷臣妾の場合は五分の一であったことがわかる。(21)

次に、『睡虎地秦墓竹簡』の封診式は、役人の任務遂行のためのマニュアル集であるが、その中には隷妾の出産経験者で喧嘩による流産とか自殺者の検屍等に立ち会うという例も見られる。封診式八四―九〇簡、出子の条には妊娠六ヶ月の甲が丙に喧嘩をふっかけられ、ために流産し、丙を甲が告発したケースが記されており

（前略）隷妾数字者をして甲の前の出血及び癰の状を診べしめ、有た甲の室人に甲の室に到るの居処及び腹痛して子出るの状を尋す。

とある。整理小組は「隷妾数字者」の字は『説文』の「乳なり」と段注の「人及び鳥の子を生むを乳と曰ふ」を引用し、隷妾の出産経験者と解しているが、たんなる出産経験者というよりは、産婆の経歴を有つ隷妾と考えるべきであろう。また、六六―七簡の経死の条には「牢隷臣」の語があり、検屍に立ち合う隷臣妾もあったことが知られるのである。また、一三四―五簡の司空律には

隷臣妾城旦舂の司寇、居貲贖責にて城旦舂を繫する者は衣食を責むる勿れ。其の城旦舂と与に作する者は之に衣食せしむること城旦舂に如《じょ》せよ。隷臣の妻、妻の更なるもの及び外妻子ある者は衣を責む。

とある。「隷臣妾城旦舂の司寇」については第八章で検討するが、かつて隷臣妾及び城旦舂の刑を終了した司寇を指し、彼らが繫城旦舂の労役に就く場合には国家から衣食が支給され、また隷臣で自由身分の妻がいる者については、妻に衣を負担させる、というもので、本条も城旦舂とともに隷臣妾が土木工事に従事する例を示している。(22)

むすび

秦律における隷臣妾は有期の労役刑であり、基本的には刑徒であったが、その中には、犯罪者の家族や身代わりの労役者や、さらには敵国からの投降者も含まれており[23]、その構成はバラエティーに富んでいた。その労役の内容について可能な限り拾い上げてみると、①牧場での牛馬等の世話、②民間に貸し出されての労働等、③田の耕作、④垣や城壁造り等の土木工事、⑤労役刑徒への指揮、監督、⑥書や物品の輸送、⑦官営工房での技術者としての労働、⑧刺繡等の技術労働、⑨御者、⑩炊事、⑪役所での雑役一般、⑫兵士として戦闘に参加、⑬牢隷臣として罪人逮捕の補助、⑭流産や検屍の立ち会い、補助、⑮穀物の運搬、出し入れ、⑯繫城旦舂の労役等であった[24]。隷臣妾はそれぞれのキャリアや能力に応じて、実に様々の分野に振り分けられ、その労働力が国家の貴重なる戦力として用いられたのである。そうした潜在力を引き出すことにおいて、秦漢の社会はすぐれて柔軟で行き届いたシステムを作っていたと思われる。

注

（1）秦制二十爵。男子賜爵一級以上、有罪以減。年五十六免。無爵為士伍、年六十乃免老。有罪各尽其刑。凡有罪男、髡鉗城旦、城旦治城也。女子為舂、舂者治米也。皆作五歳。完四歳。鬼薪三歳。鬼薪者男、当為祀祠鬼神、伐山之薪蒸也。女為白粲者、以為祀祠択米也。皆作三歳。罪為司寇、司寇男備守、女為作如司寇。皆作二歳。

（2）高恒「秦律中〈隷臣妾〉問題的探討」（『文物』一九七七年七期）を参照。

（3）『考古学報』一九八〇年第一期を参照。

（4）『文物』二〇〇三年一期「里耶秦簡」、および第七章を参照。

（5）拙稿①「秦律中の隷臣妾」（『愛媛大学人文学会創立二十周年記念論集』一九九六年一二月）、②「秦律における隷臣妾の特質とその刑期」（『古代文化』〈古代学協会、京都〉第四九巻第六号、一九九七年六月）を参照。

（6）『睡虎地秦墓竹簡』の封診式によれば、犯罪者が逮捕された直後に家族と家財が封印されて妻子の身が没収されて収人となるのであるが、刑が確定した時点で、収人が隷臣妾となったのであろう。この隷臣妾は民間に貸与されることもあった。

（7）法律答問五簡に「人臣甲謀遣人妾乙盗主牛、売、把銭、偕邦亡、出徼、得、論各可殹。当城旦黥之、各畀主」とある。奴である甲と婢である乙が共謀して主人の牛を盗み出し、これを売り払って国境を突破して逃げようとして捕まった。盗牛も逃亡の罪も共に黥城旦春となるが、このケースでは、甲も乙もともに黥城旦春として六年の刑に服したと思われる。この六年の労役は、一年四両の価値を生むから、国の側からすれば二人で四八両分の労働を収奪したことになる。この労役を終了した時点でもとの主人に返すのが「畀主」の意味するところであった、と見られる。

（8）奴婢が繫城旦春の役割をすること等があった。第一一章を参照。

（9）『二年律令』三〇七簡の戸律に「隷臣妾・城旦春・鬼薪白粲家室、居民里中、以亡論之」とあり、刑徒である隷臣が自由身分の妻と同居することは認められていない。秦律においても同様であったと思われる。

（10）耐に毋ざる（毋耐の）鬼薪白粲とは（完）鬼薪白粲および刑鬼薪白粲のことを指したと思われる。したがって、耐罪の者（耐鬼薪白粲、耐隷臣妾および耐司寇、耐為侯）には赤衣および枸櫝纍杕による身体の拘束はなかったと思われる。鬼薪白粲については第九章を参照。

（11）例えば、無爵の一般人が六六〇銭以上を盗むと黥城旦春となるが、上造が同じ罪を犯せば、爵二級分に見合って罪二等が減じられて鬼薪白粲となったということであろう。一般人の場合は黥城旦春より一等軽いのが刑城旦春であり、その次が完城旦春であった（このことについては第七章および第九章参照）。右記鬼薪白粲は完城旦春と同じ四年刑であった。

（12）畑野吉則「里耶秦簡の郵書記録と文書伝達」（愛媛大学「資料学」研究会編『資料学の方法を探る（一二）』二〇一三年）および鷹取祐司「里耶秦簡に見える秦人の存在形態」（同右所収）を参照されたい。

（13）もし隷臣妾が終身のものであるとすれば、そのような中断はあり得ないであろう。何故ならば、賠償能力が認められるが故に賠償が命じられるのであって、終身の刑徒であれば、もとより私的な賃金を得ることのできない立場であるからである。

(14) 籾山明「秦の隷属身分とその起源」（『史林』第六五巻第六号、一九八二年）を参照。

(15)「柀事」について整理小組は『史記』靳歙列伝の『索隠』注を引いて、「事」とは「役私也」とし、一般人が官府より女奴を借り出して彼女が成人した後に一定条件のもとに役私することができる、と注釈している。しかし、刑徒に刑期があるなら、その家族として官に没収された妾も、当人の刑期の終了後には元の家庭に帰されるはずである。したがって、柀事というのは、貸し出す際の手続きをきちんとして齟齬を来すことがなきよう戒める内容であると思われる。

(16)「免隷臣妾」とは、免老の年齢に達した隷臣妾を意味するのではなく、刑期を終えて隷臣妾を免ぜられた者でなければならない。何故ならば、秦においては統一の直前（秦王政の一六年＝前二三一年）まで民の年令が正確には把握されていなかったからである。成人と未成人の区別は身長によって定まったのであって、年令によって区別されるようになったのは漢代からである。秦律雑抄の匿敖童の項に見られる老の申告に関して不正やトラブルが生じ得たのはその故であると思われる。免老の年令については第八章の注三を参照されたい。

(17)『里耶秦簡（壱）』の第八層二一五六簡に「□□三月癸丑壬戌司空□□、城旦司寇一人、鬼薪十九人」という断片がある。司空での労役と城旦司寇との関連を示唆する史料であるが、司空律にいう「城旦司寇」が一般の司寇と区別される存在であったのかどうか、詳細は不明である。

(18)『中国古代度量衡図集』（文物出版社、一九八一年）に一六六番の「高奴禾石銅権」には「工隷臣禾」の文字が記されており、銅製の錘を造るという労働に工隷臣が用いられたことを示している。

(19) 整理小組は「牧」を御者と解しているが、刑徒である隷臣にこれを担わせるのは、逃亡の恐れもあり、危険ではなかったか。故に、ここにいう「牧」は牧牛や牧馬の労働を指すと解すべきではないか。

(20) 刑期終了後には司寇という身分で、引き続き官営工房で働いたと思われる。なお、一般の隷臣妾であれば、近親または丁隣による代替が認められるのに、技術を持つが故に代替が認められないというのは、隷妾の側からは一見不合理のように見られるかも知れない。しかし、特殊技能を持つ刑徒には、その不合理を埋め合わせるに足るそれなりの手当等の恩典があったと考えるべきであろう。刑期終了後の処遇においてもその技術の故に有利に計らわれたと考えられる。

(21) 冗隷妾の半分のノルマであったということは担当部門については半日のパート勤務であったと思われる。

(22) 第一一章を参照。

(23) 秦律雑抄三八簡に「寇降、以為隷臣」とある。

(24) 第一一章を参照。

〈付記〉隷臣妾については主として黄展岳、高恒両氏の論を取り上げたが、日本の研究として注一四に挙げた籾山明氏の論の他に代表的な研究として堀敏一氏『中国古代の身分制――良と賤』(汲古書院、一九八七年)の第三章「雲夢秦簡にみえる奴隷身分」の第三節に「隷臣妾をめぐって」とする研究が見られる。

第五章　隷臣妾の刑期について

はじめに

一九七五年末に『睡虎地秦墓竹簡』と後に名付けられる秦代の大量の竹簡[1]が出土して以来、中国古代史における史料的空白部が一挙に埋められつつあると共に、多くの方面でこれまでの伝統的研究の再検討が迫られることとなった。しかしながら、一九八〇年代においてはまだこれは孤立した史料であり、秦律の体系的把握はとてつもなく困難な状況にあった。その後、一九八三年には『張家山漢墓竹簡』が出土し[2]、文帝によって改革される以前の呂后期の漢律の全貌を推測せしめるだけの量を有する『二年律令』の内容が二〇〇一年に公表された。しかしながら、二一世紀の一〇年代においても、秦漢律についての謎は多く残されている。就中現時点での刑法史上の最大の論争点は、隷臣妾をはじめとする当時の労役刑が有期刑であったか否か、ということがらである。

秦王朝が崩壊し、これを継いだ漢王朝では、秦律がある程度改変されながらも漢律に踏襲されていた[3]。漢代における最大の改革は文帝一三年（前一六七年）のもので、淳于公の娘緹縈の上書がきっかけとなり、黥・劓・刖の肉刑の廃止を求めた文帝の意向を受けて検討がなされた。同時に、それまでの複雑だった刑罰体系が簡明化されたのであるが、『漢書』刑法志には、丞相および御史大夫を代表として、諮問への答申が記される。髡や笞という代替刑を用いることによって肉刑の廃止をすべきことを述べたあとの記述に

罪人獄已決完、為城旦舂満三歳、為鬼薪白粲、鬼薪白粲一歳、為隷臣妾、隷臣妾一歳、免為庶人。隷臣妾満二歳、為司寇、司寇一歳、及作如司寇二歳、皆免為庶人。

と記されてある。(4) ここに記される城旦舂及び隷臣妾（および鬼薪白粲）は、完刑と称される労役刑である。城旦に対応する女徒が（城旦）舂または舂城旦、鬼薪に対応する女徒が白粲、隷臣に対応する女徒が隷妾である。また、後漢の衛宏以来、司寇に対応する女徒が「作如司寇」であると解されてきたが、『睡虎地秦墓竹簡』の出土によってこれが否定されることになり、堀毅氏は夙に司寇がより軽い刑を指していたと述べている。(5) 秦律では司寇に対応する女徒を（作如司寇ではなく）舂司寇と称しているのである。

さて、『睡虎地秦墓竹簡』の整理の事業に携わった高恒氏は、右記の労役刑について、それまでの通説とは全く異なる見解を発表した。(6) すなわち、隷臣妾をはじめとする秦代の労役刑には刑期がなく、実質上の終身刑であった、とする。そして文帝の功績を称えた鼂錯の「罪人に期有り」と述べた語を援用して、(7) この文帝の刑法改革の時点で初めて刑徒の刑期が定められた、と主張するのである。

これに対して黄展岳氏は、(8) 終身であったのは隷臣妾のみであったと高説を批判し、堀毅氏は隷臣妾も含めて当時労役刑が有期刑であったということを強調した。しかし、日本では、筆者と堀毅氏を除いて有期刑説を表明する研究者は二〇一四年の時点で、(9) 未だに見られないというのが現状である。本章では、隷臣妾の刑期に論点を絞って高氏の論を検討したい。

一　高恒氏の無期刑説について

高恒氏は一九七七年発表の「秦律中〈隷臣妾〉問題的探討」において、『漢書』刑法志の文帝の詔に

　其れ肉刑を除けば、以て之に易ふるもの有らん。及び罪人各々軽重を以てせしめ、亡逃せざれば有年にして免ぜよ（有年而免）。具して令と為せ。

とあるところから、文帝期に初めて労役刑に刑期が設けられたのであると解した。すなわち、秦律においては隷臣妾をはじめとする労役刑に刑期は存在せず、実質上の終身の刑であったとする。したがって、隷臣妾は犯罪によって確定された実質上の官奴婢の身分である、と述べ、その置かれた境遇の悲惨さについて強調する。そして『周礼』司厲に「其の奴、男子は罪隷に入れ、女子は舂藁に入る」とある所の鄭司農注に

　盗賊を為すに坐して奴と為る者は罪隷に輸す。舂人藁人の官也。是に由りて之を観るに、今の奴婢は古の罪人ならん。

とあるのを引き、犯罪者およびその家族が官に没収されて奴婢となる制度は古くより存在し、秦律もこの制度を踏襲したに過ぎない、と述べる。

高恒氏の問題意識にも、隷臣妾の刑期が諸史料に記されていないのは何故かという疑問が以前よりあったのであろう。その解決を求めて研究者たちは後に『睡虎地秦墓竹簡』として整理されるこの史料を具に検討した。ところが、隷臣妾ばかりか、城旦舂や鬼薪白粲や司寇についてもその刑期は直接的には記されていなかった。そして、それはたまたま出土した竹簡中に記されていなかったというのではなく、もとより秦律に刑期が規定されていなかったのでは

ないか、として、前掲刑法志に「有年而免」、あるいは鼂錯伝に「罪人有期」とある語に注目し、文帝以前には刑期というものが存在しなかったと結論したのである。無期刑（終身刑）説はこのような経過を経て成立した。無期刑であってみれば、特別な恩赦令が出ない限り、労役刑以上の犯罪者は刑徒たる身分を脱することができず、実質上の官奴婢の身分に落とされたことになる。こうして罪人が奴隷身分として扱われたところに、後世のものと異なる秦律の特色があったと高恒氏は述べるのである。

高恒氏の無期説は二重構造になっている。まず第一に隷臣妾が終身の身分であったとする隷臣妾身分説である。これを内枠に置いてその外枠には、秦代の労役刑がすべて無期刑であったとする第二の労役刑終身説を置いている。そこで先ずは外枠の労役刑無期説から検討する。

高恒氏の無期説批判のポイントは三点に絞り得る。先ず、秦律における労役刑がすべて無期乃至終身刑であるとすると、他の事項との間に矛盾は出てこないか、ここが第一のポイントである。次に、『睡虎地秦墓竹簡』中に「繋城旦舂六歳」という語が三ヶ所見られるが、その「六歳」が刑期と無関係であったと言えるのか、これが第二のポイントである。そして次は、文帝の刑法改革（前一六七年）の直前の時点で果たして城旦舂に刑期がなかったと言えるのか否か、という点であり、これが第三のポイントとなる。

まず、隷臣妾等が事実上の終身刑であったとして『睡虎地秦墓竹簡』の他の記述と矛盾するところはないか、という問題であるが、「終身」という語の記される封診式四九簡の遷子の条に

某里の士伍甲告して曰く「親子たる同里の士伍丙の足を鋈し、蜀の辺県に遷し、終身遷処より去るを得る毋らしむるを謁《もと》め、敢て告す」と。

とある。士伍の甲が息子丙を告発し、丙を鋈足して蜀の辺境に流し、終身帰すことのないようにと願い出たわけであ

る。労役刑が終身のものであったなら、例えば隷臣あるいは城旦として流罪とするよう願い出ればよいはずである。しかるに金属製の足かせをした状態で蜀の辺県での労役に当てて終身帰れないように、と願い出たのは、隷臣等の労役刑が終身ではなかった故と理解される。また後述するように、隷臣妾が爵一級（父母の場合は二級）あるいは「冗辺五歳」[10]という有限の価格を有する爵、あるいは労働によってあがない得るということは隷臣妾が有期刑であり、終身のものではなかったという証拠となり得るのである。

次に第二の観点として「繫城旦六歳」とある語に関してであるが、高恒氏はこれは刑期の問題とは関係ないとする。この点について少しく追究する。法律答問一一八簡に

耐為隷臣に当たりて司寇を以て誣人すれば論はいかん。耐為隷臣に当て、有た繫城旦六歳。

とある。右記の「司寇」が問題となる。一九八三年出土の『張家山漢墓竹簡』中の『二年律令』三一〇—三一三簡および三一五—六簡の戸律によれば、司寇は隠官とともに庶人の半分に当たる五〇畝の土地と半宅とを与えられる身分であった。秦律においても基本的にこれと変わりなかったとすれば、「司寇」という身分を告発することは有り得ないのであって、ここは「耐」字が脱落していたと見るべきで、本来は「耐司寇」であったはずである。一般人が耐罪を犯せば耐司寇となる[11]。よって右記法律答問は、耐隷臣の罪を犯して未断の者が、別の者が耐罪を犯したと誣告した場合の罪名を問うているのであって、この場合、刑名は隷臣妾のままであるけれども、これに「繫城旦」の六年の労役を加えるというのである。もし隷臣妾が終身のものであるとすると、その後六年だけこの「繫城旦」の労役に切り替えるということであり、普段の隷臣の労役に比べてよほど「繫城旦」が苛酷なものでない限り、加罰の意味がない。この労役は『張家山漢墓竹簡』が出土する前の段階ではどのような任務か不明であったが、自ら城旦の労役に従事することではなく、城旦舂の労役を監視し、補助するという労役であった[12]。少なくとも苛酷といえるような性質のものでは

なく、比較的軽い労役であった。[13] そのことを考えると、本条は不可解ということになる。もともと終身である隷臣に六年間だけ「繋城旦」を科したとしても、それが誣告罪に対する科罰とはならないではないか、という疑問が湧く。これに対して、隷臣が有期の刑であり、「繋城旦」として六年労役するとすれば、刑期終了が遅れることになる。故に、それだけで充分に加罰となるのである。これが高恒説批判の第二のポイントである。

次に第三のポイントとして、文帝の刑法改革の直前の時点で城旦舂等の刑期が存在したのかしなかったのか（そしてその見極めが可能か）という問題である。『漢書』刑法志には完刑についての移行措置を記した前掲部分に続けて

其の亡逃及び罪耐以上有れば此の令を用いず。前令の刑城旦舂歳而非禁錮の者は完為城旦舂に如《じょ》し（如完為城旦舂）、歳数は以て免ず。

とある。前令とは刑法改革の前の漢律を指すことは疑いないが、「刑城旦舂」については第七章を参照されたい。本章では「刑城旦舂」のままで論ずることとする。かつて、鎌田重雄氏は「前令」以下の部分に次のような解説をつけている。[14]

文帝の改正令を作る前に刑徒となっていた者で五年刑たる髡鉗城旦に服せし者の一年を経たものは、禁錮に非ざる限り四年刑たる完城旦舂にし、数歳を経たるものは免じて庶人とする。

この鎌田氏の解説から我々は重要なヒントを得ることができる。鎌田氏は『睡虎地秦墓竹簡』を見ておらず、高恒氏の無期刑説にも接することはなかったし、また、「刑城旦舂」の理解についても現時点での筆者のそれとは異なるのであるが、重要なことは「刑城旦舂」の者を四年刑たる「完城旦舂」に移し、その後で免じて庶人とする、という理解である。ただし、「数歳にして免ず」という不確実な規定は有り得ない。少なくとも、この刑法改革を期として、これ以降は明確に刑期と刑名が対応するよう定められたのであるから。「完為城旦舂に如《じょ》し」という「如」の字が重

要と思われる。秦律においても例えば秦律十八種九五簡の金布律に

　隷臣妾の老及び小にして自衣する能はざる者は舂の衣に如《じょ》す。●其の主及び官に亡・不仁の者は衣は隷臣妾に如す。

とある。この前文には城旦舂や隷臣妾の給衣の規定が記されており[15]、前半は、隷臣妾の老および自衣できない者については男女を問わず舂への給衣の基準と等しくせよ。後半は、主人や官に対して不誠実な者については、隷臣妾と等しくせよ。という内容と思われる。ともかく「如」には（全く）同じくする、という意が込められていると見られるのである。このように解するなら、刑法志の「完為城旦舂に如す」というのは、刑期を「完為城旦舂と全く同じとする」ということを示しているのではないか。「歳数以て免ず」が刑期について述べたものであるとすれば、少なくとも「如す」の基準とされる完城旦舂については刑期が定まっていなければならない。どちらも無期なのに「刑城旦舂」の刑期を「完城旦舂」のそれに「如す」という表現はありえない。故に、前述したように、完城旦舂の刑期は文帝の改革の時点では既に定まっていたと見なければならないのである。さらに、城旦舂が有期の刑であったとすれば、それよりも軽いはずの隷臣妾が有期であったことも承認するしかないであろう。なお、髠鉗城旦舂の理解については第二章で述べた通り、刑法改革の際に初めて採用された刑名であって、鎌田氏の理解は臣瓚説によったが故の誤解があったと思われる。

二　隷臣妾の刑期

秦律十八種一五六—七簡の軍爵律に次の条が記される。

爵二級を帰して以て親父母の隷臣妾と為れる者を免ずるを欲し、及び隷臣が斬首して公士と為り、公士を帰して故妻の隷妾一人を免ずるを謁《もと》むるは、之を許して以て庶人と為す。工隷臣の斬首し及び人が斬首して以て免ぜらるる者は皆工と為さしむ。其の完ならざる者は以て隠官の工と為す。

右の規定では、父母の場合は、爵二級で隷臣妾一人を免ずる原則があったように見られるが、隷妾たる妻を免ずる場合は爵一級で充分であったことになる。富国強兵を目指す国家としては、父母よりも若い世代を優遇する政策をとったと推測されるが、原則は爵一級で隷臣妾一人を贖うことを可能としていたことになる。わずか一級分の爵価でもって贖うことのできる隷臣妾が無期乃至終身刑であったとはとうてい考え難い。

筆者はかつて『漢書』恵帝紀の即位の年の一月条の記述によって爵の額を求めた。そこには

民に爵一級、中郎郎中の満六歳なるは爵三級、四歳は二級、外郎は満六歳なるは二級を賜ひ、中郎の一歳に満たざるは一級、外郎の二歳に満たざるは万銭を賜ふ。

とある。ここにある「万銭」について王先謙の『漢書補註』に引く姚鼐の言に

此れ十九等の爵に合ふ、逓加して上る。故に一級は万銭よりも貴し。

とある。確かに姚鼐のいうように、爵が上の者ほど賜る恩恵は大きくなっているようではある。しかし、民に爵一級を賜うのに外郎の二歳未満の者に一万銭を賜うのはその原則に合わない。爵一級と一万銭とは受ける側の意味合いは違ってくるであろうが、原則は、爵一級＝一万銭という建前になっていたと考えねばならない。秦代と漢初とでは爵の価値において大きな変動はなかったと見られる。『商君書』の境内篇には

能く甲首を得る者は爵一級を賜ふ。

とあり、戦闘において敵の首一級を取ることにより、爵一級を与えるという原則が設けられた。同篇によれば、爵一

級には田一頃と宅地九（八）畝が付随することになっていた。そして、田一頃の価格は一万銭というのが標準価格であった。とするならば、爵一級≒一万銭と設定したのが商鞅であったことも疑いない。いずれにしても有限の一万銭という爵価によって隷臣妾を免ずることができるのは隷臣妾に有限の刑期があった証拠である〈補注1〉。

本章の元になった拙稿[16]を記した一九八〇年の時点では右記の内容以上に追究することは困難であったが、序章に述べたごとく二〇〇一年に『張家山漢墓竹簡』が全面的に公表され、そこには決定的とも言える内容が記されてあった。すなわちその『二年律令』三九三簡の爵律に

諸当賜受爵、而不当拝爵者、級予万銭。

とあり、まさに爵一級が一万銭の価値であったことが確認されるのである。

ではその一万銭とは当時の民衆にとってはどの程度の価格であったのか。秦律十八種一三八簡の司空律には

罪ありて貲を以て贖するもの及び公に責有る者はその令日を以て之を問ふ。其《も》し入れ及び賞する能はざれば令日を以て之に居す。日に居すること八銭。公食する者は日に居すること六銭。

とあり、労働による賃金価格は一日八銭というのが原則であった。第三章に論じたごとく、秦律における爵価は八甲と設定されており、その額は一〇七五二銭であった。これを日居八銭で労働日数を換算すれば一三四四日、すなわちほぼ四年に相当する。とするならば、爵一級で購える隷臣妾の刑期も四年であったはずである。そのことを証する史料として秦律十八種一五一―三簡の司空律には

百姓にて母及び同牲の隷妾と為るもの有り、適罪に非ずして冗辺五歳を為して、興日を賞する毋く、以て一人を免じて庶人と為すを欲すれば之を許す。

とある。ここに「冗辺五歳」の労役で身内の隷妾一人が購えるとある。ただし、身代わりとなる人物が罪を犯してい

ないことがその条件であり、代替労役の期間中の興日は免除するという。興日については『漢書』食貨志上に記される董仲舒の武帝への上奏文に

古は民に税すること什に一を過ぎず。其の易共を求むるも民を使ふこと三日に過ぎずしてその力足らひ易し。（中略）秦に至れば則ち然らず。商鞅の法を用ひ帝王の制を改め（中略）昔に三十倍す。

とあり、昔は民に傜役をさせる期間は三日で充分とした。けれども秦が商鞅を用いてより以前の三〇倍（すなわち九〇日）に達したと言っている。これによるならば隷妾の刑期たる四年にその間の傜役分を組み込んで四＋一＝五（年）としたのが「冗辺五歳」であった。このように見れば、隷妾が四年刑であったこととも矛盾しないのである。〈補注2〉

むすび

以上の検討から、秦律における隷臣妾は無期刑ではなく、原則四年の有期の労役刑であったことがほぼ了解できるのではなかろうか。〈補注3〉ただし秦律の労役刑は複雑であり、隷臣妾（や鬼薪白粲）には耐罪としての三年刑も存在したのである。では、文帝によって「罪人有期」となった、とする高恒氏らの指摘についてはどのような解答があり得るか、これについては第一〇章で論ずることとする。

注

（1）　一九七五年一二月、湖北省雲夢県睡虎地で戦国末より秦代にかけての墓跡一二基が発掘された。その第一一号墓の喜という人物の棺より秦律十八種や法律答問等の大量の法律関係の文書が出土した。一九七六年六～八期の『文物』にその釈文が

発表され、一九七七年に文物出版社より全七冊本の『睡虎地秦墓竹簡』として刊行され、その中の二冊が写真版である。一九七八年にその簡装本が、一部現代語訳つきで発刊された。

（2）一九八三年に湖北省の張家山より漢代呂后期の『二年律令』を含む大量の竹簡が出土し、その全貌が明らかになったのは二〇〇一年、文物出版社から出された『張家山漢墓竹簡［二四七号墓］』においてである。其の後二〇〇六年にその修訂版の簡装本が出され、二〇〇七年には荊州博物館館長の彭浩氏、武漢大学の陳偉氏、早稲田大学の工藤元男氏の編集になる『二年律令与奏讞書』が上海古籍出版社より、赤外線写真による図版つきで出版された。

（3）秦律と漢律の違いについては第三章および第七章等を参照されたい。

（4）オリジナルの史料には同じ語の繰り返しが繰り返し符号で用いられ

罪人獄已決完、為城旦舂満三歳、為鬼＝薪＝白＝粲＝一歳、為隷＝臣＝妾＝一歳、免為庶人。隷臣妾満二歳為司＝寇＝一歳、及作如司寇二歳、皆免為庶人。

となっていたはずである。この改革により、四年刑であった完刑は完城旦舂のみとなり、刑徒の人数のバランスが崩れることが懸念された。鬼薪白粲や隷臣妾や司寇には基本的にそれぞれの役割があったはずである。その故に移行のために右のような措置を必要とした。右刑法志の解釈については拙稿「秦漢時代の『完』刑について――漢書刑法志解読への一試論――」（『愛媛大学法文学部論集文学科編』第一三号、一九八〇年）を参照されたい。その要点は、完城旦舂として満三年以上服役してきた者の残り刑期一年（弱）を、鬼薪白粲または隷臣妾として形を終了させる。また、隷臣妾として満二年以上服役した者は司寇に移し、残り刑期の一年（弱）または二年（弱）を司寇または作如司寇として刑期を終了させる、というものである。なお、鬼薪白粲はもと上造以上の爵を有していたものがつけられる刑であったが、改革の時点では、もと（一級爵たる）公士であって完城旦舂の労役に服している者についてこれを鬼薪白粲に移し、大多数を占めるであろう残りの者を隷臣妾に移すことにしたものかと思われる。

（5）堀毅「秦漢刑名攷」（『早稲田大学大学院文学研究科紀要別冊第四集』一九七七年）を参照。堀氏は有期刑説を採っている。

（6）高恒「秦律中〈隷臣妾〉問題的探討」（『文物』一九七七年七期）。

（7）『漢書』巻四九、鼂錯伝。
（8）黄展岳「雲夢秦律簡論」（『考古学報』一九八〇年第一期）。
（9）注五に同じ。
（10）秦律十八種一五二―三簡の司空律を参照。
（11）『二年律令』の例ではあるが、九〇簡の具律に「有罪当耐、其法不名耐者、庶人以上耐為司寇、司寇耐為隷臣妾。隷臣妾及収人有耐罪、繫城旦舂六歳」とある。秦律においても同様であったと見られる。
（12）第一一章を参照。
（13）繫城旦舂が極めて軽い労役であったことについては秦律における労役刑の無期刑説をとる宮宅潔氏等も認めている。宮宅潔「有期労役体制の形成――『二年律令』に見える漢書の労役刑を手がかりにして――」（『東方学報・京都』第七八冊、二〇〇六年、後に改稿されて『中国古代刑罰史の研究』京都大学学術出版会、二〇一〇年に再録）を参照。
（14）鎌田重雄「漢代の禁錮」（『歴史学研究』一〇八―一〇九号、一九四三年、後に『秦漢政治制度の研究』〈日本学術振興会、一九六二年〉所収）を参照。
（15）「稟衣者、隷臣府隷之毋妻者及城旦、冬百一十銭、夏五十五銭。（中略）舂冬五十五銭、夏四十四銭」とある。
（16）拙稿「秦漢時代の「完」刑について――漢書刑法志解読への一試論――」（『愛媛大学法文学部論集文学科編』第一三号、一九八〇年）を参照。

〈補注1〉因みに爵価と奴婢の価格との関係を見ておくと、後の漢代半ばの史料ではあるが、『居延漢簡』の礼忠簡に

小奴二人直三万、用馬五匹直二万、宅一区万、大婢一人二万（以下略）

とあり（序章の注一二を参照）、成人の婢の価格が二万銭と評価されていたことが知られる。この価格と比べると、隷妾であった故妻を贖するのにわずかその半額で可能であったことになる。隷妾が実質終身刑であったとするならばあり得ない。

〈補注2〉以上の論は二〇一〇年代以前の史料に基づくが、その後、第三章に紹介したごとき秦代の甲（一三四四銭）や盾（三

八四銭）の額が明らかとなり、さらに、秦代の爵一級の価格が八甲（一〇七五二銭）であることも分かった。隷臣妾を爵一級で購えるということは、隷臣妾としての労役によって生み出される経済価値と爵一級の経済価値とが等しいという原則を示していると言えるであろう。すなわち隷臣妾が刑期を有していたことの証拠であり、爵一級の額を債務労役によって購うとすれば、それは一三四四日分の労働価ということになる。すなわち四年弱である。仮に月に二日の休息日が設けられていたと考えると、一年を三六〇日として、四年では一四四〇日となる。この日数から四年分の休日である九六日を引くと、その実労働日数がちょうど一三四四日となる。債務労役の場合も、刑徒と同じく月二日程度の割合で休日が設けられていたのではなかろうか。ともかく、隷臣妾が基本的に四年刑であったことは動かない。なお、隷臣妾には四年刑の（完）隷臣妾の他に、三年刑である耐隷臣妾があり、また第七章に論ずるごとく、刑隷臣妾という刑名も存し、これは六年刑であった。隷臣妾が冗辺五歳によって代替し得る理由については、第三章の補注一の解釈もあり得る。

〈補注3〉　隷臣妾の無期刑説の代表者ともいうべき籾山明氏は「『贖身しうるから有期である』との主張は（中略）若江賢三にも見られるが、刑期とは縁のない官奴婢についても贖身規定がある以上、発想の根本に無理がある。」と筆者の見解を切るのであるが、「贖身規定がある以上」というのが意味不明である。贖刑とは刑罰の部分を金銭や労働によって贖うことを認める制度であって、官奴婢が贖身できることとは別問題である。ただし、高恒氏の無期説は隷臣妾が事実上の終身刑と解してのものであって、隷臣妾を官奴婢の身分とダブらせているのである。いずれにしても、隷臣妾が四年乃至五年という限定された期間の労働で贖えること自体が、その刑が有期であることを雄弁に語っているのである。籾山明『中国古代訴訟制度の研究』（京都大学学術出版会、二〇〇六年）の第五章「秦漢刑罰史研究の現状」を参照。

さらに、城旦舂や隷臣妾に刑期が存在したことを、より明瞭にし得る文献的証拠がある。それは『二年律令』二〇四―五簡の銭律に、盗鋳銭令や死罪を犯した犯人を捕えた者に対し、その代償として犯人一人につき死罪の者一人または城旦舂（または鬼薪白粲）の者二人、または隷臣妾の者三人を免ずることを認めていることである（第九章を参照されたい）。ここから確認できることは、城旦舂二人と隷臣妾三人とが（法の運用上）等価であったということである。商鞅以来、刑政と財政とが密接な関係にあったことは周知の通りである。労役刑徒の労役は「日居八銭」でカウントされた。年間では二五〇〇銭（漢では四両）となる。第七章での考察によれば、『二年律令』における（刑）城旦舂は六年刑であったはずであるが、城旦舂二人の労働価の総計は四八両となる。これが隷臣妾三人分の労働価と等しいとすれば、隷臣妾一人につき一六両であり、それは四年の刑期に相当する。『二年律令』における城旦舂や隷臣妾が有期刑であったとすれば、文帝によってはじめて刑期が定められたものではなかったことが明らかとなる。もし今後とも無期刑説を採り続けるとするならば、前掲二〇四―五簡について、何故城旦二人と隷臣三人とが等価として扱われるのかが説明されなければならないであろう。もし刑期が存在しなければ右のことは理解不能ではないか。しかも銭律という現実的な名称を有する律での規定である。

第六章　秦律中の城旦舂

はじめに

秦律をほぼ踏襲した漢律に対して、文帝一三年（前一六七年）に大幅な改革が施され、複雑であった秦律以来の労役刑の制度は、刑期によって分類される簡明な体系にと再編された。(1) この改革以前の刑罰体系としては、死罪、刑罪、〈補注〉完刑、耐罪、貲罪という各ランクの刑名が設けられていた。このうち刑罪、完刑、耐罪は労役の科せられる刑罰であり、その労役刑名には城旦舂、鬼薪白粲、隷臣妾、司寇、候等があり、(2) それぞれに肉刑の伴うものと完刑のものと耐罪のものとがあった。そこで疑問となるのは、秦律における労役刑の名称が何故かくも複雑であったのかということである。

本章では、その解答を得るために、城旦舂と隷臣妾との比較を通して、労役刑の実態に少しく迫りたい。『睡虎地秦墓竹簡』において最も頻繁に現れるのが両者であるからだ。順序としては、先ず城旦舂の名称の起源を論じ、続いてその労役の実態に迫り、さらに城旦舂と隷臣妾との本質的相違を明らかにし、最後に城旦舂と連坐制の問題について考察し、以て秦律中の城旦舂の位置づけを明らかにしたいと考える。

一　城旦舂の刑名

城旦舂という労役刑について述べた在来史料としては、次の三種がある。すなわち

①『漢書』恵帝紀の顔師古所引の応劭注

②『史記』秦始皇本紀の『集解』所引の如淳説

③衛宏の『漢旧儀』

である。以下に、それぞれを検討する。

①まず、恵帝紀の即位年の詔中に「有罪当刑、及当為城旦舂者、皆耐為鬼薪白粲」とある箇所の顔師古注に、後漢の応劭の言を引いて

　応劭曰く「城旦は、旦起して治城を行ふ。舂は婦人にて外徭に預からず、但だ舂いて米を作る。皆四歳刑也。」

とある。応劭によれば、城旦舂の城が治城の義であり、旦は朝の義となる。早朝に起きて城壁造りの労役に従事するのが城旦の刑であるという。舂は女徒に科せられ、戸外の労働ではなく、粟をついて籾殻を取り去って食することのできる米の状態にする労役のみであったという。そして城旦も舂も共に四年刑であった、と。

②次に、李斯の建言によって焚書令の出されたことを記す『史記』秦始皇本紀三十四年条に「令下りて三十日にして焼かざれば、黥して城旦となせ」とあり、これに附けられた『史記集解』の注に三国時代の如淳の引く『律説』が挙げられ

　如淳曰く「律説に『論決して髡鉗と為らば、辺に輸して長城を築かしむ』と。昼日は寇虜を伺ひ、夜暮に長城を

築く。城旦は四歳刑」

とある。漢律に解説を加えた文書とされる『律説』の内容については信憑性が認められなければならないが、問題は、どこまでがその引用か、ということである。おそらくは「昼日伺寇虜、城旦四歳刑」の部分は前掲応劭注に拠ったものであろう。髡鉗城旦春は漢代を通じて五年刑であったことは知られていたはずで、『律説』に髡鉗城旦春が四年刑と記されていたはずはない。故に『律説』の引用は「論決為髡鉗、輸辺築長城」までであったと思われる。なお、応劭が「旦起行治城」としたのに対し如淳は「昼日伺寇虜、夜暮築長城」とするのは矛盾であるが、辺境に移された刑徒の労役としては、異民族の侵入を防ぐことが含まれていたと考えた如淳は、辺境に移された彼らが昼間にその役をこなしたのであり、応劭のいう治城の労役は夜間に為した、と解釈したのであろう。しかしながら、真っ暗な夜に城壁造りの労働をするというのは不可解であり、おそらくは不可能であろう。能率的でもない。故に、如淳注についても我々は信を置きかねるのである。

③次に前漢末から後漢にかけて生きた衛宏の著とされる『漢旧儀』の記述を検討する。そこには

凡そ有罪の男は髡鉗して城旦と為るもの、城旦は治城する也。女の舂と為るもの、舂は治米する也。皆な作すること五歳、完は四歳。

とある。これは三つの史料の中では最も信頼の置けるものである。内容的には応劭注とほぼ同じであるが、「旦起」という語は記されていない。そして、髡鉗城旦春が五歳刑、完城旦春が四歳刑としている。城旦及び髡鉗城旦は後漢においても実際に存在していた刑であるから、この記述について無視することはできない。

以上が在来史料であるが、これらの説を並列しても解決できないのは、城旦春の「旦」の語がどこから来て何を意味したのかという問題である。如淳と応劭は旦を昼の義とするが、衛宏はそのことを記していないのである。この問

題に対して取り組んだのが陳金生氏(3)である。同氏は次のように述べる。

もし城旦の旦字に早朝という義があったとすれば、城旦に対応する女徒も同じく早朝から労役に就くはずであるにもかかわらず、これを「舂旦」と称しなかったことの説明がつかない。城旦の旦の字は旦夕の旦ではなく、実は「築」の仮借文字であり、城旦とは城築の義であった。築の原義について記す『春秋正義』には宣公十一年伝の「畚築」の語を注釈して「畚は土を盛るの器、築は土を逐ふの杵なり」と述べており、また『説文』にも「築は擣く所以、木に従う、筑は声なり」とあるように、築はもともと盛った土をつき固める道具である杵を指し、この原義から転じて版築により土を擣き固める労働を指すようになる。『史記』巻九一、黥布伝に「身負版築」とある語の『集解』の李奇注に「版は牆板也。」とあり、また『儀礼』既夕礼の「甸人築坅坎」の注には「築きて土を其の中に実たし、土を固む」とある。築と筑の文字は発音が同じであったのみならず、同義の語として互用されていた。一方『爾雅』釈言には「筑は拾也」とあり、この拾と同義である掇の字について記す『説文』には「掇は拾取也。手に従ひ、叕は声也」とある。このように築、掇、拾の三者は相互に同義性を有し、築と掇とは音についても双声の関係にあった。次に、掇字と発音を同じくする「掇」と「旦」とが類似の音を有して互いに通借されていた。その傍証としては、『荘子』大宗篇に「有旦宅、而無情死」とあるのと同じ内容を記す『淮南子』精神訓に「有掇宅、而夢秏精」とあることが挙げられる。この「旦宅」と「掇宅」との対応から判断すれば、漢代には旦と掇とが通借されていたことになる。さらに、掇の音は叕より生じたものであり、古音では旦が元部に属し、叕が泰部に属し、両部の音が近似していたことから考えて、旦と掇（綴）とが、したがって「旦」と「築」とが、古音では通じていたことになる。以上の考察から、「城旦」はもともと城築、すなわち版築によって城壁を擣き固める労役を意味したことが知られ、画数の少ない「城旦」が専ら用いられるようになり、やがて原義が忘れ去られた。

以上が城旦の「旦」の語義に関する陳氏の見解である。また陳氏は「舂」については次のように論述する。

『説文』の臼部に「舂は粟を擣く也。廾に従ひ午を持し臼の上に臨む。午は杵の省也」とある通り、「舂」とは穀物を擣くことであり、その構造は穀物を臼の上に置いて、これを杵で擣く様を表しているという。次いで『方言』巻四には、「鶡鴠は周・魏・斉・宋・楚の間には之を定甲と謂ひ、或いは之を独舂と謂ふ。関より東は之を城旦と謂ふ。」とあり、鶡鴠（さよつきどり或いはあしごいさぎ）という鳥が独舂と呼ばれ、函谷関以東では、城旦と称されていたという。鶡鴠という鳥の仕草が穀物を擣く労働に似ており、一般にこの舂の労働が二人一組で交互に杵を振り上げながら行われるので、これに対して、この鳥が単独で杵つきの格好をするからであるという。このことは、舂が穀物を擣く労役であったことを示しており、また使用する道具や仕草が城築の労働と類似していた事を物語り、その故に関東で城旦という呼び名を持っていた。

以上が陳金生氏の論であり、これをさらに要約すると、城旦とは城築の義であり、城旦の刑徒に版築による城壁造りが科せられ、一方、女徒の舂は穀物を擣くという義であり、舂にはその労役が科せられた、ということになる。右の陳氏の見解が正当であることについては後に述べる。陳氏が「城旦」に対する「舂旦」の語がないとしたのであるが、実は、春秋期より「舂築」の語はあったのである。『新書』巻六の春秋に

酤家不讐其酒、屠者罷列而帰、傲童不謳歌、舂築者、不相杵、云云。

とある通りである。(4)「舂築者は相ひ杵かず」とあるところから、舂築の労働が二人一組のペアで行われていたことが確認され、刑徒として労役に就いた舂も、基本的には同様の労役をしたのではないかと推測される。

二　城旦舂の労役

『睡虎地秦墓竹簡』中には、城旦舂や隷臣妾の労役の実態を探る手がかりとなる記述が見られる。秦律では、一般労役に就く場合とエネルギー消耗の激しい重労働に就く場合では、同じ刑徒であっても食糧支給に差が設けられていた。一般刑徒の場合は司空律一三八—九簡に

居官府公食者、男子参、女子駟。

とあり、男徒は朝夕それぞれ三分の一斗、(5)女子は同じく四分の一斗の穀を食糧として支給された。これは倉律四九簡に

隷臣妾其の公に従事するものは隷臣は月に禾二石、隷妾は一石半。

とあるのと一致する。(6)

次に、重労働を課せられる者に対して粟を余分に支給すべきことを規定する倉律五五—六簡には

城旦の垣するもの及び它事にて労が垣するに等しきものは旦半、夕参。其の守署及び它事を為す者は之に参食せしむ。（中略）城旦舂、舂司寇、白粲にて土攻を操るものは之に参食せしめ、土攻を操らざるものは律を以て之に食せしむ。

とある。城旦のうち、築垣の労働に従事する者及び労働の重さがそれに匹敵する者への食糧支給は朝三分の一斗、夕三分の一斗（日に六分の五斗、月では二石半）とするが、守署とかその他の一般的労役に従事する者には（律の規定通り）朝夕三分の一斗（月に二石）とし、土木工事に就く女徒である城旦舂、舂司寇、白粲には朝夕三分の一斗（月に二石）を支給し、力役に従事しない者には律の規定通り（朝夕駟食、月に一石半）とするという。これによって、秦代には確かに土木工事に従事する城旦舂がいたことが確認され、同時にそれ以外の一般的労働に従事する者が大多数いたらしいことも推測できる。垣造りより規模が大きいのが城壁造りであるが、労働のきつさにおいては同等であったと見られる。

次に、応劭のいう「舂は婦人にて外徭に預からず、但舂いて《つ》米を作る」の当否について確認しておく。刑徒への衣類の支給規定を記す秦律十八種九四―五簡の金布律には

衣を稟くる者、隷臣（中略）及び城旦は冬は人ごとに百一十銭、夏は五十五銭。其の小者は冬七十七銭、夏四十四銭。舂は冬五十五銭、夏は四十四銭。其の小者は冬四十四銭、夏卅三銭。

とある。これによると、衣の支給が男徒に厚く女徒に薄い。ここから労働の性質の違いを読み取ることが可能である。すなわち、男徒は冬に戸外での労役が課せられ、女徒の場合は屋内の労役が課せられていたということである。小（身長五尺二寸未満）であれば男女の体格の差はほとんどないにもかかわらず、ことに冬の支給の差が多いということは、男子には未成人でも戸外の労働が課せられたことを物語る。この点については「舂は外徭に預からず」というのは部分的に正しかったことになる。けれども、前掲の倉律に「城旦舂、舂司寇、白粲にて土攻を操るものは之に参食せしむ」とある以上、女徒も屋外での土木工事に従事することはあった。或いはこれが冬期を避けて行われたのかも知れない。

なお、如淳の「昼日伺寇虜、夜暮築長城」という見解は的外れであることもここから明らかとなる。「寇虜を伺う」というのは必ずしもエネルギー消耗の激しい重労働とは言えず、食糧支給は一般刑徒並であったと思われる。ともかく、夜間に長城造りの現場へ向かうというのは、移動に余分な時間と経費を裂くことになり、暗闇の中での作業というのも不合理である。城旦がこうした労役を担うケースもあったことは推測できるけれども、しかしそれはパート労働としてではなく、それぞれ別のグループの者がその任を果したはずである。

三　城旦春と隷臣妾

『睡虎地秦墓竹簡』には隷臣妾と城旦春とが同一の条文中に記されてあることが多い。例えば秦律十八種九二―三簡金布律に

　都官有用、□□□□其官、隷臣妾・城旦春毋用。

とある(7)。ここに都官においては隷臣妾及び城旦春を用いてはならないと規定してある。秦律中には城旦春、隷臣妾の他に鬼薪白粲、司寇（春司寇）、侯という刑名が見られるが、城旦春と隷臣妾が最も多数を占める刑徒であったと見られる。右記は、都官(8)という官府においては城旦春や隷臣妾を用いてはならないと制限が設けられてあり、裏を返せば、都官以外の官府では城旦春や隷臣妾が様々の分野で用いられていた、ということが推測され(9)、刑徒が果たした役割の重要性を示す史料である。その故に、これら刑徒に刑期があったか否かという問題は国家のあり方を理解する上でも重要な鍵となる。これについては再度次章で論ずることとする。

城旦春、隷臣妾に次ぐ半ば刑徒身分として司寇(10)という存在があった。一四六―七簡の司空律には

城旦司寇以て将するに足らざれば、隷臣妾をして将せしむ。居貲贖責の城旦舂と作する者、及び城旦の傅堅、城旦舂の将司に当る者は廿人を城旦司寇一人が将す。

とある。居貲贖責とは債務労役者であり、傅堅とは版築の専門家と思われ、「城旦舂」とあるから時として男女も一緒になって二〇人で一クルーを構成して、[11] かつて城旦を経験した司寇が監督して城壁造りの作業を遂行したと思われる。[12] ただし、城旦司寇（の能力または人数）に不足があれば、隷臣（の能力有る者を選抜してこれ）に監督させる、という。そしてそれでもダメな場合については、続いて

司寇踐《た》らざれば、城旦の労三歳以上の者を免じて、以て城旦司寇と為す。

とあるように、現役の三年以上の者を[13]（選抜してこれを）城旦司寇とする、という規定があったのである。

右記司空律からも窺われるように、城旦舂は将司される側で、隷臣妾がする側であるというのが原則であったようである。その立場の違いをより明瞭に示すのが法律答問一一六簡の

隷臣城旦を将して之を亡すれば、完為城旦舂。其の外妻子を収す。

とある条である。城旦を将していた隷臣がこれを逃亡させた場合、その隷臣は罰として自らが完城旦舂とされ、自由身分であった外妻と子が官に身柄を没収されたのである。[14] このように城旦舂の場合は自ら刑徒となるばかりでなく、その妻子も官に身柄を没収されるのが原則であり、隷臣妾の場合は刑は自身の身に留まった。

次に、盗の罪についての規定を記す法律答問三五―六簡には

士伍甲盗み、得時を以て贓を直せば贓の直は百一十なるも、吏は直さずして獄鞫にて乃ち直し、贓の直は六百六十を過ぐるとして甲を黥して城旦とせり。問ふ、甲及び吏は論をいかんせん。甲は耐為隷臣に当て、吏は失刑罪。

とある。ここから盗一一〇銭の罪が耐隷臣妾、盗六六〇銭以上が黥城旦舂の刑に処せられたことが知られるのである。[15]

なお、『睡虎地秦墓竹簡』や一九八三年出土の『張家山漢墓竹簡』には耐罪としての城旦舂の記述は見られないが、一九八九年出土の『雲夢竜崗秦簡』一二九簡には

人及虚租希程者、耐城旦舂（下闕）

とある。孤立した、しかも他との関連のわからないこの一例では何とも言えないが、城旦舂という大きな括りの刑名の中に耐城旦舂が含まれていたことになろう。(16)

むすび

秦律における最も普遍的な労役刑名の一つが城旦舂であったが、後漢以後、その刑名の語義が不明となっていた。陳金生氏の考証によれば、城旦の旦は築の仮借字であり、築はもともと土や穀物を擣く杵を指していた。そこから転じて擣くという行為を指すようになる。また、城は土を盛るという行為であり、城築が版築による土木作業を意味し、これが労役刑名となった。一方、これに対応する女徒の作業は舂と称せられたが、この文字は穀物を擣く行為を表しており、舂は城築と同じく杵を使う作業であったが、土木工事に比べれば軽労働であった。城旦舂や舂の多くは実際には様々の労役に当てられ、エネルギー消耗の激しい土木作業の場合には一般の労役に就く者よりもわずかではあるが（月に半石）、より多くの食糧が支給された。また、城旦舂と隷臣妾とを比べると、刑罰の範囲は隷臣妾の場合は本人に留まったが、城旦舂（完城旦舂以上）の場合には、その妻子の身柄が官に没収されるのが原則であった。この連坐規定については、漢の文帝によって原則的に排除されることになる。

注

（1）拙稿①「秦漢時代の『完』刑について――漢書刑法志解読への一試論――」（『愛媛大学法文学部論集文学科編』第一三号、一九八〇年）および②「秦律における贖刑制度」（同右第一八・一九号、一九八五・一九八六年）を参照。『張家山漢墓竹簡』が公表された今では多くの修正が必要となったが、①では「完司寇」の存在を想定したが、司寇は基本的には元刑徒及びその家族たる身分であったので、完司寇は存在しないことが明らかとなった。これについては第八章を参照。②では秦律における一甲の額を一万銭と解したが、『二年律令』によって、一甲はその八分の一であることが明らかとなった。これについては第三章を参照されたい。

（2）このうち司寇と候には耐罪が存在したが、耐罪でない司寇（及び候）については刑名ではなく、身分であった。第八章を参照。

（3）陳金生「城旦解」（『文史』六輯、一九七九年）。以下陳氏の論はすべてこれによる。

（4）『新書』下巻、春秋。

（5）糲殻のついた粟での計量であり、一斗は二リットルで、粟一斗は三銭がその標準価格であった。

（6）男子は日に三分の二斗、月ではその三〇倍であるから二石となる。女子は日に二分の一斗、月では一・五石となる。

（7）不明の四文字は「以司寇用」であったと思われる。司寇については第八章を参照されたい。

（8）秦律における「都官」は中央官庁を指すのではなく、財務等を取り扱う役所で、各県にもその出先機関が存在していた。ここで司寇を用いてはならないということが上級の役所であったということを示しているのであろうか。

（9）事実『里耶秦簡』には、城旦舂、鬼薪白粲、隷臣妾等の刑徒が多く用いられたことを記す記録がある。

（10）第八章を参照。

（11）城旦舂の中には完城旦舂の者も含まれていたであろう。

（12）「城旦司寇」がそれであり、かつて城旦舂の刑徒であった者が、（刑を終えて）抜擢されて「城旦司寇」となり、刑徒の労働を監督し指揮する立場となった。

（13）秦律における城旦舂は六年刑であり、完城旦舂は四年刑であった。すると、その城旦司寇の残り刑期は三年（未満）または一年（未満）が免除されることになる。刑期については次章を参照。
（14）『張家山漢墓竹簡』の二年律令一七四簡の収律には「罪人完城旦鬼薪以上、及坐奸府者、皆収其妻子財田宅」とある。
（15）秦律においては黥城旦舂と完城旦舂との間に「刑城旦舂」が存在していた。盗罪の場合は盗額四四〇銭のところにその境界線があり、第三章での考察を踏まえると、盗額が二二〇～四四〇銭の量刑が完城旦舂、盗額が四四〇～六六〇銭の場合が（刑）城旦舂であったことが明らかとなる。
（16）秦代末期になって「耐城旦舂」という刑名が加えられたのかも知れない。目下疑問としておく。
〈補注〉肉刑と完刑との中間に刑城旦舂、刑鬼薪白粲、刑隷臣妾という刑罪が存在することが明らかとなった（次章を参照）が、もともと刑罪が肉刑を伴う刑罰を指していたことは、「刑」に「刂」が用いられる文字の構成からも明らかであろう。したがって、文帝期以前の「刑罪」とは六年刑の刑城旦等を指す場合と黥以上の肉刑を受ける刑を指す場合とがあったのである。第二章の補注一を参照。

第七章　秦律および初期漢律における「刑城旦舂」

はじめに

『睡虎地秦墓竹簡』の法律答問の一〇九―一一〇簡に

葆子□□未断、而誣告人、其罪当刑城旦、耐以為鬼薪而鋈足。

とあり、ここに「刑城旦」の語が現れる。葆子とは親が官職を有して法的に優遇される身分を表しており、「刑城旦」の「刑」については、睡虎地秦墓竹簡整理小組は肉刑を意味すると解しており(2)、筆者もこれまでそのように理解していた。刑城旦はほぼ黥城旦と同じと見たのである。しかし肉刑には黥の他に劓や刖もあり、それらの肉刑を付加される城旦舂を一括して刑城旦舂と称したと見てよいのであろうか、という疑問が以前よりあった。次の一一一簡には「刑鬼薪」の語が記されているのであるが、これについても、「刑」が肉刑を指すという理解には問題が残る。鬼薪はもともと上造以上の有爵者であり、彼らに肉刑が加えられることは原則的には考え難いからである(3)。

このように、『睡虎地秦墓竹簡』のみでは解釈不能の疑問点が多くあったが、『張家山漢墓竹簡』の出土により、その疑問点解明に多くのヒントが得られることとなる。右記の問題についても然りである。秦律における城旦舂をはじめとする労役刑の刑期は存在した、とする有期刑説に立つ筆者が、赤外線版写真を掲載する二〇〇七年出版の『二年律令与奏讞書』(4)を検討していたおり、その第一二七簡の告律の接続に疑問が生じた。これが「刑城旦舂」を解明する第一歩となるのである。

一　「刑城旦舂」の存在

呂后期の漢律を書写したものとされる『二年律令』一二七簡、告律の整理小組による釈文は

告不審及有罪先自告、各減其罪一等。死罪黥為／城旦舂、城旦舂罪、完為城旦舂、完為城旦舂罪（以下闕）

となっている。ただし、写真版(5)によれば、城旦舂、完為城旦舂のそれぞれの文字の右下に繰り返し記号「＝」が記されているのが見てとれる。「死罪」以下を二〇〇七年版の写真（図1）により復元すると

（前略）死罪黥為／　城＝旦＝舂＝罪、完＝為＝城＝旦＝舂＝罪（以下闕）

となっている。問題となるのは「黥為」と「城＝旦＝舂＝」のところの接続部分である。画像ではその部分が不鮮明であり、その接続が果たして右記の通りでよいのかが疑問であり、c簡とした上部の「城」のやや右上部に黒く見えている点が、ヨゴレなのかそれとも墨痕なのか、または他の竹片が付着していたのか、一〇三頁所掲の図1のままでは解析不能である。そこで次の段階として、右記の整理小組による釈文が正当であると仮定すると、その際にはさらに疑問が生ずることになるのである。すなわち、整理小組の釈文は「死罪、黥為城旦舂、城旦舂罪、完為城旦舂、完為城旦舂罪（以下闕）」となっており、これによれば「死罪為黥為城旦舂」とある「黥為城旦舂」のことを、それに続く部分では「城旦舂」と省略した表記をしており、表記上も他例に照らして不自然である。内容的に検討すると、同

じく『張家山漢墓竹簡』の『奏讞書』には、雍の地に住んでいた黥城旦に服役中であった講という人物の言葉として「雍の城旦講乞鞫す」と記した文書が存在する。(6) しかし、これは自称として「城旦講」と称した特殊なケースであって、「黥城旦講」と称することはなかったであろう。一般的法規を記す律の文書中に、黥城旦春のことを「城旦春」と表現するそのような省略表記があり得るであろうか？　というのが第一の疑問であり、第二の疑問は二〇〇一年版の図版では、一二七簡が二つの断簡となっているように見えるけれども、前述したようにその接続の部分が明瞭でなく、はたして「黥為」の直後に「城旦春」以下が接続し得たのか？　という問題である。

　これらの疑問を解決するための決定的な証拠が前述の二〇〇七年の赤外線写真図版の中にあったのである。その拡大図版が図2（次頁に所掲）である。その編集責任者である彭浩氏は、赤外線の写真により、「黥爲の二字の下にも繰り返し符号が隠れてあるようだ」(7)として、死罪より一等減じた刑が黥城旦春であり、黥城旦春よりさらに一等減じた刑が完城旦春であるとしている。「黥爲」の二字に繰り返し符号が存在したことは、『二年律令』の他の表記に照らせば、その通りであると認められる。(8)その釈文は以下の通りである。

　死罪黥爲城旦春、黥爲城旦春罪、完爲城旦春、完爲城旦春罪（以下闕）

しかしながら、この彭浩氏らの見解にも問題がある。彭浩氏等も「黥＝爲＝」の文字に「城＝旦＝春＝罪完＝爲＝城＝旦＝春＝罪」とある続簡が直ぐに続くと見ているのであるが、本章において、以下に示すように、その拡大写真を検討することによって、そのような接続の可能性もあり得ないことを明らかにしたい。

　まず、図2に示したように、一二七簡の前半部をa簡とし、「城＝旦＝春＝罪、完＝爲＝城＝旦＝春＝罪」の部分をc簡とすると、a簡の下部は裂けて二股に分かれており、最後の文字である「黥＝爲＝」の下には少なくとも半文字分の空白があり、c簡の最初の完全な文字である「城」の上にも若干の空白があって、a簡とc簡とは明らかに接

図1　二〇〇七年赤外線版

a

c

告不審及有罪先自告各減其罪一等　死罪黥＝爲＝　城＝旦＝舂＝罪　完＝爲＝城＝旦＝舂＝罪

※a片とc片は接続しない

図2　二〇〇七年赤外線版（部分拡大）

a

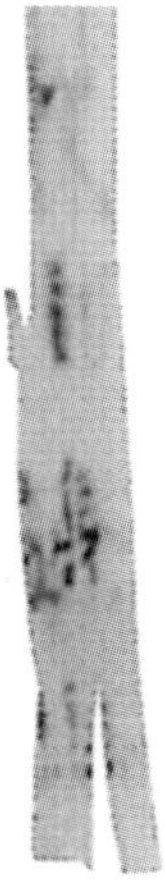

死罪黥＝爲＝

b

城＝旦＝舂＝罪刑＝爲＝

c

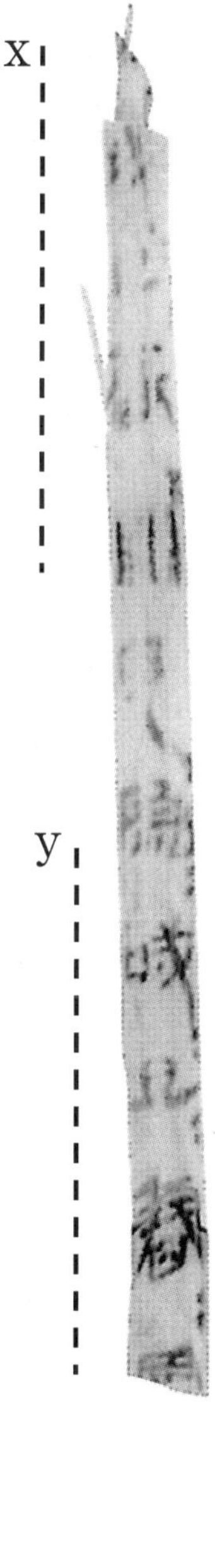

城＝旦＝舂＝罪完＝爲＝城＝旦＝舂＝罪

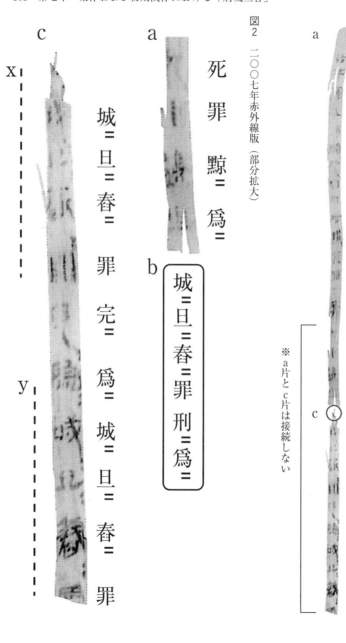

続しないのである。c簡は「城」の上が特異な割れ方をしており、割れて突起した簡の上端近くに二つの点が見える。筆者はこれが前の文字であるとする可能性を考え、かつて邢義田氏及び陳偉氏のそれぞれと意見を交換した。両氏はそれぞれ、接続に問題がある可能性は認識されたが、それ以上の内容については意見を保留された。筆者は二〇〇八年発表の拙稿(9)においてこの接続の問題を取り上げたが、その時点では気が付いていなかったことがある。それはc簡の右上部に見える、一見ヨゴレのように見られる点（のような黒い部分）の存在についてである。

図2を再度見ていただきたい。一二七簡はa簡c簡を通じて筆跡が一定であり、一人の人によって書写されたものであることは疑う余地がない。ゆえに、c簡の上の「城旦春」はこれに続く「完為城旦春」の「城旦春」の部分をトレースしたものを重ねれば、これと重なるはずである。筆者は実際に拡大写真版をトレーシングペーパーにコピーして、重ねてみた。（トレーシングペーパー上の）墨が比較的濃く残されている上の「城」の字（X線の右）を「完爲城旦春」の城の字（y線の右）と重ね合わせると、当然のことながらほぼ重なった。さらにより精密に比較するために、図2の左に引いた破線xと、その下の破線yとを引いた。このx線とトレースしたy線とを重ねてみる。すると、「城旦春」の三文字が重なるのは当然ではあるが、このときに、筆者としては驚くべき事実を発見することになったのである。

その驚くべき発見とは、y線の右上にある「爲城旦春」の「爲」の字の「灬」の中の二つの点および繰り返し符号「〻」の下方の横棒がx線右の「城」の上方に残された三点と、これまたピッタリ！　と重なったことである。c簡の右上に残された三点は、「爲」字と繰り返し記号「〻」のうちの三点であったのである。この事実は、x線右の原簡が「爲〻城〻旦〻春〻罪」となっていたことを示すものである。つまり、c簡に接続するのはa簡とは別の断片であったと理解するしかないのである。

以上を踏まえると、『二年律令』二二七簡が埋納された時点では、c簡の前に「まぼろしのb簡」の部分が存在していたことになる。これが二二〇〇年の時を経て出土した時には、少なくとも主要な文字の書かれたところではa簡b簡c簡の三つの断片となっていた。そのうちのb簡は写真が撮影された時点ですでに行方不明となっていた、ということになる。ところが幸いなことに、b簡の最後の文字の最下部の二点とその文字の右下に繰り返し符号「＝」の下の線（点に近い）の痕跡がc簡の最上部に残っていたのである！　以上が赤外線拡大写真から得られるb簡の周辺情報であるが、では、c簡の「爲＝城＝旦＝舂＝罪」の直前にはどのような文字が記されていたのか。

これまでの分析によって明らかになったことは、死罪の次に位置するのが「黥爲城旦舂」であり、その次に「□爲城旦舂」なる労役刑名が存在していたことであり、さらにその次に「完爲城旦舂」が位置してあったことになる。では「□爲城旦舂」とは何であったのか？

さて、黥という肉刑は肉刑としては最も軽い刑罰である。黥為城旦舂というその肉刑を伴う城旦舂と完為城旦舂という肉刑を伴わない城旦舂との中間にもうひとつ「□爲城旦舂」という名称の刑があったというのであるから、その刑は肉刑が伴わないで、しかも完城旦舂よりも重い刑であったことになる。これは、これまでの通説的理解に対して発想の転換を迫る重大なる事実と言えるであろう。筆者は本書に直近の前稿[10]において、完城旦舂とは別に「城旦舂」の刑があったと推定したのであるが、その刑名の前に「爲＝」とあったのは想定外であった。そこで苦慮した結果、筆者が得た結論というのは、以下の通りである。すなわち、図2の左側に引いた破線xの右の「城＝」に連続するその上部に記されていたのは

刑＝爲＝

という文字と記号であった。それ以外の表記はあり得ないと判断されるのである。では、「刑爲城旦舂」とは何か。

「刑城旦舂」の語であれば、実は在来史料と『睡虎地秦墓竹簡』にも記されている。在来史料というのは『漢書』刑法志に文帝の刑法改革の内容を記した箇所で、改革後の一連の移行措置を記した後に

　　前令之刑城旦舂歳而非禁錮者、如完為城旦舂、歳数以免。

とある。「前令之刑城旦舂」という表現からは、改革以降はこの刑名が亡くなったことが明らかとなる。筆者は当初「刑城旦舂」は黥城旦舂を指すと理解した。しかしながら、『漢書』刑法志には、この記述の前に

　　諸当完者、完為城旦舂。当黥者、髡鉗為城旦舂、当劓者、笞三百、当斬左止者、笞五百。

とあるように、完刑と黥以下の肉刑の伴う城旦舂については既に述べられていて、黥や劓や斬左止の肉刑についても代替刑（髡鉗および笞）を設けることによって廃止するとの記述がその前に完了しているのである。とすると、右記「前令之刑城旦舂」とは、黥城旦舂等のことを再述しているのではないはずである[11]。そこで本研究における最も重要な結論を述べるとすれば、まさに「（前令之）刑城旦舂」こそが幻の一二七簡断片b簡に接続するc簡の上部に記されていた「（刑＝）爲＝城＝旦＝舂＝」に他ならなかったのである。

一方、法律答問中に記される刑城旦というのは、冒頭に引用した一〇九―一一〇簡に

　　葆子□□未断、而誣告人、其罪当刑城旦、耐以為鬼薪而鋈足。

とある所である。

これまでの通説的理解では、「刑城旦舂」はいずれも、肉刑を施された城旦舂を指すとされてきた。しかしながら、もし、その「刑城旦舂」が『二年律令』一二七簡に記されていた「刑爲城旦舂」と別のものではないとすれば、前述したように、「刑城旦舂」の通説的認識を改めねばならない。「黥爲城旦舂」と「完爲城旦舂」との中間に位置したのが「刑爲城旦舂」であったことになるからである。この「刑」は黥より軽いもの（つまり肉刑の加えられない城旦舂）

であり、しかもこれが完城旦舂よりも重い刑であったのである。とするならば、それは、刑期において「完爲城旦舂」との間に差があったと考える以外に合理的な理解は有り得ないのではないか。つまり「刑城旦舂」は「完城旦舂」ではなく、それよりも重い「城旦舂」であったことになる。

次に、『張家山漢墓竹簡』における「刑城旦舂」の例を見る。『二年律令』一三七―八簡の捕律は前の部分が欠けているので正確な理解が困難であるが

（前闕）亡人、略妻、略売人、強奸、偽写印者、棄市罪一人、購金十両。刑城旦舂罪、購四両、完城／□□二両。

とある。□亡人や略妻や略売人や強奸や印爾を偽写した者および死罪の者一人を捕らえて告発した者には賞与として金一〇両が与えられ、「刑城旦舂」の者を捕告した者には四両が与えられることを記している。一〇両と四両との落差に注目すべきであろう。そして、整理小組の配列が正しいとするならば[12]、完城旦舂の者を捕告した場合には「刑城旦舂」の捕告の場合の四両よりも少ない、おそらくその半分の二両額が与えられたということになる[13]。

次に、右記の「略妻」の罪の量刑を考えると、奏讞書の三一簡に

取（娶）亡人為妻、黥為城旦。弗智、非有減也。

とあり、逃亡した女性を妻とすると、たとえそのことを知らなかったとしても、娶った本人は黥城旦とする、という規定があった。上記捕律の亡人の前には「取（娶）」の字が記されていたと思われる。次の「略妻」というのはこれに準ずる行為であるから、その量刑はやはり黥城旦であったと考えられる。同じく『二年律令』一九四簡雑律には

強略人以為妻及助者、斬左止以為城旦。

とあり、強略妻の場合は黥より重い斬左止が加えられて城旦となるという。強略妻と略妻とは具体的にどのように違っ

たのかは少しく不透明であるが、(14) 漢代初期には、右記捕律に記される取亡人、略妻、および死罪の者を捕告した際に、一〇両という大金が「購」として与えられる規定があった。このことは本論での考察においても重大な意義がある。これらに比べると、「刑城旦舂」を捕告した者への賞与はその半分以下の四両であった。また、完城旦舂を捕告した場合賞金は二両であった。後述するように、一一九簡の具律によれば、死罪を贖う贖刑の額が二斤八両であり、黥の贖額が一斤であり、城旦舂の贖額が一斤八両であったことを考慮すると、黥城旦舂を贖うための贖額は、贖黥（一斤）と城旦舂（一斤八両）との合計（二斤八両）であったと考えられ、贖死（二斤八両）とその贖額において同等であったことになり、両者の捕告の賞与の額が等しいことと対応する。このことを考慮すると、死罪や黥城旦舂よりも捕告の賞金額が半分以下である「刑城旦舂」が黥城旦舂ではない「城旦舂」を指していたことは疑いないのである。「刑城旦舂」が黥城旦舂と完城旦舂との中間に位置していたことが、この条によって確認できるのである。

二　「刑城旦舂」の刑期

城旦舂の刑期を示唆する史料は『二年律令』の中に存在する。一一九簡の具律の中に

贖死、金二斤八両。贖城旦舂・鬼薪白粲、金一斤八両。（中略）贖耐、金十二両。

とあるのがそれである。漢律における一斤は、重さの単位（一石＝三〇キログラムの一二〇分の一、すなわち二五〇グラム）であると同時に、黄金一斤（＝一六両）、すなわち（漢の）「一金」の価格たる一万銭を示す額である。(15) 城旦舂に相当する罪を犯してその贖刑が認められたとしても、多くの庶民にとっては、その額を現金で支払うことは不可能であり、そこで、その額が労役によって支払われることになる。その際の賃銭は秦律の「日居八銭」という原則によって、一日八銭で

計算されたとすれば、三一二・五日働けば二五〇〇銭、すなわち四両の額になり、六年の労役によって一斤八両が購えるという計算になる。

第三章で考察した通り、秦律においては一両は五七六銭であり、漢代の六二五銭とは異なるが、漢律が基本的に秦律の大枠を受け継いだものであったことは疑いなく、銭を単位として考えるならば、秦律においても同じ贖刑の制度が定められていたと認められるであろう。その故に「贖黥」「贖耐」等の贖額を示す語が『睡虎地秦墓竹簡』に残されていた。それらは『二年律令』の具律に見られる漢代の額とほぼ同一であったと思われる。

なお、刑徒としての城旦舂であれば、赤衣と赤帽及び身体の拘束が伴い、囚人（＝徒隷）としての処遇を受け、その家族の身柄が官に没収され、さらに刑期終了後にも苛酷な処遇があったが、これに対して贖刑を許された場合には家族は家に帰されたであろうし、犯罪者本人は贖額を労働によって購えば元の社会に復帰できたはずである。贖刑を認められるか否かによってこうした処遇の違いはあるにせよ、刑徒としての城旦舂（および鬼薪白粲）は六年刑であったと見るのが妥当と思われる。その証拠に、三年刑と見られる耐罪を贖う額は一斤八両の半額＝一二両であったのである。この耐罪は文帝の刑法改革後も存続し、完城旦舂が四年刑であったのと同じく、その後も三年刑であったと見られるのである。

なお、『二年律令』が漢律として施行されていた時期の後に即位したのが文帝であるが、文帝一三年（前一六七年）の刑法改革の際

罪人獄已決完、為城旦舂満三歳、為鬼薪白粲、鬼薪白粲一歳、為隷臣妾、隷臣妾一歳、免為庶人。

という移行措置がとられた。右記からはこの時点以前より完城旦舂は四年刑であったことが窺われる。もともと完城旦舂が四年刑であったからこそ、残りの一年の刑期が鬼薪白粲と隷臣妾とに振り分け得たのである。刑期終了を目前

にした刑徒は任務の遂行へのモチベーションが高く、過失なく刑期終了すべく努力を怠らないであろう。秦漢の律はこうした刑徒の心情をうまく汲み取り、その潜在的労働力を効率的に引き出す仕組みを作り上げている。なお、鬼薪白粲および隷臣妾の者も、完刑であれば四年刑であった（耐罪としてのそれらは三年刑であった）と理解される（第九章を参照）。

次に、文帝の改革直前の「刑城旦」の刑期を示す史料として挙げられるのが、前掲『漢書』刑法志に、完城旦舂と（文帝の改革以前の）刑城旦舂との関係を示して

前令之刑城旦舂歳而非禁錮者、如完為城旦舂、歳数為免。

とある一文である。前稿以前の筆者の理解としては、刑城旦舂（黥城旦舂も含む）が六年刑であった故に、この刑を宣告されて服役一年の者を完為城旦舂に移し、四年の刑期を経て服役満五年となれば、免じて庶人とする、という内容であると思われた。しかしながら、この解釈には問題があった。それは、服役後、一年経ってから完城旦舂に移行することの必然性が示せなかったことと、「刑城旦舂歳而非禁錮者」の表現の不自然さ等があった。「刑城旦舂非禁錮而歳」とあれば「刑城旦舂のうち禁錮でなくて服役一年の者は」と読めるが、接続詞たる「而」の位置が不自然と言わねばならない。また、一年だけ刑を縮めるさいに「歳数は以て減ず」という表記をすることにも疑問が残る。さらに前稿では、決定的な見落としがあった。それは、新刑法では肉刑の廃止に伴って、髡鉗城旦舂の五年が最も長い刑期となったが、旧刑法における「刑城旦舂」の者がどう処遇されたか、という考慮が抜け落ちていたのである。「刑城旦舂」が六年刑であったとして右記の解釈に拠るならば、新刑法が施行された年の（新法施行以前の）「刑城旦舂」の服役者については、その刑の終了が、新刑法施行と同時に完城旦舂となった者よりも後になってしまうのである。[17]

以上のことを踏まえて筆者は次のように再考した。「刑城旦舂歳而非禁錮者」というのは刑城旦舂となって一歳を

[16]

経た者は、ということではなく、「歳而非禁錮者」がひとまとまりであったと思われる。禁錮は今日知られる限りでは、史上初めて現れた熟語である。これは自由刑であって、自宅での蟄居を義務づけられる刑罰であった。(18) 刑城旦舂で非禁錮の者がいたとすれば、同じく刑城旦舂で禁錮を宣告される者もいたことになる。(19) そうでない者が「歳而非禁錮」であった。このように見るならば、「刑城旦舂、歳而非禁錮者、如完為城旦舂、歳数以免」とは、（城旦禁錮の者ではなく）六年の労役刑であった城旦舂の者を完城旦舂に移し、六年刑と四年刑の差額の二年分についてはこれを免除する、というのがその意味するところであった、と解し得る。

以上の考察から、刑法改革以前の漢律及び秦律においては、黥城旦舂及び刑城旦舂は共に六年刑であり、両者の差は黥という肉刑の有無にあり、刑城旦舂と完城旦舂の差は六年と四年の刑期の違いにあったと見られるのである。

三　「刑鬼薪白粲」および「刑隷臣妾」の刑期

前掲の法律答問の一〇九—一一〇簡に

葆子□□未断、而誣告人、其罪当刑城旦、耐以為鬼薪而鋈足。

とあった。葆子とは整理小組のいうごとく、任子と同じで、親の身分によって刑法上の優遇を受ける者と見て大過なかろう。葆子であって他人を刑城旦の罪で誣告した場合、その罪が鬼薪鋈足となるという。鋈足とは足に金属製の枷を科される付加刑と思われるが、葆子の身分故に肉刑をされることはなく、鬼薪とされた上に鋈足をされるという。なお、鬼薪白粲は第二級爵である上造以上の地位にあった者が就けられる労役刑であった。『礼記』曲礼に

刑不上大夫。

とあるごとく、上級身分の大夫には肉刑を科さないことが古来の伝統であった。その故に、刑城旦舂の罪を誣告しても葆子には肉刑が科せられることはなく、その代わりに鋈足という金属製の足枷を着けられたのであろう。

次に一一一簡には

葆子獄未断、而誣【告人、其罪】当刑鬼薪、勿刑、行其耐、有繫城旦六歳。（【　】内は整理小組による補足）

とある。右記より「刑鬼薪」という刑の存在が知られる。『睡虎地秦墓竹簡』整理小組は、「勿刑」を「不要施加肉刑」と訳しているが、[20]前述のように、鬼薪白粲に肉刑がないとすれば、「刑」とは「耐」と対応して六年の刑期を意味する刑法用語となっていたと見るべきであろう。葆子の場合は他人を刑鬼薪の罪で誣告しても、反坐はさせず、耐罪とするかあるいは繫城旦六歳の刑に就けよ、というのである。刑鬼薪が六年刑であったとするならば、右記一一九簡、具律において贖鬼薪が贖城旦舂と同じく一斤八両であったことと合致するのである。

次に一〇九簡には

葆子獄未断、而誣告人、其罪当刑為隷臣、勿刑、行其耐、有繫城旦六歳。

とある。右記より「刑隷臣」という刑名の存在していたことも知られる。整理小組は右記の「刑」についても肉刑を加えることと解しているが、この場合も「刑」は肉刑を意味するものではなく、六年の刑期を示す刑法上の専門用語として用いられたものであったと見られるのである。

むすび

以上の検討により、秦律及び文帝以前の漢律では、刑罪というのが六年刑を意味したことが理解されるであろう。

これは「完」が四年刑を、「耐」が三年刑を示したのと同じ原則である。『二年律令』及び秦律においては、黥城旦舂と四年刑の完城旦舂とのあいだに、六年刑の「(刑)城旦舂」という刑名が存在していたのである。完城旦舂の他に「刑城旦舂」が存在していたということは、秦律に刑期が存在していたことの決定的証拠となるのである。刑鬼薪や刑隷臣という刑名における「刑」もやはり六年の刑であったと見られる。したがって、秦律における刑罰のランクを大きく区切ると、死刑の次に宮刑や刖、劓、黥等の肉刑があり、その次に刑罪(六年刑)があり、その次に完刑(四年刑)があり、そしてその次に耐罪(三年刑)があった。それはともかく、文帝の刑法改革によって(刑)城旦舂が廃止されたので、漢代半ば以降は、「城旦舂」は完城旦舂を意味するようになった。『二年律令』以前の城旦舂は、刑城旦舂のことを指すと見られるのである。

なお、(刑)城旦舂が六年刑であったことが確定するならば(完)隷臣妾が四年刑であったことも確定する(第五章の補注三を参照)。よって、『二年律令』一二七簡のc簡の断片(一〇三頁所掲)に残された「(刑)爲城旦舂」の痕跡こそが、呂后期(以前の刑罰体系中)に刑期が存在したことを確定する物的証拠と言えるのである。

注

(1)『睡虎地秦墓竹簡』一九七八年刊の簡装本八六頁の整理小組による注釈に「葆は保に通ず。葆子は疑うらくは即ち任子ならん」とあり『漢書』哀帝紀の注に応劭が『漢儀注』を引いて「吏二千石以上は視事満三にて同産若しくは子一人を郎と為すを得」とある。漢代の任子と同じであるかどうかは不明であるが、ある種の身分のある家庭の子息を指すのであろう。

(2)同右一九九頁の「刎刑」を整理小組は「不要施行肉刑」と訳している。

(3)鬼薪(白粲)については第九章を参照されたい。

(4)彭浩・陳偉・工藤元男主編『二年律令与奏讞書』(上海古籍出版社、二〇〇七年)。

（5）張家山二四七号漢墓竹簡整理小組『張家山漢墓竹簡〔二四七号墓〕』（文物出版社、二〇〇一年）の図版。

（6）『奏讞書』一二一簡では、牛を盗んだ共犯者であると誣告され、黥城旦の刑に服役していた講という人物が自らのことを「雍の城旦講乞鞫して曰く」と述べているのである。

（7）注四の前掲書一四四頁を参照。赤外線写真の一二七簡は同書の一五頁に掲載されている。

（8）筆者は前稿「竹簡の秦漢律を読む——労役刑の刑期と文帝の刑法改革——」（『歴史と文学の資料を読む』創風社出版、二〇〇八年）においては、黥為の繰り返し記号が赤外線写真からは読み取れないので、a簡の後に「城旦舂、黥城旦舂罪、為」と記されるb簡が存在したと推定した。

（9）前注の拙稿を参照。

（10）拙稿「初期漢律における労役刑の刑期——「罪人有期」について——」（『歴史の資料を読む』創風社出版、二〇一三年）を参照。この執筆の時点では紙数の関係もあり、意を尽くすことが充分にできなかった。

（11）通説では「刑城旦舂」が実質黥城旦舂を指すとされるが、しかし、刑法志の文脈によるならば、その理解は誤りとしなければならない。肉刑でも完刑でもない、その中間の刑が「刑城旦舂」であったのだ。なお、黥（城旦舂）を除去するために新たに設けられたのが五年刑たる髡鉗城旦舂であった。劓よりランクの重い犯罪については肉刑の代わりに笞が加えられたのであるが、その刑期については髡鉗城旦舂に準じたと推測される。既に服役中の刑徒については、刑期終了が一年早められた一方、刑城旦舂については、新規定によって完城旦舂に吸収されることになったと見られる。服役中の刑徒の刑期終了は二年早められることとなった。なお、広義の「刑城旦舂」が黥城旦等を含むこともあったことについては、本章末の補注に引用した游子律からも窺えるであろう。

（12）一三八簡とされる簡は上部が欠損しており、その上に「旦舂購」の三字が存在したと見るのは妥当と思われる。そのように見ると整理小組の配列は妥当となろう。

（13）秦律においては耐罪以上の労役刑相当の者を捕告すれば二両の賞与が与えられた。ただし秦の両と漢の両は額が異なる（第三章を参照）。『二年律令』では完城旦舂の捕告については同じであったが、「城旦舂」以上の罪人に関する捕告には、より多額の賞金が与えられたことになる。このことが何を意味するかは軽々に論じることはできないが、社会秩序の維持に対して漢王朝がより積極的であったとも見られよう。

(14) 略妻が女性側の同意があった場合とすれば、強略妻は合意のない一方的略妻を指すことになろうか。

(15) 厳密にいえば、秦代の一斤と漢代の「一斤」とは同じではなかった。秦律では、重さの単位としての一斤が黄金の重量によって定められたものではなかった。第三部の「『漢書』食貨志の「黄金方寸、而重一斤」について」を参照されたい。

(16) 注八の拙稿。

(17) 文帝の改革は前一六七年であるから、同年の改革直前に刑城旦舂として服役した者の刑期終了は前一六一年となり、新法施行直後に完城旦舂の判決を受けた者の刑の終了は前一六三年となる。旧法での刑城旦舂相当の罪は、新法においては完城旦舂となったと見るのが妥当と思われる。同じ犯罪でありながら、新法が適用された後から服役した者の方が先に刑を終了するのは旧法による刑徒にとっては不公平感が残るであろうからである。なお、同様の理由から、旧法での黥城旦舂（六年刑）に服役した刑徒は新法ではその罪の量刑が髡鉗城旦舂（五年刑）となったが故に、新法に合わせて一年の刑期短縮がなされたと思われる。

(18) 禁錮については、第二部「伝統中国における禁錮」を参照。

(19) 六年限定の禁錮であったか否かは不明であるが、六年刑の刑城旦舂と禁錮の刑城旦舂とが並列的に記されていることは興味深い。少なくとも刑城旦舂で禁錮される者とされない者がいたことになる。

(20) 簡装本『睡虎地秦墓竹簡』（文物出版社、一九七八年）一九九頁を参照。

〈補注〉 秦律においては、游士律に「故秦人の出るを為《たす》くるもの有れば籍を削り、上造以上ならば鬼薪白粲と為し、公士以下ならば刑して城旦と為す。」とある。秦人の国境逃亡を幇助した場合、籍を抹消した上で、上造以上であったなら鬼薪とし、公士以下であれば刑城旦とするという。許可なく国境を出る罪は黥城旦であり、幇助者も逃亡者本人と同罪とするのが原則であったと思われる。公士であれば、その爵によって肉刑の部分が免ぜられて刑城旦舂となったであろう。「公士以下」とは公士と無爵者を含み、それぞれ受ける刑は刑城旦と黥城旦であったはずである。この例からも窺えるように、広義の刑城旦には六年刑としての城旦と肉刑の伴う城旦とがあったと思われる。

〈付記〉　図の作成に当たって藤田勝久氏と畑野吉則氏の援助を得た。記して感謝の意を表したい。筆者の見解について、二〇一二年末に訪中した池田雄一氏の学生さんを通じて荊州博物館の彭浩氏に見解を求める機会があったが、現時点では竹簡はすでにかなり風化の程度が進んでいて、一二七簡の存したであろう竹簡墨痕は、もはや確認することは不可能となっている、との連絡を池田氏より得た。二〇〇六年の時点で撮影された赤外線版が、いかに貴重なものとなったか、今後さらに脚光を浴びることになるであろう。彭浩、陳偉、工藤の各氏に感謝したい。また、『二年律令』の資料的問題点については、愛媛大学「資料学」研究会主催の研究会等のおり、邢義田、陳偉、金秉駿の各氏と議論する機会を持つことができた。記して御礼を述べたい。

第八章　秦漢律における司寇と隠官——刑と身分——

はじめに

二〇〇三年に公表された『里耶秦簡』[1]には

卒・隷臣妾・城旦舂・鬼薪白粲・居貲贖責・司寇・隠官

とある記述を、そのすぐ後で

卒・徒隷・居貲贖責・司寇・隠官

と言い換えており[2]、隷臣妾・城旦舂・鬼薪白粲の三者が「徒隷」すなわち刑徒であることが明らかとなったのであるが、このことから逆に、司寇や隠官は徒隷（刑徒）ではなかったことが明らかになり、一種の身分であったことが知られるのである。さらに『二年律令』には三六四—五簡、傅律には

公士・公士卒・司寇・隠官の子は皆士五と為す。

という、以前の常識からすれば驚くべき条があった。これは秦代から続く制度であったと見られ、隠官や司寇の子については、庶人とほぼ同等の「士伍」として、（おそらくは成人に達した時点で）登録するというのである。ということ

は、司寇は原則一代（半）限りの身分であったことになり、もし、新たにこの司寇が生み出されなければ、この身分はやがて消失するはずである。しかるに秦より漢にかけてこの階層が安定的に存続を続けていたとするならば、司寇が絶えず生産され続ける法体制があったと理解するしかないであろう。したがって、司寇や隠官については、これまでの常識を問い直すことが迫られるのである。そして、併せて考えなければならないことがある。それは、『睡虎地秦墓竹簡』および『張家山漢墓竹簡』の傅律の中に、徒隷である城旦舂や隷臣妾の子についての規定が記されていない、ということである。隷臣には外妻子のいる場合があり、彼らは隷臣の死後、あるいは刑期終了後にはどのような身分となるのか。そして、もし仮に徒隷の子が徒隷として生き続けるなら（犯罪者は社会から確実に継続的に生み出されるのであるから）、毎年数万人（乃至十数万人）規模で徒隷の数が増大し続けることになる。そのような社会が数世紀にわたって健全に存続し得るものであろうか？

それはさておき、文帝期以前の司寇の実態については、よく分からないというのが実情である。『二年律令』三一〇―三一三簡および三一五―六簡の戸律には、司寇と隠官に五〇畝の田と半宅の宅地の支給原則が記されている。もし司寇が一般的な刑徒であったなら、その土地での耕作に従事することなどできないであろうし、五〇畝の土地が与えられていれば、半自由民の身分となろうが、彼らの生活の実態については不明であり、その故に、改めてその実像に迫ることが求められるのである。

一　『睡虎地秦墓竹簡』に見られる司寇

『睡虎地秦墓竹簡』中には司寇の記される例はさほど多くはない。まず、秦律十八種一四六―七簡、司空律には城

旦の労役の際のメンバー構成が記されてあり

城旦司寇不足以将、令隷臣妾将。居貲贖責、当与城旦舂作者、及城旦傅堅、城旦舂当将司者廿人、城旦司寇一人将。司寇不㒞、免城旦労三歳以上者、以為城旦司寇。

とあり、整理小組の釈文には「城旦司寇が将（監督）に不足であれば、隷臣妾の者に将させる。居貲贖責（債務労役）で城旦舂と同様の労働をする者、および城旦の傅堅の者、城旦舂で監督を必要とする者については、城旦司寇一人が二〇人を監督する。もし（それでも）司寇がたらなければ、労役三年以上の城旦の者の刑を免じて城旦司寇とする」とある。「城旦司寇」については『里耶秦簡』の第八層の二一九六簡に木簡断片ではあるが

城旦司寇一人、鬼薪白粲十九人（以下闕）

とあり、確かに秦代に司空において「城旦司寇」が労役していたことが知られる。ただし、城旦司寇が鬼薪白粲を将司していたのか否かは不明である。

さて、ここで考察の焦点となるのは、「城旦司寇」とはどういう経歴の者がなるのか、ということであり、就中「免城旦舂労三歳以上者、以為城旦司寇」の免とは何か、という問題である。

整理小組は該当部を「労作三年以上的城旦減刑為城旦司寇」としている。しかしながら、筆者は寡聞にして「免」という語が「減刑」を示すという例を知らない。そこで、当初「免城旦」を次に述べる「免隷臣」と同じように、免老の年齢に達した城旦の意であると解した。(3) 刑徒の場合も年長者が尊重され、年齢と共に行動が慎重になることが期待し得ると考えたからである。「免隷臣妾」の食糧支給に関する規定の記される秦律十八種五九簡の倉律には

免隷臣妾、隷臣妾垣、及為它事与垣等者、食男子旦半、女子参。

とある。整理小組の釈文では、「免隷臣妾及び垣造りの者及び労働量が垣造りと等しい者には朝半斗、夕三分の一斗、

女子は朝夕それぞれ三分の一斗とする」となっている。この「免隷臣妾」の「免」について整理小組は『漢旧儀』の

秦制二十爵、男子爵一級以上、有罪以減、年五十六免。無爵為士伍、年六十乃免老。

を引用し、免は免老の年齢に達することではないか、と述べている。(4) 前述した通り、筆者も免隷臣妾を免老の隷臣妾と解したのである。(5) しかしながら、高齢になってエネルギー消耗がむしろ少なくなるはずの免老の者に対して食糧支給を多くするというその解釈にも今一つしっくりしないところがあった。また、「免隷臣妾」が後の「与垣等者」にかかるとすれば、敢えて「免隷臣妾・隷臣妾」と並列して記す必要はない。「免隷臣妾」を「隷臣妾」に含めれば

隷臣妾垣、及為它事与垣等者

で充分であったはずである。しかるに敢えて「免隷臣妾」と記したのにはそれなりの理由が存在したはずである。さらに言うならば、右文が戦国時代の初期より続いていた規定であったとして、国が果たして民の年齢を正確に把握し切れたのか、という疑問も残るのである。(6)

次に、一三四簡の司空律には刑徒たちへの衣食の支給を規定して

隷臣妾、城旦舂之司寇、居貲贖責、繋城旦舂者、勿責衣食。其与城旦舂作者、衣食之如城旦舂。隷臣有妻、妻更及有外妻者、責衣。

とある。整理小組は「隷臣妾の者、城旦舂の司寇の者、或いは居貲贖責のために繋城旦舂に服役している者については、衣食の費用は徴収しないで、城旦舂と同じく衣食を支給する。隷臣で妻がいるか、その妻が更隷妾であるか、或いは自由身分の外妻であれば、彼女から衣服（の代金）を徴収する（責衣）」と解し、「城旦舂之司寇」については「拠簡文、応為城旦舂減刑司寇者」と注釈している。(7)

さて、ここで問題として浮かび上がるのは、冒頭の「隷臣妾」と後半部の「隷臣」との間の記述に一見して矛盾が

あることである。後半では隷臣に外妻がいる場合にはその妻から責衣するとあるのに、前半の条では隷臣（妾）は「衣食を責むる勿れ」とある。国家が外妻から衣の代金を請求するのであれば、前半冒頭の「隷臣妾」は削らなければならないはずである。

一見齟齬のように見られる右記一三四簡については、実は、前半の解釈に問題があったのである。妻のある隷臣については、明らかに責衣するのであるから、冒頭の「隷臣妾」は単独で主語となる表現ではない。これは「隷臣妾・城旦舂之司寇」で一括りとなっている、と見るべきではないか。つまり、整理小組が城旦舂を「免じて」城旦司寇とすると解した例と同じく、隷臣妾を「免じて」司寇とする例もあったと見るべきではなかろうか。それがこの一三四簡の「隷臣妾之司寇」であった、と解されるのである。つまり、隷臣妾を免じられて司寇となった者と城旦舂を免じられて司寇となった者が存在して、彼らが居貲贖責や繋城旦舂とともに労役する場合には、（免隷臣の場合は妻がいてもいなくても）彼らに衣食は無料で支給する、と規定しているのが一三四簡の前半である。隷臣の外妻は、夫の服役期間中の衣服の負担を義務とする、と規定するのが後半である。これを逆に言えば、外妻が衣を負担する限りは、隷臣に必ず刑を終了する時のあることの裏付けともなるはずである。

もし、以上の理解が正しいとするならば、前掲の

司寇不隆、免城旦労三歳以上者、以為城旦司寇。

に関するより正確な理解も可能となるであろう。つまり、（任に堪え得る）司寇の数が（隷臣妾を以て補っても）なおかつ不足の場合、服役して満三年になる城旦舂の者（から選抜してそ）の刑を免じて司寇となし、そして刑徒の監督を担わせる、という解釈に落ち着くのである。したがって、司空律の「免城旦」を免老の城旦とした前稿での解釈は破棄し、ここに記して訂正する。なお、城旦を減刑して司寇に移すなら、「以城旦舂労三歳以上者、為城旦司寇」で充分

で、「免」の字は不要である。(8) また前掲倉律の「免隷臣妾」についても、免老の隷臣妾ではなく、隷臣妾を免ぜられて現在は司寇の身分で労役についている者の意であったと解せられる。エネルギー消耗の激しい垣造り等の労役に就く場合に彼らも余分の食糧支給を受けたのである。

次に、法律答問八簡には、司寇が盗みをして自首したというケースが記されて

司寇盗百一十銭、先自告、可論。当耐為隷臣、或曰貲二甲。

とある。司寇の者が一一〇銭の盗みをして自首して出たというやや複雑なケースであるが、その答えは二通りあって、耐隷臣とするか、あるいは貲二甲を科すか、そのいずれかとせよという。このケースを分析すると、まず一般人が一一〇銭盗んだ場合は耐隷臣の実刑となる。自首すれば減罪一等という原則(9)に照らせば、「贖耐」となったと思われる。(10) 故に、右のケースは一般人より低い身分である司寇の盗みであるから、士伍や庶人の場合よりも罪は重いはずである。故に、自首したとはいえ、その量刑が貲二甲というのは軽きに失するやに見えるが、自首したことの状況によって、その評価と判定が異なったものであろうか。「或曰貲二甲」というのは、司寇の身分のままで貲二甲が科せられるということではなくて、その身分を隷臣とした上で、それに加えて貲二甲を科すという意であったという可能性も考えられる。それはともかく、この条文から我々は二つのことを汲み取ることができる。すなわち、一つは隷臣妾に比べて司寇は身分的に上位にあったということであり、もう一つは、司寇が「貲二甲」を自ら支払うことの可能な（経済的自立に近い）境遇にあったということである。また、これに加えるとすれば、『睡虎地秦墓竹簡』中には隷臣妾や城旦春が盗みをしたというような例が皆無であることと照らして、どうして司寇の盗みの例のみが、このようなかたちで法律答問に取り上げられたのかについても考える必要がある。

隷臣妾や城旦春の場合は逃亡の危険性は常にあったであろうが、おそらくは盗みをすることは考えられなかったの

ではないか。一般庶人と同じ里で宿泊することも認められておらず、たとえ盗んだとしてもそれを隠す場所すらなかったであろう。それに比べるなら、司寇は、盗みや貯蓄等も可能な状況にある、いわば半ば自由身分であった。しかし、それ以上の探究は『張家山漢墓竹簡』の考察を通して展望を開くしかない。

『睡虎地秦墓竹簡』からはあと二例だけ司寇の現れる条文を見ておきたい。法律答問の一一八簡には

当耐為隷臣妾、以司寇誣人、可論。当耐為隷臣、有繫城旦六歳。

とある。右記の「以司寇誣人」については疑問が持たれる。これまでに見たように、司寇が身分的な表現であることを考えると、誣告する対象は罪名（刑名）であるはずなのに、司寇は罪名（刑名）ではない。刑名であれば「耐司寇」でなければならない。故にここは「耐」字が脱落していると見るべきで、「以耐司寇誣人」であったはずである。耐隷臣となるべき罪を犯した人物が、それより軽い耐司寇相当の罪を以て他人を誣告した場合、繫城旦六歳が耐隷臣に付加されるというのである。耐隷臣が有期（三年）の労役刑であったからこそ、それに耐罪の誣告が加わって六年の繫城旦舂の労役となるのである。(11)

次に、一九三簡、内史雑律に

侯司寇羣下吏、毋敢為官府佐史、及禁苑憲盗。

とある条について一言しておかねばならない。筆者はかつて「侯司寇」の三文字が本来「完司寇」たるべきことを提示した。(12)しかしながら、『張家山漢墓竹簡』の『二年律令』中には「完司寇」の存在が確認できないので、「完司寇」という刑名の存在については撤回し、本条冒頭は「侯司寇」であったと訂正した。本条は侯とか司寇を官府で佐とか史、あるいは禁苑の憲盗という地位につけてはならないという禁止規定である。この規定を敢て設けたということは、逆に侯や司寇の地位が、刑徒に比べれば低からざるものであったことを確認し得るであろう。

二　『張家山漢墓竹簡』に見られる司寇

『張家山漢墓竹簡』の『二年律令』三六四—五簡の傅律に

公士・公士卒及士五・司寇・隠官子、皆為士五。

とあり、司寇の子は隠官の場合と同じく、士伍として傅籍するという。そうすると、司寇や隠官の場合、その身一代はその身分のままで、子の代になって士伍の身分に復することができることになる。ここで問題となるのは、次の世代になって補充されることがなければ、やがて司寇や隠官はいなくなるということである。しかるに司寇等の身分が（安定的に）存続し続けたとするならば、必ずや継続的に司寇が生み出されゆく仕組が存在したはずであるが、いったいその供給源はどこにあったのであろうか。

一方、司寇より身分の低い徒隷には居住の場所に制約があった。『二年律令』三〇七簡の戸律には

隷臣妾、城旦舂・鬼薪白粲家室、居里民中、以亡論之。

と規定されてあり、彼らが民里に居住すれば亡罪で罰せられるという。(13)隷臣妾等の徒隷は民から隔離された獄舎等に居住していたことが知られ、これを逆に言うと、司寇や隠官は民里に居住し得たのであって、単純に刑徒とは言い難い身分であった。なお、『睡虎地秦墓竹簡』の法律答問一七四簡によれば、(14)民里に居住する隷臣の妻もいたことになる。よって右記の「家室」は城旦舂と鬼薪白粲の両者のみにかかる。つまり、隷臣妾の本人及び城旦舂と鬼薪白粲の家族は民の里中に住めなかったのである。

ところで、司寇の来源を考察する際に解明しなければならないのが、「耐罪」という不可思議な刑名についてであ

る。『二年律令』九〇―一簡の具律には

> 有罪当耐、其法不名耐者、庶人以上、耐為司寇、耐司寇罪、耐為隷臣妾。隷臣妾及収人、有耐罪、繋城旦舂六歳。

とある。「其の法に耐を名せざる者」とは冨谷訳[15]では「法に耐（とのみあって、そ）の刑名が確定されていない場合」とするが、妥当と思われる。耐罪を犯した場合は、庶人以上の身分であれば耐為司寇とし、司寇の場合は耐為隷臣妾とし、隷臣妾や収人の場合は繋城旦舂六歳とする、というのである。この条からは、庶人が耐罪を犯した場合に司寇となることが知られるが、司寇の来源がそれのみであったとは考え難い。司寇は後述するように、隠官とともに士伍や庶人に次ぐ身分階層を構成し、彼らには田五〇畝の支給が原則となっていたのである。

さて、実際どのような罪が耐罪になるのか。その典型は亡罪であった。一五七簡、亡律には

> 吏民亡、盈卒歳、耐。不盈卒歳、繋城旦舂。

とある。一年以上勝手に居住地を離れると亡罪となった。一年未満であれば、亡の期間に応じて繋城旦舂[16]の労役が科せられた。

次に、三一〇―三簡の戸律には

> 関内侯九十五頃、大庶長九十頃、駟車長八十八頃、大上造八十六頃、少上造八十四頃、右更八十二頃、中更八十頃、左更七十八頃、右庶長七十六頃、左庶長七十四頃、五大夫廿五頃、公乗廿頃、公大夫九頃、官大夫七頃、大夫五頃、不更四頃、簪褭三頃、上造二頃、公士一頃半頃、公卒、士五、庶人各一頃、司寇、隠官、各五十畝。

とあり、司寇と隠官には庶人の半分に相当する五〇畝の田が支給されるという。ただしこれは建前であって、実際に右記の通りの支給がなされたとは見なし難い。それはともかく、司寇に耕作すべき田地を与えることが原則であれば、司寇および隠官は刑徒ではなく、曲がりなりにも自由民に属する身分であったことは明らかである。続く三一五―六

簡には宅地の支給規定が記され

宅之大、方卅歩。徹侯受百五宅。関内侯九十五宅、大庶長九十宅、駟車長八十八宅、大上造八十六宅、少上造八十四宅、右更八十二宅、中更八十宅、左更七十八宅、右庶長七十六宅、左庶長七十四宅、五大夫廿五宅、公乗廿宅、公大夫九宅、官大夫七宅、大夫五宅、不更四宅、簪褭三宅、上造二宅、公士一宅半宅、公卒、士五、庶人各一宅、司寇、隠官、各五十宅、欲為戸者、許之。

とある。実際にそれだけの数値と均しい宅地が与えられたとはにわかには信じ難い[17]が、司寇に宅地が与えられるという建前は、一般庶民に伍して自立した生活が何とか可能な身分であったことになり、さらに戸を為す（家庭をもつ）ことを欲すれば、それが認められたのである。ここでひとつの疑問が生ずる。それは司寇と隠官の子がやがて士伍となることは明記されているのに、徒隷である城旦や隷臣等の子の処遇について『二年律令』には直接的な記述が見られないのは何故かということである。

右に述べた疑問を踏まえ、先に考察した「隷臣妾之司寇」「城旦舂之司寇」という表現の奥に、さらに迫ってみたい。司寇といってもその前歴がさまざまである。前掲一四七簡、司空律に

司寇不隧（足）なれば、城旦の労三歳以上の者を免じて以て城旦司寇と為す。

とあるように、城旦舂が免ぜられたなら徒隷ではなくなる。このように、城旦が免ぜられて（城旦）司寇の身分となる者がいて、また、同じように隷臣妾を免ぜられて司寇となった者もいた。秦律十八種五九簡の倉律にいう「免隷臣妾」がそれである。このように、城旦舂や隷臣妾を免ぜられた者が現時の司寇（及び舂司寇）ではなかったか。このように見てくると、隷臣妾や城旦舂はよほど特殊な状況下の臨時的措置としてのみ司寇となるわけではなかった、という可能性もまた見えてくるのである。

ここで、文帝の刑法改革の際の丞相青翟等の上奏文を想起したい。『漢書』刑法志には

罪人の獄已に完に決して城旦舂と為りて三歳に満つるもの、鬼薪白粲と為れるは、鬼薪白粲一歳、隷臣妾と為れるは隷臣妾一歳にて免じて庶人と為す。隷臣妾二歳に満つるは司寇と為し、司寇一歳及び作如司寇二歳にて皆な免じて庶人と為す。

とあった。これは必ずしも一度限りの特殊な措置であったのではなく、城旦舂や鬼薪白粲や隷臣妾が刑を免じられて司寇となるのは、通常のことでもあったのではないか。改革時においては、完刑を完城旦舂に統一したために、刑徒の人数比のバランスが崩れることが予測され、その故に大規模に移行措置を取る必要があった。そして最終的に司寇として一年または作如司寇として二年の労役を終えれば、次の世代を俟つことなく、本人が庶人となることを認めた。つまり、司寇はこの改革以降は身分ではなく、純粋に二年刑の刑徒として再設定されたことになる。なお、それまで四年刑であった隷臣妾はその刑期を終了して司寇となるのが規定であったが、この改革によりそれが一年短縮されたことになる。(18) そして、この改革に至る以前の秦律及び漢律では、隷臣妾以上の刑徒に

隷臣妾　↓　司寇

城旦舂　↓　司寇

というルートが経常的に存していた、という事実が浮かび上がって来るのである。司寇が徒隷を脱した身分であるとすれば、隷臣妾や城旦舂に刑期があって、刑期を終了した時点で免ぜられて司寇となるのがそのルートであったと理解されるのである。そして、この司寇が城旦舂等の徒隷や債務労役者を監督する任務に当たっていたのである。(19)

なお、秦律十八種六一簡の倉律には

隷臣欲以人丁隣者二人贖、許之。其老当免老、小高五尺以下及隷妾、欲以丁隣者一人贖、許之。贖者皆以男子、

以其贖為隷臣。

とあり、丁隣者による労役の代替を認めている。ここで留意すべきは、爵や冗辺五歳で隷妾をあがなう場合には、贖われる者に対して「免為庶人」とするのに比して、倉律ではその記述がない。代替した丁隣者の方はそのために隷臣という刑徒となるのであるから、その刑期終了後に、やはり庶人となることはできないはずである。一見不公平に見られるが、それには理由があったに違いない。つまり、丁隣者というのは庶人ではなく、司寇の身分の男子であったと解されるのである。彼らは代替のための隷臣の刑期を終えたあとは、再びもとの司寇に戻るのであろう。また、丁隣者によって代替された隷臣妾は庶人には復帰できないで、司寇の身分で後の生涯を終えることになると思われる。[20]

以上が筆者の理解した秦漢律における司寇である。かつて徒隷であった者が、その刑を免ぜられて処遇される身分が司寇であった。つまり、司寇の来源は（自らが耐罪を犯して司寇となった場合を除けば）隷臣妾や城旦舂等の非肉刑の徒隷の刑期終了者であったということになり、おそらくは後者の方が多かったが故に、司寇という身分が階層として存続し続けたと見られる。徒隷の子の処遇についての規定が傅律に記されないのは何故かという疑問についても、この理解によって解消するのではなかろうか。すなわち徒隷は急病や事故死でない限り、徒隷として身を終えるのではなく、刑期を終了して司寇となり、そしてその子が成人した時に、士伍として一般社会に復帰できたと見られるのである。

三　隠官とは

秦律十八種一五七簡の軍爵律に

工隷臣斬首、及人為斬首以免者、皆令為工。其不完者、以為隠官工。

とあり、罪を犯して工隷臣となっていた者、或いは身内が戦闘に参加し、敵の首を切った功績によって隷臣妾を免ぜられた場合に、一般の工として処遇され、その時点ですでに肉刑を受けていた者は隠官の工とするという。このことから、隠官とは、肉刑を受けた後に刑を免ぜられた者の身分であると理解されてきた。『張家山漢墓竹簡』の奏讞書には、黥城旦舂の刑をうけた講という人物が、再審を請求して無罪を勝ち取ったが、既に黥をされていたので隠官となった、という例が記される。これは、罪が免ぜられた者が隠官となったことを裏付けているかに見える。恩赦によって肉刑を受けた刑徒が免ぜられるケースもこれに準ずる。しかしながら、恩赦はめったにあることではなく、このような稀なケースにおいてのみ隠官が生まれるとするならば、隠官の数は極めて少なかったことになろう。そのような稀なケースのために隠官なる身分が設けられていたのであろうか。

前章までに考察した如く、刑徒である城旦舂や隷臣妾の刑期が存在したとすれば、黥城旦舂等の肉刑のともなう労役刑にのみ刑期が存在しなかったという可能性はあるであろうか。この問題についてもここで考察しておきたい。

漢初の贖刑制について記す『二年律令』一一九簡の具律には

贖死、金二斤八両。贖城旦舂鬼薪白粲、金一斤八両。贖斬府（腐）、金一斤四両。贖劓黥、金一斤。贖耐、金十二両。贖遷、金八両。

とある。漢においては金「一斤」を「一金」と称しており、『史記』平準書の索隠注に

如淳云「時以銭為貨、黄金一斤、直万銭」。

とあるように、「一斤」の金が一万銭であった。漢では一六両を「一金」としたのであるから、一両は六二五銭となる。[21] 城旦舂を贖するのに金一斤八両（＝金二四両）が六年間の労役でまかない得ることを考慮し、なお且つ黥という

肉刑も一金（＝一六両）か四年の労役でまかない得ることを考慮すると、もし黥城旦舂を贖するとすれば、金四〇両、すなわち一〇年の労役によって可能となるはずである。つまり、黥城旦舂も有期の刑徒であったことを右記の具律が示しているのである。

前掲軍爵律によれば、肉刑を受けた刑徒で斬首の功によって刑を免ぜられた工が隠官の工となるという規定があり、また、『奏讞書』九九―一二三簡には冤罪であることが明らかとなった講という人物が（免ぜられて）隠官となったという記録が残されている。このようなケースは通常ではなく、稀有のケースと言って差し支えない。そのような稀な例外的ケースのために隠官が設けられていたのかどうかを考えると、やはりそうではなく、肉刑を受け、刑期を終了した者の受け皿として隠官という身分が設定されたと見るのが妥当と考えられる。それは、城旦舂や隷臣妾の刑期終了者に司寇という身分が用意されたのと原理は同じであったと見られる。(22)

右記のような解釈に立ってこそ初めて理解が可能な史料がある。それは『史記』巻九一、黥布伝に記される、黥刑を受けた英布が麗山で労役に就いたときのことを記す次の記述である。そこには

麗山之徒数十万人、（英）布皆与其徒長豪傑交通。迺率其曹偶、亡之江中、為羣盜。

とある。始皇帝の陵を造るために麗山に投入された「数十万」という「徒」の中に黥布（英布）もいたのであるが、そのとき彼は「徒長」や「豪傑」たちと「交通」し、やがて皆と逃亡して羣盜となったというのである。「徒長」がどういう立場の者であったか必ずしもよく分からないが、(23)少なくとも「豪傑」は在地の有力者であったことは疑いない。彼らと「交通」(24)したということは、彼らと深い交わりをしたということであろうから、そのときの英布の身分は徒隷ではなかったことになる。何故ならば、前述したように、徒隷の身分では民間に宿をとることすら禁じられており、彼らとの「交通」は不可能と見られるからである。英布は、刑期を終了した隠官の立場で役に従事

していたと見られるのである。そして、内部事情に通じた「徒長」や地域の事情に通じた「豪傑」との私的な関係を深めることによって、逃亡およびその後の義挙のための準備をしていたという経緯が見えてくるのである。

むすび

これまでの考察からは、以下のことが明らかとなった。秦律及び文帝以前の漢律においては、司寇および隠官は刑を免ぜられ、或いは刑期を終えた元刑徒がつけられる身分であった。彼らには（再度）家庭を持つことも認められ、庶人の半分の土地と宅地が与えられるのが原則であったが、必要に応じて彼らは刑徒の監督等の任にも当たった。司寇の身分の者が耐罪を犯せば、耐為司寇の刑徒として労役に就いた。また、一方では債務労役として居貲贖責する者もいた。さらには丁隣者として隷臣妾の代理の労役に就く場合もあった。司寇及び隠官の子は成人すると自由身分たる士伍として登録され、他の一般人と同じく田一頃を与えられるのが原則であった。したがって、司寇や隠官は一代（半）限りの身分（刑余の人）であったのである。

なお、鬼薪白粲も有期の刑徒であるが、刑期終了後に司寇となったという形跡はみられない。もともと二級以上の爵をもっていたのであるから、刑期を終えたあとは（司寇ではなく）庶人以上の身分となった解すべきであろう。

注

（1）二〇〇二年四月に発掘が開始。

（2）『文物』二〇〇三年一期。後に『里耶秦簡』（文物出版社）に収録。

(3)　拙稿「秦漢時代の『完』刑について――漢書刑法志解読への一試論――」(『愛媛大学法文学部論集文学科編』第一三号、一九八〇年)を参照。なお、免老の年齢は『漢旧儀』では五六または六〇歳(無爵者)とされているが、『二年律令』三五六簡には「大夫以上年五十八、不更六十二、簪裊六十三、上造六十四、公士六十五、公卒以下六十六、皆為免老。」とある。ただし、秦以前では刑徒等の年令がまともに把握されたとは考え難い。第四章の注一六を参照されたい。

(4)　簡装本『睡虎地秦墓竹簡』(文物出版社、一九七八年)五三頁を参照。

(5)　注三の拙稿。

(6)　『史記』巻六、秦始皇本紀一六年(前二三一年)九月の条に「初令男子書年」とあり、それ以前は国は民の年齢を正確には把握できていなかった。その故に秦律十八種の傅律に見られるような、免老の問題を巡って不正の生ずる余地があったのであろう。さらに封診式には容疑者尋問内容を記す爰書中に住所や犯罪歴を記していても、年齢に関しては記されていない。古代社会にあっては、下層の庶民の中には自身の年齢を正確に知らない者も多くいたと思われる。

(7)　簡装本八八頁。

(8)　文帝の刑法改革による移行措置を記す『漢書』刑法志に、「罪人獄已決完、為城旦舂満三歳、為鬼薪白粲、鬼薪白粲一歳、為隷臣妾、隷臣妾一歳、免為庶人」とあり、城旦舂を鬼薪白粲や隷臣妾に移す際には「免」の字を用いることはなく、刑徒から庶人となる時にのみ「免」が用いられた。

(9)　『二年律令』一二七簡、告律に「告不審及有罪先自告、各減其罪一等」とあり、その原則は秦律を受け継いだものであった。第七章を参照。

(10)　一般の労役刑で最も軽いのは耐司寇であったと思われ(秦律では耐為侯という刑名もあったが、漢律においては、その存在を確認できない)るから、耐司寇より一等減罪すれば貲罪(罰金刑)となる。なお、高恒氏のいうごとく、耐隷臣妾も含めて労役刑が無期であったとするならば、実質上終身刑であった罪に一等が減ぜられると一転して贖耐という罰金刑となる、というのは余りにも落差が大き過ぎて、とても「減一等」と表現できるものではない。贖耐の額である一二両というのは三年間の労働によってあがなうことが可能であった。

(11)「繫城旦舂」については、第一一章を参照。
(12) 注三の拙稿および拙稿「竹簡の秦漢律を読む――労役刑の刑期と文帝の刑法改革――」(愛媛大学「資料学」研究会編『歴史と文学の資料を読む』創風社出版、二〇〇八年)を参照。
(13) 司空律の「日居八銭」とある表記等から推測すると、一日フルタイムで滞在することが「居」の意味するところであり、より具体的には一泊以上逗留することであったと思われる。
(14) 女子為隷臣妻、有子焉。今隷臣死、女子北其子、以為非隷臣子殹。問、女子論可殹。或黥顔𩠐為隷妾、或曰完、完之当殹。
(15) 冨谷至編『江陵張家山二四七号墓出土漢律令の研究・訳読篇』二〇〇六年』二〇四―五頁。
(16) 第一一章を参照。
(17) 土地の広さには限界があるであろうし、うまく収受ができたかどうか、はなはだ疑問である。おそらくは建前としてその数値が存在し、社会的な格付けがなされたものであろう。
(18) 隷臣妾の「満二歳」の者には残り刑期一年未満の者と二年未満の者に大別し得たはずで、残り一年未満の者を司寇に移し、一年以上二年未満の者を作如司寇として、それぞれ残りの期間を司寇(および作如司寇)として刑を終了させたものと考えられる。隷臣妾は改革後は三年刑として武帝期まで存続した。
(19) 秦律十八種一四七簡、司空律を参照。元の刑徒が国家のための任務を担ったと思われる例は他にもある。『史記』高祖本紀には楚漢戦争の際、劉邦が「刑余の罪人」をして大逆無道の罪を犯した項羽を討罰せしむ、と宣告したことが記されている。「刑余」とはまさに刑期を終了した罪人を指したと思われる。第二部「漢代の不道罪」の注六を参照。
(20) 同じ代替労役でも息子または夫による「冗辺五歳」の代替の場合は、丁隣者による場合よりも代替者の負担は大きくなるが、その後司寇の身分となるかそれとも庶人となるかの違いは大きい。また、戦闘に参加して爵を獲得した場合も故妻を庶人に復帰させ得るが、それも命がけで闘うという代償としてである。また、両親のうちの一人を免ずるには倍の爵二級を必要とする。このように、秦律は、どの条文を見ても、それなりの合理性を以て作られている。
(21) 第三章および第三部の「『漢書』食貨志の「黄金方寸、而重一斤」について」を参照されたい。

（22）前述したように、隠官も五〇畝の耕作地を与えられる建前であったから、隠官というのは必ずしも居住の場所（や建物）を指したのではなく、むしろ司寇とほぼ同レベルの身分であったと見るべきではないか。秦の趙高が隠宮（官）で育ったというのも、正確には隠官という身分で成人までを過ごしたということであったと思われる。第一〇章およびその注一四を参照されたい。

（23）『睡虎地秦墓竹簡』や『張家山漢墓竹簡』には「徒長」の語は見られないから、これは役職名ではなくて、刑徒を取り仕切るかあるいはサポートするボス的存在の者であったかと思われる。「交通」した対象は、主として「豪傑」の方であったろう。労役者と豪傑との間にも癒着関係があったことを窺わせる記述でもある。なお、司寇や隠官が刑徒とともに労役することはほぼ日常的であったと思われる（第一〇章を参照）。

（24）交通とは例えば『史記』灌夫伝に「諸所交通、無非豪傑大俠」とあるように、（一般社会では）好ましからぬ私的交わりを指すが、基本的に自由のない刑徒身分の者が豪傑等とつきあい「交通」することは不可能である。英布は既に刑期を終了して隠官（刑余）の身分で麗山の労役に従事していたに違いない。半自由民であったからこそ豪傑たちとの「交通」も可能であった。『史記』巻四八陳勝世家に「号令召三老豪傑、与来会計事」とあり、同巻一一三、南越王伝には「中国擾乱、未知所安。豪傑畔秦相立」とあるように、氾濫や新政権を支えるための主体となり得るだけの潜在的能力を有する実力者、というのが豪傑の概念であったろう。英布は彼らと「交通」することのできる立場にあったのである。

第九章　秦漢時代の鬼薪白粲

はじめに

文帝以前の秦漢律における労役刑としては城旦舂、鬼薪白粲、隷臣妾等の刑名があった。城旦舂や隷臣妾については、これまでの検討により、ほぼその実態が浮かび上がったのであるが、今ひとつ理解の困難なのが鬼薪白粲である。これについては専論と言い得る研究が見られない。

文帝即位の直前の漢律を記した『張家山漢墓竹簡』の『二年律令』一七三簡の亡律に

罪人完城旦舂・鬼薪以上、及坐奸府（腐）者、皆収其妻子・財・田宅。

とあり、完城旦舂、鬼薪（白粲）以上の重い罪人と奸（性的犯罪）に坐して宮刑を受けた者はすべてその妻子及び財産と田宅とを国に没収するという。これらの律文に拠る限りでは、（完）城旦舂と鬼薪白粲とはほぼ同等の重さの刑と見られるのであるが、両者間の刑罰としての違いが不明である。(1) また、第七章で考察したように、城旦舂には六年刑の（刑）城旦舂と完城旦舂とがあったのであるから、鬼薪白粲にも（刑）鬼薪白粲と完鬼薪白粲とが存在したという可能性についても検討しておかねばならない。

後述するように、鬼薪白粲はもともと二級爵たる上造以上の有爵者が服すべき労役刑であった。爵一級は一万銭（正確には一〇七五二銭）であり、四年間（実労働日数としては一三四四日）の労役によって得られる銭額に相当する。爵を有することは刑法を適用される際に有利に計らわれたことはいうまでもない。しかるに、原則として爵のない一般人を対象として科せられる城旦舂との間の決定的な処遇の違いが（あったはずであるのに）どこにあったかが不明なのである。本章はこうした鬼薪白粲の刑の特色の一端を明らかにすることを目標とする。

一　鬼薪白粲の労役

鬼薪白粲に関して述べる衛宏の『官旧儀』には

秦制二十爵、男子爵一級以上、有罪以減、年五十六免。無爵為士伍、年六十免老(2)、有罪各尽其刑。凡有罪、男髡鉗為城旦、城旦者治城也。春者治米也。皆作五歳。完四歳。鬼薪三歳。鬼薪者、男当為詞祀鬼神、伐山之薪蒸、女為白粲者、以為詞祀択米也。皆作三歳。罰為司寇、司寇男備守、女為作如司寇、皆作二歳。男戍罰朔、女為復作、皆一歳到三月。

とある。衛宏は、漢律の起源を秦に求め、実際には（武帝期以降の）漢代の実態について述べているのであるが、漢代の鬼薪白粲が三年刑であったこと、及び鬼神を詞祀するための特殊な労役に就いたことが記されている。このように鬼薪白粲の語義と労役内容との関連を伝えるのであるが、これが秦代よりほぼそのままのかたちで漢代に踏襲されたものという確証は現時点では得られていない。しかし、衛宏は基づくところがあってこれを記したはずである。そこで、現時点で追跡できる範囲で秦代及び漢初の史料に現れる鬼薪白粲の実態を探り、可能なかぎり『漢旧儀』の記述との関連を求めたい。

ただし、『睡虎地秦墓竹簡』や『張家山漢墓竹簡』による限り、鬼薪白粲が宗廟にかかわる労役に従事したという直接的な記述は見られない。『睡虎地秦墓竹簡』の秦律十八種五五―六簡倉律には

城旦舂・舂司寇・白粲操土攻、參食之。

とあり、土木工事に従事する白粲には舂や隷妾と同じく、一般の女徒よりも食糧を多く支給するという規定がある。ここには女徒である隷妾が記されていないが、あえて隷妾を除いた理由は見当たらない(3)。いずれにしても、このように、白粲が土木工事に携わることがあったということが知られる。一方『里耶秦簡』八層の二〇三四簡には

卅一年後九月甲辰朔壬寅、少内守敞作徒簿、受司空鬼薪(闕)其五人求羽、(中略)一人作務、宛(後闕)

とあり、司空において鬼薪が求羽や作務という労役をになったことが知られる(4)。この他にも鬼薪及び白粲の名が記される木簡は何例かあり、鬼薪白粲が他の労役刑徒と共に記されているが、労役の内容を示すものはほとんど見られない。そして鬼薪白粲が特殊な刑徒であったことを示す史料も見られない。

この他に、工鬼薪として武器造りの労役に従事した鬼薪もいた。帝室博物館蔵版の『周漢遺宝(5)』の図版五五によれば、楽浪郡遺跡出土の「廿五年在銘戈」(平壌高等学校蔵)が採録されており、その刻文に、

廿五年、上郡廟造高奴工師竈、丞申、工□薪詘

とあり、不明の一字は「鬼」であったと思われる。この例からは、戈の製造に従事した工鬼薪という存在もあり、始皇帝の二五年に詘という名の工鬼薪がいたことを確認できる。写真版による限り、この戈はいかにも精巧に造られていて、もともと鋳造の熟練技術を持つ詘らによって製造されたことが窺われる逸品であったと見られる。第四章において、権の製造に携わった工隷臣の例を見たのであるが(第四章注一八を参照)、特殊技術を有する刑徒が、官営工房

で権とか武器の製造に従事することもあったのである。

この他にも鬼薪白粲はさまざまな労役を担った。里耶秦簡を検討した鷹取祐司氏(6)によれば、鬼薪白粲は城旦舂とともに司空に所属し、隷臣妾は倉に所属して、それぞれの官府での任務を遂行していた。また畑野吉則氏(7)によれば、郵書の配送等の任務につけられる者もいた。

こうしたことを考えると、出土した秦律の書写された時点では、鬼薪白粲の担った任務は、宗廟の祀りを中心とした当初の任務から離れ、徐々に変化しつつあったのかも知れない。ただ、鬼薪白粲の名称を継承する以上、他とは異なる特殊性をもつ刑徒であったことには変わりないと思われる。

二　恵帝詔と『二年律令』

『漢書』恵帝紀の即位年の詔に

上造以上内外公孫耳孫、有罪当刑及当為城旦舂者、皆耐為鬼薪白粲。民年七十以上若不満十歳、有罪当刑者、皆完之。

とある。これとほぼ同内容の律文が『二年律令』八二および八三簡の具律に存在する。すなわち八二簡には

上造、上造妻以上、及内公孫・外公孫・内耳玄孫有罪、其当刑及当為城旦舂者、耐以為鬼薪白粲。

とあり、具律の方が恵帝即位年の詔よりも耐鬼薪白粲とするその対象が広くなっている。また八三簡には

公士・公士妻及□□行年七十以上、若年不盈十七歳、有罪当刑者、皆完之。

とあり、即位年の詔が完刑とする対象を一〇歳未満としていたのに対し、それよりも適用範囲を広げて一七歳未満と

している。即位年の詔とこの具律とを比較することによって、次のことが明らかとなる。すなわち、恵帝の即位年に『漢書』所掲の詔が出されたあと、さらに法的検討が加えられて『二年律令』として整備されたということである。順序はその逆ではない。というのはもし「年七十以上、若年不盈十七歳、有罪当刑者、皆完之」という漢律が高祖期より存在していたとするならば、一七歳未満の者は当初より肉刑免除の対象であったことになるから、恵帝元年の「民年七十以上若不満十歳、有罪当刑者、皆完之。」は不要であるからだ。ことに「不盈十歳」という免除対象は、『二年律令』の具律よりもその対象を狭めているのである。(8) 再度流れを整理すると、まず恵帝の即位年に詔が出され、肉刑免除の年令対象の下限を一〇歳未満としたが、その後、その免除対象を一七歳まで拡大した。その拡大された規定が、『二年律令』の具律として残されたのである。

右の検討から明らかになることは、秦律をそのまま承けて漢律が制定されたのではなく、その後の皇帝詔等も受けて検討された結果が『二年律令』として存在したという経過である。鬼薪白粲についても、秦代から直接続いていた刑と内容的に同じであったかどうかには不明な点もあり、全く同じというわけではなかったであろう。ただし、次に掲げる游子律のごとく、上造以上の有爵者の就けられる刑名が鬼薪白粲であるという原則については秦代から踏襲されたものであったことは疑いないのである。

三　鬼薪白粲と城旦舂

『睡虎地秦墓竹簡』の秦律雑抄五簡の游士律には

有為故秦人出、削籍、上造以上、為鬼薪、公士以下、刑為城旦。

とあり、統一前の戦国時代に用いられた条文と思われるが、秦の国境を勝手に脱出した者の関係者に対する罰則規定である。(9) 脱出者の戸籍を抹消することは当然としても、脱出した本人を罰することは不可能である。故に「有為故秦人出」とは逃亡を幇助した人物のことを指すと解するしかない。(10) 幇助者が第二級爵である上造以上を有するものであれば鬼薪とし、公士または無爵者であればその罪を「刑為城旦」とするという。ここで、上造以上の者が科せられる鬼薪と、公士以下が科せられる刑城旦とはどのような違いがあったかを確認しておかねばならない。

第七章に論じたように、刑城旦は六年刑であった。右記游士律に触れた者は、上造以上であれば鬼薪白粲に、そして公士であれば肉刑を伴わない「(刑)城旦舂」、士伍以下の者であれば黥城旦舂となったと解せられる。鬼薪白粲の刑期が六年であったとすれば「城旦舂」も六年刑であったのだから、上造と公士の爵一級分の違いがどこかに反映されていなければならない。刑期に反映されていないとすれば、残された可能性として考えられるのは、本人及びその家族に対する処遇と、刑期終了後の本人の身分というところにあったのではなかろうか。

まず、本人の処遇については、秦律十八種一三九—四〇簡の司空律に

鬼薪白粲、羣下吏毋耐者、人奴妾居贖貲責于城旦舂、皆赤其衣、枸櫝欙杕、将司之。

とあり、鬼薪白粲および耐罪でない（完刑以上の）吏に下された刑徒は、赤衣を着ることと枷やひも等による身体の拘束が科せられるという。(11) ただし、これは労役の現場への移動の際に著けられるものであって、労役の現場ではある程度自由な状態であったと推測される。(12)

秦律の規定では、完城旦舂及び鬼薪以上の刑を受ける犯罪者の家族は官に没収されて収人となる。隷臣の場合は外妻等の家族がいるケースがある。そのケースでは外妻が夫の衣を負担させられるのであるが、鬼薪についてはその規定が見られない。妻による衣の負担はなかったのであろう。『睡虎地秦墓竹簡』には鬼薪白粲の家族に関する記述が

見られないが、基本的には『張家山漢墓竹簡』がこれを踏襲しているという前提で論を進める。上造と公士とでは田に関しては二頃と一頃半と、その差額は半頃しかないが、法制上では大きな落差があったと思われる。

右のごとき解釈に立つと問題となるのが、『二年律令』三〇七簡にある

隷臣妾・城旦舂・鬼薪白粲家室居民里中者、以亡論之。

とある条である。右記の「家室」には家族とする説と家屋とする説とがある。まず、家屋とする説を採るのは専修大学『二年律令』研究会で[13]、その論拠は『睡虎地秦墓竹簡』封診式（八―一二簡）封守の条に

封守。郷某爰書、以某県丞某書、封有鞫者某里士伍甲家室妻子臣妾衣器畜産。●甲室人、一宇二内、内室皆瓦蓋、木大具、門桑十木。（下略）。

とあること等である。またその訳は「隷臣妾・城旦舂・鬼薪白粲の居室が民の里の中にある場合は、その者を亡として処罰する」としている。この解釈については、建物が主語となって「居す」というような用法はあり得たのかということが疑問となる。そしてこの解釈に抵触する史料がある。すなわち『睡虎地秦墓竹簡』及び『張家山漢墓竹簡』の中に存する「外妻」の語がそれである。外妻が自由身分の妻を指すことについては異論はないであろう。隷臣妾で外妻のいる場合は、その妻が隷臣の衣を負担したのである[14]。その外妻は一体どこに居住したというのであろうか？前述したように、完城旦以上の罪人の妻子についてはその家屋や家族の身は国に没収され、収人となった。その裏を返せば、隷臣以下の場合は本人が犯罪者でない限りは家屋や妻子はそのままであり、その家屋が民里中にあるのは当然であり、里中の家に居することによって隷臣の家族が罰せられる道理はないからである。

次に「家室」を罪人の家族と見る説は冨谷至篇『江陵張家山二四七号墓出土律令の研究』[15]で、『史記』項羽本紀に

楚軍大乱、壊散、而漢王乃得数十騎遁去、欲過沛、収家室而西。

とあるのがその論拠になっている。ただし、住居の意かも知れない、としている。[16] 筆者も一応はこの論に同意した。[17] 前述のように、隷臣には外妻がいる場合があったのであるから、城旦舂の場合についてのみその家族が民里に居住することを禁じたと解し、鬼薪白粲の場合について筆者は判断を保留した。しかしながら、「隷臣妾（本人のみ）と城旦舂・鬼薪白粲の本人及びその家族」を一括りとして主語とするのは、やや無理な文章表現といえるのではないか。その故に、本条には、より妥当な解釈が求められるのである。筆者の解釈による書き下しは以下の通りである。

　隷臣妾・城旦舂・鬼薪白粲は室に家し、民里に居せる者は亡を以て之を論ず。

このように読むべきではないか。すなわち、隷臣等の徒隷はまだ売りさばかれていない封守中のもとの家に立ち寄ったり、民の里に勝手に宿泊した場合に亡罪を科す、というのが三〇七簡の趣旨ではなかったか。完城旦舂以上の重い刑徒についてはその家族も身柄を拘束され、隷臣妾等としてそれぞれの置かれた状況の中でそれぞれに労役に就いていたのであるが、彼らも元の自宅及び民里に立ち寄ったり宿泊することは禁じられていた。[18]

　次に、刑期終了後の鬼薪白粲の身分について考察する。肉刑を受けた者や城旦舂や隷臣妾の場合は隠官または司寇となり、子の代になって士伍となることができたのであるが、[19] 鬼薪白粲の場合はどうであったか。それに関する秦代の史料は目下知られていないのであるが、刑期を終了した時点でもとの爵への復帰はさすがに不可能であったかと思われるが、司寇よりは上であったと推測されるから、庶人以上の身分は約束されていたと見られる。いずれにしても、鬼薪白粲が城旦舂や隷臣妾よりは優遇される刑徒であったことは疑いない。刑徒となる以前に二級以上の爵を有していたということが、罪によって全く帳消しになるとは考え難いからである。

　なお、法律答問一二七―八簡には

　　大夫甲堅鬼薪、鬼薪亡。問甲可論。当従事官府、須亡者得。

とある。「堅」について整理小組は『広韵』を引いて「鞭なり」としており、[20]筆者もこれに従う。鬼薪の場合は元々有爵者であり、他の一般刑徒に比べてプライドも高く、秦律では原則的に鞭打は禁止されていたと思われる。それが引き金となって逃亡した場合、鞭打した人物は鬼薪が戻ってくるまでの間、罰として官府での労役をさせられた。ここから推測されることは、鬼薪は元は上造以上の身分があり、一時的に国に没収されているとはいえ、家族や財産についても刑期を終了すれば、もとに復すことができ、司寇という身分を経ることなしに、庶人（以上の身分）として社会に復帰できたのではないか。そこに秦律における城旦舂と鬼薪白粲との決定的ともいえる違いがあったかと思われる。その故に、逃亡しても必ず戻ってくる、という（暗黙の）前提があったと思われる。にもかかわらず一年以上逃亡が続いたとすれば、妻子や財産も永久的に没収されてしまうことになっていたのではないか。だからこそ鬼薪は逃亡しても必ず一年以内に戻ることが見込まれ得たと思われるのである。

なお、法律答問一二七―八簡において、その逃亡の因を作った甲が第五級爵である大夫であったということにも意味があると思われる。鬼薪白粲を監督するのは、やはり上造よりも上の爵を有する人物とするのが原則であったのかも知れない。いずれにせよ、鬼薪白粲は刑徒とはいえ、それなりの待遇を受ける刑徒であったことは疑いない。

次に、『二年律令』一六四簡の亡律に

城旦舂亡、黥、復城旦舂。鬼薪白粲也、皆笞百。

とあることの意味についても考察しておく。服役中の刑徒が逃亡したケースでは、城旦舂の場合は黥という肉刑が加えられるのに、鬼薪白粲の場合は笞百ですまされた。笞百は苛酷な罰ではあるが、生命の危機にいたるほどではなく、[21]入れ墨をされて社会復帰の道が断たれる城旦舂と比べるならば、格段の優遇措置といえる。刑期については、いずれの場合も延長されることになるであろうが、上造以上の爵を有していた者に肉刑を加えることは原則としてなかった

のであろう。ただし二九簡の賊律に

鬼薪白粲殴庶人以上、黥為城旦舂。城旦舂也、黥之。

とあるように、刑徒である以上、庶人とトラブルを起こしてこれに暴力を奮った場合には鬼薪白粲や城旦舂の者は黥城旦舂とされたのである。(22)

四　完鬼薪白粲の存在

『漢書』刑法志に記される刑法改革についての丞相及び御史大夫よりの答申の中に、「罪人の獄已に完に決して城旦舂と為りて三歳に満つれば鬼薪白粲と為し」とあるところから、筆者は改革以前に完刑は城旦舂以外にも存在したと推測し、『睡虎地秦墓竹簡』の法律答問の中に「完（為隷妾）」という刑名が存在していたことを指摘したが、(23)その他、鬼薪白粲にも完刑が存在する可能性について考慮を巡らせた。『睡虎地秦墓竹簡』のみでは解決不能に近かったが、『張家山漢墓竹簡』の公表によって、その解明に一歩近づくことができるのである。

本章冒頭に掲げた『二年律令』一七三簡、亡律に

罪人完城旦舂・鬼薪以上、及坐奸府（腐）者、皆収其妻子・財・田宅。

とあり、同じく一二二―三簡の具律に

有罪当完城旦舂・鬼薪白粲以上而亡、以其罪命之。耐隷臣妾罪以下、論令出会之。其以亡為罪、当完城旦舂・鬼薪白粲罪以上、不得者、亦以其罪論命之。庶人以上、司寇隷臣妾無城旦舂・鬼薪白粲以上、而吏故為不直及失刑之、皆以為隠官。

とあり、(24) 前掲一七五簡の収律に

罪人完城旦舂・鬼薪以上、及坐奸府者、皆収其妻子・財・田宅。

とあり、同じく一七七簡の収律には

毋夫及為人偏妻、為戸若別居不同数者、有罪完舂・白粲以上、収之。毋収其子。内孫毋為夫収。

とある。その内容については不明の部分も多くあるが、「完城旦（舂）・鬼薪（白粲）以上」の表現からは、両者がほぼ同等の刑の重さであったことを示している。すなわち、刑期があったとすれば、両者が同年の刑であったという可能性が大と言えよう。

一方、二〇四―五簡の銭律には

捕盗鋳銭及佐者死罪一人、予爵一級。其欲以免除罪人者、許之。捕一人、免除死罪一人、若城旦舂・鬼薪白粲二人、隷臣妾・収人・司空三人、以為庶人。

とある。盗鋳銭令を犯した者を捕まえることにより、その本人が欲すれば、その功績によって死罪の者一人或いは城旦舂または鬼薪白粲の者二人、或いは隷臣妾の者三人を免ずるという特典が与えられるというのである。

第七章での考察によれば、『二年律令』にいう城旦舂は完城旦舂よりも一等ランクが上の刑名（刑城旦舂）であり、鬼薪白粲と同じく六年刑であった。盗鋳銭令を犯した者を捕まえた者には（死罪の者一人か）城旦舂または鬼薪白粲二人を免除する特権が与えられる。すなわち延べの刑期が一二年となる。そしてこれが隷臣妾であれば三人分に相当することになる。第五章で考察したごとく、隷臣妾の刑期が四年であったとすると、(25) 三人であれば延べ一二年となり、本条に適合するのである。すなわち（完刑でない）鬼薪白粲が六年刑であったことが認められるのである。

一方、完城旦舂をはじめとする完刑の刑期は四年であった。故に、もし完刑としての鬼薪白粲が存在したとすれば、その刑期はやはり四年であったことになる。『二年律令』一二七簡の告律によれば、黥城旦舂より一等軽い刑名が（刑）城旦舂であり、その次が完城旦舂であった。（刑）城旦舂とほぼ同等の刑が鬼薪白粲である。故に、「完城旦舂鬼薪白粲以上」とある一七五簡の収律における「鬼薪（以上）」とは「刑鬼薪」ではなく、「完鬼薪」を指したということはほぼ疑いのないところである。

五　文帝期以降の鬼薪白粲

刑法改革により、肉刑が廃止され、髡鉗城旦舂が五年刑（完城旦舂が四年刑）として定まったのであるが、これらより軽い労役刑として、耐罪としての鬼薪白粲と隷臣妾があり、また、司寇が二年刑として設定された。[26] それまで複数あった完刑は完城旦舂に統一され、隷臣妾は耐罪の三年刑としてのみ残ることとなり、同じく耐罪たる鬼薪白粲としばらくは併存することとなった。その後武帝期の元朔四年（前一二五年）に襄城侯韓択（釈）之が「詐疾不従」に坐して耐為隷臣となって国を除かれたという記録を最後にして隷臣妾は見られなくなるのである。[27]

一方、鬼薪白粲の刑を受けた記録としては『漢書』巻一五、王子侯表及び巻一六、功臣表によれば、景帝五年（前一五二年）の宣曲侯丁通の項に

有罪、赦為鬼薪。（功臣表）

とあり、事情については不明であるが、丁通は死罪か髡鉗城旦舂の刑を軽減されて鬼薪とされたもののようである。

次に、元朔元年（前一二八年）、朝陽侯華当が

坐教人上書枉法（功臣表）

により、元朔三年（前一二六年）、離石侯劉綰が

坐上書謾（王子侯表）

により、元狩三年（前一二〇年）、成敬侯董朝が

坐為済南太守、与城陽王女通（功臣表）

により、それぞれ「為鬼薪」とされている。

このように、刑法改革以後は三年刑の刑名として鬼薪白粲が存在したと考えられる。なお、隷臣妾は武帝期を最後として史料から姿を消すことになる。同じく三年刑として存在していた隷臣妾がなくなると、三年刑として唯一残った鬼薪白粲は、もはや二級爵以上の者を対象とする刑名ではなくなっていたと見られるのである。

むすび

本章での考察から、これまで謎の多かった鬼薪白粲という労役刑について、次のような事柄が浮かびあがってきた。まず、鬼薪白粲の名称は城旦舂が城壁造りや舂米の労役に由来するごとく、宗廟の鬼神を祀るための労役に従事することが当初のネーミングの由来であったと思われるが、秦代及び漢初の鬼薪白粲がどのような労役を担っていたかは必ずしも明瞭ではない。鬼薪白粲は、上造以上の有爵者が罪を犯したケースで就けられる労役刑であり、刑期は城旦舂と同じく六年であり、また完刑としての鬼薪白粲も存在し、刑期はやはり完城旦舂と同じ四年であった。そして耐罪の場合は三年刑であった。

秦律においては、爵が重要な働きをしていたようで、完城旦舂以上の鬼薪は城旦舂と同じく赤衣を着せられたけれ

ども、鬼薪白粲を鞭打することは禁じられ、他の刑徒に比べれば優遇されていたようである。ただし、刑徒の身分であることには変わりなく、庶人以上の者に暴力を奮った場合には黥城旦舂の重い刑が科せられた。

完城旦・(完) 鬼薪の家族は、『二年律令』によれば家族と家財等はいったんは官に没収されるが、秦律においては必ずしも明らかではない。ただ単に過去に爵を有していたということだけではなく、鬼薪白粲が優遇される根拠があったはずであり、それは、家族や家財が刑期終了時には返却されるという (暗黙の) 前提があったのではないか、と筆者は推測する。そして城旦や隷臣が刑を終えると司寇という身分となり、子の代になって士伍の身分に復することが可能であったが、鬼薪の場合は刑を終えると直ちに庶人か、あるいは公士 (以上) の身分として自由人に復帰できたのではないか。そこに二級以上の有爵者であったという特権が生かされた。

なお、文帝の刑法改革以降は有爵者が就けられる刑ということではなくなり、耐罪 (三年刑) として新たな任務を担うこととなった。六年刑の鬼薪白粲や四年刑の完鬼薪白粲はその時点で廃止されたのである。

注

(1) 刑罰の大まかなランクとしては『二年律令』一二七簡の告律によれば、死罪、黥為城旦舂、刑為城旦舂、完為城旦舂となっており、「完城旦舂鬼薪 (白粲) 以上」という表現は両者が同等のランクにあったことを示している。

(2) 二年律令三五六簡に「大夫以上、年五十八、不更六十二、簪裊六十三、上造六十四、公士六十五、公卒以下六十六、皆為免老」とあり、爵によって年齢の違いがあった。

(3) 隷妾は戸外での労働に携わらない、という原則が秦律にあったという可能性があり、これについても検討の余地がある。

(4) 「求羽」は鳥の羽毛を求めるということであるが、魯家亮氏によれば、求めた羽は矢を作る材料として用いられたという。魯家亮「里耶出土秦〝補鳥求羽〟簡初探」(魏斌主編『古代長江中遊社会研究』上海古籍出版社、二〇一三年) を参照。

（5）一九三二年刊、後に一九八一年に国書刊行会より再刊。
（6）鷹取祐司「里耶秦簡に見える秦人の存在形態」（愛媛大学「資料学」研究会編『資料学の方法を探る（一二）』二〇一三年）を参照。
（7）畑野吉則「里耶秦簡の郵書記録と文書伝達」（愛媛大学「資料学」研究会編『資料学の方法を探る（一二）』二〇一三年）を参照。
（8）『二年律令』は呂后没後に起こった政変により、恵帝期の漢律に復した（第一章を参照）。その故に「若不満十歳」とする恵帝詔の方が漢律として残ることになった。
（9）一般人の邦亡の罪は黥城旦舂であった。
（10）整理小組も「帮助秦人出境」と訳している。簡装本『睡虎地秦墓竹簡』（文物出版社、一九七八年）一三〇頁。
（11）城旦の場合は赤衣の他に赤い帽子を被ることが義務づけられた。このように、視覚によって役割分担が明瞭になるよう、刑徒の労役体系が組まれていた。
（12）第一一章を参照。
（13）専修大学『二年律令』研究会「張家山『二年律令』訳注（七）――復律・賜律・戸律――」（『専修史学』第四一号、二〇〇七年）を参照。
（14）秦律十八種簡、司空律に「隷臣妾有妻、妻更及有外妻者、責衣。」（八七頁）とあるのを参照。
（15）冨谷至編『江陵張家山二四七号墓出土漢律令の研究・訳注篇』（朋友書店、二〇〇六年）二〇四―五頁を参照。
（16）同右二〇四頁。
（17）第七章を参照。
（18）可能性として考えられることは、秦律においては鬼薪の場合、妻子財産等は一時的に没収されるように見えても、それは凍結であって、それが売り払われたりすることはなかったのではないか、ということである。秦律においては爵は有効に機能していたと見られ、二級以上の有爵者の妻であれば、白粲としての比較的軽い労役に従事しつつ夫の刑期終了を待ったのではなかろうか。

(19) 『二年律令』三六五簡、傅律を参照。

(20) 簡装本『睡虎地秦墓竹簡』二〇六頁。

(21) 『漢書』刑法志によれば、文帝の肉刑廃止の後、笞罪によって受刑中に落命するものが出たために、景帝は笞二百以下に改めた。これによってその後受刑者は生を全うすることができるようになったとある。

(22) 鬼薪が庶人を殴打した場合は「黥為城旦舂」であり、城旦舂が庶人を殴打した場合にも、結果としては同じく黥為城旦舂となったと見られる。

(23) 拙稿「秦漢時代の「完」刑について――漢書刑法志解読への一試論――」(『愛媛大学法文学部論集文学科編』第一三号、一九八〇年）を参照。

(24) 専修大学訳注では「完城旦舂、鬼薪白粲以上の罪で服役している者で逃亡し、まだ捕えられていない場合でも、同じ罪として論断する。庶人以上、司寇・隷臣妾で城旦舂・鬼薪白粲以上の罪を犯したのではないにもかかわらず、官吏が故意にその量刑を増したり、過失によって肉刑を施してしまった場合は、いずれも隠官とする。」とある。専修大学『二年律令』研究会「張家山漢簡『二年律令』訳注（三）――具律――」(『専修史学』第三七号、二〇〇四年）を参照。

(25) 第五章、第二節を参照。

(26) 「耐」はもとは「耏」と記し、髭を剃ることを意味したと見られるが、秦漢律では耐隷臣妾の存在があり、女徒に髭そりが伴うとは考え難い。戦国時代の秦では、耐は刑罰の専門用語となっていたようで、六年刑の「刑」や四年刑の「完」に対して三年刑を意味した。第二章を参照されたい。

(27) 『漢書』巻一六、および『史記』巻一九。

第一〇章　「罪人有期」について

はじめに

『睡虎地秦墓竹簡』および一『張家山漢墓竹簡』等の新出土史料によって、秦漢刑法史の史料的空白が徐々に埋まりつつあるとはいえ、刑罰の主流であった労役刑に、刑期が存在したのか否か、という刑法史上最も重要な問題がかえって霧につつまれてしまった。

『漢書』巻四九、鼂錯伝に文帝の功績を称えた「罪人有期」の語があり(1)、また『漢書』刑法志に「有年而免」という語があり(2)、高恒氏(3)は、文帝が刑法改革を行ったときに、初めて刑期が設けられたのだという新説を提示した。筆者はこれまで、この無期刑説は決定的論拠にかけると批判してきたが、では、この「罪人有期」とはいかなることを意味したのか。この残された課題を本章において解明しておきたい。

一　『漢旧儀』の記述

戦国時代の秦律において、刑罰の主流が労役刑であったことは、つとに知られるところであったが、この労役刑には黥・劓・刖等の肉刑の伴うものが多かった。そして、肉刑を伴わない刑罰が完刑であると考えられてきた。一九七七年に高恒説が発表されて以来、ことに日本の学界では、この完刑をも含めて、文帝期の刑法改革以前の刑法では労役刑には刑期がなかったとする無期刑説が主流を占めているのである。

漢代の労役刑に関する在来史料のうち、最も基本的なものの一つが後漢の衛宏が著した『漢旧儀』であり、その主要部は前章の第一節に掲げた通りである。

衛宏の理解によれば、爵制及び刑制は秦に起源を有し、最も刑期の長いものが髠鉗城旦舂で五年刑（男の城旦に相当する女の刑名が舂）。その次が完（城旦舂）で四年刑。その次は鬼薪白粲（男の鬼薪に相当する女の刑名が白粲）で三年刑。次は司寇（及び作如司寇）で二年刑。以上が主な労役刑名とその刑期である。漢の制度である二〇等爵が秦制に由来し、爵を有する者は罪を犯して刑罰を受ける際に有利に取りはからわれるという点も秦制を受け継いだ、と衛宏は述べている。ここで確認しておくべきことがある。それは前漢末に生を受けた知識人である衛宏において、秦律や初期の漢律において、労役刑に刑期がなかったとする認識は見られないということである。古来中国は早くから法思想を発達させており、『周礼』や『礼記』等の古典においても、刑法は重要な位置を占めており、知識人の関心も大であったはずである。もし秦以前の労役刑に刑期がなかったとするならば、その事実の痕跡が何らかのかたちで文献に残されていなかったはずはない。ともかく、『睡虎地秦墓竹簡』の出土以前においては、漢代の刑名と刑期が秦律をそのまま受け継ぐものと信じられていたのである。

一方、『漢旧儀』よりも古く、さらに重要な根本史料とされるのが、文帝の刑法改革の内容について記す『漢書』刑法志である。そこには城旦舂、鬼薪白粲、司寇の他に「隷臣妾」という刑名が記されている。この隷臣妾については、武帝期まで存在していたことは確かであるが、この時期を最後として、史料から姿を消す。(4) 衛宏が生を受けたのは前漢末であるから、彼が隷臣妾の名を記さなかったのは当然であることと共に、上記『漢旧儀』が必ずしも秦代の制度を記すものではないことも、『睡虎地秦墓竹簡』の出土以前より、その推測は可能であった。漢代の他の断片的史料と照らし合わせて確かに言えることは、文帝による改革を経た漢代の中期以降の時点で髡鉗城旦舂（五年刑）、完城旦舂（四年刑）、鬼薪白粲（三年刑）及び司寇（二年刑）という労役刑が存在していたという事実である。

二　文帝の刑法改革

文帝の即位一三年（前一六七年）、淳于公の娘緹縈の上書がきっかけとなって、肉刑を廃止するという大改革が断行されることになるのであるが、その際、刑期に関する改革もあり、新刑法への移行措置として次のような令が出された。原文で示すと以下のごとくである。

罪人獄已決完為城旦舂、満三歳、為鬼薪白粲、鬼薪白粲一歳、為隷臣妾、隷臣妾一歳、免為庶人。隷臣妾満二歳、為司寇、司寇一歳及作如司寇二歳、皆免為庶人。

かつて中国史の大家である浜口重国氏(5)は、王鳴声の注釈を引用して、次のように解釈した。すなわち、次のように読み下す。

罪人の獄已に完為城旦舂に決して三歳（二歳の誤り）に満つれば鬼薪白粲と為し、鬼薪白粲一歳にして隷臣妾と為し、隷臣妾一歳にして免じて庶人となす。隷臣妾二歳に満つれば司寇と為し、司寇一歳及び作如司寇二歳（一歳の誤り）にして皆免じて庶人と為す。

ただ、この解釈の前提として、①「完為城旦舂満三歳」は「完為城旦舂満二歳」の誤りであり、②「作如司寇二歳」は「作如司寇一歳」の誤りとしなければならないとしたのである。その理由は以下の通りである。

①完城旦舂はもともと四年刑であったのだから、完城旦舂の労役に丸三年以上服役して鬼薪白粲および隷臣妾としての労役をそれぞれ一年した後に刑を終了するならば、刑が終了するのは服役してより五年後となる。即ち四年であった完城旦舂の刑の終了が一年間伸びることになる。これは、罪人に恩恵を与えるための刑法改革の趣旨と乖離することになる。故に「満三歳」は「満二歳」でなければならない。

②「作如司寇」は司寇に相当する女徒の刑名と考えられる故に、司寇が一年で刑を終了するのに女徒が二年かかるというのは不適切、というのである。

右記の浜口説に対して筆者は疑問を持ち、反論を試みた(6)。その要点は以下のごとくであった。①完城旦舂から鬼薪白粲に移した刑徒を一年後にさらに隷臣妾に移すというような複雑な経路をたどらせるのは何故か。また何故「満三(二)歳」の者を鬼薪白粲に移さなければならなかったのか、という理由についても不明であること。この疑問を解消すべく筆者は右記刑法志を次のように解した。すなわち、完城旦舂で丸三年の者は、残り刑期一年（弱）の期間をそれぞれ鬼薪白粲及び隷臣妾としてそれぞれ一年間労役した後に服役してより満四年で刑期を終了したはずである。つまり、完城旦舂の者を二つのコースに分けたということと解せられるのである。おそらくは、刑徒の所属部署とか役割の相違の故に、新制度への移行の際に生ずるアンバランスを調整する必要があったと思われる。

②次に、「隷臣妾満二歳」の者を司寇に移したのは何故かという疑問を提示したが、これについては、後に『睡虎地秦墓竹簡』の司空律によってほぼ解明されることになる。「作如司寇」は女徒の刑名というのが通説であったが[7]、『睡虎地秦墓竹簡』には「作如」の語が女徒とは関連しない文脈で使われており[8]、浜口説は『漢旧儀』に「女は作如司寇と為し」とする衛宏の誤解に基づいた解釈であったことになる。ただし、一九八〇年の段階では、司寇について筆者にも司寇を純粋な刑徒とする誤認識があり、これが解消されるのは『張家山漢墓竹簡』の内容が公表されて以降のこととなる[9]。

三　隠官と司寇

秦律十八種一五七簡の軍爵律に

工隷臣斬首、及び人為斬首以免者、皆令為工。其不完者、以為隠官工。

とあり、罪を犯して工隷臣となっていた者、或いは身内が戦闘に参加し、敵の首を切った功績によって隷臣妾を免ぜられた場合に、一般の工として処遇され、その時点ですでに肉刑を受けていた者は隠官の工とするという。このことから、隠官とは、肉刑を受けた後に刑を免ぜられた者の身分であると理解されてきた。『張家山漢墓竹簡』の奏讞書には、黥城旦春の刑をうけた講という人物が、再審を請求して無罪を勝ち取ったが、既に黥をされていたので隠官となった、という例が記される[10]。これは、罪が免ぜられた者のみが隠官となったことを裏付けているかに見える。恩赦によって肉刑を受けた刑徒が免ぜられるケースもこれに準ずる。しかしながら、恩赦はめったにあることではなく、このような稀なケースにおいてのみ隠官が生まれるとするならば、隠官の数は極めて少なかったことになろう。そのような稀なケースのために隠官なる身分が設けられていたのであろうか。

前章までに考察した如く、刑徒である城旦舂や隷臣妾に刑期が存在したとすれば、肉刑のともなう労役刑のみが無期刑であったという可能性はあるか。この問題についてもここで確認しておきたい。

漢初の贖刑制について記す『二年律令』一一九簡の具律には

贖死、金二斤八両。贖城旦舂鬼薪白粲、金一斤八両。贖斬府（腐）、金一斤四両。贖劓黥、金一斤。贖耐、金十二両。贖遷、金八両。

とある。死罪を贖うことを認められればその額は二斤八両、城旦舂の場合は一斤八両、腐罪は一斤四両、劓または黥を贖する額は一斤であるという(11)。城旦舂を贖するのに要する一斤八両（＝二四両）が六年間の労役でまかない得ることを考慮し、なお且つ黥という肉刑を贖するのに要する一斤（＝一六両）が四年の労役でまかない得ることを考慮すると、もし黥城旦舂を贖するとすれば、金四〇両、すなわち一〇年の労役によって可能となるはずである。つまり、黥城旦舂も有期の刑徒であったことを右記の具律が示しているのである。

前掲軍爵律によれば、肉刑を受けた刑徒で斬首の功によって刑を免ぜられた工を隠官の工とする規定があり、また、『奏讞書』九九―一二三簡には冤罪であることが明らかとなった講という人物が隠官となったという記録が残されている。このようなケースは通常ではなく、稀有のケースと言って差し支えない。そのような稀な例外的ケースのために隠官が設けられていたのかどうかを考えると、やはりそうではなく、肉刑を受け、刑期を終了した者の受け皿として、隠官という身分が設定されたと考えるのが妥当ではなかろうか。それは、城旦舂や隷臣妾の刑期修了者に司寇という身分が用意されたのと原理は同じであった。

一方、司寇は『睡虎地秦墓竹簡』及び『張家山漢墓竹簡』の出土以前においてはその実態は不明で、刑名として理解されてきた。[12] 司寇と並んで『張家山漢墓竹簡』に現れるのが隠官である。『二年律令』三一〇―三一三簡および三一五―六簡の戸律によれば、隠官及び司寇には士伍や公卒の半分に相当する半頃の田及び半宅が国家から支給される原則が記されており、隠官及び司寇が刑徒ではなく、士伍に次ぐ身分であったことが確認されるのである。隠官については、前述した通り、すでに肉刑を受けていた（不完の）者で刑を免除された者が、その身分で余生を送ることになる。肉刑を受けた刑徒が功績により、あるいは冤罪が明らかになったことによって刑を終了して与えられる身分が隠官であった。[13] しかしながら、冤罪が明らかになるというような例はごく稀であり、そうした例外者のために、わざわざ前述の戸律の規定が設けられたと考えるのはいささか不自然である。また、『二年律令』三六四―五簡の傅律には

　公士・公士卒・隠官・司寇の子は皆士伍と為す。

という規定も設けられていた。隠官や司寇はその子の代には士伍となるのであるから、隠官や司寇という身分の者が存在し続けるためには、それが再生産される仕組みが国の中にあったはずである。その仕組みについて以下に考察を進めたい。

　そこで問題となるのは、もし、刑期がなかったとすれば、黥城旦舂あるいは隷臣妾の刑を宣告され服役した者の最晩年はどのようなものになったか、ということである。無期の刑徒であれば、死ぬまで（さらには墓場まで）国家がその面倒を見なければならないことになる。そのようなことが可能であったのであろうか。

　ここで思い至るのが始皇帝に仕えた趙高の出自に関する『史記』蒙恬列伝の記述である。そこには

　趙高の昆弟数人、皆隠宮（官の誤り）[14] に生まる。其の母刑せられて世世卑賤なり。

とある。趙高の母がどのような罪で刑せられたのかは不明であるが、その罪が冤罪であったとか、他の人の爵によって贖われたというような記録も記されていない。故に、彼女は罪によっておそらくは黥為（城旦）舂の刑を宣告され

た一般的な刑徒であったと思われる。その彼女が置かれた場所（または身分）が隠官であった。趙高は他の兄弟と共にそうした境遇で育った。「世世卑賤なり」というのは、母子の一代半にわたって隠官として貧しい暮らしをしたことを指すのであろう。このように見るならば、隠官というのは、冤罪の証明や贖刑によって刑を途中終了した例外者のみではなく、肉刑を受けた刑徒一般が最終的に処せられた身分であったと見るべきではないか。隠官とは司寇と同じように身分の呼称でもあり、と同時に、彼らがそこに居住して労役に従事させられる場でもあった。つまり、現役刑徒としての刑期を勤め終えた退役刑徒が隠官となったと見られるのである。ただし、『史記』秦始皇本紀に阿房宮の建設に際して「隠宮（官）徒刑七十万」が役使されたとある記述に拠るならば、隠官でも肉体労働が課せられなかったわけではない。『史記』黥布伝によれば、罪を犯して黥刑を受けた英布が、麗山の労役について「徒長」や「豪傑」と「交通」したことが記されている（第八章を参照）。ともかく、黥城旦舂等の刑徒には刑期が存在し、その刑期を終えた刑余の者が隠官として官府内に居住し、あるいは屋外での労役に就いたのである。

さて、隠官が刑期を終えた刑徒の置かれる身分であり、居住の場所であったとするならば、司寇の場合も同様であったと見なければならない。ではいかなる者が司寇となったのか。それは隷臣妾をはじめとする非肉刑の刑徒であったと思われる。このように解すれば隠官と司寇とが並列して傅律や戸律に記される理由も明らかとなる。と同時に刑徒が刑期を終了して以降の処遇についても明らかとなる。隠官と司寇との違いは、肉刑を受けたか否かが相違点であったのであり、彼らは刑を終えたかつての刑徒であった。秦律においては、ひとたび労役刑以上の罪を犯した者は、刑期終了後も司寇または隠官としての身分を余儀なくされ、もとの社会に復帰するのは子の代になってからであった。有限の刑期は存在しても、そうした意味あいにおいては、今日の刑法における刑期の概念とは異なる。肉刑を受けていない司寇を含めて、彼らは刑余の人生を歩まねばならなかった。

むすび

肉刑を廃止した文帝の刑法改革について記す『漢書』刑法志の解読については、古来難航を極めた。浜口重国氏はここに誤写があったと解したのであるが、情報不足であった当時としては、そこに限界があった。しかしながら、どこまでも原文に沿った解釈を放棄すべきではなかろう。一九七五年の『睡虎地秦墓竹簡』の出土は、長らくの史料的空白を埋める画期的な出来事であったが、この中に隷臣妾をはじめとする労役刑の刑期が直接的に記されていないから、刑期がなかったという高恒氏の発想は、画期的であるようで、実は論拠に乏しい説であった。にもかかわらず、中国や日本の学界で支持されて今日に至ったということは、後世にある種の教訓を残すことになるであろう。その後、一九八三年からその翌年にかけて、『張家山漢墓竹簡』が発掘され、文帝の改革より前の漢初の刑法の条文も多く出土した。この内容を精査しても、『二年律令』が用いられこの時期に刑期がなかったという証拠は依然としてないのである。多くの研究者が無期説を前提として『張家山漢墓竹簡』に解釈を加えてきた。しかし、史実は学界の多数決によって決るものではない。

さて、本稿で紹介したように、秦律及び漢代初期においては、司寇は刑徒ではなく、原則として庶人の半分の土地と宅地を与えられる民の一種であった。これは『張家山漢墓竹簡』の出土以前には知られざる情報であった。この司寇の身分の来源は、ほとんどが労役刑の刑期を終えた元刑徒である。司寇と並んで隠官という身分もあったが、これは肉刑を施されている元刑徒である。つまり彼らは『史記』高祖本紀にいう「刑余の罪人〈補注〉」であった。彼らは子の世代になると、晴れて士伍の身分として生きることが可能となった。文帝によって肉刑が廃止されると、当然隠官という身分も消滅することになり、一方、司寇の方は新たに刑期二年の労役刑として刑法体系中に位置づけられるのである。

なお、肉刑の伴わない労役刑についていうと、秦律以来、城旦舂は六年刑であり、これに次ぐのが同じく刑期六年の鬼薪白粲であった。その次が完城旦舂および隷臣妾で、文帝の改革以前より四年刑として存在していた。その次が刑期三年の耐罪であり、耐鬼薪白粲と耐隷臣妾であった。文帝の改革以降は鬼薪白粲が三年刑となり、一方、耐隷臣妾は武帝期以降に廃止された。この他に、黥刑等の肉刑を代替するものとして髡鉗城旦舂という刑名が設けられ、五年刑として設定されたのも文帝の改革においてであった。『漢書』刑法志に記されるように、改革の当初の目標は罪人に苦痛の伴う残酷な肉刑を除去することと社会復帰（改過自新）の道を開くことにあった。[15] この改革によって、従来は刑期終了後も司寇や隠官としての身分を強いられた罪人が刑期を終えたとき、直ちに庶人として社会に復帰することが可能となり、当初の目標は達成されたのである。このことを指して「罪人に期有り」と鼂錯が称したのであろう。[16] これについて、初めて刑期を設けた記述だとする高恒氏の見解については、再考が求められる。また『漢書』刑法志に「亡逃せざれば有年にして免ぜよ」とある免とは、刑期終了後に、隠官とか司寇という刑余の身分に留めるのではなく、自由身分の一般人としてその時点から社会への復帰を認める、という画期的な意味合いを有っていたことになる。

注

（1）「今陛下配天象地、覆露万民、絶秦之迹、除其乱法、躬親本事、排去淫末、除苛解嬈、寛大愛人、肉刑不用、辠人亡帑、非謗不治、鋳銭者除、通関去塞、不孽諸侯、賓礼長老、愛邮少孤、辠人有期、後宮出嫁、尊賜孝悌、農民不租、明詔軍師、

愛士大夫、求進方正、廃退姦邪、除去陰刑。」とある。

(2)「令罪人各以軽重、不亡逃、有年而免。」とある。

(3)高恒「秦律中〈隷臣妾〉問題的探討」(『文物』一九七七年七期)。

(4)『漢書』巻一六、功臣表の武陽侯蕭勝の項に「(元朔二年)坐不斎、耐為隷臣。」とあり、同じく襄城侯韓釈之の項に「元朔四年、坐詐疾不従、耐為隷臣。」とある。以後の史料には隷臣妾は現れない。

(5)浜口重国「漢代における労役刑その他」(『東洋学報』第二三巻六号、後に『秦漢隋唐史の研究』〈東京大学出版会、一九六三年〉所収)を参照。

(6)拙稿「秦漢時代の『完』刑について——漢書刑法志解読への一試論——」(『愛媛大学法文学部論集文学科編』第一三号、一九八〇年)。

(7)『漢書』平帝紀元始元年六月の条に「天下の女徒は已に論ぜられれば家に帰し、顧山の銭月に三百とす。」とある本文の如淳注に「令甲、女子罪を犯せば作如の徒六月なるを、顧山して帰らしむ。」とあり、ここらあたりから作如を女徒とする解釈が生じたのであろう。

(8)『睡虎地秦墓竹簡』の法律答問六三簡に「将上不仁邑里者、而縦之、可論。繋作如其所縦、以須其得、有爵、作官府。」とある。作如が女徒を指す表現でないことは明らかである。

(9)『睡虎地秦墓竹簡』の司空律に「城旦司寇以て将するに足らざれば、隷臣妾をして将せしむ。居貲贖責、当に城旦舂とともに作すべき者及び城旦傅堅・城旦舂の将に将司すべき者廿人、城旦司寇一人が将す。司寇たらざれば、城旦の労三歳以上の者を免じて、以て城旦司寇と為す。」とある。注六の前稿では、司寇を免老となった刑徒と理解していたが、『二年律令』の出土により、司寇は刑徒ではなく、一種の身分であったことが明らかとなった。

(10)『奏讞書』九九—一二三簡。

(11)もともと両は重さの単位であり、一六両が一斤(二五〇グラム)であり、金一斤(ほぼ一立方寸の大きさ)を一金と称し、一万銭とした。したがって、一両は一万銭の一六分の一、すなわち六二五銭であった。秦律においては重さの単位としては一六両＝一斤であったが、銭額としての一両は五七六銭であり、漢律とは異なった。第三章を参照。

(12)『張家山漢墓竹簡』での知見を踏まえての司寇の解釈については第八章を参照。

(13)第二部「『張家山漢墓竹簡』奏讞書の和姦事件に関する法の適用」を参照。

(14)李開元「説趙高不是宦閹——補『史記趙高列伝』」(『河南大学史学月刊』二〇〇七年八期)等を参照。李氏によれば、趙高が宦官であったとする証拠はなく、「隠宮」は「隠官」の誤伝であり、趙高は有能な官吏として始皇帝に仕えたというのがその実像であった。

(15)文帝の敕に「今人過有れば、教未だ施されずして刑已に焉に加わる。或いは改行為善せんと欲するも道繇りて至るなし。朕甚だ之を憐れむ。夫れ刑して肢体を断じ、肌膚を刻すれば、終身息せず。何ぞ刑の痛ましくして不徳なるや。(中略)罪人各々軽重を以てし、亡逃せざれば有年にして免ぜよ。」とある。

(16)『史記』の鼂錯伝には「罪人有期」を含む鼂錯の言が記されていない。李陵の禍に遇って宮刑を受けた司馬遷にはそれを載せるに忍びなかったのではないか。呉楚七国の乱の責めを負わされた鼂錯が文帝を称えた内容を記すことがはばかられたのかも知れない。また、文帝の改革についても司馬遷はほとんど記さない。武帝期の漢王朝に仕える臣下として、それを記すことが王朝批判と結びつけられることを彼は慮ったとも考えられる。

〈補注〉刑余の罪人については第八章の注一九を参照されたい。『本草』乱髪によれば、毛髪のことを「血余」と称したという。血が変じて毛髪となると考えられていたのであろうが、毛髪は血そのものではない。その用法と同じく、死刑囚や(現役の)刑徒ではなく、刑を終えた(あるいは免ぜられた)隠官や司寇の身分の者が「刑余」であり、かつて宮刑を受けた司馬遷もこうした歴史を踏まえて「刑余の人」と自称している(『漢書』巻六二、司馬遷伝)。

第一一章　秦漢律における労役刑の実態——繫城旦舂の役割——

はじめに

紀元前一六七年、文帝によって刑法改革が行われるより以前の漢律において、城旦舂、鬼薪白粲、隷臣妾等の名称の労役刑が存在したのであるが、これらは無期刑であったとする高恒氏[1]以来の無期説が日本および中国の学界において主流を占めている。しかしながら、その後出土した『張家山漢墓竹簡』の公表がなされた現在も、文帝の刑法改革以前の秦漢律に刑期が存在しなかったという確証はない。商鞅によって原型が作られた秦律以来、犯罪による労役刑徒に刑期は存在した、と解するのが筆者の立場である[2]。

さて、秦が始皇帝陵を造成するに当たって、「七十余万人」にのぼる隠官及び刑徒が集められたという『史記』の条[3]が史実を踏まえたものであるとするならば、膨大な数に上る刑徒が従事したことになる。とするならば、その背景には、厖大な人数となる刑徒間の秩序を維持しつつ土木工事を遂行しゆくための体系的なシステムが存在していなければならない。また実際の労働を任う刑徒たちを支援し監視し、またバックアップする態勢も整えられていたと見なければならないであろう。では、そのようなシステムとはいったいどのようなものであったのであろうか。

この問題に関して、筆者は以下のような見通しを立てている。秦律においては労役刑（肉刑を伴う場合とそうでない場合とがある）が刑罰の主流となっており、刑徒の労役については柔軟でかつ効率的な仕組みができていた。『睡虎地秦墓竹簡』によれば、隷臣妾の労役刑には家族等による代替が認められており、また贖刑の制度も体系化し、刑徒とともに労役することによって国家への債務を返済する債務労役も盛んに行われていたこと等が窺われる。また、刑徒が刑徒を統率して工事を進めたり監視し合ったり、というシステムも有効に機能していた。国家から俸給を支給されて労役を指揮する官吏の数はごく限られていたという状況に鑑みると、労役に携わる刑徒を監視し、かつ労役のシステムをサポートする一般人の数についても半端なものではなかったはずである。国家の維持にとって重要な刑徒に関わるこれらの労役は、一般人の徭役を主流とするマンパワーによってのみ賄われたとはとても考えられない。刑徒と一般人との接触には危険が伴い、かつサポートには重大な責任が生ずることになるからである。一方、『睡虎地秦墓竹簡』および『睡虎地秦墓竹簡』所収の『二年律令』中に「繫城旦舂六歳」（または「繫城旦舂三歳」）という語が数ヶ所にわたって見られるのであるが、その実態に関しては解明されてはいない。(4)ただ、これが労役の形態の一種である、という認識においては諸家に異論はないと思われる。実は、この「繫城旦舂」は単なる労役であったのではなく、まさにこれこそが、刑徒労働のシステムとその実態を解明するための重要なキーワードとなるのである。

一　繫城旦舂について

一九七五年末に湖北省雲夢県の睡虎地より出土した『睡虎地秦墓竹簡』により、秦代（及び漢代初期）の法（刑法）の実態を知るための手がかりが得られたが、その二年後に高恒氏によって、この史料中に見られる隷臣妾や鬼薪白粲や城旦舂（或いは司寇）が刑期のない無期刑の刑徒であり、罪人に刑期が定められたのは、漢代の文帝による刑法改革の時点からであったとする大胆な説が発表された[5]。その最大の論拠というのが、『睡虎地秦墓竹簡』中に、これらの刑期を規定する条文がない、というところにあった。ただ「繫城旦舂六歳」という語が三ヶ所見えるのであるが、高恒氏らは、これは労役刑徒の刑期について述べたものではないという。しかし、なぜ実質の終身刑であるはずの刑徒に六年という有限の期間限定の付加刑が科せられたのか、疑問が出てくるのであるが、その疑問は『張家山漢墓竹簡』の出土によって解消することはなく、疑惑はより深くなってきたのである。そこで、繫城旦舂と関連する条文を挙げて整理検討しておきたい。

まず、『睡虎地秦墓竹簡』の法律答問一一八簡に

当耐為隷臣、以司寇誣人、可論。当耐為隷臣、有繫城旦六歳。

（当に耐為隷臣たるべきものが司寇を以て誣人すれば論を何んせん。耐為隷臣に当て、また繫城旦すること六歳。）

とある。秦律は漢初の漢律である『二年律令』に受け継がれており、これまで労役刑名であると信じられてきた「司寇」は実は純粋な労役刑名ではなく、耐罪に相当する罪を一般人が犯した場合に当てられる身分であることが分かった[6]。したがって、他人を司寇相当の罪で誣告した罪はかなり軽いものであって、もともと耐隷臣相当の罪を犯した者に付加される「繫城旦六歳」もさほど苛酷な労役ではなかったと見られる[7]。しかるに耐司寇の罪を誣告した隷臣（たるべき罪を犯した者）に対して「繫城旦舂六歳」が加えられることが付加刑としての意義をもつとすれば、「繫城旦舂六歳」の労役が少なくとも「耐隷臣妾」の六年分の労役よりよほど過酷なものであるか、さもなくば「耐隷臣妾」が有期刑であったことがその要件となる[8]。

右記の「繫城旦舂」がある種の労役であったことは確かであるが、「繫城旦（舂）六歳」という例の他にも、債務

のために労役に就いている一般人や奴婢でこの「繫城旦舂」の労役に就く例も存在したのである。

二　奴妾、一般人、隷臣妾が繫城旦舂となるケースについて

まず奴婢（奴妾）が繫城旦舂に就くケースのあったことを示す史料として『睡虎地秦墓竹簡』秦律十八種一三五簡の司空律に

人奴妾、繫城旦舂、貸衣食公、日未備而死者、出其衣食。

（人奴妾、繫城旦舂たらば衣食を公より貸し、日未だ備はらずして死すれば其の衣食を出す。）

とある。奴婢が繫城旦舂の労役に就く際、彼らの衣と食については国家よりそれを支給し、奴婢の主人から徴収することはしない。その期間中に本人が死亡した場合には、その衣食は国の持ち出しとなる（衣食を出す）という。

これに対して一般人が繫城旦舂の労役につくこともあった。同じく一三六簡、司空律には

繫城旦舂公食、当責者、石卅銭。

とある。公食というのは国家から食糧の支給を受けることであるが、その食糧の負担を義務とする者は、一石当たり三〇銭という標準価格での納入が課せられたということであろう(9)。これは一般民衆に課せられる徭役として「繫城旦舂」の労役があったことを示している。後述するように、枸櫝欙杕で身体を拘束されての刑徒の労役と比すれば、決して苛酷な労役内容であったとは言えないが、食費が自己負担というのは民衆にとっては厳しい。

次に、『二年律令』一五七簡の亡律に見られる漢初の例であるが、吏民が亡罪を犯して繫城旦舂を科せられることを記して

吏民亡して卒歳に盈つれば耐。卒歳に盈たざれば繫城旦舂【一歳】。（【　】内は筆者が補足）

とある。この規定については、秦律の段階から存在していたと見て大過ないと思われる。吏や民が亡罪を犯し、丸一年を越して出頭すれば耐（司寇）、一年未満であれば繫城旦舂とするという。ここには期間が記されないが、耐罪よりはずっと軽いはずであるから、繫城旦舂として一年の労役が科せられたのであろう。(10)これを隷臣妾や完城旦以上の犯罪者の家族である収人の場合と比較してみよう。一六五簡の亡律には

隷臣妾・収人が亡すること卒歳に盈つれば、繫城旦舂たること六歳。卒歳に盈たざれば繫（城旦舂）すること三歳。

とある。隷臣妾や収人(11)が丸一年以上にわたる亡罪を犯したケースでは「繫城旦舂六歳」となるが、一年未満の場合には「繫城旦舂三歳」が科せられたのである。

三　刑徒の家族が民間に貸し出されるケースについて

『睡虎地秦墓竹簡』の秦律十八種四八簡の倉律には、「未使」の妾を民間に貸し出す規定を記して

妾未使にして公に衣食する者は、百姓が之を仮らんと欲すれば之を仮し、就きて焉に衣食せしめ、吏はすなはち之を柀事す。

とある。整理小組は「妾未使」はまだ労役させることのできない幼少の収人女子であるとし、隷妾を指す可能性もあるとしている。(12)未使とは、労働に耐え得る身長に達して隷妾とされる以前の女子収人を指すと思われる。いずれにしても、国家が預かっている刑徒労働力を民間に貸し出すという仕組みは秦代からすでに成立していたのである。(13)

一方『張家山漢墓竹簡』には、奏讞書に再審による無罪判決のケースとして、次のような事例が記されている。[14]これは秦代に起こった事件ではあるが、漢代初期も法的な環境はほとんど同じであったと見られる。すなわち、他人の牛を盗んだ共犯者として黥城旦の判決を受け、既に黥をされて服役中であった講という人物から、判決に対する異議申し立てがあり、再審の結果、講は牛の盗みに関与していなかったことが明らかとなり、彼は無罪となった。無罪の判決が出された時点では講の妻子の身は収せられ、家財も没収されており、一部は民間へ売り出されていたのである。それらを国が贖ない、既に黥を受けていた講は城旦舂を免ぜられ、隠官という身分になったとあり、原文は以下のようになっている。

黥城旦講鞫を乞ふ（中略）。黥城旦を論ぜるは当ならず。其れ講を除して以て隠官と為し（中略）妻子の已に売られたる者は県官は贖を為し、他の収せられて已に売られたるは価を以て之に畀へよ。

ここに「妻子の已に売られたる者は県官は贖を為し」とあるところから、無期刑説を主張する人々は、黥城旦舂は無期の刑であり、実質上の終身刑であったが故に、夫と縁が切れた妻（および子）等はその身柄を国に没収され、民間に「売られ」てしまうものと見る。しかし、この「売る」が身柄の売却を意味したと解するのはやや軽薄と思われる。『睡虎地秦墓竹簡』の法律答問には、労役刑以上の犯罪者を告発することによって、国家は告発者に対して二両でこれを「購う」という規定が記されている。[15]この場合の「購」は賞与として告発者に賞金を与えることを意味し、告発者から国家が罪人を買い取ったということでは必ずしもない。つまり、国と民との間の取り決めであった。[16]この例から類推するならば、身柄を没収した犯罪者の妻子を民間に「売る」というのも、それは民間に貸し出すということを意味し、それはやがて返却されることを前提とした貸与であったと見られるのである。なぜなら、現に講のケースがそうであったように、犯罪者本人の刑が取り消される可能性も存在していたのであり、その際、文字通り売却され、ましで転売されたりしておれば、もはや取り返しが付かなくなるからである。故に、奏讞書に記される「売」は民間への貸し出しであったと解するのが妥当と思われるのである。犯罪者として刑徒となっている隷妾の場合にも同様の措置が執られたと思われる。秦律十八種四九簡の倉律には

隷臣妾其の公に従事するものは隷臣は月ごとに禾二石、隷妾は一石半。其の従事せざるものには稟ふる勿し。

とある。隷臣妾のうち、公に従事し労役する者については、男女それぞれ月ごとに二石及び一石半の食糧支給を受けるが、公に従事しない隷臣妾には支給しないという。では、国家からの食糧支給のない隷臣妾はいかにして糧を得ていたのか。刑徒が自立の手段をもっていた、とするのは無理な見解である。国家の労役以外の労働をしたとすれば、それは民間での労働であったと解するしかない。とすれば、隷臣妾たる大人の刑徒も民間に貸し出されていたということになる。ただし、隷臣妾という身分では民間人との同居が禁じられていた(17)。おそらくはそれなりの手続きを経れば許可が得られたものであろう。

なお、犯罪者の家族である収人は、国家のためのさまざまの労働に就くこともあった事実を考慮すると、民間での需要の多いときに貸し出されるという仕組みができていたのではなかろうか。あるいは相互間の移行が可能であったのかも知れない。このように、秦律や漢律における刑徒やその家族は、かなりフレキシブルな社会体制の中で生きていたと見られるのである。

四　隷臣妾・城旦舂の司寇

前節において、国家にその使用権が帰属していた「収人」を民間に貸し出すという例について考察したが、逆に国

家の労役の需要がある場合には、民間から国家に労働力が提供されることもあったのである。その一つのケースが民間人や奴婢が「居貲贖責」の為に「繫城旦舂」の労役に従事することであった。秦律十八種一三四簡の司空律には

隷臣妾・城旦舂の司寇、居貲贖責して繫城旦舂たらば、衣食を責むる勿し。其の城旦舂とともに作する者は之に衣食せしむること城旦舂の如くす。

とある。右の「城旦舂の司寇」について筆者はかつて、司寇の正式名であると解した[18]のであるが、やはり整理小組のいうごとく[19]城旦舂を免じられた司寇を指すと見るべきである。というのは「隷臣妾」を独立させて解釈すれば、隷臣は繫城旦の労役に際して、無条件で国家から衣食を支給されるという理解となるが、これはそのあと（一三四―五簡）の

隷臣有妻、妻更及有外妻者、責衣。

とある内容との間に齟齬を来すからである。「衣を責む」とあるように外妻のある隷臣には妻から衣の負担が義務づけられていたのである。

一方、整理小組は「城旦舂の司寇」を「城旦舂から減刑されてなった司寇」と注釈し、「隷臣妾・城旦舂之司寇」を「隷臣妾」および「城旦舂之司寇」と解釈し、彼らが債務労役として「繫城旦舂（城旦舂の労役に就けて拘束されるの意と解釈する）」の労役に従事する際は城旦舂と同じ基準でその衣食を給与する、と訳している。この解釈には問題が存するのである。（城旦舂之司寇が城旦舂を減刑されて司寇となったとする解釈については次節で検討する。）

前述したように、もし隷臣に外妻があったとすれば、隷臣が「繫城旦舂」の労役に就くにしても、その外妻は衣服の負担をしなければならなかったはずである。司空律を理解しようとするならば、この問題を突破しなければならない。すでに第八章で述べたことではあるが、「隷臣妾」と「城旦舂之司寇」とは単純に並列されたものではない。一

方、城旦舂の司寇が労役に就くに際して、その衣食を国家から支給されるとするという理解については問題ない。次節に見る司空律によれば、司寇が不足する場合に城旦舂で三年になる者を「城旦（舂之）司寇」として労役の監督をさせる、という規定があったから、この城旦舂之司寇に衣食が給せられるのは当然であるからだ。

では、上記の一三四簡の司空律はどのような解釈が可能であるか。筆者の考えでは、その唯一の方法が以下の如くである。すなわち、「隷臣妾・城旦舂之司寇」の語の中の「之司寇」は、城旦舂にのみかかるのではなく、隷臣妾にもかかった、という理解である。つまり、城旦舂が（許されて）司寇となった如く、隷臣妾も（許されて）司寇となることがあったと見なければならないのである。このことは、筆者は第八章で既に論じているが、刑徒の監督者が不足する場合のみでなく、刑期を終了した隷臣妾が「隷臣（之）司寇」であったと解すべきではないか。そして、彼らが居貲贖責のために刑徒監督の任に就くときに、その衣食については、家族に負担させることなく国家から支給する、というのが上記一三四簡、司空律の意味するところであった、と理解されるのである。一四六簡の司空律には

居貲贖責のものをして城旦舂を将せしむる毋かれ。城旦司寇以て将するに踐《た》らざれば、隷臣妾をして将せしめよ。

とある。城旦司寇による監督が不足の場合には隷臣妾の者に監督させた。法律答問一一六簡にも

隷臣将城旦、亡之、完為城旦、収其外妻子。

とある。城旦舂を監督していて逃亡させた場合、その隷臣を完城旦とし、その隷臣に外妻子がいれば、外妻子の身を没収するというのである。刑徒を「将する」場合は、一歩間違って彼らを逃亡させてしまえば、自らが完城旦春となるばかりでなく、それにともなって妻子の身も没収されてしまう。緊張感のともなうきつい労役であったことが知れるであろう。前掲司空律の一四六簡に「居貲贖責のものをして城旦舂を将せしむる毋かれ」とあるのは、債務労役の者に対して、刑徒の監督というような重責を担わすことはできなかったことを示している。居貲贖責の者が「繋城

旦舂」の労役を担うことはあったことを照らし合わせると、「将」と「繫」とには大きな違いのあったことが知られるであろう。

五　司空律一四六—七簡に即して

司空律一四六—七簡には次のようにある

居貲贖責、当与城旦舂作者、及城旦傅堅、城旦舂当将司者、廿人、城旦司寇一人将。

（居貲贖責にて当に城旦舂とともに作すべき者、及び城旦の傅堅のもの、城旦舂の当に将司すべき者は、二十人を城旦司寇一人もて将す。）

「居貲贖責」の者は前述したように、刑徒を「将する」ことは禁じられている。その彼らが城旦の傅堅の者と共にする労働とは何であったのか。ともかく、二〇人の城旦舂を一人の城旦司寇が「将する」のが、城壁造り等の労役の際の原則であったことが確認される。債務労役に従事する者が、刑徒と全く同じ過酷さの労働をしたとは考え難い。自ずから役割分担があったはずである。また、前述のように奴婢や一般人や隷臣妾も「繫城旦舂」の任に就いた。その役割分担はどのようなところにあったのであろうか。

まず、刑徒等を将する司寇の立場について見ると、彼らはかつての刑徒であり、今は刑を終了して五〇畝の田を与えられる身分である。彼らは家庭を持つことも許されるのであるが、庶人や士伍に比べれば半分であり、そこからの収入のみでは（家族を有つならば）生活が困窮するはずである。故に彼らは農閑期等には国家のための労役によって生きてゆかねばならず、前述したように、それも苛酷な労役であった。債務労役のものよりも厳しいプロとして刑徒等を組織的に動かしてゆく習熟した技量も要求されたと思われる。

次に、主として肉体労働を強いられる刑徒等による労役の実態について考えてみる。一三九―四〇簡の司空律には

鬼薪白粲、群下吏毋耐者、人奴妾居贖貲責于城旦春、皆赤其衣、枸櫝欙杕、将司之。其或亡之、有罪。

とある。鬼薪白粲や耐罪以上の罪人や奴婢で債務労役として城旦舂の労役に就く者には囚人用の赤い服を着せ、枷や紐で繋ぎ、彼らは監視され、逃亡すれば（逃亡させた者も含めて）罰するというのである。枸櫝欙杕はその文字に木偏が用いられていることから、木製の枷の類を指したと思われるが、逃亡を防ぐことに国家は頭を痛めたと思われる。刑徒は一般人と同じ区画に居住することを禁じられていたから、獄舎より労役の現場へ移動する際が特に危険であったろう。そのとき刑徒には枸櫝欙杕の類で身体が拘束されたと考えられる。

ただし、常に枸櫝欙杕で身体を拘束されていたとは考え難い。まして第九章で考察したごとく、刑徒のなかでも鬼薪白粲はもともと二級以上の有爵者で、プライドを有する刑徒であった。したがって、枸櫝欙杕といっても、たとえば刑徒としての分を守らず秩序を乱す等の行為があったときには直ちに身体を拘束することのできる態勢がとられていた、ということではなかろうか。まして、土木工事等の現場では、その労働の効率を上げるためには枷の類ははずされることが望ましい。とするならば、刑徒を監視（将司）しつつ逃亡を防ぎ、また、枷の着脱等のために多くの人手が必要であったろう。実は、そのような任務に携わったのが「繋城旦舂」であったと考えられるのである。労役を指揮するのは城旦の司寇や隷臣の司寇で、一人が二〇人ほどのチームを監督したと見られるが、刑徒の数に匹敵するだけの監視の人手が必要とされたはずである。その労働をになう職務が「繋城旦舂」であったのではないか。とするならば、「繋城旦舂」というのは、城旦舂とともにする労役が科せられたといっても、むしろ刑徒を監視し、その逃亡を防ぎつつ彼らをサポートするところにその主たる任務があったといえるのではなかろうか。『史記』巻九一、黥

布伝には項羽の功績を称える随何の語に

項王斉を伐つに自ら板築を負ひ、以て士卒の先と為る。

とあり、『集解』の李奇注には「板は牆板なり、築は杵なり」とあり、兵士が土木工事をしながら軍を進める際、項羽が兵士の模範となって自ら率先して版築用の板や杵を背負って進んだことが記されている。城壁造りの現場へ向かう際にもこれらの道具は皆で運ぶ必要があったであろう。ただし、刑徒に武器になりかねない道具を持たせることは危険であったから、これを運ぶのも実績のある繫城旦舂の者の任務の一つであったと考えられる。このように、自らが城旦舂たる刑徒として繫がれるという立場ではなく、逆に城旦舂を繫ぐ側の任務を遂行したのが繫城旦舂であったと解せられるのである。こうした理解に立ってこそ、刑徒労働の実態把握が可能となるのではなかろうか。

むすび

以上の検討から明らかになったことは以下のことである。すなわち、これまでの研究において不明であった「繫城旦舂」というのは、それなりの苛酷さをもつ任務であったことは推測できるけれども、その主たる役目は刑徒を監視しサポートすることにあったということである。これを担ったのは、徭役としての一般人のほかに、債務をかかえた一般人や、主人の債務のために働く奴婢や刑徒等、幅広い階層の人々であった。また、犯罪者やその家族の労働力を保有する国家は、民間の需要に応じてそれを貸し出すこともあったが、人手が不足する際には逆に居貲贖責と称する労働力を民間から借り受けることもあった。かくのごとく柔軟性と機能性を有する仕組みが戦国時代から備わっていたと思われるのである。また、刑徒が刑徒を監督し、互いに監視するというシステムについても彼らの労役体制は巧みに組み込んでいたことが改めて確認されるのである。

注

（1）高恒「秦律中〈隷臣妾〉問題的探討」（『文物』一九七七年七期）を参照。

（2）拙稿①「文帝による肉刑除去の改革——髡刑及び完刑をめぐって——」（『東洋哲学研究』第一七巻第六号、一九七八年）、②「秦漢時代の『完』刑について——漢書刑法志解読への一私論——」（『愛媛大学法文学部論集文学科編』第一三号、一九八〇年）、③「秦律中の城旦舂について」（『愛媛大学人文学会創立十五周年記念論集』一九九一年）、④「秦律における債務労役——居貲贖責について——」（平成三年度科学研究費補助金一般研究（B）研究報告書『出土文物による中国古代社会の地域的研究』〈代表、牧野修二〉）、⑤「秦律における刑期再論（上）（下）」（『愛媛大学法文学部論集文学科編』第二五・二六号、一九八五・一九八六年）、⑥「秦律中の隷臣妾」（『愛媛大学人文学会創立二十周年記念論集』一九九六年）、⑦「秦律における隷臣妾の特質とその刑期」（『古代文化』第四九巻第六号、一九九七年）、⑧「秦漢律における贖刑制再考——刑期との関連を探る——」（『資料学の方法を探る（五）』二〇〇五年）、⑨「竹簡の秦漢律を読む——労役刑の刑期と文帝の刑法改革——」（『歴史と文学の資料を読む』創風社出版、二〇〇八年）、⑩「秦律における司寇について——刑と身分——」（『愛媛大学法文学部論集人文学科編』第二七号、二〇〇九年）等を参照。

（3）『史記』巻六、秦始皇本紀三十五年条に「隠宮・徒刑者七十余万人、乃ち分かちて阿房宮を作り、或いは麗山に作せしむ」とある。ここにある「隠宮」は「隠官」を誤り伝えたものと見られる。この記述が全面的に信頼できるかという問題は今後の検討課題であるが、「七十余万人」というのは、食糧支給の帳簿等から割り出した延べ人数という可能性がある。第八章に引用した黥布伝にも「麗山之徒数十万人」とあった。

（4）繫城旦舂に注目して秦漢律における労役の体系を研究したものとして、宮宅潔「有期労役刑体系の形成——『二年律令』に見える漢初の労役刑を手がかりにして——」（『東方学報・京都』第七八冊、二〇〇六年。後に改稿されて『中国古代刑罰史の研究』〈京都大学学術出版会、二〇一〇年〉の第三章に収録）がある。

（5）注一に同じ。
（6）注二の⑩拙稿を参照。『二年律令』一九九簡具律には「罪有りて耐に当たり、其の法に耐と名せざるれば、庶人以上ならば耐して司寇と為し、司寇ならば耐為隷臣とす。隷臣及び収人は耐罪有れば繋城旦舂六歳」とある。
（7）繋城旦舂が極めて軽い刑であったことは、無期刑説を取る宮宅氏も認めるところである。注四に同じ。
（8）繋城旦舂は隷臣妾にくらべてより軽い刑であったと見られ、隷臣妾が亡罪によって「繋城旦舂」としての三年または六年の刑徒労働を終えた後に再び隷臣妾の身分に戻るとするならば、繋城旦舂六歳（または三歳）に付加刑罰としての意味がない。これが付加刑としての意味があるとすれば、隷臣妾が有期刑であり、刑期終了が遅れることにあったと考えるしかない。
（9）司空律一三八簡に「罪有りて貲を以て贖する者及び公に責めあるものは其の令日を以て之に問へ。其の入れ及び賞する能はざるは令日を以て之に居らしめ、日に居すること八銭、公食する者は日に居すること六銭」とあり、債務のために労働する者には一日当たり八銭がその労賃であり、食を国から支給される者は六銭とされた。一日二度の食費（計三分の二斗）が二銭であったことが確認される。
（10）一六五簡の亡律に見られるように、吏民よりも身分の低い隷臣妾や収人が亡罪を犯して一年未満で復帰したケースでの付加刑が繋城旦舂三年であるから、吏民の場合の「繋城旦舂」とは少なくとも二年以下であり、一年の期間であったと見るのが妥当である。
（11）収人とは完城旦以上の犯罪者の家族で、その身柄を国に没収された者を指し、『二年律令』四三五簡の金布律に「諸そ収人は皆入れて以て隷臣妾となす」とあり、没収された後のある時点で隷臣妾という刑徒に移されることが確認された。
（12）簡装本四八頁を参照。
（13）注二の拙稿⑥を参照。
（14）『睡虎地秦墓竹簡［二四七号墓］』（文物出版社、二〇〇一年）二二一―二頁、図版九九―一二三簡、同、修訂本（二〇〇六年）では一〇〇―二頁。
（15）例えば法律答問一三五簡に「捕亡完城旦、購幾何。当購二両。」とある。

（16）国としては犯罪者の身柄を拘束して労役に当て、一日につき八銭（または六銭）の労働価を搾取するのであるから、四年刑の刑徒であれば約一万銭、六年刑であれば約一万五千銭の利を得ることになるのである。秦律では、補告した者に対して賞として二両を支給するという規定があったが、このことは国にとって損失とはならず、ある意味では取引であったということにもなり、その故に法律答問にはそれが「購」と記されている。秦漢の時代における「売買」は、必ずしも純粋な売り買いではなく、貸借の義も含まれていたと考えられる。

（17）『二年律令』三〇七簡の戸律に「隷臣妾・城旦舂・鬼薪白粲・家室、居民里中、以亡論之。」とある。

（18）注二拙稿②を参照。

（19）簡装本八九頁には、秦律十八種一四七簡司空律の「司寇不踐、免城旦労三歳以上者、以為城旦司寇。」の訳として「如司寇人数不足、可以把已労三年以上的城旦舂、減刑為城旦司寇。」と記している。城旦舂に服役して三年以上の者を城旦司寇とする、という点では正しいが、しかし、城旦の刑を軽減して城旦司寇としたのではなく、城旦の刑を免じた上で（城旦）司寇の身分に移したというのが正当な理解である。免隷臣が免老の年令に達した隷臣ではなかったということについては第四章の注一六を参照。

おわりに

古代中国は早くより法思想を発達させており、法制度が整えられ、戦国時代にはすでに自由刑（労役刑）が刑罰の主流になっていた。仁井田陞氏[1]によれば、自由刑に関してはヨーロッパが一六世紀まで刑罰体系の主流とはなっていなかったのに比して、漢ではすでに高度の法思想を背景として肉刑と労役刑の改革が文帝によって断行されたのである。これに先立つ戦国時代には秦をはじめとする諸国においてすでに体系的律文がほぼ完成されており、近年の『睡虎地秦墓竹簡』や『張家山漢墓竹簡』の出土によって、そのビッグな歴史像が我々の眼前に迫ってきたのである。漢律は基本的には秦律を踏襲しながらも、独自の法として形成されて行った。初期の漢律では、刑罰の主流が黥・劓・刖等の肉刑をともなう労役刑であった。この労役刑には当初より刑期は設定されていたが、その体系は複雑であったために誤解を生み、文帝期以前には刑期がなかったとする高恒氏の説がここ四〇年ほどの間、日中両国において圧倒的に支持されてきた。しかし、秦律以来刑期は確実に存在していた、とするのが当初よりの筆者の見解であり、その論証が本論前半のテーマであった。就中、第七章に論じた「刑城旦舂」の存在が、刑期のあったことの証明となり得ると思われる。そしてそのうえで、文帝が行った刑法改革の意義を人類史の中に浮かび上がらせようというのが本書全体のテーマであった。

文帝の刑法改革については『史記』には詳しい記述がなく[2]、その実態は必ずしも明瞭ではなかった。また、『漢書』

刑法志を記した班固（三二―九二年）は肉刑復活論の立場に立っていた。(3) 故に、その視点からの評価は必ずしも芳しいものとは言えない。そこで、刑法志に記される内容から、逆にたどって班固のその立脚点そのものについて確認しておく必要がある。まず、班固の時代観を知る手掛かりが『周礼』の秋官大司寇の文を引いて

昔周之法、建三典、以刑邦国、詰四方、一曰、刑新邦用軽典。二曰、刑平邦用中典。三曰、刑乱邦用重典。

とある中に得られるであろう。嘗て周の歴史の中で、軽典（新邦において）、中典（平邦において）、重典（乱邦において）の三種類が用いられていたという。それでは、班固は前漢の文帝の時期を新邦と見ていたのか、平邦と見ていたのか、それとも乱邦と見ていたのか。これが文帝の改革に対する評価に繋がってくるはずである。前漢の後期より後漢初期である現在（明帝期）に至る間の状況を述べる班固は

今漢道至盛、歴世二百余載、考自昭宣元成哀平六世之間、断獄殊死、率歳千余口而一人、耐罪上至右止、三倍有余。（中略）今郡国被刑而死者、歳以万数。天下獄二千余所、其冤死者多。（中略）自建武永平、民亦新免兵革之禍、人有楽生之慮、与高后之間同。（中略）断獄少於成哀之間什八、可謂清矣。然而未能称意比隆於古者、以其疾未尽除、而刑本不正。（『漢書』刑法志、以下の引用も同じ。）

と記し、前漢初期の高祖・呂后期と後漢初期の現在が前漢後期に比べると犯罪者数はその二割と少ないのでよく治まった時代とはいえるが、夏殷周三代の隆盛の時期と比べればまだまだである、という。前漢初期と後漢初期は共に「刑は新邦には軽典を用ゆ」の時期に属するとも見られる。その理想に適ったのが高祖劉邦の「法三章」であった。しかし、武帝期を経て前漢後期になると、刑死者が「千余口にして一人（万を以て数ふ）」という状況になり、耐罪以上の刑徒がその「三倍」以上もあった。そのようになった理由について班固は「死刑過制、生刑易犯」が重要な要素となっているというのである。さらに彼は『荀子』正論篇を引き

治則刑重、乱則刑軽。犯治之罪固重、犯乱之罪固軽也。

を強調する。乱れた時代には刑を軽くし、逆に治まった時代には刑を重くす（べきであ）るという。これは一見前掲の『周礼』と矛盾するが、この場合の軽重は法典の分量をいうのではなく、刑罰の軽重について述べている。前漢の文帝期は、当時の常識からすれば格段に刑死者の少ない「断獄四百」という状況であった。そのような治まった時期にこそ犯罪を重く罰するべきであって、社会の秩序をしっかりと維持しゆく方向性を固めることが重要である、というのが『荀子』を引いた班固の意図であった。つまり、前漢初期の安定した時代に文帝が行った肉刑廃止は、手綱を緩めて刑罰を「軽く」したということであり、これは荀子の刑罰観と相反することである。それが遠因となって前漢後期（武帝期以降）の犯罪増加という現象がもたらされた、とするのが班固の基本的視点であった。後漢王朝が再興して現時は一応安定はしているけれども、刑罰を緩やかなままにしておれば、今後、前漢後期に刑死者が「万を以て数ふ」というような、あるいはそれ以上の悪しき事態になることを班固は懸念し、その兆候を見ていたのであろう。その故に

今触死者、皆可募行肉刑。

とあるように、死刑を宣告された者に対して希望を募って肉刑を復活させるべきことを主張している。そしてまた

今去髡鉗一等、転而入大辟、以死罔民、失本恵矣。故死者歳矣万数、刑重之所致也。至乎穿窬之盗、忿怒傷人、男女淫佚、吏為姦贓、若此之悪、髡鉗之罰、又不即以懲。故刑者歳十万数、民既不畏、又曽不恥、軽刑之所生也。

とあるように、髡鉗城旦舂等の労役刑の一部を死刑に転入した（黥城旦舂と髡鉗城旦舂とを班固はほとんど同一視している）ことは「本恵」(4)ではない。死者が年に数万を超える数となったのは重刑の故であるという。また、肉刑の伴わない単なる労役刑では、でき心による窃盗とか一時的感情のもつれによる傷害とか役人の収賄とかは防げない、という。す

なわち、髡鉗等の労役刑では威嚇刑としての威力がない故に、犯罪者が年に（数）十万も発生するのであると述べ、肉刑を再度設けるべき、とするのが班固の見解であった。なお、班固は髡鉗城旦舂は秦代から存在した刑罰であると認識しており、一方では髡刑を肉刑の意で用いているが、一方では刑法改革以後の労役刑の意で用いている。情報不足とはいえ、班固の事実認識には不正確な部分があった。それと連動すると思われるが、文帝の意図（受刑者の受ける癒えることのない苦痛と、社会復帰への可能性）が理解されておらず、「肉刑」の意義を誤解し、受刑者側からの視点は無視されている。このような視角から文帝の業績を記した班固から

文帝の仁、平・勃の知を以てするも、猶ほ過刑謬論有ること此の如き甚だしきなり。

とする評価が生まれるのも無理からぬことであったかも知れない。陳平、周勃の「知」に対する班固の評価については第二章で述べたごとく、きわめて低い。文帝の改革についても、「死刑は既に重し、而も生刑は又軽し、民之を犯し易し」と表している。文帝の「仁」についてもその評価は低く、刑罰の威を減じたことがその失政であったとしているのである。文帝による刑法改革の完了後に起きた新垣平の事件に三族刑が適用されたことについて班固は

其後、新垣平謀為逆、復行三族之誅。

と評し、これを期に三族刑を復活したのが文帝であったと解しているのである。しかし、三族刑については第一章に論じたごとく、文帝がこれを復活させたのではなく、おそらくは文帝即位以前の政治状況が、呂后政権時の法の改革を否定させることとなり、漢律が恵帝時以前のものに復したというのが真相に近い。

なお、かつての斬右止を死刑に組み込んだことと、劓と斬左止を廃止するために設けた笞刑によって受刑中の死亡者が出たことについてであるが、文帝は死刑そのものを（おそらくは）例外的刑罰とすることを意図し、肉刑がなければ更生が可能となるということを意識しての試行錯誤の改革であったのであって、文帝を継いだ景帝が父の遺志を

受けついで笞数を減らす等の改善を加えたことでもあるし、後生の眼から見るならば、それらについては情状酌量の余地がある。班固の視点に捕らわれて文帝の改革を過小評価するのはその本質を見失うことになりかねないと筆者には思われる。「断獄四百」という数についても、自然にそうなったのではなく、文帝を初めとする為政者の改革への努力があってその結果となったと見るのが正当ではないか。支配者側からの視点で民衆統制の手段としての伝統的刑罰に対し、「民の父母」たる観点から大改革を加えて肉刑や連坐制を廃止した紀元前二世紀に行われた一連の改革は、人類史上でも特筆すべき意義を有していたことはいうまでもない。残念なるかな、刑法改革の内容を伝えた班固は、支配者側からの伝統的刑罰観を脱し得ぬままに刑法志を残した。このことが、文帝による刑法改革の評価について、多くの後世の人々の目を曇らせる結果となったようである。

文帝の刑法改革についてのこれまでの論を整理しておくと、次のようになる。

まず、即位の直後に誹謗妖言令を廃止したことは、恵帝の遺志を結果的に受け継いだことになり、言論による罪を緩和して、広く在野の賢人を糾合しようとする意図を有していた。民間から登用されて、やがて文帝の法思想上のブレーンとなる張釈之の活躍の場もこうして用意されたのである。

次に翌年に収律相坐法を廃止したが、これは法の強制的威力によって民を家族を単位として統制しようとするこれまでの支配者側の発想を転換するものであった。三族刑等は残されたが、それを例外刑として、法の公平を実現しようとする努力の一環であった。

こうした一連の改革の総仕上げと位置づけられるのが即位一三年に行われた肉刑廃止に伴う改革であった。文帝の意図は必ずしも伝統的刑罰観を否定するものではなく、伝統を可能な限り受け継ぎながら、多分に民衆の側に立っての教育刑的な発想を有していた。受刑者の肉体的苦痛を緩和するとともに、罪を犯した者に対して更生のチャンスを与えるところに、肉刑廃止の最大の意義が込められていた。「法は天子の天下と公共する所なり」、「罪の疑はしきは民に与く」という張釈之の言が、文帝の刑法改革へのモチベーションを表現し尽くしているといっても過言ではない。また、肉刑の廃止とともに、刑罰体系を簡明にし、刑期と労役刑名とを原則一対一に対応させて労役刑を再編させたのであり、かつ、刑期終了後には、ただちに庶人に復帰することを可能とした。これによって刑期終了後の身分であった司寇や隠官という刑余の存在はなくなった。文帝没後、鼂錯は「罪人に期有り」と称したが、宮刑を受けて自らを「刑余の人」と称する司馬遷は、その部分を鼂錯の伝から削除した。

この他に、文帝の改革としては宮刑を廃止するために禁錮という刑名を設けたが、その意図は、官僚等の犯罪者に対して、肉体を傷つけることなく、子孫断絶への脅威によって教育刑的効果を目指したものと推測される。(5)

こうした文帝の刑法改革の歴史的意義については、近年はむしろ消極的評価しか与えられて来なかったと筆者には思われる。その遠因の一端が班固の刑法志に記された評価にあったと思われる。しかし、この改革は古代中国史のみならず、広く人類史の中にしっかりと位置づけられてしかるべきであろうと思われるのである。

注

（1）仁井田陞『中国法制史研究（刑法）』（東京大学出版会、一九五九年、補訂版は一九八〇年刊）、補訂版四七頁を参照。

（2）司馬遷は自ら宮刑を受けた身である故に、文帝の宮刑による廃止についても明言を避け、わずかに鼂錯による恵帝への上奏文に「去肉刑」「除肉刑」と記すのみであるが、「去肉刑」が求刑の除去を意味することは疑いない。司馬遷は文帝の刑法改革についても控えめにしか記していない。

（3）後漢以降、班固に限らず、多くの肉刑復活論が登場する。福原啓郎氏によれば、後漢では梁統、班固、鄭玄陳紀、荀悦、仲長統、曹操、荀彧、陳羣、鍾繇、傅幹が挙げられ、これに対して復活反対を唱えたのは杜林、崔寔、孔融、王脩等であった。福原氏によれば、後漢の中期以前は復活論に対して輿論は否定的であり、曹操が出て以来、復活論が活発化する。しかし、結果的には東晋に至るまで復活することはなかった。その要因としては、肉刑を廃止したために中間刑がなくなったことにより、乱世に対する憂いから肉刑復活がしばしば提唱されたのであるが、労役刑が整備されたことにより、かつての肉刑の果たした役割が、完全に代替されるようになった故であるとする。福原啓郎「魏晋時代の肉刑復活論の意義、再論――廷議における賛成派と反対派の論拠の分析を中心に――」（『京都外国語大学研究論叢』第四八号、一九九七年。後に『魏晋政治社会史研究』〈京都大学学術出版会、二〇一二年〉の第一章に再録）を参照。

（4）内田智雄編『訳注歴代刑法志』（創文社、一九六四年〈同書の冨谷至氏による補編が二〇〇五年に出されている〉）の校注では王念存の『読書雑誌』漢書第四を引いて、「本恵」は「本意」の誤りとしているが、班固の批判的な意図を考慮すると、これは「本恵」のままでよいと思われる。なお、文帝の改革時に斬右止を死刑としたことは事実であるが、そのことが因となって刑死者が年に数万人となったわけではない。班固の論は、この部分に関して論理的にも不整合な部分がある。死刑は威嚇刑としての役割を果たしていないという論理なのであろうか。おそらくは肉刑を受けた受刑者の苦痛と惨めさを、一般人に対して見せしめとすることが犯罪抑止力となるという見解であったのであろう。しかし、それが「刑罰中たれば民は愍む」という孔子の意に適うとは思えない。なお、王念存は、班固の見解とは逆に、刑法改革の趣旨に沿った好意的な解釈をして、刑を重くするのがその本意ではなかったと刑法志の文を受けとめたのであろう。王念存の独自の見解というよりは、後世の改革の評価が概ねそうであったと思われる。

（5）これについては第二部の「伝統中国における禁錮」を参照されたい。

第二部　秦漢刑法史研究

秦漢律における不孝罪

はじめに

漢代の不道罪の概念について考察した大庭脩氏[1]は、漢律における不道罪の中に唐律の十悪[2]中の謀大逆、謀叛に比し得るものがあることを考証し、漢律から唐律への流れを展望して次のように述べている。すなわち十悪のうちの五つ（謀反、謀大逆、謀叛、不道、大不敬）までは漢律に比定し得るものがあり、しかもこれらはいずれも不道罪と関連を有しており、その故に「漢の不道という罪が律概念の発達にともなって分化し、唐の十悪へと連関していったのではあるまいか」と。――行論の便宜上、筆者は不道罪と関連するこの五罪を〈不道罪グループ〉として分類する――。

十悪とは『唐律疏議』名例律の十悪の疏議に「五刑の中、十悪は尤も切なり。名教を虧損し冠冕を毀裂するなれば、特に篇首に標して以て明誡と為す。其の甚だ悪しきものを数ふるに、事類十あり。故に十悪と称す。然して漢制九章並びに湮没すと雖も、其の不道・不敬の目は見存す。夫れ厥の初を原ぬるに、蓋し漢に起るならん」とあるように、漢に起源を有すると伝えられる十種類の大罪であり、また、同じく八議の疏議に「其の十悪を犯す者、死罪は上請するを得ず、流罪以下は減罪するを得ず」とあるように、十悪の罪を犯せば、身分や功績による特権が認められず、しばしば恩赦の対象から除外されるのである。

一方、十悪のうちの他の五悪（悪逆、不孝、不睦、不義、内乱）について大庭氏は「天子、国家、社会を対象とする罪名たる不道罪とは性質を異にする名教違背的な罪であり」、家族倫理もしくは師弟の道というような、個人をめぐる矮小社会内の道徳に背反するという点において互いに共通すると見る。――その代表格が「不孝」罪と考えられる故に、筆者はこれら五罪を〈不孝罪グループ〉として分類する――。したがって、「漢においてはこれら（〈不孝罪グループ〉の罪）は礼教の問題にゆだねられ、最大の罪たる不道を以て処罰するという程まで、刑の意識が拡大されていなかったのかも知れない」と問題を投げかけている。すなわち、漢代以前には〈不孝罪グループ〉は刑名として未成立であったと見るのである。

しかしながら、戦国時代に成立したとされ、かつ漢以降の歴代王朝が、民衆教化のための基本理念を示すテキストとして重視した『孝経』の五刑章第一一には

五刑之属三千、而罪莫大於不孝。

とある。この文の意義を解釈するに当たっては、文中にいう「不孝」が「五刑之属」すなわち刑法の範疇に入るのか否かということが鍵となる。しかしてこれが「五刑」章の中に記された語であることを考慮すると、「不孝」が五刑とは別格の存在として（すなわち純粋に道徳的概念で）用いられているものとは考え難いのではなかろうか。この観点に立つならば、三千条に及ぶ諸刑罪の中で最大の罪が「不孝」であった、という素朴な解釈が有力となる。これを支持する史料として『周礼』地官上、郷八刑に

郷の八刑を以て万民を糾す。一に曰く不孝の刑、云々。

とある。(3) 右文によれば、『周礼』地官篇の成立時には「不孝」がまぎれもなく刑名として認識されており、しかも郷

八刑のうちで最も重いものとされていたのである。このように見てくると、『孝経』および『周礼』の最大とする「不孝」罪と、大庭氏のいう漢代の最大の刑罰たる不道とが同時に刑罪として存在した期間があったことになり、「不孝」罪をはじめとする〈不孝罪グループ〉の罪が漢代以前では礼教の問題にゆだねられていたとする大庭氏の見解[4]は、必ずしも従い難いのである。

「孝」という語は、祖先祭祀と同義で西周より用いられており、孝の否定形である「不孝」は、例えば『礼記』王制に「宗廟に順はざる者有れば不孝と為し、不孝なる者は君黜するに爵を以てす。」とあり[5]、また『尚書』の中でも最古に成立したとされる周書康誥には既に「不孝不友」という語が見えており[6]、これらの例に鑑みて、刑法の専門用語としての「不孝」の概念は、漢代を遡るはるか以前より成立していたと見る立場も否定できない。その観点に立つ野村茂夫氏[7]は、右の「不孝不友」の罪は『孝経』五刑章にいうごとき最大の罪悪とまでは考えられておらず、したがって、当初は一般的な罪悪であった「不孝」罪が、時代が下る（周～戦国時代）に従って重く見られるようになり、やがて『孝経』成立時までには最大の罪と見なされるようになっていたと理解するのである。従うべき見解と思われる。

ところで、一九七五年の『睡虎地秦墓竹簡』の出土により、秦律中に「不孝」という罪名の存在したことが明らかになった。このことから、漢代の史料に散見する「不孝」という語も、秦律以来の刑法上の用語「不孝」と関わりのあることが自ずと察せられ、そこで前掲『孝経』五刑章の記事が改めて脚光を浴びることになり、秦漢律上にこの「不孝」罪を位置づけるという刑法史研究上の基礎的作業が要請されるのである。

本論での考察の順序としては、まず第一章において、『睡虎地秦墓竹簡』等に見える秦代の「不孝」罪の特色を分析してその実態を考察し、第二章ではこれを承け、前漢の事例を通して漢代にも「不孝」罪の存在したことを跡づけ、これによって秦律からの連続性を確認し、続いて第三章では前漢半ば以降に見られる「不孝」罪の扱われ方の変化に注目してこれを分析し、最後に第四章において「不孝」罪の成立とその変遷の背景を考察し、秦律から唐律へかけて、「不孝」罪を跡づける。かくて本論をして、刑罰体系上に「不孝」罪を位置づける一試論たらしめたい。

一　秦代に見られる不孝罪

『睡虎地秦墓竹簡』中、「不孝」の罪名が明瞭に見えるのは二ヶ所である。一つは法律答問一〇二簡で、次のごとく記されてある。[8]

免老が人を告して不孝と為し殺を謁《もと》むれば、当に之を三たび環すべきや不や。当に環すべからず。亟《ただ》ちに執らへて失する勿れ。

免老とは、漢代の史料ではあるが、爵のない庶人の場合についていえば、『漢旧儀』では六〇歳、『張家山漢墓竹簡』では六六歳[9]（有爵者の場合は爵位に応じてその年齢が下がる）を越えた老人である。免老が「不孝」罪を以て人を告発して死刑を求めた場合、三環[10]の手続きを省略して、直ちに訴えられた本人を捕らえて取り調べよ、という趣旨である。右文中の「殺を謁む」という免老からの告発は、「不孝」という罪名が死刑と結びつく可能性を示唆している。さらに、「免老」が特殊な法制上の待遇を得ていたということ、および「不孝」罪が特殊な罪で（免老による訴えという条件つきではあるが）、告訴だけで被告逮捕の十分条件が成立したという事実が知られるであろう。

「不孝」の語を記すいま一つの条文は、封診式五三—四簡、告子の条に

爰書にいふ、「某里の士五甲が告して曰く、『甲の親子にて同里の士五丙は不孝したり。殺を謁め、敢て告す』と。即ち令史の己をして往きて執らへしむ。令史己の爰書にいふ、『牢隷臣の某と丙を執らふるに某の室に得たり』

と。丞の某が丙に訊す。辞に曰く『甲の親子にて誠に甲の所に不孝したり。它には罪に坐するなし』と。」

とある。[11] 本条の場合は「不孝」罪の告発者が同里に住む父親である。ここで留意すべきは被告人丙が取り調べに際して、「誠に甲の所に不孝したり」と認めていることである。爰書とは大庭脩氏[12]によれば「口辞に代える書」すなわち（私的な事項を）官に申告する書のことであるが、封診式で引用される爰書には、例えば流産の情況を記す「出子」とか、家の壁に穴を穿って盗みがなされた「穴盗」の条などに見られるように、生々しく具体的記述あり、その編纂に当たってはベースとして実際の爰書が用いられたに違いない。右記法律答問からは、原告甲のみならず、被告人丙も「不孝」の概念を共有していたことが読み取れる。したがって、戦国期の秦においては、罪名としての「不孝」の概念が、既に一般庶民にも知られており、しかもかなり浸透していたと見て大過ない。なお、不孝たる息子に死を求めたという右文から、「不孝」罪と死刑との関連性がいっそう明らかであり、このケースでも、告発が受理された直後に息子の逮捕・取り調べが行われている。

右の二例から、秦律における「不孝」罪の特色がほぼ見えてくる。すなわち、「不孝」罪は免老乃至父母からの訴えによって該当者本人を逮捕し取り調べ、告訴の正当性が認めれられれば（求刑通り）刑が執行されたと推測される。秦代に「不孝」罪が適用された具体例は在来史料ではほとんど見られないが、『史記』巻八七、李斯伝はその例外である。すなわち、始皇帝没後、長子扶蘇に死を命じた趙高の偽詔には

今扶蘇、将軍蒙恬と師数十万を将ひ、以て辺に屯すること十有余年なり。進み前むこと能はず、士卒多く秏れ、尺寸の功も無きに、乃ち反りて数々上書して直言し、我が為す所を誹謗し、罷帰して太子と為るを得ざるを以て日夜怨望せり。扶蘇は人子たりて不孝なり。其れ劔を賜へば以て自裁せよ。

とあり[13]、これを承けた扶蘇は、その命に従って自殺するのである。右記は皇帝の子という特殊な地位にあった扶蘇へ

の「不孝」罪適用の例である。父である始皇帝に対してしばしば異議をとなえて誹謗し、聞き入れられないために怨望を懐いたことが「不孝」とされている。父始皇帝の名による偽の詔による特殊なケースとはいえ、「不孝」の行為に死刑が適用されることが前提となっていたに違いない。既存の法の権威があったからこそ、文書の通達によって「不孝」による死の命令が可能であったと思われる。このように、庶民から皇室にいたるまで、子が親に対して誹謗怨望する行為は「不孝」罪の対象となり得たと考えられる[14]。

では、この他にどのような行為に「不孝」罪が適用されたのであろうか。これを考察するに当たって、後世の「不孝」罪を参考にして議論を進めるという方法が有効であろうと考える。唐律の「不孝」罪の内容を記す『唐律疏議』の注釈[15]には

　祖父母父母を告言詛詈し、及び祖父母父母在するに別籍異財し、若しくは供養に闕くる有り、父母の喪に居りて自身嫁娵し、若しくは楽を作し、服を釈て吉に従い、祖父母父母の喪を聞きて挙哀せず、祖父母父母の死を詐称するを謂ふ。

とある[16]。ここに記される「不孝」罪は、前述のように、十悪の中にあって第七番目に位置し、名教違背的な罪である〈不孝罪グループ〉に属する罪悪である。右の条を桑原隲蔵氏[17]に依拠して整理すると、唐律における「不孝」の内容は

①祖父母父母を告訴するもの
②祖父母父母を悪口[18]するもの
③祖父母父母の存生中に子孫兄弟が別家するもの
④祖父母父母に対して十分供養せざるもの

⑤父母の喪中に嫁娵するもの
⑥父母の喪中に奏楽するもの
⑦父母の喪中に喪服を着けざるもの
⑧祖父母父母の喪を匿すもの
⑨祖父母父母の喪を偽り称するもの

である。このうち①および②のケースである「告言詛詈祖父母父母」の場合にのみ絞、すなわち死刑が科せられ、他に③～⑨のケースでは死刑にまでは至らない。この点において秦律の「不孝」罪と唐律の「不孝」との間に部分的ズレのあったことが認められる。

さて、唐律では②のケースに相当する「詛詈祖父母父母」という行為に死刑が科せられたのであるが、秦律においてはどうであったか。親を誹謗した扶蘇が「不孝」とされたことから類推するならば、少なくとも父母を詛詈した者にも死刑が科せられたと察せられる。（また、後述するように①のケースである「告言祖父母父母」は受理されないのが原則で、告訴を強行すれば罰せられた。）[19]

これまでの考察からは、秦律における「不孝」罪が死刑と結びつくものであったことがほぼ明らかと思われるが、このことを傍証する記事が封診式四九—五二簡、遷子の条にある。すなわち父親が息子を告発したけれども、その息子は死刑ではなくて、蜀の地に流されるに止まったという例を記して

爰書にいふ、某里の士五たる甲、告して曰く「親子たる同里の士五丙の足を鋈し、蜀の辺県に遷して終身遷所を去るを得る勿らしめんことを謁め、敢て告す」と。法丘の主に告すらく、「士五咸陽の某里に在（オ）りし丙と曰ふもの、父甲が〈鋈足して蜀の辺県に遷して終身遷所を去ること得る勿きを謁むる〉に坐して之を論ずるに、

丙を遷すこと甲の告せる如くし、律を以て包せしめよ。今丙の足を鋈し吏徒をして伝及び恒書一封を将して令史に詣せば受く可し。吏徒を代へ、県次を以て成都に詣せ。成都は恒書を太守の処に上し、律を以て食せしめよ。法丘已に伝すれば報を為せ。敢て主に告す」と。

とあるのがそれである。[20] 父親が息子を告発したという点では前掲告子の条と同じであるが、本条には罪名が記されておらず、したがって、いかなる行為の故に丙が終身遷蜀の刑を科せられたのか不明であり、丙の父親が丙の終身遷蜀を求め、願い出の通りに丙が遷蜀されたという事実を記すのみである。

ここで考えられることは、自身の息子に足枷（鋈足）をして終身蜀の地に追いやる事を敢て願い出た背景にはよほどの事情がなければならないということである。秦漢の犯罪記録では「坐○○」と罪名が記されるのが一般であるが、[21] 本条の場合は「坐父甲謁鋈足、遷蜀辺県、令終身毋得去遷所」と記されてあり、父親の告発自体が罪名となっているかのようである。秦では父親の立場を擁護する法体系が施かれており、本条でも父親の要求が全面的に認められている。しかし、「不孝」という罪名が使われていないことから判断すると、本条では「不孝」罪は適用されなかったと見られる。この事例の背景には、秦律において「不孝」は死刑を科せられて然るべき罪状以外には使えないという事情があったのではないだろうか。このように考えるならば、前二条の秦律の「不孝」罪と『孝経』に記す「五刑の属三千にして罪不孝より大なるものなし」との関係が明瞭になるであろう。すなわち『孝経』の記述は戦国時代の刑罰の実態を踏まえてのものであり、おそらくは戦国諸国中、秦においてのみ「不孝」罪の量刑が例外的に重かったわけでもないと推測されるのである。

なお、右に挙げた父母を詛詈する行為のほかに、これと類似する刑罪の例を挙げておく。前掲の唐律の十悪中の〈不孝罪グループ〉に属する「悪逆」がそれであるが、その注には

祖父母父母を殴り及び謀殺するを謂ふ。（『唐律疏議』名例）

とある。[22] これと類似する条文が秦律中にも存在する。すなわち法律答問七八簡に

大父母を殴るは黥為城旦舂。今、高大父母を殴れば論をいかんせん。大父母に比せよ。

とあるのがそれである。[23] ここで問題となるのは、「殴父母」の量刑がどうであったかということであるが、その答えは『睡虎地秦墓竹簡』中には記されていない。ただ留意すべきは、祖父母は父母に準ずるはずであるから、「殴祖父母」の行為は少なくとも道徳的に「不孝」たることは当然であり、しかるにその量刑が死刑とはなっていないということである。これまでの例から見れば、秦律における「不孝」罪は、その量刑が死刑であった。とするならば、「殴祖父母」のごとき道徳的「不孝」の概念と「不孝」罪の概念との間にはある種のズレがあり、厳密には最大級の「不孝」のみが「不孝」罪を適用されたと解されるのである。それはともあれ、親に対する誹謗に「不孝」罪が適用されたことを考慮すれば、これと類似する「殴父母」の場合も「不孝」罪が適用され、その量刑が死刑であったことも疑いないと言えるであろう。

二　漢代（武帝期以前）に見られる不孝罪

管見によれば、これまで漢代における「不孝」罪が、法制史の立場から問題とされることはあまりなかったように思われる。[24] しかし、漢代初期においても刑法の対象とする「不孝」罪の存在したことが、『張家山漢墓竹簡』奏讞書の出土によって明らかになった。同書には

律に曰く「（前略）人をして不孝ならしむれば不孝の律に次ぐ。不孝なるものは棄市。棄市の次は黥為城旦舂。

黥に当たりて公士、公士の妻以上ならば之を完とす。云々」

とある。[25]『張家山漢墓竹簡』の奏讞書には漢代初期のものと秦代のものとが含まれているが、李学勤氏によれば、右文は漢代のものである。[26]したがって、ここからは初期の漢律中にも確かに「不孝」罪が存し、その量刑が死刑であったことが知られるのである。よって「不孝」罪に関しても、漢律は基本的に秦律を踏襲していたと見なされるのである。これを踏まえて本章では、「不孝」罪に該当すると思われる前漢時代の例を順を追って挙げてみたい。初期の「不孝」罪としてまず挙げられるのは、前掲『張家山漢墓竹簡』奏讞書の続きに

今杜瀘の女子甲、夫の公士丁疾みて死し、喪棺堂上に在りて未だ葬られず。丁の母素と夜喪し、棺を環りて哭せり。甲、男子丙と偕に棺の后の内中に之きて和奸し、明旦、素は甲を吏に告せり。吏は甲を捕得するに甲の罪を疑う。廷尉㲋・正始・監弘・廷史武等卅人議して之を当とせり。皆の曰く「律に死して后を置くの次、妻は父母に次ぎ、妻の死して帰寧するは父母と同法なり」と。律の置后の次を以て人事之を計るに、夫は妻より異尊にして妻は夫に事へ、其の喪に服するに及ぶも資は当に父母に次ぐこと律の如くなるべし。妻の后となるは夫の父母に次ぎ、夫・父母死して未だ葬られずして喪の傍らに奸する者は当に不孝たるべし。（律に曰く）『不孝は棄市、不孝の次は黥為城旦舂』に当て、『敖悍は之を完とす』之を当つ。妻の夫を尊ぶは当に父母に次ぐべし。而るに甲の夫死して悲哀せず、男子と喪の傍らに和奸せり。之を不孝・敖悍の律二章に致せば、捕者案じて校上せずと雖も、甲は当に完して舂たるべし。杜に告して甲を論せよ」と。

とあり、[27]公士であった夫の喪中に他の男性と性行為に及んだ妻が、姑から告発された。廷尉等は「不孝に次ぐ」罪であるとして、黥城旦舂とすべきところを公士の妻であった故に完城旦舂に処すべしと議論し、また「敖悍は之を完とす」とある律をも考慮してこれを一応の結論とした。ところがこの折りは出張中であった廷史の申という人物から帰

任後に異議が出され、再審によって、「次不孝罪」適用は重きに失するとしてこの結論が覆った。奏讞書には申と廷尉らとの間の問答が次のように記される。すなわち、「生父ありて食せざらしむること三日ならば、吏は且に何を以てか子を論ぜん」という申に対して廷尉らは「棄市に当つべし」と答えている。[28] その後、死亡した夫に対しての不義理は、死亡した親を祀らないのとは同類で、刑罰の対象とはならない、とする申の論が通ることになるのである。さて、この史料からは、現存する父母に対して経済援助を怠ることは「不孝」罪を形成し、そしてその「不孝」罪を死刑とする原則が、漢初に踏襲されていたことが確認されるのである。

次に挙げられるのが、景帝時に大逆無道を宣告された恢説の「不孝謀反」事件であろう。『漢書』巻五景帝紀、景帝三年の条に

三年冬十月、詔して曰く「襄平侯嘉の子恢説、不孝謀反し、以て嘉を殺さんと欲するは大逆無道なり。其れ嘉を赦して襄平侯と為し、及び妻子の当に坐すべき者は故の爵を復せよ。恢説及び妻子は法の如くせよ」と。

とある。[29] 一般に謀反の罪を犯せば、本人のみならず、その父母等も縁坐して処刑されるのが原則であったはずである。しかるに右記のケースでは、謀反をした恢説の父嘉は罰せられなかったのみならず、襄平侯の地位も安泰であった。このことを考えると、この事件は後世の謀反とは趣を異にするものであったことが分かる。襄平侯嘉について注釈した晋の晋灼は、『史記』[30] および『漢書』[31] の功臣表に、襄平侯紀通が高祖八年（前一九九年）襄平侯となってより五二年後に（紀通が死亡して）、息子の相夫が景帝三年に後を嗣いだとあり、封地および死亡時期がこの襄平侯の記述と合致する故に、[32] 景帝紀に記す嘉と功臣表に記される相夫とは同一人物とする。嘉と相夫とは同一人であり、「紀通――紀嘉（相夫）――紀恢説」という家系になっていたことについては疑問の余地はない。ただし、功臣表では紀通が没したのは景帝（前元）三年（前一五四年）ではなくて、中元三年（前一四七年）となっており、[33] 襄平侯の相続の時点はそれ

以前ではなかったはずである。

では、襄平侯紀通の子である嘉とその子恢説との間に、いったいどのような「不孝謀反」があったのであろうか。唐の顔師古は次のように注釈する。(34)

恢説は父に私怨有りて自ら謀反す。その父をして坐死せしめんと欲せるなり。

と。自ら謀反することによって恨みのある父を連坐させて死に至らしめようとしたというのである。これはやや強引な解釈とも見られ、緻密なる再検討が求められる。ここで留意すべきは、襄平侯嘉（＝相夫）の父親である紀通が亡くなったという出来事と、孫である恢説の「不孝謀反」とが同一年に起きているという事実である。加之、この二つの出来事が連続していたと見られるのである。というのは以下に述べる理由からである。すなわち、紀通の没後に出されたはずの詔に「襄平侯嘉の子恢説、不孝謀反し」とあったのであるが、功臣表によれば紀通は高祖八年（前一九九年）に襄平侯となって五二年間その地位にいた。五二年後とは景帝の中元三年（前一四七年）に当たる。景帝三年（前一五四年）の時点で襄平侯であったのは紀通であり、「襄平侯嘉」という人物はまだ存在していない。故に、『漢書』景帝紀の景帝三年に系けられた詔は中元三年に系けられねばならないのである。この年に紀通が亡くなって直ちに相夫（＝紀嘉）が襄平侯を嗣ぎ、その後に「不孝謀反」事件が起こったとすれば、その縁坐を免れた紀嘉には「襄平侯に復す」とあるべきなのに、一二月に出された詔には「嘉を赦し襄平侯と為す」とあった。故に、一二月の時点で初めて嘉が襄平侯と為ることが認められたことになる。したがって、紀通の死が景帝中三年であることが動かなければ、この年の歳首である一〇月より一二月までの間に事件が起こったことになり、しかも事件が収束して審議を経て詔が出されるまでに最低限数日から十数日程度の期間を要したであろうから、恢説の事件は中三年の年頭に近い時点であったろう。このように見ると、紀通の死と恢説の「不孝謀反」にはさほど時間的ズレはなく、かくて両件が一連のものとするならば、恢説はまさに顔師古注にいうように、父親（紀嘉）に恨みを懐いて彼を殺すことを目的とした行為であったと解さなければならず、彼は祖父の死去を期に「謀反」に踏み切ったことになるであろう。実は、これこそが「不孝謀反」であったと考えられるのである。とするならば、ここにいう「謀反」は後世にいう「謀危社稷」[35]といった性格のものではなく（もしそうであれば、謀反者の父である紀嘉に何のお咎めもなく相続が認められることは有り得ない）、紀家における「むほん」であり、「不孝謀反」は前半の「不孝」に重心が置かれていたと考えられる。すなわち親を殺そうとした行為に対して「不孝」罪が適用されたと解せられるのである。

次に、この「不孝謀反」事件に対して大逆無道が宣告されたのは何故かを考えておく。大逆無道は後に不道罪として漢律の体系中に定着することになるのであるが、その罪によって単に本人が処刑されるのみならず、その父母妻子同産が共に処刑されるものであり[36]、親の立場を擁護（して本人のみを死刑と）する「不孝」罪とは本来矛盾するはずである。したがって、この景帝の時期は法制史上でもひとつの過渡期にあったといえそうである。

それはともかく、刑罰のランクとして大逆無道は「不孝」罪よりも重い罪であった。したがって、恢説の場合は「不孝」罪にプラスアルファーとなるある要素が加わったために大逆無道が宣告されたものと見られる。その要素とは、「不孝」罪を構成する謀殺父の行為が、本来厳粛に服すべき祖父の喪中になされたという所にあったと考えるべきであり、それは礼教上、重ねて赦すべからざることという理由により、「不孝」罪よりもランクの高い罪名を必要としたのではなかろうか。大逆無道が適用されれば父親である嘉も連坐すべきところではあるが、おそらくはこの事件の特殊性に鑑みて、嘉自身については罪を問うべからずということになり、赦されて襄平侯の地位継承が認められ、妻子の故爵を服されたのが景帝紀所載の「（中元）三年詔」であったと理解されるのである。景帝期は、まだ〈不道罪グループ〉と〈不孝罪グループ〉とが未分化の状態で、確かに過渡期にあったのである。なお、嘉はその事件の後に相夫と改名し、この「相夫」の名が功臣表に残ることになったものと考えられる。

次に、前漢期における「不孝」罪の第三の例としては、武帝期の劉爽、劉孝兄弟のケースを挙げることができる。劉爽は衡山王劉賜の長子であり太子であったが、父の賜は爽を廃して次男の劉孝を太子とし、淮南王と連動して謀反せんことを企てていた。それを察知した太子爽は、先手を取って、白嬴という人物に上書させて孝および衡山王賜の悪事を告発しようとした。『史記』巻一一八、淮南衡山王列伝にはこの事件を記して次のようにある。(37)

元朔六年（前一二三年）中、衡山王人を使はして上書し、太子爽を廃して孝を立てて太子と為さんことを請はしむ。爽聞きて即ち善くする所の白嬴を使はし、長安に之きて上書し、孝が輣車鏃矢を作り、王の御者と姦せるを言はしめ、以て孝を敗らしめんと欲す。白嬴長安に至り未だ上書するに及ばざるに、吏、嬴を捕へ、淮南の事を以て繋ぐ。王は爽が白嬴をして上書せしむるを聞き、国の陰事を言ふを恐れ、即ち上書して太子爽の為す所不道にして棄市の罪なる事を反告す。（中略）公卿宗正・大行を遣して沛郡と雑に治せんことを請ふ。王聞き、即ち自ら頸殺す。孝は先に反を自告して其の罪を除かるるも、王の御婢と姦せるに坐して棄市せらる。王后徐来も亦た前王后乗舒を蠱殺せるに坐し、及び太子爽は王の不孝を告せる（王告不孝）に坐し、皆棄市せられ、諸の衡山王と謀反せる者は皆族せらる。

かくて衡山王の謀反が発覚して関係者が処刑されたのであるが、ここで留意すべきは、「坐王告不孝」により、太子爽が棄市せられたという記述である。前掲封診式において父甲が息子丙を告発して「坐父甲謁鋈足、遷蜀辺県」とあるのと同じ記述様式である。衡山王は息子爽の行為を「不道」および「不孝」罪として告発したことが知られる。武帝の初期にあっては前述したように、まだ不道罪と「不孝」罪との概念規定が定まっておらず、両者が未分化の域を脱していなかったと見るべきであろうか。その告発に先立って爽が上書させた目的は、太子である自己の地位保全にあったはずである。太子に取って代わろうとする弟孝の悪事を暴くことによって間接的に父を告発したことになる。しかしそこは伏せて（自身にとばっちりがくることのないよう）白嬴に上書させようとした。それを察知した父の劉賜は、自己の地位を護るべく息子爽を（不孝として）反告したのであった。もし父からの告発が直ちに受理され審議が進むなら、白嬴を通しての告発については受理されないという見通しがあったものであろう。しかし、最終的には罪の免れ得ざることを知って賜は自殺した。孝は謀反については予め自告したために連坐を免れたが、王の御婢と姦淫したという別罪（これは唐律十悪の「内乱」[38]に「姦父祖妾及与和」とある条に該当するが、当時は「不孝」罪の概念に当てはまったと見られる）によって棄市せられた。一方、「坐王告不孝」によって棄市せられた爽について『漢書』巻四四の淮南王伝では

王父を告するの不孝に坐す（坐告王父不孝）。

となっている[39]。おそらくは秦律についての詳しい情報のなかった後漢の班固が自身の見解に基づいて書き換えたものであろう。後漢になると、唐律に見られるように、父を告発すること自体が「不孝」罪の対象となっていたが故である。

次に、前掲諸例とはやや趣を異にする例を挙げる。前漢の後期のことを記す『漢書』巻七六、王尊伝には、美陽県の女性が養子の「不孝」罪を訴えた事件を伝えて

（元帝初元中）春正月、美陽の女子仮子の不孝を告して曰く「児、常に我を以て妻と為し、妒みて我を笞つ」と。（王）尊之を聞き、吏を遣して収捕し、検問するに辞服せり。尊曰く「律に母を妻とするの法無し。聖人の書するに忍びざる所、此れ所謂る造獄也」と。尊是に於て出て廷上に座し、不孝の子を取りて懸けて著樹に磔し、騎吏五人をして弓を張り之を射殺せしむ。吏民驚駭す。

とある。[40]このケースは養母を犯し、かつ暴力をふるったという行為が問題となり、美陽令王尊は道徳的意味合いの大きさを評価して、その刑を単なる棄市とはせず、大樹に吊して射殺するという見せしめ的な処刑法をとり、役人や民衆の度肝を抜いたのであった。

右に挙げた諸例はいずれも「不孝」の語が直接記された例であるが、前掲『張家山漢墓竹簡』奏讞書の女子甲のケースおよび前節に紹介した唐律十悪中の「不孝」を参照すると、武帝期に「不孝」罪によって刑を宣告されたと判断される例がある。すなわち『史記』巻一八、（『漢書』巻一六も同じ）高祖功臣者年表には堂邑侯陳嬰の曽孫、季須のことを記して

元鼎元年、侯（陳季）須、坐母長公主卒して未だ除服せざるに姦し、兄弟財を争ひ当死にして、自殺し国除かる。

とあるのがそれである。[41]これは母の喪中に「未除服」の時点で姦した罪で、「不孝」に準ずる罪と言え、その故に季須は死刑を科せられることになり、自殺したというケースである。季須の同母弟と思われる降侯陳融も同様に罪を得て自殺を遂げている。[42]

以上、前漢の武帝期以前における「不孝」罪の例をいくつか挙げたが、その特色はいずれも親子関係を破壊する犯罪であり、具体的には子が親に対して殺害を企てたり、教令に従わなかった故に親から告発されたり、身を慎むべき期間である喪中に性的犯罪を犯したり、さらには養母に性的関係を強要したり、というのがその内容であった。このように、親子関係を破壊する行為に対して国家が親の側に立って関与し、厳格な法を以て対処するというのがこの時代の「不孝」罪の特色であったといえる。そしていま一つ、秦律との共通点として、その厳格な量刑がいずれも死刑となったことが挙げられる。このことは『孝経』の「五刑之属三千、而罪莫大於不孝」の原理とも合致する。このように見るならば、前漢王朝は秦律の「不孝」罪を、基本路線において踏襲していたことが裏付けられるのではなかろ

うか。よって以下の行論の便宜上、このように量刑が死刑となる「不孝」罪を〈秦律的不孝罪〉と呼ぶこととする。[43]

三　不孝罪の変遷

これまでに取り挙げた前漢の「不孝」罪の例は、『張家山漢墓竹簡』奏讞書に見られる女子甲のケースを除けば、いずれも量刑が死刑となる〈秦律的不孝罪〉のものばかりであった。しかし、前漢も半ばを越すと「不孝」罪に変化が生じてきたようである。それを窺わせる史料として、実質的に「不孝」罪に相当する罪を弾劾された昌邑王の例がある。

昌邑王は昭帝没後、皇帝として即位したが、わずか二十七日で帝位を逐われることになる。『漢書』巻六八霍光伝によると、丞相楊敞らによる昌邑王弾劾の上奏文には、『孝経』五刑章の「五辟（刑）之属（三千而罪）莫大（於）不孝」を引用して

高皇帝功業を建て漢の太祖為り、孝文皇帝は慈仁節倹にして太宗為り。今陛下、孝昭帝の後を嗣ぎ、淫辟不軌を行ふ。（中略）「五辟の属、不孝より大なるもの莫し」（中略）宗廟は君よりも重し。陛下未だ命を高廟に見さず、以て天序を承けて祖を宗廟に奉り万姓を子とす可からず。当に廃すべし。

とあり、[44]昭帝の後を承けた昌邑王が「淫辟不軌」の故に皇帝として不適格であるとし、これが皇太后の詔によって裁可され、昌邑王は廃位されて昌邑に戻され、その群臣二百余人が誅殺された。弾劾文では今上皇帝たる人物に対して「不孝」と断ずることがはばかられたと思われる。何故なら、もし「不孝」という罪名をあからさまに出せば、それは当人の死刑と繋がりかねないゆゆしき事態を将来するからであろう。では、何故「五辟之属、莫大不孝」の語を弾

劾文に記したのか。それは、大司農田延年が「漢の諡を伝ふるに常に孝と為すは、以て長く天下を有ち宗廟血食すればなり。（同上）」と述べるように、孝を身に体することが、皇帝として漢王朝を統治しゆくための必須の要件であり、(45)このことを経典の権威によって強調するためであったと理解されるのである。

右は前章までの「不孝」罪の例とはニュアンスを異にしている。昌邑王の行為は〈不孝罪グループ〉の特色である大庭氏のいう(46)「家族倫理や師弟の道という個人をめぐる道徳に背反する」罪に相当し、表面的には王の「淫辟不軌」が弾劾される。しかし、この退位事件の黒幕となった霍光の言に「昌邑王昏乱を行ひ、恐るらくは社稷を危ふからしめん。如何せん」とあることからも明らかなように、その真意は王の皇帝を退位させるところにあった。そのためには、高祖以来の歴代皇帝の権威のもとに昌邑王を弾劾するしかなく、その故に彼の行為が孝において欠ける所有り、という表現を取る必要があったのである。そして、この事件は漢王朝における「不孝」罪のあり方に少なからざる影響を与えたと思われるのである。

次に、やや時期は降るが、王の位にある人物が「不孝」罪を犯した例として、父親を毒殺した王莽期の劉雲のケースが挙げられる。『漢書』巻八四、翟義の伝に記す王莽の詔に

今翟義・劉信等謀反大逆し、流言惑衆して以て位を簒ひ、我が孺子を賊害せんと欲す。罪管蔡よりも深く、悪禽獣よりも甚だし。信の父故東平王雲は不孝不謹にして親ら其の父思王を毒殺せり。名づけて鉅鼠と曰ふ。後、雲竟に大逆に坐して誅死す。

とあるのがそれである。(47)ここには劉信の亡父劉雲の行為が「不孝不謹(48)」と表現されており、劉雲がその父である思王劉宇（宣帝の子）を毒殺したことを指して「不孝」の内容としていることが知られるのである。しかしながら、王族である劉雲はその時点では処刑を免れた。(49)が、その後、さらに大逆の罪を犯すことにより、結局は処刑されることに

なった。

なお武帝期以降、所謂儒教の国教化が推進され、これが刑法上に及ぼした影響も甚大なものがある。董仲舒によって徳と刑との関係が陽と陰との関係として位置づけられると(50)、為政者は陰としての刑罰の行使をできるだけ抑え(51)、陽である徳を重視しようとする。そこで、刑罰よりも教化を重視するようになる。蓋し長らく平和な時代が続けば、それは当然生ずべくして生じた傾向であり、道徳的概念としての「不孝」が次第に発言権を得るようになる。そのことを示す哀帝期の記事が『漢書』巻八三、薛宣伝に見られるのである。すなわち、博士申咸がかつて丞相であった薛宣の「不忠孝」の故に職を罷免されたことを非難して

博士申咸給事中（中略）（薛）宣の供養し喪服するを行はず、骨肉に薄く、前に不忠孝を以て免ぜらるを毀りていふ、「宜しく復た封侯に列し朝省に在らしむべからず」と。

と述べているのがそれである(52)。ここでは、親への経済支援を怠り、服喪においても欠ける所があり、かつ骨肉の情に薄かったこと等を指して「不忠孝」と称している。薛宣を罷免する際の成帝の冊には

君丞相たりて出入すること六年、忠孝の行、百僚に率先すべきに、朕焉を聞くこと無し。

とあり(53)、忠孝の範を示すべき立場にある丞相としての任務が遂行できていなかったことに対して、成帝は「不忠(54)」としてこれを叱責し、この「不忠」と「不孝」とを併せて罷免理由としたのである。かくのごとく、薛宣が評価された「不忠孝」は秦代以来の「不孝」罪の場合とは趣が異なっており、成帝時における「不孝」にはもはや「罪莫大於不孝」の原則は当てはまらなくなっていたかに見え、現象的には「不孝」罪の刑法史上の位置が大きく後退しているのである。

こうして「不孝」罪＝死刑、とする原則と現実との間にズレが生ずると、判例が決事比として積み重ねられて行く

漢代では、「不孝」罪の概念そのものに変化が生ずるのは当然であった。[55] 例えば、前述のように武帝期には、母の喪中に奸したことが「不孝」罪として死刑を宣告された陳季須の例があったが、これに次ぐものとしては、父母の喪を隠して任官せんとした元帝期の陳湯のケースがある。『漢書』巻七〇、陳湯伝には

初元二年、元帝列侯に詔して茂材を挙げしめ、(富平侯張)勃は(陳)湯を挙ぐ。湯は遷るを待ち、父死せるも喪に犇かず。司隷は湯の循行すること無く、勃の選挙故らに実を以てせざるを奏し、坐して戸二百を削られ、会ま薨じ、因りて謚を賜ひて繆侯と曰ふ。湯は獄に下されて論ぜらる。後ち復た薦を以て郎と為り、数しば求めて外国に使ひす。

とある。[56] この場合、「不孝」という罪名は記されていないが、唐律の「祖父母父母の喪を聞きて挙哀せず」に通ずる内容である。この陳湯のケースでは、罪は死刑の重きに至ることなく、彼はしばらくして再び任官することになるのである。

このように、「不孝」罪が退化してゆく背景には、犯罪の多発化という社会的な変動と共に、思想上の変化もあったと思われる。後漢の陳寵は

礼の去る所は刑の取る所、礼を失すれば則ち刑に入り、相ひ表裏を為すものなり。

と言い、[57] 礼と刑とが時代社会の変動につれて相互補完的に変化することを示唆するが、この語の逆も有り得る。すなわち「不孝」が礼の対象としての地位を上昇することによって、かつて最大級の刑罪であった「不孝」罪は、逆に刑法上の地位を後退させていったと見られる。陳寵もいうように、刑と礼とは「相ひ表裏を為すもの」であったからである。そして、その傾向が後漢時代になると、さらに顕著になって行くことは後述のごとくである。

これまでに考察した前漢代の「不孝」罪の適用例を見ると、秦代と同様、これに死刑を科する原則のあったことが

知られるが、漢代中期を越えると、罪状に「不孝」の語が記されてあっても、実際には死刑とならない例が散見し始め、ひいては逆に死刑と直結する「不孝」罪の方が例外的にすらなるのである。この事実の背景を考察すると、次のような推測が成り立つであろう。すなわち、「不孝」罪の扱われ方は、前漢半ばから変化が生じ、「五刑の属」としての意味合いが薄くなり、これに代わって「不孝」の道徳的意味合いに光が当てられるようになって行った。これは所謂儒教の国教化と無関係ではないと思われる。法の運営が国家の基本理念によって大きく左右されたであろうことは言うまでもない。かかる風潮の中で、薛宣の場合のように「不忠孝」という汚名を以て役職罷免の理由とする事件が起こったと理解されるのである。

次に、後漢時代の例について考察する。後漢には前述の傾向が増長し、「不孝」罪による処刑の記事はほとんど見られなくなる。ただ、『後漢書』列伝四、斉武王列伝中の劉晃の伝には章帝の詔を記し、『孝経』五刑章に由来する「甫刑三千、莫大不孝」の語が引かれている。そこには、斉王伯升（光武帝の長兄）の曽孫劉晃と弟の剛が、彼らの母親である宗を誣告したという罪により、晃よりは爵を、剛よりは戸数を削ったことを記して

晃及び弟利侯剛、母太姫宗と更ごも相ひ誣告す。章和元年、有司奏して晃・剛の爵を免じて庶人と為し丹陽に徙さんことを請ふ。帝忍びず、詔を下して曰く「（前略）晃・剛至孝に衍り、大倫を濁す。甫刑三千、不孝より大なるはなし。朕之を理に置くに忍びず。其れ晃の爵を貶して蕪湖侯と為し、剛の戸三千を削れ。（中略）其の謁者を遣して晃及び太姫の爾綬を収めしめよ」と。晃立つこと十七年にして爵を降さる。晃卒し、子無忌嗣ぐ。

とある。[58] これは母親を誣告するという行為に「不孝」罪が適用された例であり、唐律の「告言祖父母父母」に通ずるケースである。ここでは事実上の「不孝」罪を犯したのが王及び諸侯という高身分の者であり、直接「不孝」罪が適用されることなく、前出の薛宣の場合と同様、実際の刑は極めて軽かった。[59] 劉晃は王の爵位を剝奪されたけれども、

没後にはその子無忌が王位を復されたのである。右の例は刑罰というよりも、むしろ戒告的な措置に近い。

次に同書列伝六六、循吏、仇覧の伝には亭長であった仇覧が、一人息子陳元の「不孝」を告発した寡婦および訴えられた息子の双方を諭し、その結果、息子が改心することにより、めでたく一件落着となった記事が伝えられている。すなわち

覧初めて亭に到る。人陳元なる者あり、独り母と居る。母覧に詣りて元の不孝を告す。覧驚きて曰く「吾れ近日舎を過ぐるに、廬落整頓せられ、耕耘時を以てせり。此れ悪人に非ず、当に教化未だ及ばざるべきのみ。母は寡を守り孤を養ひ、身を苦しめて老を投ぜり。奈何ぞ肆に一朝に忿りて子を致すに不義を以てせんと欲するか」と。母聞きて感悔し、涕泣して去れり。覧乃ち親しく元の家に到り、其の母子と飲せり。因りて為に人倫孝行を陳べ、譬ふるに禍福の言を以てす。元卒に孝子と成る、云々。

とあり(60)、仇覧は母親の「不孝」罪告発を受理しなかった。そして彼の説得が功を奏して、息子陳元は立ち直り、不孝者が逆に孝子となった。その功績を称えられた仇覧は県令より賞与として一月分の俸給を得たことが記されている。

この一件が循吏列伝に採録されたことが何を意味するか。それはその背景に「不孝」罪に死刑を適用することを好ましからずとする風潮のあったことを暗示すると共に、「不孝」罪の適用を避け、逆に、該当者の教化をいかに工夫するかというところに為政者としての評価基準が置かれたことを物語る。いわば「不孝」罪の道徳律化への流れがあったと言えるであろう(61)。

こうした流れのあったことを称するエピソードが同書列伝七四、列女伝、程文矩の妻穆姜の伝に記されている。すなわち、程文矩の後妻となった穆姜に対し、前妻の四子が生母でない故に彼女を憎み、不孝の限りを尽くすので、人は「四子の不孝甚だし。何ぞ別居して之を遠ざけざる」とアドヴァイスするが、彼女は息子達の善導にこれ努めた。

やがて長男の興が自身の病を期に、献身的に看病してくれた継母の恩に目覚め、自らの非を悔い改めることとなり、意を決して三人の弟たちと共に南鄭の獄に出頭する。そのことを記す同伝には

（興）遂に三弟を将ひて南鄭の獄に詣り、母の徳を述べて己の過を状べ、刑辟に就かんことを乞ふ。県これを郡に言ひ、郡主は其の母を表して異とし、家徭を蠲除し、四子を散じて赦すに修革を以てせしむ。自後、訓導愈々明らかにして並びに良士と為る。

とある。[62]「不孝」たりしことを自覚した継子たちが、南鄭の獄に自首して「刑辟に就かんことを乞ふ」たとあることにより、「不孝」が刑辟[63]の対象であったことが知られる。かくて漢代を通して「不孝」罪が存在したことは疑いないが、これに対して死刑の実刑が執行される例は影をひそめるのである。

なお、漢代以後、少なくとも南朝の歴代王朝の律文中に死刑を量刑とする「不孝」罪が存在していたことは、『宋書』巻八一、顧覬之伝に引用される

子の父母に不孝なるものは棄市。

とある[64]律文によって知られるのである。ただし、これが適用されるケースは極めて例外的であったことも同伝からは窺える。[65]

かくて「不孝」罪は、刑法史上においてはその位置が後退し、その存在が人々の意識においてもさほど深刻なものではなくなっていったと思われる。次章に紹介する後漢の崔烈・崔鈞父子のエピソードはこのことを物語って微苦笑をさそうほどである。

四　秦律から唐律へ——むすびに代えて——

池澤優氏(66)によれば、西周金文銘中で「孝」は「追孝」「享孝」というように用いられ、その対象は「皇祖」「文考」のような祖先が中心であった。したがって、西周期の「孝」は家族集団の長の地位および宗族内の秩序に対する従順の倫理であった。これが春秋期になると、「孝」が親子関係に縮小された倫理へと後退する傾向があった。こうした矮小集団内に閉じ込められた倫理となった「孝」に対して、新しい意味づけを与え、これを普遍的な価値をもつものへと昇華させたのが孔子を初めとする儒家集団であり、「生きては之に事ふるに礼を以てし、死しては之を喪するに礼を以てし、之を祭るに礼をもってす(67)」のような具体的規範に従うべきことも説かれた。すなわち生前の生活に関する経済的負担と、死去時の葬儀の実施とその後の祭祀の持続とを最低限の義務とする規範である。さらにこれを儒家集団の最高の倫理に高めたのが孟子であり、一方、曽子学派は「孝」とは自己を保全することであり、規則を遵守することによって危険を招かないように行動することが「孝」の精神に適うことであると主張し、「忠」と「礼」の二面から「孝」を把握しようとしたという。氏はさらに、秦による統一を目前にした戦国末期にはまた変化が生じ、「孝」の精神に基づいた統治を天子に説くという「孝治」の思想が出現し、これをメインテーマとした文献が『呂氏春秋』の「孝行」覧と『孝経』であったという。

なお、殷代以前に「孝」概念が成立していたか否かについては劉学林・王楠両氏の考察(68)があり、これによると殷代には「孝」に相当するような文献は見られないけれども、既に後世受け継がれるような厚葬の習俗は成立しており、かつ『礼記』表記に殷人は神を尊び民を率いて以て神に事ふ。思（筆者注、鬼の誤りか？）を先にして礼を後にし、罰を先にして賞を後にし、尊びて親しまず。

とあるように、殷人が祖先を重視したことに鑑みて周代初期の「孝」に通ずる概念の成立していたことは疑いないという。(69)

以上が池澤氏および劉・王両氏に依拠した『孝経』成立以前の「孝」思想の進展の概観である。では、こうした「孝」思想の否定形としての秦律の「不孝」罪へつながる「不孝」の概念が成立したのは、どの時点であろうか。「無道」や「不道」あるいは「不敬」の語の場合も、その成立は「道」とか「敬」の概念の成立より遅れるのは当然であるが、筆者のこれまでの考察(70)によれば、文献上にこれらの語が見えたときには、強い否定的な（道徳的）価値観が込められており、当初より刑罰用語に近い意味合いをもっていたと言ってよい。『論語』の「無道を誅して有道に就く」とか、『左伝』の「古は明王不敬を伐ちて、云々」の語を想起せられたい。春秋時代以前の刑法の実態については不明のことが多いが、兵と刑、法と道徳とは多分に未分化であった。これらの諸点を考慮すると、『尚書』周書康誥篇に「不孝不友」(71)の語が用いられた時点では、この「不孝」もやはり野村氏(72)のいうように、刑罰の対象としての行為であったと判断され、『睡虎地秦墓竹簡』に先立つ周代に刑法の対象とする「不孝」の概念が成立していたことは確かと言えるであろう。

さて、秦律における「不孝」罪の典型は、父親等からの告発があってこれが認められた際に死刑となる刑罪であり、文字通り「五刑の属三千」のうちの最大級の地位を占めていた。これが本論の所謂〈秦律的不孝罪〉である。具体的には父母を殺害せんとした例から逆に推測するならば、父母への経済支援を怠ったり、或いは父母の喪中に奸したりする行為にも「不孝」罪が適用され（る可能性があっ）たと思われる。

なお、秦律に抜本的改革が加えられた文帝の刑法改革の後、武帝期を迎えると、法に儒教的要素が加えられ、次第に漢代独自の法体系が完成されて行く。不敬罪や不道罪はその象徴である。(73)こうした時代背景を見据えながら前章での考察を振り返れば、「不孝」罪の場合でも、漢代の中～後期、ことに宣帝期の前後の時期が重要な転換点として浮かび上がってくるであろう。すなわち、昌邑王退位事件において、昌邑王が「不孝」罪を以て弾劾されることはなかったにも拘わらず、弾劾文には『孝経』五刑章が引かれている。これは現皇帝を死刑にするわけには行かないけれども、「孝」の資質がないことを以て退位の理由としなければならなかった、という事情による。つまり、こうした政治的な理由によって、これまでの「不孝」罪の概念に質的な変化が生ずる契機が与えられたのであって、これが事実上の「不孝」罪に対して死刑が不適用となる先例となったと見られるのである。

この昌邑王退位の後を受けたのは宣帝であるが、宣帝の頃より「不孝」罪による死刑の記録がほとんど見られなくなる。薛宣のケースのように、「不忠孝」という罪名で弾劾せられたにも拘わらずその処罰は丞相職の罷免のみと極めて軽く、往時のごとき処刑の実行例は見られない。この傾向は後漢時にさらに強まったと考えられる。

後漢時代のこうした雰囲気を伝えるのが『後漢書』列伝四二、崔烈・崔鈞父子の伝に記されるエピソードである。すなわち、同伝には、崔鈞が父の崔烈を怒らせ、ために難を避けて逃げだそうとしたことを記して

(崔)烈怒り、杖を挙げて之を撃つ。(崔)鈞時に虎賁中郎将たり。武弁を服し鶡尾を戴き、狼狽して走ぐ。烈罵りて曰く「死卒、父檛つに走ぐるは孝ならんか」と。鈞曰く「舜の父に事ふるに小杖ならば則ち受け、大杖ならば則ち走ぐ。不孝に非ざるなり」と。烈慙じて止む。

とある。(74)「父にむち打たれんとして逃げるようでは孝といえようか」という父からの詰問に対して崔鈞は、舜がその父親に対してとった態度を評した『孔子家語』(75)中の孔子の語を引いて、生命に関わるような場合は(父に子殺しの汚名

を着せないために）逃げねばならないのであって、それは「不孝」とはならない、と言い返して父をやり込めたという話である。このエピソードからもある種の「不孝」は深刻なものではなくなっていることを察することができる。というのは、もし刑罰用語としての「不孝」罪が、有無をいわさず厳格に適用される時代であったなら、一般用語としての「不孝」自体にも深刻な概念が付きまとい、崔烈父子のような会話はとても成り立たなかったと思われるからである。さらに、前掲の仇覧伝では、不孝子に対する母親からの告訴が受理されなかったことを記しており、これまた「不孝」罪の実質的な軽罪化を推測させる出来事であった。

ところで、「不孝」罪に関する告訴を受け付けないという例は、しかしながら後漢に始まるものではなく、実は秦代にもあった。すなわち法律答問一〇四簡に

「子父母を告し、臣妾主を告すれば、公室の告に非ず、聴く勿れ」●何をか「公室の告に非ず」と謂ふ。●主が擅に其の子・臣妾を殺・刑・髡すれば、是を「公室の告に非ず」と謂ひ、聴く勿れ。而るに告するを行へば、告者に罪あり。告（者）の罪已に行はれ、它人有た其れを襲ひて之を告すれば、亦た聴くべからず。

とあるのがそれを示している。(76)本条によれば、たとえば親（または主人）が子（または奴婢）を殺したり傷つけたり頭髪を剃ったりすることがあっても、子（や奴婢）の側からの告発は「公室の告」に当たらずとして、受け付けず、強いて告発する者は罰するといい、罰せられた後にさらに別の者が告発しても、それはやはり受理しないというのである。「非公室の告」ということは事が家庭内の問題である故に家庭内で処理すべし、と明言したことを意味し、「而るに告を行へば告者罪あり」を以てその実行を事実上強制しているのである。家庭内、ことに親子関係における信頼関係の破壊に通ずる行為が「不孝」罪であり、これに対して親の立場を支持するという観点から国家が関与するところに「不孝」罪の存在を暗示しているのである。これに背いて子の側から父母を告発することによって親子の信頼関係

を破壊する「不孝」を、秦律でも禁じていたのである[77]。

なお、前掲法律答問一〇四簡は親の虐待行為等に対する子の側からの告発が受理されない例であり、親の側から子の「不孝」を告発した封診式の例とは別のように見えるかも知れない。しかし、前述したように、親子関係の破壊に対して国家が関与するところに「不孝」罪の本質があるとすれば、その仕方に積極的と消極的との違いこそあれ、両者は共通した根をもつものであることが理解できよう。秦律においては、子の側から親を告発することは消極的に禁ずるのみであったが、やがて唐律においては（おそらく後漢以降）その行為も「不孝」罪として重く罰することになる[78]。その理由はここにあると考えられ、両者は連続性を有する刑罰概念であったと言えるであろう。

さて、これまでの考察を踏まえて「不孝」罪の秦律から唐律への流れを考えてみる。第一章および第二章に見たごとく秦から漢にかけて、死刑相当の所謂〈秦律的不孝罪〉は厳然として存在していた。その反面、既にいま一類の「不孝」罪が例えば「非公室の告」として扱われ、前漢後半から後漢にかけて、「不孝」罪の脱刑法化、すなわち道徳律化につながる要素を内包していたのも事実である。この種の「不孝」罪は前節に見たごとく、道徳的概念の「不孝」が発言権を得て主流を占めるようになるまでの間は、〈秦律的不孝罪〉の影に隠れて存続していたと言えるであろう。

ところが、前漢宣帝の頃からある種の変化が現れる。すなわち、この頃から「不孝」罪の退行現象が見られ、或いはこれが受理されない例が蓄積されることによって、刑罰の対象から次第に外されて行くことになる。刑罰の対象から外れる傾向が現れるということは、逆に礼教の建前化につれて〈秦律的不孝罪〉が伏流水化したことを暗示するのではなかろうか。それを象徴するのが後漢の穆姜の伝及び仇覧伝のエピソードである。そしていま一類の「不孝」罪が表面に現れ、後には死刑にまでは至らない「不孝」罪も多く見られ、〈秦律的不孝罪〉は影を潜めることになるのである。

しかしながら、こうして退化の傾向にあったとはいえ、これら「不孝」罪が歴史的役割を終えたことにはならなかった。元帝期の陳愈が父の喪を隠して任官した例、前漢末の薛宣が「不供養行喪服」による「不忠孝」を以て弾劾された例、或いは後漢の劉晃・劉剛兄弟が母親を誣告した例なども、いま一類の「不孝」罪の典型として挙げられるであろう。そしてそれはやがて唐律十悪中の「不孝」（「聞祖父母父母喪、匿不挙哀」、「供養有闕」、「居父母喪、作楽釈服従吉」および「告言祖父母父母」）につながること明瞭である。これはかつて伏流していた「不孝」罪が、やがて法体系上の主流的地位を獲得するまでに至ったものである。これらは「不孝」罪とはいえ、もはや必ずしも量刑を死刑とする罪ではなくなっていることが知られるであろう。つまり、広義の「不孝」罪には含まれても、これらはもはや『孝経』に「罪莫大於不孝」とある〈秦律的不孝罪〉ではなくなっているのである。

秦漢の律は唐律に集大成されるのであるが、唐律の十悪のうちの〈不孝罪グループ〉の起源についても秦漢律のうちにあるものが多い。最後にそれを跡づけておきたい。

唐律の十悪中の〈不孝罪グループ〉に属する「不孝」罪には「詛詈祖父母父母」という行為、および「匿父母喪」、「供養有闕」という行為が含まれ、前者につながるのが父始皇帝を誹謗し怨望したとされる秦の扶蘇、および母太姫宗を誣告した後漢の劉晃・劉剛兄弟のケースがあり、後者につながるのが、父の喪を匿して任官した陳湯および丞相の職にあって「不忠孝」とされた薛宣のケースである。一方、同じく〈不孝罪グループ〉に数えられる「悪逆」には「殴及謀殺祖父母父母」があり、これにつながる前漢の例としては景帝期の恢説の「不孝謀反」事件および東平王劉雲の父王毒殺事件、および王尊伝所掲の不孝子の例がある。さらに、同じく〈不孝罪グループ〉に属する「内乱」として「奸父祖妾」があり、前掲劉爽の弟劉孝の場合がこれに該当する。このように秦律に階層的に存在した「不孝」罪が漢代を経て、やがて共に唐律の十悪の中に集成されることになるのである。

なお、「不孝」罪に関するかくのごとき二類の扱い方については、秦律と唐律における各個の問題として、また同時に秦唐間の長期にわたる問題として今後追究したいと考えている。

注

（1）大庭脩「漢律における『不道』の概念」（『東方学報・京都』第二七冊、一九五七年、後に『秦漢法制史の研究』〈創文社、一八八二年〉所収）を参照。氏によれば不道とは○天子を欺く行為（誣罔）、○臣下に身方して天子を欺く行為（罔上）、○主張に一貫性を欠き天子・朝議を惑わす行為（迷国）、○天子および現在の政治をあからさまに非難する行為（誹謗）、○不当な方法で多額の金銭を収受し、もしくは官費を浪費し、または着服する行為（狡猾）、○一般人を惑わし、または誤らしめ、混乱に陥れる行為（惑衆）、○優渥な天子の音調を損なう行為（虧恩）、天子、王室または国家に多大の危害を及ぼすごとき職務上の失態（奉仕無状）、および以下大逆に属する○現在の天子を替えんとし、または天子の身に危害を加えんとする企ておよび行為、○宗廟及びその器物の破壊、○天子の後継者に危害を加え、または危害を加えんとする企ておよび行為を指す。要するに、臣下としての道に背反し、民政を乱し、君主及び国家に危害を与え、現在の政治社会体制を覆さんとする行為が一般に不道と称された。すなわち、不道という広い概念があり、その中に大逆をはじめとする諸種の小概念があった、という。

（2）滋賀秀三氏によれば、十悪に該当する罪に対する刑罰は様々であり、死刑とは限らず、刑の重さを定めるのとは異なった価値基準、つまり儒教倫理に照らして指定されるのが十悪である。また、刑の軽重を定めるについては、社会統制上のある犯罪がどれだけの実害をもつかというような考慮が働くが、それとは別に、いわゆる名教に違背すること顕著と見なされる罪が、十悪として特に誡められるという。律令研究会編『訳注日本律令』五（東京堂出版、一九七九年）六〇頁を参照。

なお、十悪とは具体的には①謀反（社稷を危うくせんと謀るを謂ふ）②謀大逆（宗廟・山稜および宮闕を毀たんと謀るを謂ふ）③謀叛（国に背き偽に従はんことを謀るを謂ふ）④悪逆（祖父母父母を殴り及び殺さんと謀り、伯叔父母・姑・兄姉・

外祖父母・夫の祖父母父母を殺すを謂ふ）⑤不道（一家に死罪に非ざる三人を殺し、および人を支解し、蠱毒を造畜し厭魅するを謂ふ）⑥大不敬（大祀る神御の物、乗輿服御の物を盗み、御宝を盗み及び偽造し、御薬を和合するに誤って本方の如くならず、及び封題を誤り、若しくは御膳を造り誤って食禁を犯し、御幸の船誤って牢固ならず、乗輿を指斥して情理切害、及び制使に対捍して人臣の礼なきを謂ふ）⑦不孝（祖父母父母を告言詛詈し、及び使父母父母在するに別籍異財し、若しくは供養闕有り、父母の喪に居りて自身嫁娵し若しくは楽を作し服を釈て吉に従ひ、祖父母父母の喪を聞きて挙哀せず、祖父母父母の死を詐称するを謂ふ）⑧不睦（緦麻以上の親を殺さんと謀り及び売り、夫及び大功以上の尊長、小功以上の尊属を殴・告するを謂ふ）⑨不義（本属の府主・刺史・県令、現に業を受くる師を殺し、吏卒にして本部の五品以上の官長を殺し、及び夫の喪を聞いて匿して哀を挙げず、若しくは楽を作し、服を釈いで吉に従ひ、及び嫁娵するものを謂ふ）⑩内乱（小功以上の親、父祖の妾を姦し、及び与の和する者を謂ふ）。このうちの①②③⑤⑥が〈不道罪グループ〉に属し、④⑦⑧⑨⑩が〈不孝罪グループ〉に属する。

（3）「以郷八刑糾万民、一曰不孝之刑、二曰不睦之刑、三曰不婣之刑、四曰不弟之刑、五曰不任之刑、六曰不述恤之刑、七曰造言之刑、八曰乱民之刑。」

（4）大庭氏注一論文。

（5）「宗廟有不順者、為不孝、不孝者、君黜以爵。」

（6）「王曰、封原大憝、矧不孝不友、子弗祇服闕父事、大傷闕孝心。」

（7）野村茂夫「儒教的『孝』の成立以前――尚書を手がかりとして――」（『愛知教育大学研究報告』第二三号、一九七四年）を参照。

（8）「免老告人、以為不孝、謁殺、当三環之不。不当環、亟執勿失。」

（9）『漢旧儀』には「秦制二十爵、男子賜爵一級以上、有罪以減、年五十六免、無爵為士伍、年六十免老」とあり、『二年律令』三五六簡には「大夫以上年五十八、不更六十二、簪裊六十三、上造六十四、公士六十五、公卒以下六十六、皆為免老。」とあり、爵位によってその年齢を異にしていた。秦代の免老がこれと全く同じであったかどうかは不明である。

（10）三環とは睡虎地秦墓竹簡整理小組は『周礼』の秋官司刺にいう三宥（不識・過失・遺忘）がこれに当たるという。しかし、二〇〇一年に発表された『二年律令』三六簡、賊律には「年七十以上、告子不孝、必三環之。各不同日而尚告、乃聴之。」とあり、一定年齢を越える老人からの「不孝」罪の告発については、直ちにこれを受理しないで、三度まで出直させるということであることがわかった。

（11）「爰書、某里士五甲告曰、甲親子同里士五丙、不孝、謁殺、敢告。即令史已往執。令史已爰書、与牢隷臣某執丙、得某室。丞某訊丙、辞曰、甲親子、誠不孝甲所。毋它坐罪。」

（12）大庭脩「爰書考」（『聖心女子大学論集』第一三号、一九五八年。同氏前掲書注一に再録）を参照。

（13）「今扶蘇与将軍蒙恬、将師数十万、以屯辺十有余年矣。不能進而前、士卒多耗、無尺寸之功、及反数上書直言、誹謗我所為、以不得罷帰為太子、日夜怨望。扶蘇為人子不孝、其賜劒以自裁。（将軍蒙恬与扶蘇居外、不匡正、宜智其謀、為人臣不忠、其賜死。）」

（14）一般庶民の場合、子が親を誹謗した行為について親が告発することはやや考え難いが、詛詈の場合と同じで、桑原氏のいう「悪口」として括れよう。自身の実績と共に、扶蘇をして始皇帝に従順ならざらしめたという責任を糾弾された蒙恬将軍には「不忠」という名目で死が通告されたが、蒙恬は抵抗して自殺を拒否した。

（15）「謂告言詛詈祖父母父母、及祖父母父母在、別籍異財、若供養有闕、居父母喪、自身嫁娵若作楽、釈服従吉、聞祖父母父母喪、匿不挙哀、詐称祖父母父母死。」

（16）この内容については第二部「『元典章』および『唐律疏議』に見られる伝統中国の不孝罪」を参照されたい。

（17）桑原隲蔵①「支那の孝道殊に法律上より観たる支那の孝道」および②「唐明律の比較」（いずれも『桑原隲蔵全集』第三巻〈岩波書店、一九六八年〉所収）を参照。

（18）桑原氏は詛詈を悪口と訳しているが、厳密には詛と詈とは別であり、賊律に「詛して愛媚を求むるは流二千里」とあるように、詛は必ずしも死刑ではなく、従って死刑となる「不孝」罪は告言と詈と呪（詛）の場合の詛であった。

（19）法律答問一〇四簡に「主擅殺刑髡其子臣妾、是謂非公室告、勿聴。而行告、告者罪。」とある。

(20)「爰書、某里士五甲告曰、謁鋈親子、同里士五丙足、遷蜀辺県、令終身毋去遷所、敢告。告法丘主。士五咸陽才某里曰丙、坐不孝謁鋈足、遷蜀辺県、令終身不得去遷所論之、遷丙如甲告、以律包。今鋈丙足、令吏徒将伝及恒書一封詣令史、可受代吏徒、以県次伝詣成都、成都上恒書太守処、以律食。法丘已伝、為報、敢告主。」

(21) 例えば功臣表に「坐不敬、国除」というように、坐の後に罪名が記されるのが慣例となったと思われる。漢代初期までは、そうした書式が完成しきってはいなかったようである。『史記』巻一一八、衡山王の伝には武帝期の衡山王の太子劉爽が「坐王告不孝」となっているが、これが武帝期以前の文書スタイルであったと思われる。

(22)「謂殴及謀殺祖父母父母（殺伯叔父母姑兄姉外祖父母夫夫之祖父母父母者）。」

(23)「殴大父母、黥為城旦舂。今、殴高大父母、可論。比大父母。」

(24) 程樹徳『漢律考』の律令雑考上に、不孝の項目を設け、衡山王伝の劉爽の例を挙げ、「公羊文十六年の何（休）注にいふ、上を尊ぶ無く、聖人を非り、不孝なる者は斬首して之を梟首す、と。劉逢禄の公羊釈例に云く、秦法也と。唐律十悪の七にいふ不孝の注に、祖父母父母を告言詛詈する謂ふ。」とある。

(25)「故律曰、（中略）教人不孝、次不孝之律。不孝者棄市。棄市之次、黥為城旦舂、当黥、公士・公士妻以上、完之。奸者、耐為隷臣。捕奸者、必案校上。」内容については本書第二部所収「『張家山漢墓竹簡』奏讞書の和姦事件に関する法の適用」を参照されたい。

(26) ここに廷尉正という職名が記されてあり、秦代のものではないことが明らかである。李学勤「〈奏讞書〉解説、下」（同上）。

(27)「今杜瀘女子甲夫公士丁疾死、喪棺在堂上、未葬、与丁母素夜葬、環棺而哭。甲与男子丙偕、之棺后内中和奸。明旦、素告甲吏、吏捕得甲、疑甲罪。廷尉穀、正始、監弘、廷史武等卅人、議当之。皆曰、『律、死置后之次、妻次父母、妻死帰寧、与父母同法。』以律置后之次、人事計之、夫異尊于妻、妻事夫、及服其喪、資当次父母如律。妻之為后次夫父母。夫・父母死未葬、奸喪旁者、当不孝。「不孝棄市。不孝之次、当黥為城旦舂、敖悍完之。」当之。妻尊夫、当次父母、而甲夫死、不悲哀、与男子和奸喪旁。致之不孝・敖悍之律二章、捕者雖弗案校上、甲当完為舂。告杜論甲。』」

(28) このあと、しかし死んだ父を三日ばかり家での祀りを怠ったとしても罰せられるいわれはないことに同意を得た後、死んだ夫に対する不義理があったとてそれが刑法で罰せられるべきいわれのないことも同様ではないか、と現実主義路線に立つ廷史申が主張する。廷尉瑴等は、この論を正当として先の判断を覆すことになるのである（今廷史臣徭使而后来、非廷尉当、議曰「当非是」、秩曰「不孝棄市」。「有生父而弗食三日、吏何以論子。」廷尉瑴等曰「当棄市」。有曰、「有死父、不祀其家三日、子当何論」。廷尉瑴等曰、「不当論」。瑴等曰「誠失之」）。ここでは不孝罪ではなくて、「敖悍」の方が適用され、甲が公士の妻である故に罪一等が減ぜられ、「耐為隷妾」となるべきところを、「公士の贖耐」の原則により甲は結果としては刑罰で咎められることはなかったと見られるのである。その後の丁と義母素との関係及びその生計についてはおそらくは国家の関与するところではなかったであろう。

(29)「三年冬十二月、詔曰、襄平侯嘉子恢説、不孝謀反、欲以殺嘉、大逆無道。其赦嘉為襄平侯、妻子当坐者、復故爵。恢説及妻子如法。」

(30)「紀通子也。功臣表、襄平侯紀通以父功侯。公卿三年、康侯相夫嗣。推其封甍、正与此合。豈更名嘉乎。」

(31)『漢書』巻一六、功臣表の襄平侯紀通の始封の欄に「（高祖八年）（閏）九月丙午封、五十二年甍。」とある。

(32)功臣表に「孝景中三年、康侯相夫嗣ぐ。」と記される通り、紀通が襄平侯に封ぜられたた高祖八年（前一九九年）より死去した五二年後は景帝三年（前一五四年）ではなく、中元三年（前一四七年）でなければならず、したがって、恢説の不孝謀反事件を景帝三年の出来事とする班固には思い違いがあったと思われる。

(33)前注を参照。恢説は父嘉を殺害しようとして未遂に終わったのであろう。

(34)「恢説有私怨於其父、而自謀反、欲例其父坐死也。」

(35)注二の①「謀反」の項を参照。なお、これが法制上の概念として定まったのは中央集権体制の整う武帝期（の元朔年）頃であったと見られよう。

(36)大逆無道については第二部「漢代の不道罪」を参照されたい。

(37)「元朔六年中、衡山使人上書請廃太子爽、立孝為太子。爽聞、即使所善白嬴、之長安上書言、孝作輣車鏃矢、与王御者姦、欲以敗孝。白嬴至長安未及上書、吏捕嬴、以淮南事繋。王聞爽使白嬴上書、恐言国陰事、即上書反告太子爽所為不道棄市罪事。（中略）公卿請遣宗正・大行与沛郡雑治王。王聞、即自頸殺。孝先自告反、除其罪、坐与王御婢姦、棄市。王后徐来亦坐蠱殺前王后乗舒、及太子爽坐王告不孝、皆棄市。諸与衡山王謀反者、皆族。」

(38)　注二の⑩を参照。

(39)　ここには後漢初期に生きた班固の解釈が入り込んでいると思われる。つまり、秦律の「不孝」罪に関する情報がなかった班固は、後漢時代の状況に基づいて、当次の概念によって「坐王告不孝」を「坐告王父不孝」と改めたのであろう。それは唐律にいう「告言爽父母父母」と通ずる。なお、『唐律疏議』巻二三、闘訟四四の「告祖父母父母絞」の条に付された疏議に「謀反大逆及謀叛以上、皆不臣、故子孫告亦無罪」とあり、唐律では謀反の場合は家族であっても告発は義務づけられており、告発者が「不孝」罪で罰せられることはなかった。後漢初期の時点では、国家の視点を重視する〈不道罪グループ〉と家族の視点を重視する〈不孝罪グループ〉との間の矛盾に遭遇する例はあまりなかったのであろう。

(40)　「(元帝初元中) 春正月、美陽女子告仮子不孝曰、児常以我為妻、妒笞我。尊聞之、遣吏収捕検問、辞服。尊曰、律無妻母之法。聖人所不忍書、此経所謂造獄也。尊於是出坐廷上、懸磔著樹、使騎吏五人張弓射殺之。吏民驚駭。」

(41)　「元鼎元年、侯（陳季）須、坐母長公主卒、未除服姦、兄弟争財、当死、自殺、国除。」

(42)　「孝景中五年、侯融以長公主子侯、万五千戸、二十九年（元鼎元年）、坐母喪未除服姦、自殺。」

(43)　ただし、唐律にいう「告言祖父母父母」の行為は秦代では「非公室告」であるから、これが〈秦律的不孝罪〉から除外されるべきことはいうまでもない。

(44)　「高皇帝建功業為漢太祖。孝文高帝慈仁節倹為太宗。今陛下嗣孝昭皇帝後、行淫辟不軌。（中略）『五辟之属、莫大不孝』。（中略）宗廟重於君、陛下未見命高廟、不可以承天序、奉祖宗廟、子万姓、当廃。」

(45)　桑原隲蔵氏は「擬制的の親たる天に対して孝道を失すると、君主としての地位を失うと同様に実際の親たる祖先や父母に対して孝道を失すると、君主としての地位を失ふか、又君主としての無資格者として、人望を失はねばならぬ」と述べている。同氏注一七①論文を参照。

(46)　大庭氏注一論文を参照。

(47)「今翟義・劉信等謀反大逆、流言惑衆、欲以簒位、賊害我孺。」

(48)「不謹」が刑法用語と共に用いられた例としては『史記』張釈之伝に、文帝の二人の息子が司馬門で下車しなかったために張釈之に不敬罪を以て弾劾され、その際、文帝が母親薄太后に対して「教児子不謹」と言って免冠頓首して謝ったとある。『漢書』司馬相如伝下には「人之度量相越、豈不遠哉、然此非独行者之罪也。父兄之教不先、子弟之率不謹、寡廉鮮恥、而俗不長厚也、其被刑戮、不亦宜乎。」とあり、また同巻八四、陳慶の伝には「有罪未伏誅、虧損聖徳之聡明、奉頌詔不謹、皆不敬。」とある。

(49)一般の「殺人者死」という原則があり、人を殺せば死刑となり、まして父を殺す罪はより重大であるが、皇帝の一族であった劉雲には例外的恩情が加えられたと思われる。

(50)「天者万物之祖也、（中略）経陰陽寒暑以成之。（中略）夏者天之所以長也。徳者君之所以養也、霜者天之所以殺也、刑者君之所以罰也。」

(51)『荀子』正論に「治なれば則ち刑重く、乱なれば則ち刑軽し」とあるように、年間刑死する者が「万を以て数ふ」という乱国の状況になった武帝期以降には、刑罰を軽くせざるを得ないという状況があったことにその重要な因があったと思われる。

(52)「博士申咸給事中（中略）毀宣不供養行喪服、薄於骨肉、前以不忠孝免、不宜復列封侯在朝省。」

(53)「君為丞相、出入六年、忠孝之行、率先百僚、朕無聞焉。」

(54)秦代には「不忠」の名目で死を迫られた蒙恬の例がある。しかし、漢代には「不忠」の名目で死を宣告されたような例は見あたらず、臣下としての職務怠慢を意味する不忠は前漢中期以降では「不敬」罪構成の要素となり、所謂〈不敬罪グループ〉に組み込まれている。第二部「漢代の不敬罪」を参照。

(55)判例のことを秦律では「廷行事」と称しているが、判例が後代に決定的ともいえる影響を残すことは漢代においても同じであった。例えば成帝時初期に「不道は正法なし」と称せられた不道罪も、決事比の積み重ねによって、成帝末期にはその概念が定まっていた。注三六の拙論を参照。

(56)「初元二年、元帝詔列侯挙茂材、（富平侯張）勃挙（陳）湯。湯待遷、父死不犇喪、司隷奏湯無循行、勃選挙故不以実、坐削戸二百。会薨、因賜諡曰繆侯。湯下獄論。後復以薦為郎、数求使外国。」

(57)「礼之所去、刑之所取、失礼則入刑。相為表裏者也。」(『後漢書』列伝三六、陳寵伝)

(58)「晃及弟利侯剛、与母太姫宗更相誣告。章和元年、有司奏請免晃・剛爵為庶人徙丹陽。帝不忍、下詔曰、(中略)晃・剛衍乎至孝濁乎大倫。甫刑三千、莫大不孝。朕不忍置之于理。其貶晃爵為蕪湖侯、削剛戸三千、(中略)其遣謁者、収晃及太姫爾綬。晃立十七年、降爵。晃卒。子無忌嗣。」

(59)章帝の語中に「朕これを理に置くに忍びず」とあるのは、情を介入させることなく法の規定通り裁くに忍びないということであり、法の規定では「不孝」罪が死刑であることを前提とした表現である。すなわち、前漢の昌邑王の場合と同様、『孝経』の五刑章を引用するのみで、「不孝」罪を適用することははばかられたのであろう。なお、後漢では、唐律の場合と同じく、たとえ誣告でなくとも、父母を告発すること自体で「不孝」罪となり得たはずである。これは秦律との重要な相違点である。

(60)「覧初到亭、人有陳元者、独与母居、而母詣覧告元不孝。覧驚曰、吾近日過舎、廬落整頓、耕耘以時。此非悪人、当是教化未及耳。母守寡養孤、苦身投老、奈何肆忿於一朝、欲致子以不義乎。母聞感悔、涕泣而去。覧乃親到元家、与其母子飲、因為陳人倫孝行、覧以禍福之言。元卒成孝子。」

(61)なお、仇覧の語中に「子を致すに不義を以てせんと欲するか」とあり、「不孝」を「不義」と言い換えているところに留意すべきであろう。これは「不孝」罪が分化して唐律の十悪のうちの「不義」を含む〈不孝罪グループ〉を構成しゆく筋道を暗示している。

(62)「(関中程文矩妻者、同郡李法之姉也、字穆姜。有二男、而前妻四子。文矩為安衆令、喪於官。四子以母非所生、憎毀日積、而穆姜慈愛恩仁、撫字益隆、衣食供養皆兼倍所生。或謂母曰、四子不孝甚矣、何不別居而遠之。対曰、吾方以義相導、使其自遷善也。乃前妻長子興、遇疾困篤、母惻隠自然、親調薬膳、恩情篤密。興疾久乃瘳。於是乎三弟、謂曰、継母慈仁。出自天受、吾兄弟不識恩養、禽獣其心、雖母道益隆、我曹過悪、亦已深矣。)遂将三弟、詣南鄭獄、陳母之徳、状己之過、乞就刑辟。県言之於郡、郡守表異其母、蠲除家徭、遣散四子、許以修革。自後訓導愈明、並為良士。」

（63）刑辟とは広義では刑罰一般を指すが、本来は大辟すなわち死刑の義であり、ここでも刑死者が『漢書』刑法志にいう「万を以て数ふ」状況であってみれば（前漢と後漢とでは大差はなかったと見られる）、獄に出頭したことはすなわち最悪死刑を覚悟してのことであり、事実南朝の宋においても「子不孝父母、棄市」という律文の存在したこと（次注を参照）から窺われるように、漢以降の歴代王朝の律文中に「不孝」罪を死刑とする条文は存在していたと理解されるからである。なお、「不孝」罪は元来は親側からの告発があって裁かれるものであり、これを自首して出るというのは例外的ケースであったために、受けた県や郡も戸惑ったであろう。そうした中で郡守が独自の判断をする裁量権を有していたというのも後漢時の特色と言えるかも知れない。

（64）「沛郡相県唐賜、往比邨朱起母彭家飲酒還、因得病、吐蠱虫十余枚。臨死語妻張、死後刳腹出病。張後手自破視、五臟悉糜砕。郡県以張忍行刳剖、賜子副亦不禁駐、事起赦前、法不能決。律傷死人、四歳刑、妻傷夫、五歳刑、子不孝父母、棄市、並非科例。三公郎劉勰議、賜妻痛往遵言、児識謝及理、考事原心、非存忍害、謂宜哀矜。（顧）覬之議曰、法移路尸、猶為不道、況在妻子、而忍行凡人所不行。不宜曲通小情、当以大理為断、謂副為不孝、張同不道。詔、如覬之議。」

（65）前注の顧覬之伝によれば、唐賜の妻が遺言による夫の遺体解剖を行うことを容認した息子唐副が「不孝」罪に当てられ、妻はより重い不道罪を適用されるのであるが、宋王朝でも「不孝」罪による死刑の前例がなかった故に、官僚たちが戸惑ったのであろう。また、同書巻六四の何承天伝には「法云、謂違犯教令、恭敬有虧、父母欲殺、皆許之。」とある。

（66）池澤優「中国古代の『孝』思想の思想史的意味」（『社会文化史学』三一、一九九三年）及び同氏「西周春秋時代の孝と祖先祭祀について」（『地域研究』第一〇号、一九九二年）、および「中国戦国時代の孝思想の諸文献」（『地域研究』第一一号、一九九三年）を参照。

（67）「生事之以礼、死喪之以礼、祭之以礼。」（『論語』為政）

（68）劉学林・王楠「『孝経』思想評論」（『陝西師大学報』〈哲学社会科学版〉一九九三年第二期）。

（69）「殷人尊神、率民以事神、先思（鬼？）而後礼、先罰而後賞、尊而不親。」

（70）注三六および注五四の拙稿を参照。

(71) 注六を参照。

(72) 野村氏注七論文を参照。

(73) 注七〇に同じ。

(74) 「烈怒、挙杖撃之、鈞為虎賁中郎将、服武弁戴鶡尾、狼狽而走。烈罵曰、死卒、父檛而走、孝乎。鈞曰、舜之事父、小杖則受、大杖則走、非不孝也。烈慙而止。」

(75) 『孔子家語』巻四、六本には次のようにある。瓜畑を耕していた曽参は誤って根を切ってしまい、怒った父が大杖で彼の背を打ち据え、ために曽参が地に倒れて失神する。幸い蘇生して大事に至らなかったが、このことを聞いた師の孔子は逃げなかった曽参のことを叱り、舜が父叟瞽に仕えた例を引いて、「小垂には則ち過を待ち、大杖には則ち逃走せり。故に叟瞽は不父の罪を犯さず、舜は烝烝の孝を失せざりき」と諭した、とある。もし命の危険があって逃げなければ、子を死なせたという「父ならず」という罪を父に負わせてしまうことになりかねない、というのである。なお、現行の『孔子家語』は魏の王粛（一九五―二五六年）によって世に顕れたものであるが、藤原正氏は「王粛家語はその文体内容何れよりこれを見るも、決して先秦の古書とは言ひ得ない。さりとて又逆に全部を王粛の偽撰とも断言しかねる」と述べている（岩波文庫『孔子家語』緒言）が、同書巻一、王言解には「手を布べて尺を知り」という語が記されている。「手を布べ」るというのは手を広げて親指の先から子指の先までを最大に開いた距離を意味すると思われるが、一般人で二〇センチ程度であろう。戦国時代の尺は二三センチである。よって、これが記されたのは戦国時代に先立つことになる。後世に付け加えられた部分は別として、『孔子家語』の原本が編纂された時期が戦国時代を遡ることは確かである。孔子の生きた時期には一尺が一九センチ程度であった（第三部「中国の古尺について」）。『孔子家語』の成立は孔子の時代に近接する春秋期であったということになる。

(76) 「子告父母、臣妾告主、非公室告、勿聴。●可謂非公室告。●主擅殺刑髡其子臣妾、是謂非公室告。勿聴。而行告、告者罪。告罪已行、它人有襲其告之、亦不当聴。」

(77) ただし法律答問六九簡に「擅殺子、黥為城旦舂」とあるように、法的に認められる正当な理由なく子を殺すと罰せられるのは当然であり、家庭内で起きた事件であっても、もし第三者からの告発があれば罰せられる。その際の告発は（役人等によって）公的立場からなされるか、或いは被害者と深い関係を有する知人や血縁者からなされるはずであり、そうなれば、もはや家庭（や宗族）の範囲を越えており、「公室之告」となっている。なお、国家は父親を中心とする家庭の秩序を支持し、国家から委譲された父権のもとに家庭内秩序の維持が義務づけられる。その故に、子が親を告訴することは認めず、逆に（秩序の維持がよほど困難な事態に至れば）、親からの告発を認めるのである。

（78）子の側から親を告発する行為に関して、秦律と唐律の中間に位置するのが後漢の劉晃・剛兄弟が母親と互いに誣告しあった際の量刑である。彼らは死刑には至らなかったが、「不孝」の罪名が与えられたことは事実である。また、前述（注三九）のように、前漢の武帝期に劉爽が「王の不孝を告するに坐」した事件を後漢の班固が「父王を告するの不孝に坐せり」と改めたのは、当時、既に親を告言する行為が「不孝」罪となっていたという背景があったためと思われる。

漢代の不道罪

はじめに

一九七五年の『睡虎地秦墓竹簡』出土以来、この新資料を使っての諸研究の成果が発表され[1]、多くの謎を残していた漢律も秦律の方からの光が当てられて、その実態が次第に明らかになりつつある。

一九七〇年代までの漢律研究といえば、唐律から遡ってその実態を推定しようという傾向が強かったが、秦律と唐律との間に挟まれた漢律に対する興味は、さらに募ってくる。その時代と社会を微妙に、あるいは場合によって鏡のごとく明瞭に反映するのが法である。一口で「漢律」といっても、前後漢併せて四〇〇年の間にはかなりの変遷があったはずである。そこで、漢代の法の特色を最もよく表現していると思われる「不道」という罪状の実態を、時間的推移の中で追究することを本論の目標とする。

「不道」罪については『睡虎地秦墓竹簡』の出土に先立つこと二〇年弱の時点で既に大庭脩氏[2]による精緻な論考がまとめられている。漢代法の実態を明らかにしようとした氏の試みは貴重なものであった。犯罪の中で最も重い部類に属するのが「不道」罪であるが、この罪名が如何なるときに付けられるのか、後代の法知識からするならば、なんとも理解し難いところがある。[3] 大庭氏は「不道罪の構成要因の分析の結果、そこには一定の基準があったことが見出される」とし、「不道」とは誣罔・罔上・迷国・誹謗・狡猾・惑衆・虧恩・奉仕無状と呼ばれる諸行為および大逆と呼ばれる諸行為[4]に適用される刑罪の呼称であった、と結論する。

漢初より「大逆無道」[5]という罪名が存したのであるが、[6] 大庭氏は杜貴墀・張鵬一・沈家本等の研究者の例[7]に従って、その「無道」と「不道」という罪名の間に相違はない、という前提で論を進めている。しかし、ここに問題がありはしないかと筆者には思われる。孔子や老荘に代表される高度な思想を有していた漢民族は否定詞の用法には敏感であり、はじめから無原則に両者を混用したとは考え難いからである。

それと関連して重要なことは、大庭氏が「不道」罪の分析に用いた史料のほとんどが前漢末期のものであり、就中成帝期のものに集中していることである。漢律は古の法であり、容易に変化し難いという先入見が先学達にあったのではと推察されるが、法の実態を探ろうとすれば、まずこれを取り払って再考してみることも時として有効と思われる。そこで本論では、時間的変化の中で、漢律の実態をとらえんという試みをしてみたい。

一　「不道無正法」について

『漢書』巻七〇、陳湯伝に次のような記述がある。趙増寿が廷尉（在職は前一九—一四年）の時期であったから成帝期のできごとであった。昌陵の民を扇動した陳湯の行為に対して丞相および御史は「惑衆不道」と奏上したが、[8] これに対する廷尉趙増寿の所見が次のように記されている。

廷尉増寿以為く「不道は正法なし。犯す所の劇易を以て罪と為す。臣下が承用すればその中を失するが故に獄を廷尉に移し、比なければ先ず以聞するなり。刑罰を正し人の命を重んずる所以なり。（中略）（陳湯の行為は）惑衆と謂ふべからず」と。

この「不道は正法なし」ということばの意味するところが問題となるのである。「不道は正法なし」が何故「刑罰を正し人の命を重んずる所以」となるのか。

漢代の「不道」罪は概念の定まらない罪であったとする古来の漢律研究家達の説を否定する大庭氏は、「不道」の適用には慎重を期さなければならない、というのが廷尉趙増寿の言わんとするところであって、「不道」罪の概念がないままにそれが用いられていたということではない、と主張する。

ところで序に述べたごとく、「不道」罪の宣せられる事件は前漢末期に集中している。もし漢初より「不道」なる罪の概念が定まっていたとするならば、次のような疑問が生ずることになる。『漢書』巻七八、蕭望之伝に元帝即位後間もない頃のエピソードが記されて

（弘）恭・（石）顕奏すらく「（蕭）望之・（周）堪・（劉）更生朋党して相ひ称挙し数々大臣を譖訴し親戚を毀離し、以て権勢を専擅にせんと欲せり。臣たりて不忠、誣上不道なり。請ふ、謁者をして廷尉に召致せしめんことを」と。時に上初めて即位し、「謁者をして廷尉に召致」すとは獄に下すことなるを省みず、其の奏を可とせり。後、上堪・更生を召すに、獄に繫せらると曰ふ。上大いに驚きて曰く、「但だ廷尉をして問わしむるのみに非ざるか」と。以て恭・顕を責む。

とある。蕭望之といえば、かつて元帝が太子であった時の大傅であり、元帝の敬愛する人物であったはずである。その蕭望之が石顕等に「誣上不道」の罪を奏せられたのだ。即位したばかりの元帝は奏文中の「謁者召致廷尉」という語が獄に下すという意であることが分からなかったために、その上奏を裁可してしまった。望之と共に下獄せられて

いた周堪・劉更生を召そうとしたとき、初めて元帝は彼らが獄中にいることを知ったというのである。

元帝は奏文中に蕭望之の名を見て緊張感を持ったはずである。しかも奏文中には「不道」の語が見えたであろう。もしこの時点で「不道」罪の概念が固まっていたとすれば、それが最大級の刑と結びつく苛酷なものであるというイメージが一般に出来上がっていたはずであり、そうであるとするならば、元帝が確かめもしないで奏文を裁可するというのは有り得べからざることではないか。これが筆者の懐く疑問である。因みに即位したばかりとはいえ、二七歳の若々しくて鋭い感性と儒教的な教養とを兼ね具えていたはずで、後世に名君と称えられる皇帝であったのだ。この蕭望之伝が事実を伝えているとするならば、当時「不道」罪の重罪たるイメージが庶民から新皇帝に至るまでまだ定着していなかったのではないか、とまず考えられる。おそらくは法に携わる専門家でなければよく分からないというのがこの時点での「不道」罪ではなかったか。(9)

さて、「不道無正法」の「正法」とは何を意味するか。『漢書』巻七六、王尊伝に

（王）尊以正法案誅、皆伏其辜。

とあり、正当に律の規定通り刑を定めたことを「正法を以て誅を案ず」と記したものであろうが、刑を確定するための根拠としてのその法を「正法」といっていることが察せられよう。同じく王尊伝には、王尊が弾劾された内容を記して

（王）尊妄詆欺非謗赦前事、猥歴奏大臣、無正法、飾成小過、以塗汚宰相、摧辱公卿、軽薄国家、奉仕不敬。

とある。恩赦以前の大臣たちの罪科をあげつらって誹謗し、「正法」にない事柄を並べ立てて（あるいは「正法」ではないやり方を以て）小過をデッチ上げようとし、身分ある人々の名誉を汚し、朝廷の威信を軽からしめたとして王尊は「奉仕不敬」と弾劾されたのである。

右の王尊伝は成帝期の事件を記しているが、後漢の時代はどうであったか。『後漢書』列伝二八、馮緄伝に

罪は正法なければまさに糾を致すべからず。

とある。同じく列伝三六、陳寵の子陳忠の伝に

部吏皆正法。

とあり、その李賢注に

正法とは法に依るなり。

とある。これらの記述より、律の規定によって法が運用されなければならないという罪刑法定主義的な原則が、少なくとも成帝期以降の前漢末より後漢にかけて存在していたことが分かる。(10) 法が明確に定められていなければ公平が期せないという法家的な発想があったことも確かと言えるであろう。しかしながら、法というものは一度定められた後、えてしてまた現実的な法の運用との間に矛盾を引き起こす。例えば文帝二年、誹謗律除去の際の文帝の詔に

今法に誹謗妖言の罪あり。（中略）民或いは上を呪詛し以て相ひ約結し、而るを後に相ひ謾けば、吏は以て大逆と為す。其の他言あるも、吏は又以て誹謗と為す。此れ細民の愚にして死に抵るを知るなければなり。（『史記』孝文本紀）

とある。無知な民衆が呪詛を行ったり国家や役人に対して批判めいた言動を取ると、本来治安維持のための誹謗妖言令を盾として役人たちは直ちに誹謗罪とし、大逆無道という極重罪に陥れてしまう、というような弊害のあったことを示している。その弊害の根を断つために、文帝は誹謗罪そのものを除去したのである。

次に、再び成帝期の例に戻り、『漢書』巻六七、梅福伝に記される梅福の言を挙げておく。

このごろ愚民上疏して不急の法に触るる者多く、或いは廷尉に下されて死する者衆し。（師古曰く、其の言う所不

急なるを以てこれを罪するなり。）陽朔より以来、天下言を以て諱と為す、朝廷尤も甚だし。羣臣は皆上指に承順して執正あることなし。何を以てか其の然るを明らかにせんや。民の上書する所にて陛下の善しとする所を取りて試みにこれを廷尉に下せば、廷尉は必ず「非所宜言、大不敬。」と曰ふなり。

とあり、この梅福によれば、民が皇帝に上書した場合、皇帝自身が「善し」とした内容であってさえ、試しにそのことを秘しておいて廷尉に上書の内容を伝えると、必ず上書した者を「大不敬」の罪に当ててしまうというのである。引用文中の「自陽朔以来」とあるのに注目したい。陽朔（前二四—二一年）は成帝の前半の時期である。この時期に「不急の法」に触れる者が多くいたという。この「不急の法」を除去せよ、と主張する梅福の意図するところは誹謗律を除去した際の文帝の立脚点と同じであったはずである。「不急の法」なるものがある故に生じた弊害を突いている。法が定められることにより、かえって司法者の主観によってむりやり苛酷な刑罰が容赦なく適用されてしまう、というような結果を招いたことが窺える史料である。

法思想を古くより発達させてきた伝統中国は、そのゆえにまた多くの矛盾も経験してきた。その中で様々に試行錯誤がなされてきたのだという事実も見過ごしてはならない。張釈之伝には、文帝時に廷尉であった張釈之と文帝とのやり取りを記して次ぎのようにある。

有る人高廟の座前の玉環を盗みて補得さる。文帝怒りて廷尉に下して治せしむ。釈之律を案じ、「盗宗廟服御物」もて奏を為して奏して棄市に当つ。上大いに怒りて曰く「人の無道、乃ち宣帝の廟器を盗むにあり。吾が廷尉に属せしはこれを族に致さんと欲すればなり。而るを君は法を以てこれを奏せり。吾が共に宗廟の意を承くる所以に非ざるなり」と。釈之免冠頓首し謝して曰く「法は是くの如きにて足れるなり。且つ罪は等なるも然も順逆を以て差と為す。今、宗廟の器を盗みてこれを族すれば、もし万分の一、仮に愚民をして長陵の一杯の土を取らしむる者あらば、陛下は何を以てか其の法に加えんや」と。

張釈之が廷尉であったのは文帝三―一〇年（前一七七―七〇年）の間である。文帝は収律と称された連坐制や誹謗妖言令やさらには宮刑を除去し、後に肉刑廃止に伴う刑法の大改革を為した皇帝である。その文帝が高祖廟の座前の玉環を盗んだ人物に対して族刑に処せんとして廷尉張釈之に裁きを命じた。釈之は「律を案じて」律の規定に従ってその罪を棄市の刑とした。しかし、漢王朝の権威を揺るがしかねない犯罪行為を、単なる死刑と判断したことに対して文帝が大いなる不満を表明したが、釈之は次のように言う。高祖廟の玉環を盗むという行為は「宗廟の服御物を盗む」罪に相当し、したがって、この律の規定と一致する。しかしながら、その犯罪行為の逆順、すなわち動機とか影響力の程度如何によって刑罰に差をつけることができる。例えば、口にすることもはばかられることではあるが、もし高祖の長陵を盗掘する者が出たとすれば、行為としては同じ盗であっても、その結果の重大性は一般の盗とは天地の差となる。そのような犯罪は予測して律文に記すことも憚られる。故に「逆順を以て差と為す」ことによって補うしかなく、族刑は、そのようなときのための例外刑というべきものであり、刑の判断に際しては慎重の上にも慎重を期さねばならない、と。この表現の背景には、文帝期の漢律中に「逆不道」や「大逆不道」という名称がすでに存在していたという可能性もある。

張釈之は民間出身者であったが故に、民衆の感覚を知る貴重な存在であった。当時の道家的な発想も有していたであろうが、儒家的な倫理観をも具えた自然法的な発想が、そうした法感覚を背後より支えていたと言うことができそうである。そうした法観念をもっていたという点においては「不道は正法なし」という一世紀半を隔てた趙増寿と共通するところがあった。

ところで、「不道は正法なし」とは確かに大庭氏の言うごとく、その慎重なる適用を、と述べたものには違いない。

しかしながら、それはやはり同時に、その時点（成帝の初期）においては「不道」という罪に当てられる具体的犯罪行為について律には記されていなかったということも表現しているように思われる。[11]比、すなわち判例――「不道」罪の適用された類似する前例――がなければ天子に以聞して判断を仰ぐべきだという増寿の言は、またその時点において「惑衆不道」という罪状の付けられた前例もなかったことを暗示している。

二　大逆無道と大逆不道

大庭氏は、漢初よりしばしば刑罰と関連して用いられていた「無道」という語と「不道」という語に区別がなかったとしているが、前述したように、筆者には疑問が残り、本章では、具体例によって両者を比較し、その異同について確認しておきたい。

高祖劉邦が漢王朝を建てた時点は未だ戦乱の最中であったとはいえ、新たな国家の法体制は既に用意されていた。漢の高祖四年（前二〇三年）、いよいよ楚漢抗争の結着が見えてきたとき、高祖劉邦は既に「大逆無道」の語を用い、刑余の罪人をして討伐させる、という大義名分で項羽との決戦に臨んだのである。[12]したがって、少なくとも「大逆無道」の語は漢律の律文中に記されていたと解すべきであろう。[13]

そこで問題となるのは次のことである。張釈之伝によるならば、文帝時の漢律に「盗宗廟服御物」という語があり、その量刑が棄市であったことは確かであるが、これは具体的な行為を表現している。もし成帝期の張増寿のいう「不道」とこの漢初の（大逆）無道とが同義であったとするならば、「不道は正法なし」として具体的犯罪行為が律文中に記されなかった「不道」罪はこれと矛盾することになるであろう。

刑法用語としての「不道」罪が史料に現れるのは、後に述べるように武帝期以降である。そこで、その前に「無道」罪の事例を点検しておく必要がある。

「無道」が刑法の罪名として明瞭に記されている例は見当たらない。前掲張釈之伝には「逆順を以て差と為す」とあった。おそらく「無道」なる概念が存在して、その順ならざるものを「逆無道」と称したのであろう。景帝三年に勃発した呉楚七国の乱が鎮定され、七国の諸王の処罰を命ずる詔の中で景帝は

（諸王）為逆無道、起兵以危宗廟、賊殺大臣及漢使者、迫劫万民、夭殺無罪、焼残民家、掘其丘冢、甚為暴虐、（中略）皆要斬。（『史記』巻一〇六、呉王濞の伝）

と述べている。この「逆無道」に大をつけたのが「大逆無道」である。

同じ景帝期に「大逆無道」が宣告された事件が二件あった。第一は景帝三年（前一五四年）に呉楚七国の乱が起きたとき、呉楚七国の側から悪臣として糾弾された鼂錯の場合である。『漢書』巻四九、鼂錯伝に

丞相青翟・中尉嘉・廷尉敺劾奏（鼂）錯曰「（前略）亡臣子礼、大逆無道、錯当要斬、父母妻子同産、無少長皆棄市。臣請錯論如法。」

とある。呉楚七国の乱に際して、その責めを負って右記の判決を受けて処刑されたのが鼂錯であった。丞相青翟等の奏文の末尾に「請〇論如法」とあることにまず注目したい。この景帝三年の時点では「大逆無道、要斬、父母妻子同産、無少長皆棄市」という内容が律文中に明記されていたと見られる。鼂錯の父親は、その結末を予測したために先に自殺したのである。

第二の事件は、中元三年（前一四七年）襄平侯嘉の子恢説の「不孝謀反」事件が起こり、このケースでは、恢説の父でありながら同時にその被害者でもあった襄平侯嘉は赦され、恢説の妻子のみ連坐したのである。この事件は、

『漢書』景帝紀には景帝三年に系けられているが、襄平侯嘉（後に相夫と改名）がその地位についたのは、景帝中元三年のことであった。(14)ゆえに『漢書』の編者班固が、本事件を呉楚の乱の同年のこととした編纂ミスであったことが明らかである。本事件は呉楚の乱より後であり、「大逆無道、要斬、父母妻子同産、無少長皆棄市」は既に律文中に存在したが、この事件の特殊性に情状酌量がなされて、恢説の父である紀嘉は連坐を免れたのである。

では、犯罪者本人が要斬され、父母妻子同産までが処刑されるという大逆無道の原則はその後どうなって行ったのであろうか。成帝の綏和元年（前八年）のことを記す『漢書』巻八一、孔光伝に

時に定陵侯淳于長、大逆に坐して誅せらる。長の小妻廼始等六人、皆長の事未だ発覚せざる時を以て棄去せられ或いは更嫁せり。（中略）孔光議して以為く「大逆無道は父母妻子同産少長となく皆棄市とす。後の法を犯す者を懲めんと欲すればなり。（中略）（廼始等は）当に坐せしむべからず」と。詔ありて光の議を是とす。

とある。時の廷尉であった孔光の言に「大逆無道、父母妻子同産、無少長皆棄市」とあったが、これは景帝期の鼂錯の記述と全く同じであるということに留意しておきたい。

ところで、成帝期において「大逆」を冠する罪名には「大逆無道」と「大逆不道」とがあった。「大逆不道」の語が史料に初めて現れるのは武帝末期の誣蠱事件の折りのようである。『漢書』巻六六劉屈氂伝には、劉屈氂が「大逆不道」の罪に当てられたことを記して

詔有りて屈氂を厨車に載せて以て徇へ、東市に要斬し、妻子は華陽の街に梟首す。貳師将軍の妻子もまた収せられ、貳師これを聞きて匈奴に降り、宗族遂に滅ぼさる。

とある。屈氂と姻戚関係にあった貳師将軍李広利も同じく「大逆不道」の容疑をかけられたと考えられ、その連坐範囲も同じく妻子までであった。ところが李広利が匈奴に降伏し、今度は連坐の範囲が宗族まで広がった。武帝末期に

おいて「宗族」がどの範囲を指したかは必ずしも明らかではないが、少なくとも父母妻子同産よりは広範囲であったと思われる。それはともかく、皇帝を呪詛したとされる劉屈氂や李広利は本来『大逆無道』とされるべきところを、共に武帝と縁続きであったことを考慮して、若干ニュアンスを異にする「大逆不道」という罪名が与えられたのではないかと推測されるのである。

大逆無道と大逆不道とのニュアンスの違いをより鮮明にするのが『漢書』巻六六、楊惲伝である。五鳳二年（前五六年）廷尉于定国により「大逆不道」の罪を論告され、宣帝の恩情によって許された楊惲が、その罪を悔い改めなかったという理由で二年後に今度は「大逆無道」に当てられた。宣帝の感情を考慮して最終的に定められた「大逆無道」の罪は、少なくとも「大逆不道」よりは重い意味がある。

楊惲の父楊敞は既にこの時は亡くなっていたのであるが、昌邑王を廃して宣帝を立てた折りの功労者であり、楊惲の罪がいかに大であろうとも、その父母同産まで連坐させることは憚られ、その故に、初めは「大逆不道」に当てられた。しかし、彼が自らの罪を悔い改めることなく、宣帝への恨みを懐いていたことが孫会宗宛ての書簡によって暴露せられた。そこで「大逆不道」よりも重みのある「大逆無道」が罪名として宣告された。以上のような経過があったと推測されるのである。ただし、連坐した範囲は妻子までであり、しかも処刑されることなく、辺境に徙されたのみであった。

さて、成帝期の廷尉孔光が「大逆無道、父母妻子同産、無少長皆棄市。」という律文を敢えて引用した背景には、既にこの律がそのまま行われることがなくなっていたという事実が隠されているのではないかと推測される。なぜならば、この律が規定通りに行われていたとすれば、お互いにとって律文は既知の常識であったはずであり、孔光が敢えて「大逆無道、云々」と言ったのは、立法の精神を強調せんとしたからに他ならない。しかして成帝期の現状としては、大逆無道といえども連坐の範囲は妻子までとなっていたのではないか、と考えられる。すなわち、大逆不道との差が消失しており、「大逆」といえば事足りたのであろう。

話は再び武帝期に戻るが、陳皇后の誣蠱事件について記す『漢書』巻九七上、陳皇后伝に

帝即位するに及び、立てられて皇后と為り、寵を擅にし貴に驕る。十余年にして子なし。衛子夫の幸を得るを聞きて幾んど死なんばかりなること数々なり。上愈々怒る。后又婦人の媚道を挟み頗る覚す。元光五年、上、遂に之を窮治す。女子楚服等皇后の為に誣蠱し祠祭呪詛するに坐して大逆無道たり。相ひ連なりて誅に及ぶ者三百余人。楚服は市に梟首さる。

とある。陳皇后の衛子夫に対する嫉妬に手を焼いていた武帝が陳皇后らの誣蠱の行為を暴き、その首謀者たりし楚服を大逆無道に当て、三〇〇人という大量の刑死者を出したのである。誣蠱・呪詛等、誹謗罪関連の罪は文帝期に律から除去せられたはずである。ところがこの元光年間に呪詛が大逆罪とされる比、すなわち判例ができてしまった。

次に、武帝の最晩年たる征和年間には、元光年間のそれとは比較にならない大規模な巫蠱事件が起こる。『漢書』巻四五、江充伝には

民転た相ひ巫蠱を以てし、吏は輒ち劾するに大逆亡道を以てす。坐して死せる者前後数万人なり。

とある。ここに「大逆亡道」となっていることに注目したい。その後、武帝没後に上官桀父子・桑弘羊らの謀反事件が起こり、彼らは誅せられた。この折りに出された昭帝の詔には「大逆毋道」とされている。いずれも「大逆無道」の「無」を他の否定語に置き換えている。

征和年間の巫蠱事件は後継問題とからむ大事件であった。人々はお互いに告発し合い、以て自らの罪を免れようとする。その際、連坐の範囲が広すぎると告発は行われ難い。父母や同産が連坐するとすればよほどのことがない限り

内部告発はないであろう。連坐範囲が妻子までであれば、同産からの告発もあり得る。また、商鞅の分異令に見られるごとく、国家としては宗族的大家族を単位とするよりも、単家族を単位とする方が都合がよかったはずである。さらには既述のように、劉屈氂や李広利のような皇帝の一族縁者も多く刑の対象に含まれていたことに司法者は頭を痛めていたに違いない。

このような社会的背景を含めて推察するならば、父母妻子同産を連坐範囲とする「大逆無道」はそのままだとその適用がしづらくなり、時代に合わなくなってくる。しかも文帝期頃までの平穏な時代と違い、兼併の徒が跋扈し、遠征の出費に民は窮乏し、犯罪の増加と刑罰の苛酷さが鼬ごっこするような状況にあった(15)。時代と法とのギャップが深まると、当然のことながら、法は改変され行く運命の中にある。

大逆無道はもともと自然法的なものをその内に孕む例外規定であった。しかし、時代は犯罪増加と刑罰の苛酷さへの方向をたどる。「乱邦を刑するには重典を用ふ」と『周礼』にある通り、刑法典は重くなって行くのであるが、「大逆無道」の適用範囲を狭くするという方向には進むことがなかった。そうではなくて、武帝期に成立していた「不道」罪とこの「大逆無道」とを折中するかたちで「不道」罪の重罰化が行われたのではなかろうか。『漢書』巻一七、功臣表の元封三年（前一〇八年）の記録に

　術陽侯建徳、坐使南海逆不道、誅。

とあり、同じく太初元年（前一〇四年）の記録にも

　邳離侯路博徳、坐見知子犯逆不道罪、免。

とある。この「逆不道」という記述にしても前述の「大逆亡道」「大逆毋道」にしても、共に「大逆不道」が定着するまでの過渡的な名称としてそれらが史料に留められたものと見られる。つまり、漢律も不変のものとして存在して

いたのではなく、時代社会とともに変化していたということが確認されるのである。「大逆不道」が成立すると、しばらくはより成立の古い「大逆無道」と並存する。そして後漢になると、両者の区別が忘れ去られて行った。後漢後期になると、「大逆無道」よりもさらに連坐範囲の広い三族刑がしばしば行われる。まさに「乱邦を刑するには重典を用ふ」であった。そうなると、三族罪と「大逆不道」の中間に位置し、いわば中途半端な「大逆無道」は消えて行った、と理解されるのである。『漢書』景帝期の恢説の不孝謀反事件における「大逆無道」の注として

如淳曰、律、大逆不道、父母妻子同産皆棄市。

とあるのは、如淳が引用した後漢時の律において、大逆無道と大逆不道の区別がなくなっており、専ら後者が用いられていた、ということを物語るのである。

三　「不道」の概念の成立について

「不道」という語は『論語』等に現れる「無道」と共に、一般用語として古くより用いられていたようである。例えば『史記』巻八七、李斯伝には

李斯拘執束縛、居囹圄中、仰天歎曰「嗟乎悲夫、不道之君、何可以為計、（中略）二世之無道、過於桀紂夫差」。

とある。ここに「不道」と「無道」とが用いられており、いずれも刑法用語とは成りきっていない。(16) では、明確に刑法用語として「不道」の語が現れるのはいつ頃であろうか。『史記』巻一二二、杜周伝に

（杜）周為廷尉、詔獄亦益多、（中略）獄久者、至更数赦、十有余歳而相告言、大抵尽詆不道以上。

とある。杜周といえば武帝中期の酷吏である。法の規定に従わず、専ら武帝の意に阿ろうとする彼のやり方を非難されたことに反論して彼は

三尺いずくより出ずるや。前主の是とする所は著して律と為し、後主の是とする所は疏して令と為すなり。

と述べるのである。杜周の言を全面的に信用することはできないかも知れないが、皇帝の意図によって法が左右されるという事実については実にうまく表現し得ている。ともかく、酷吏たちの活躍した武帝期に「不道」罪が成立していたことは確かである。

次に『史記』巻一八、功臣表の楽成節侯丁礼の孫丁義の欄に

元鼎五年、侯義坐言五利侯不道、棄市、国除。

とある。詳細は不明であるが、元鼎五年（前一一二年）、楽成侯であった丁義が五利侯のことに言及して「不道」罪を得て棄市され国が滅ぼされたという。続いて昭帝の始元五年（前八二年）、衛太子であると詐称した成方遂という人物が「誣罔不道」として裁かれた事件があった。『漢書』巻七一、雋不疑伝に

（成）方遂坐誣罔不道、要斬東市。

と記されてある。前掲の丁義のケースと同じく「不道」罪でありながら、丁義が棄市であったのに比して方遂は刑としては一等重い要斬が科せられている。成方遂が一般庶民であったことからより重い刑が執行されたとも考えられる。

続いて宣帝期のことであるが、『漢書』巻六四下、賈捐之伝には賈捐之および楊興を石顕等が弾劾したことが記されており、その奏文に

（楊）興・（賈）捐之懐詐欺、以上語相風、更相薦誉、欲得大位、漏泄省中語、罔上不道（中略）請論如法。

とある。「法の如く論ぜられんことを請ふ」という奏文に従って賈捐之は棄市せられ、一方、楊興は死一等を減ぜら

れて髡鉗城旦とされたのである。この「論如法」という表現から、宣帝期の律に「不道」罪を棄市とする原則が確立していたことを確認することができる。

次いで成帝期のことを記す。『漢書』巻八四、翟方進伝によると、次のような事件があった。浩商という人物がいて、義渠県の県長に捕らえられた後に逃亡した。県長は彼の母を捕らえて豚と共に繋いで辱めた。そこで商の兄弟が県長の妻子六人を殺害して逃亡するという事件を引き起こした。時の宰相は薛宣であり、丞相司直が翟方進であった。浩商は捕まって誅に服し、家族は合浦に徙されたのであるが、太中大夫平当は浩商のことを「一不道の賊」と称しており、この「不道」が倫理的意味合いの強い一般用語として用いられたのか、それとも「不道」罪という刑罰用語として用いられたのか、微妙なところではあるが、浩商のケースでは彼の家族は合浦に徙されはしたが、死刑は免れている。翟方進らと平当らの政治的対立がその量刑に関連するが、義渠長の非倫理的な処置への復讐という要素が加わり、情状が酌量されたものであろう。『漢書』翟方進伝の「不道」の注に

如淳曰「律、殺不辜一家三人、為不道」。

とある。如淳は晋代の律に「不無一家三人を殺すを不道と為す」とあるのがこれに当たるとして注したのであろうが、必ずしも浩商の事件がこの「不道」罪の先例となったわけではなかろう。「殺人者死」という伝統的な処罰原則よりも一ランク重い罪として「不道」罪が位置づけられるようになったことは確かである。

次の哀帝期には「不敬」罪と関連した「不道」罪の事例が二件あった。まず『漢書』巻七二、鮑宣伝には

距閉使者、亡人臣礼、大不敬、不道

という罪状で弾劾された鮑宣が、死一等を減ぜられ、髡鉗城旦の刑を受けている。同じく巻九八には

先帝棄天下、（王）根不悲哀思慕。山陵未成、公聘取故掖庭女楽五官・殷厳・王飛等、置酒歌舞、（中略）（王）況

亦聘取故掖庭貴人、以為妻。皆無人臣礼、大不敬、不道。

とあり、王根は「大不敬、不道」の罪で弾劾は受けたが、実際には国を除かれることはなく、一方、王況は同じく「大不敬、不道」で弾劾され、罪は免ぜられて庶人となり、故郡に帰されたのである。いずれもその身分の故に実際の規定通りの実刑を受けることはなかった。

かくして成帝期以降に「不道」罪の適用される事例が急増し、棄市を量刑とする一般的刑罰よりも上のランクの刑罰として定着して行った。実質的に「不道無正法」の精神もやがて崩れ去って行く。大庭氏のいう「不道の概念」というものが確立したのは成帝期の末頃であったと結論することができるであろう。「不道」罪を宣告されれば、本人が処刑されるほか、妻子まで連坐するのが原則であったと考えられる。

むすび

「大逆無道」は漢朝の成立とほぼ同時にその概念らしきものが成立していたと考えられる。その刑は犯罪者本人を要斬して、その父母妻子同産を皆棄市とする、という残酷なものであった。前漢中期になると、中央集権へ向けて国家の再編が進む中、武帝期の酷吏たちによって「不道」罪なるものがしばしば適用されるようになる。その刑は、犯罪者本人が棄市されるにとどまり、連坐はなかった。

一方、連坐範囲の広い「大逆無道」は社会の変化にともなって、その適用が困難となる。そこで、その「大逆無道」と「不道」罪が折中されて、新たに「大逆不道」という罪名が成立した。その刑は本人が要斬で、連坐範囲は妻子までであった。それも実際には死を許されて辺境に移住させられる例がしばしばあった。宣帝期以降、大逆不道をも含めて不道罪が次第に増加し、その判例が積み重ねられて行く。やがて、成帝期の半ばを過ぎると、いかなる行為が「不道」罪の適用を受けるかという基準が出来上がっていた。

以上が小論で考察した筋道である。時代の動きと法の変化の一端を垣間見ることができたかと思う。

注

（1）一九八一年までのものは池田雄一「湖北雲夢睡虎地秦墓管見」（『中央大学文学部紀要』第二六号、一九八一年）に『睡虎地秦墓竹簡』関係の主要な研究文献の目録が付されている。また、明治大学法学部史学研究室編「資料・中国法制史学会の現状」（『法律論叢』五四—二・三、一九八一年）。

（2）大庭脩「漢律における『不道』の概念」（『東方学報・京都』第二七冊、一九五七年。後に『秦漢法制史の研究』〈創文社、一九八二年〉所収）を参照。

（3）例えば、『漢律摭遺』巻三、賊律一において沈家本氏は「不道は亦た無道と曰ひ、亦た大不道と曰ふ。分別無き似たり、而るに其の罪は則ち大ひに分別有り。大逆無道は身要斬せられ、父母妻子同産は少長となく皆棄市。此れ最も重なる者なり。成方遂が詐りて衛太子と為るが如きは、誣罔不道に坐して東市に要斬せらる。雋不疑伝を見るに、此の要斬を一級と為し、厳延年・丁義は並びに棄市せらる。延年伝及び功臣表を見るに、此の棄市を一級と為す。韓昌・張猛は贖を以て論ぜらる。匈奴伝を見るに、此の贖罪を一級と為す。鮑宣は死一等を減ぜられて髠鉗さる。此れ髠鉗を一級と為す。是れ同一の不道にして而も等級懸かに殊なれり。此の如きは必や漢法に在りて区別するの所以有るならん、故に今は考ふべからず。」と述べ、それには相当の理由があったと思われるとして、その深い追究を避けて判断を保留している。

（4）順に、誣罔——天子を欺く行為。罔上——臣下に身方して天子を欺く行為。迷国——主張に一貫性を欠き、天子・朝議を惑わす行為。誹謗——天子、及び現在の政治をあからさまに非難する行為。狡猾——不当な方法で多額の金銭を収受し、若しくは官費を浪費し、又は着服する行為。惑衆——一般人を惑わし、又は誤らしめ、混乱におとしいれる行為。虧恩——優渥な天子の恩意を損う行為。奉使無状――天子王室又は国家に多大の危害を及ぼす如き職務上の失態。
（5）「現在の天子を変えんとし、又は天子の身に危害を加えんとする企て及び行為」「宗廟及びその器物の破壊」及び「天子の後継者に危害を加え、又は危害を加えんとする企て及び行為」をいうとある。
（6）漢の四年、楚漢抗争の最中、劉邦は漢の大義名分を述べ、項羽の十罪を数え挙げて次のように責め立てて「始与項羽倶受命、懐王曰、先入定関中者王之。項羽負約、王我於蜀漢、罪一。（中略）夫為人臣而弑殺主、殺已降、為政不平、主約不信、天下所不容、大逆不道、罪十也。吾以義兵従諸侯誅残賊、使刑余罪人撃殺項羽。」とある。戦乱中とはいえ、劉邦は既に蕭何に秦法を検討させており、国家体制は整えられつつあった。また、刑と兵とはもとより同源である、というのが古来の考え方であった。劉邦は刑余の罪人をして項羽に刑を執行する、というのが彼の言い分である。「大逆無道」の語が刑法典中に存在していたことを確認できるのは景帝期であるが、しかし高祖四年の時点ですでにあったと見て大過はなかろう。
（7）杜貴墀『漢律輯証』、張鵬一『漢律類纂』および沈家本『漢律摭遺』等の説を指す。
（8）陳湯伝によれば、丞相らは「湯惑衆不道、妄称詐帰異於上、非所宜言、大不敬」と弾劾し、これに対して増寿は（黒竜が顕われたことにかこつけて）天子を誹謗したとする大不敬の罪については認めるが、惑衆不道についてはこれを否定したのである。
（9）『史記』巻一二二、杜周伝に「（杜）周為廷尉、詔獄亦益多（中略）獄久至更数赦、十有余歳而相告言、大抵尽詆以不道以上」とある。杜周が廷尉にあったのは元封二年より一一年間である。この時までに「不道」罪が成立していたことは確かであるが、杜周によって大量に適用されたもののようである。しかしながら、いかなる理由で「不道」とされるのか、一般の者にはよく分からないというのが実情に近かったであったろう。
（10）『漢書』刑法志に、「文帝即位（中略）風流篤厚、禁罔疏闊。選張釈之為廷尉、罪疑者予民。」とあり、「法者天子所与天下公共也。」（張釈之伝）とも述べてあるように、文帝や張釈之にあっては伝統を墨守しようとする官僚の発想を一歩超えたところに立脚点を置いていたと見られる。
（11）王尊伝には元帝初元中のこととして、仮子が養母である自分を妻扱いにしたという訴えがあって王尊が「律に母を妻とするの法なし。聖人の書するに忍びざる所、此れ経の所謂造獄なるものなり」と言ったとある。元帝期（より次の成帝の初期頃）までは儒教的自然法的発想が多く残っていたようであるが、成帝期の半ば頃より罪刑法定主義的な方向に傾いたようである。漢初にあった「無為」的なおおらかさが失われ、法の運用にもしなやかな柔軟さが消失していったようだ。それは、武帝期にあったごとき酷吏の暗躍の余地を取り除こうとする意図のもとでの変化であったろう。

(12) 注六を参照。

(13) 『漢書』巻五三に記される江都王劉建が有司に弾劾された奏文に「建失臣子道、積久輒蒙不忍、遂謀反逆、所行無道、雖桀紂悪、不至於此、天誅所不赦、当以謀反法誅」とある。ただしこの場合の「無道」は刑法用語と成りきってはいないようである。また、『史記』巻一八、功臣表には戴侯秘蒙が武帝の後元元年（前八八年）に「坐呪詛、無道、国除」となっており、同じ内容を伝える『漢書』巻一六、功臣表には「坐呪詛上、大逆、要斬」となっている。また、『漢書』に「坐呪詛、要斬」と記されてある陽河侯其仁は、『史記』では「仁与母坐呪詛、大逆無道、国除」となっている。さらに『漢書』に「坐呪詛上、要斬」とある酒侯陸溯の記録が『史記』では「坐使巫斉将君祠呪詛、大逆無道、国除」となっている。両書の対照により「呪詛」の行為が大逆無道とされたことがわかる。したがって、戴侯秘蒙の場合の「無道」が「大逆無道」の略称として用いられたのだということが分かる。したがって、純粋に刑法用語として「無道」が存在したことの確証はない。故に、漢初の漢律に存したのは、或いは「大逆無道」という語のみであって、単独に「無道」と称される罪名はなかったという可能性もある。

(14) 第二部「秦漢律における不孝罪」を参照。

(15) 『漢書』刑法志によれば「今漢道至盛、歴世二百余載、考自昭宣元成哀平六世之間、断獄殊死、率歳千余口而一人、耐罪上至右止、三倍有余。」とあり、武帝期以降前漢代後期には毎年刑死者が数万人、罪によって労役に就く者はその三倍であったという。

(16) 注三を参照。

漢代の不敬罪

はじめに

中国古代法の集大成たる唐律の冒頭の名例律には、刑罰体系を記す「五刑」の項に続いて最重罪たる「十悪」の名が記されている。十悪の名称は一謀反、二謀大逆、三謀叛、四悪逆、五不道、六大不敬、七不孝、八不睦、九不義、十内乱であるが、その起源は北斉律に求めることができる。『隋書』巻二五、刑法志には

列罪十条、一曰反逆、二曰大逆、三曰叛、四曰降、五曰悪逆、六曰不道、七曰不敬、八曰不孝、九曰不義、十曰内乱。其犯此十者、不在八議・論贖之限。

とあり、この十悪を犯した場合には八議(1)の恩典も及ばず、刑を贖なうことも認められないという。この北斉律の十罪と唐律の十悪とを比較すると、北斉律の降の項目が除かれて唐律には不睦が設けられ、また北斉律における不敬が唐律では大不敬になっていること、および順序に若干の変化があったことが差異として認められる。また、隋の開皇律における十悪の名称は既に唐律のそれと同じになってはいるが、その内容においては多少の違いのあったことが認められる。例えば『隋書』巻二の開皇二〇年(六〇〇年)一二月の詔に

（上略）故建廟立祀、以時恭敬。敢有毀壊偸盗仏及天尊像、嶽鎮海瀆神形者、以不道論。沙門懐仏像、道士壊天尊者、以悪逆論。

とあり、隋においては一般人が仏像を破壊したり盗んだりすることが不道罪の適用を受け、また僧侶や道士でありながら仏像や天尊を破壊する行為に悪逆罪となった。ところが唐律においては「不道は一家に死罪に非ざるもの三人を殺し、及び人を支解し、蠱毒厭魅を造畜するを謂ふ」（『唐律疏議』巻一、名例）、「悪逆は祖父母父母を殴り及び殺さんと謀り、伯叔父母・姑・兄・姉・外祖父母・夫・夫の祖父母父母を殺すを謂ふ」（同右）とあり、不道罪や悪逆罪の内容が隋代とは明らかに異なっているのである。このように隋、唐間においてさえ同罪名の内容に相違が認められるとすれば、さらに時代が隔たる漢、唐間では、同罪名で内容を異にする可能性は十分にあると見るべきであろう。

さて、唐律における大不敬は『唐律疏議』（巻一、名例）によれば、

謂盗大祀神御之物、乗輿服御物、盗及偽造御宝、合和御薬、誤不如本方、及封題誤、若造御膳、誤犯食禁、御幸舟船、誤不牢固、指斥乗輿、情理切害、及対捍制使、而無人臣之礼。

とあるが、これと漢代の不敬罪との間には果たして継承関係があるであろうか。また、あるとすれば漢律中の不敬罪のどのような内容あるいは性格が受け継がれたものであろうか。

唐律の源流と考えられる漢律における不道罪については大庭脩氏の専論があり(2)、筆者もかつてその驥尾に附して論じたのであるが(3)、漢代の不敬罪はこの不道罪と対比してどのような性格の犯罪であったのか。これが本論の追究する課題である。

一　不敬の語義について

『晋書』巻三〇、刑法志には、不敬を定義して

礼を虧《か》き節を廃す、これを不敬と謂ふ。

とある。これによれば不敬が礼節と裏腹の関係にあることが推察されるが、その実態については必ずしも明瞭ではない。ところで、不敬の語は不敬罪成立(4)より以前から用いられていた。その不敬がどのようにして罪刑に結びつけられて不敬罪として定着したのであろうか。この問題を考察するためには、順序としてまず敬の語義について述べておかなければならない。

『説文』の茍部に

敬粛也、从攴茍。

とあり、敬には粛しむという議のあったことが知られる。段注によれば「攴猶迫也、迫而茍也」とあり、強制して「茍」ならしめるというのが構造上からの敬字の解釈となる。その「茍」について『説文』には

茍自急敕也。从羊省、从勹口、(勹)口猶慎言也。从羊与義善美同意。

とある。その段注に「急者徧也、敕者誡也」とあるように、自ら厳しくいましめることが「茍」の義であり、これを支持する心情を「敬」と称したもののごとくである。『釈名』巻四、釈言語に、「敬は警なり、恒に粛敬するなり」とあるのも同じである。『説文』に「粛言」とあり『釈名』(5)に「警」とあるのは、ことばに謹しむという義が込められていたものであろう。なお、「茍」字の上の「艹」は羊の省略形であり、これが用いられているのは義善美と同じく

好義的内容をもつ語として認識されていた故と考えられる。以上によって、敬字には粛あるいは慎という義が、少なくとも『説文』や『釈名』の成立した後漢時代に認められていたということが了解されるであろう。

次に『礼記』大伝には

親親故尊祖、尊祖故敬宗、敬宗故収族、収族故宗廟厳、宗廟厳故重社稷、重社稷故愛百姓、愛百姓故刑罰中、刑罰中故庶民安。

とあり、祖を尊ぶということと宗（族）を敬うということとの関係が敷衍されて刑罰との関係にまで至っている。ここには「尊祖の故に敬宗す」とあるが、同じく大伝に「敬宗は尊祖の義」ともある。敬宗と尊祖とは相互に因果をなし、一体不二の関係に近かったようである。このことは、敬が祖先の祀りを前提として用いられていたことを窺わせる。共通の祖先を祀ることによって生ずる連帯意識の基礎となるのが敬という感覚であったと思われる。これが宗族の族的統合には不可欠の要素であったであろう。『史記』巻一、五帝本紀にも

高辛（中略）明鬼神而敬事之。

とあり、張守節の『正義』に、「天神を神と曰ひ、人神を鬼と曰ふ。又曰ふ、聖人の精気これを神と謂ひ、賢人の精気これを鬼と謂ふ」とあるが、ともかく右文は高辛氏が宗廟を祀って鬼神に慎み仕えたということを表現しているようである。さらに同巻八、高祖本紀には

太史公曰、夏之政忠、忠之敝小人以野、故殷人承之以敬、敬之敝小人以鬼、故周人承之以文、文之敝小人以僿。

とあり、『集解』所引の鄭玄注（以下に記す括弧内の語はいずれも鄭玄注である）を参照しつつやや敷衍して解釈すると、次のようになるであろう。夏王朝の政の特質は忠（質厚也）すなわち素朴さにあり、忠の弱点は小人においては野（少礼節也）すなわち野卑に陥ることである。故に殷王朝においてはこれを克服すべく敬、すなわち敬虔さを以て政を

行った。敬の弱点は小人においては鬼（多威儀、如事鬼神）すなわち神秘的な儀式にとらわれて理性の麻痺に陥ることである。その故に周王朝においてはこれを克服すべく文（尊卑之差也）すなわち人間的な文化を重視する政を行った。文の弱点は小人においては薄く（苟習文法、無悃誠也）なり、魂のない形式主義に陥ってしまうことにある、というのである。この「夏忠、殷敬、周文」という特徴把握は司馬遷の独断によるものではなく、確かな根拠に基づいていたに違いない。就中殷人は多くの卜辞を残しており、天帝の権威に基づく祭政一致の政を行っていた。その彼らを内面から支えていたのが敬という感覚、あるいは心情であったと司馬遷は見る。孔子もまた

居上不寛、為礼不敬、臨喪不哀、吾何以観之哉。（『論語』八佾）

と述べるように、礼の根本となり、これを内面から支えるものが敬であると認識していた。さらに戦国時代に成立した書と見られる『孝経』の第五章には

資於事父以事母、而愛同。資於事父以事君、而敬同。故母取其愛、而君取其敬、兼之者父也。

とあり、母親に仕えるときに愛という感情をもってするごとく、君主に仕えるときに懐く心情が敬であり、その両者を兼ねるのが父であるという。『漢書』巻二三、刑法志において班固も

上聖卓然、先行敬譲博愛之徳者、衆心説而従之。（中略）明仁愛徳譲、王道之本也。愛待敬而不敗、徳須威而久立。故制礼以崇敬、作刑以明威也。

と述べており、刑が威を明らかにすることによって成り立つごとく、礼は敬を崇ぶことによって生きるというのである。

これまでの考察から、敬の語義はほぼ明らかであろう。天、君主あるいは鬼神等の優越的存在に対して礼を行うとき、その礼を支える根本となるのが敬であった。換言すればそれら優越者と行礼者との間に介在する秩序を支持する

際に、行礼者の内面に緊張的に生ずる粛あるいは慎という心情が敬であったということができよう。さすればこれに反する心情、ひいてはそこから生ずる行為が不敬であったと見なせるであろう。不敬の用例として『左伝』宣公一二年伝中の語に

古者明王伐不敬、取其鯨鯢而封之、以為大戮。

とある。この場合に不敬は討伐の対象となる行為をなした行為者を指している。これは「無道を殺して有道に就かば如何」(『論語』八佾)という無道のごとく、すでに刑法用語にかなり近づいていると言えるであろう。(6)「明王が不敬を伐つ」という表現は王に従わざる異種族討伐を意味しており、不敬の語はこのような、小島祐馬氏(7)のいう族外的意義をも有していたことが知られるのである。自国の宗廟を敬わない他種族を不敬の者と称しているのであろうが、この不敬がやがて刑法用語となったということは、族外刑が族内刑のなかに取り入れられたという歴史を反映しているのではあるまいか。『漢書』巻四八、賈誼伝には文帝に対する賈誼の次のような上言が記され

今匈奴嫚侮侵掠、至不敬也、為天下患、至亡已也。

とある。賈誼のいう不敬はおそらく前掲『左伝』の「明王伐不敬」を意識して同義に使っていると思われる。彼は異民族である匈奴に対して討伐を加えることを建言しているのである。このように対外関係において用いられるようになったのが敬の派生的語義の第一ということができるであろう。

次に、これまでの例とはニュアンスを異にする敬の用法がある。『周礼』の天官小宰に「官府を聴《おさ》むるの六計」なるものが記されており

小宰之職、(中略)以聴官府之六計、弊羣吏之治、一曰廉善、二曰廉能、三曰廉敬、四曰廉正、五曰廉灋、六曰廉辨。

とある。文中の敬について鄭玄注には

敬、不解于位也。

とある。右の「解」の語義については『礼記』雑記下の「居喪三日不怠、三月不解」の鄭玄注に「解倦也」とあり、解はすなわち懈であり倦むあるいは怠るという義であることがわかる。すなわち鄭玄（一二七―二〇〇年）の生きた時期には敬に「位におりておこたらず」という義が生じていたことが知られるのである。これが派生の義の第二である。礼の根本が敬であるとする儒家的見解を根柢にしてこの第二の義が派生したことは疑いないにしても、いったい何が「敬＝不解于位」の義を生ぜしめたのであろうか、その背景にはいかなる客観的事実があるのか。これを追究することによって不敬罪の時代的特質を明らかにできるのではないか。

以下、順を追って論を進めるが、まず、具体的にどのような行為が不敬という罪名を適用されたかを検討する。そしてまた、不敬罪が適用された場合の量刑は如何、ということが次の問題となる。

二　不敬罪とその量刑

刑法用語としての不敬を史料上確認できるのは文帝期からである。『史記』巻一〇二（『漢書』巻五〇）の張釈之伝に

上、釈之を拝して公車令と為す。頃之《しばらく》して太子梁王と車を共にして入朝するに司馬門に下りず。是に於て釈之追ひて太子と梁王を止めて殿門に入るなからしめ、遂に「公門に下りざるは不敬なり」と劾してこれを奏せり。（中略）薄太后乃ち使いを使はし詔を承けて太子と梁王を赦さしめ、然る後に入るを得たり。

とある。これに関して『集解』引用の如淳注には漢律を引いて次のように記してある。

宮衛令、諸出入殿門公車司馬門者皆下、不如令、罰金四両。

如淳の引用した宮衛令は後漢時代に存在していた律文と思われ、文帝期に宮衛令が整っていたことを確認することは困難であるが、少なくとも司馬門で下車しないことが法によって咎められる行為であったことは認められるであろう。よって文帝初期[8]に不敬罪が成立していたこともほぼ明らかである。[9]

次に武帝の初期のことであるが、酔って殿上で尿した東方朔が不敬と弾劾され、詔によって免ぜられて庶人となった。次いで『史記』巻一〇七の魏其武安侯列伝には次のようなことが記されている。すなわち、丞相田蚡が燕王の娘を娶ったとき、太后の詔によって列侯宗室の者が集まった。その宴席において灌夫が臨汝侯灌賢らを罵ったために「罵座不敬」と弾劾されて居室に繫がれた、とある。この事件には共に外戚である武安侯田蚡と魏其侯竇嬰の勢力争いが絡んでおり、田蚡が灌夫の前罪を暴いて「所為横恣、逆罪不道」と弾劾したのが効を奏して灌夫は棄市せられた。また、元朔三年には田蚡の子田恬が襜褕（ひとえぎぬ）を着て宮中に入ったことを不敬と弾劾されて侯国を没収された。以上の例は宮中やこれに準ずる場所における非礼の行為に不敬罪が適用されたことを示している。

次に、『史記』及び『漢書』に元朔年間から元狩年間にかけて不敬罪による労役刑の実刑を科せられた事件が五件記されている。『史記』功臣表と『漢書』功臣表では記載の仕方が異なるので、両者を並べて以下に記す。

（a）元朔二年　侯勝坐不敬、絶（史）

（武陽侯蕭勝）坐不斎、耐為隷臣（漢）

（b）元朔四年　（襄成）侯沢之坐詐病不従、不敬、国除。（史）

（襄城侯韓釈之）坐詐疾不従、耐為隷臣。（漢）

（c）元狩三年　侯朝坐為済南太守与成陽王女通、不敬、国除。（史）
（成侯董朝）坐為済南太守与城陽王女通、耐為鬼薪。（漢）

（d）元狩五年　侯信成坐為太常縦丞相侵神道壖、不敬、国除。（史）
（戚侯季信成）坐為太常縦丞相侵神道、為隷臣。（漢）

（e）元狩五年　侯受坐故為宗正聴謁、不具宗室、不敬、国除。（史）
（沈猷侯劉受）坐為宗正聴請、不具宗室、耐為司寇。（漢）

右記のうち（a）及び（d）は宗廟に関する不謹慎の行為に不敬罪が適用された例である。この他にも『漢書』巻一九下、百官公卿表の元狩五年の項に

衛尉充国、三年（元鼎二年）坐斎不謹、棄市。

とあり、不敬と明記されていないけれども、不斎の場合とおなじく斎不謹も不敬罪に問われたはずである。衛尉充国が何故棄市という重い刑を受けたのかは不明である。また（b）および（e）は皇帝の臣下としての怠慢および不謹慎に不敬罪が適用を受けた例である。そして（c）は王室などの高貴な人（あるいは皇帝の臣下）に対して礼を欠く行為が不敬罪の適用を受けた例である。いずれの場合も『史記』に「不敬、国除（または絶）」と記される部分が『漢書』では「（耐）為隷臣」「耐為鬼薪」「耐為司寇」と具体的刑名になっている。両書を照合することによって、元朔から元狩にかけて、不敬罪を宣告された諸侯が隷臣、鬼薪あるいは司寇という労役刑の実刑を受けたことが知られる。なお、耐罪としては隷臣も鬼薪白粲もともに三年刑であったが、[10]隷臣の刑名は元狩五年を最後に史料から姿を消し、鬼薪の方は司寇（二年刑）と共に後漢末まで存続することとなる。

不敬罪適用の諸類型は右に挙げた武帝期までの例でほぼ出そろっている。ただ、これまでのものとややニュアンス

を異にする例として元光四年に匈奴出身の邯鄲が、太后の居所である長信宮において挨拶をしなかったという理由で不敬とされ侯国を没収されるという事件があった。また宣帝期には光録大夫の義渠安国が、羌族の先零の不遜な語を天子に取り次いだために「奉仕不敬」と弾劾された例がある。これらはともに対外関係において国の威信を損なう行為に不敬罪が適用された例であり、これは前章で述べた敬の派生的語義の第一（対外関係において用いられる場合）に相当するのであるが、しかしこれらの場合も問われたのは臣下としての責任であった。この観点から、前掲の（b）および（e）の例と同じく、臣下としての怠慢または不謹慎の類型に含めて差し支えないであろう。

これまでに列挙した不敬罪の例を整理すると、次のような四つの類型に分類することが可能である。

［Ⅰ］宮廷などにおける非礼

［Ⅱ］宗廟などに関する罪

［Ⅲ］宗室や近臣に対する非礼

［Ⅳ］臣下としての怠慢または不謹慎

前章での考察を踏まえるならば、［Ⅰ］および［Ⅱ］が基本的な不敬罪であり、その延長上に［Ⅲ］があり、そして［Ⅳ］は派生的に生じた不敬罪であると言えよう。詳しくは次章で考察する。

次に不敬罪の量刑の問題をさらに検討しておきたい。武帝期までの例においては、不敬を宣告されると労役刑に服するか、または恩情によって刑を免ぜられるかのいずれかであったと言ってよく、いずれの場合も不敬罪となれば官爵は剝奪されて庶人となるのが原則であったと見なしてよかろう。ところが、宣帝期のことを記す『漢書』巻一八、外戚恩沢侯表には

甘露元年、（高平侯魏弘）坐酎宗廟騎至司馬門、不敬、削爵一級、為関内侯。

甘露元年、（博陽侯丙顕）坐酎宗廟騎至司馬門、不敬、奪爵一級、為関内侯。

と二つの事件が記されており、魏弘および丙顕はともに不敬の罪を犯したけれども、いずれもわずかに爵一級が削られ、列侯から関内侯に貶されるに留まった。次に哀帝期のことを記す同巻七二、龔勝伝には

事は御史中丞に下され、召して詰問して劾奏すらく、「（龔）勝は吏二千石、（夏侯）常は位大夫、皆幸ひに給事中たるを得て与に論議するに礼儀を崇ばず、公門に居りて相ひ非り恨み疾言弁訟せり。媠謾亡状にして皆不敬なり」と。制して曰く「秩各々一等を下せ」と。

とある。不敬罪で弾劾された龔勝と夏侯常の場合も、秩一等を降されたのみであった。同じく哀帝期のことを記す同巻八六、師丹伝には

尚書劾す「（申）咸・（炔）欽は幸ひに儒官を以て選擢せられ腹心に備はりて上の折する所を中にして疑はしきを定むることを得たり。（師）丹の社稷の重臣にして議罪処罰は慎む所なるを知るに、咸・欽は初め経義を付して当に治すべきと以為ひ、事の暴列するを以て乃ち復た上書して妄りに丹を称誉せるは前後相違にして不敬なり」と。上、咸・欽の秩各々二等を貶せり。

とあり、前後相違する言動をして不敬罪を劾奏された給事中博士の申咸および炔欽はともに秩二等を貶された。また同巻八三、朱博伝によれば、傅喜を罷免せんことを丞相と議した傅晏が「失礼不敬」と弾劾せられ、詔によって領邑の四分の一を削られた。

右に見てきた前漢における不敬罪の例を通して、その量刑についてのみ言えば、不敬と弾劾された被告者の量刑は必ずしも一定していなかったと言えるであろう。それはいったい何故であろうか。ここで、これまでの多くの例において刑の最終決定は詔によるものであったということを顧慮しなければならない。不敬を弾劾する劾奏文は必ず皇帝

のもとに達したもののごとくである。すなわち不敬罪は皇帝によって直に裁かれるべき、それほど重要な位置づけをもつ罪名であったと言える。では、殺人やその他の一般重罪と不敬罪との間の本質的相違はどこにあったのであろうか。それは、不敬罪の被告者は身分が高く、皇帝に近い存在であったというところにあったと考えられる。つまり、皇帝こそ礼的秩序の維持者であり、その皇帝に近い者、すなわち支配者階級内部を律することに不敬罪の存在理由があったと見なして大過ないと思われるのである。『礼記』曲礼に「礼は庶人に下らず」とあるが、不敬罪は支配者階級、すなわち孔子のいう君子を対象とする規律であったと言えるかもしれない。そして同じく曲礼に「刑は大夫に上さず」とあるごとく、礼の理想とするところは自律的秩序であって、可能な限り強制的手段（＝刑）を排除しようとする願望を持つ。したがって、不敬罪の場合も法的強制力としての刑罰は伴うにしても、それを最小限にとどめようとする恩情的な力が支配階級内部に働くのは当然であったと言えるのではなかろうか。その故に不敬罪の量刑が必ずしも一定せず、またその軽さが目立つようになるのではあるまいか。

以上のごとく大まかな見通しを立てたうえで、次章においては、漢代を通して不敬および大不敬の適用例を可能な限り拾い上げて不敬罪の時期的な変遷に着目して考察を加えたい。

三　不敬・大不敬の時期的特徴

不敬罪が論告された例は、大不敬の場合を別にしても、『史記』および『漢書』に明記されているだけで四〇例ばかりある。これを年代順に並べて表にすると、〈表1〉のごとくなる。罪状の分類は前章の分類に従う。

表1　漢代の不敬罪〈分類　Ⅰ宮廷等における非礼　Ⅱ宗廟に関する罪　Ⅲ宗室近臣に対する非礼　Ⅳ臣下としての怠慢または不謹慎〉

No.	皇帝	年代	被告者	罪状	分類	裁可 不裁可	結果	出典
1	文帝		太子(景帝)	共者入朝、不下司馬門。	Ⅰ	不裁可	薄太后乃使使者承詔赦	史記102 漢書50
2	〃	五(三)	張不疑	与門大夫、謀殺故楚内史。	Ⅲ	一応裁可	不敬、国除 当死、贖為城旦 不敬、国除 贖為城旦	史記55 史記18 漢書40 漢書16
3	武帝		東方朔	酔入殿中、小遺殿上、劾不敬。	Ⅰ	一応裁可	有詔、免為庶人	漢書65
4	〃	建元五	張預(類)	臨諸侯喪後。	Ⅱ	一応裁可	不敬、国除	史記18 漢書16
5	〃	元光二	繒它	従射、擅罷。	Ⅳ	一応裁可	不敬、国除 免	史記18 漢書16
6	〃	〃 四	灌夫	罵坐、不敬。	Ⅰ	実刑	繫居室、棄市	史記107 漢書52
7	〃 〃	〃 〃 元朔元	邯鄲	後来不請長信。 (不挙孝、不奉詔、当以不敬論。)	Ⅳ	一応裁可	不敬、国除 免	史記19 漢書17 漢書6
8	〃	〃 二	蕭勝	不斎。	Ⅱ	実刑	不敬、絶 耐為隷臣	史記18 漢書16
9	〃	〃 三	田恬(栝)	衣襜褕入宮廷中。	Ⅰ	一応裁可	不敬、絶国除 不敬	史記19 漢書16
10	〃	〃 四	韓釈之(択)	詐疾不従。	Ⅳ	実刑	不敬、国除 耐為隷臣	史記19 漢書16
11	〃	〃 五	壽春県丞	留淮南太子逮不遣。	Ⅳ	不裁可		史記118 漢書44
12	〃	〃 六	彫申	尚南宮公主。	Ⅲ	一応裁可	不敬、国除 不敬、免	史記18 漢書16
13	〃	元狩三	董朝	為済南太守、与城陽王女通。	Ⅲ	実刑	不敬、国除 耐為鬼薪	史記18 漢書16

14	〃 〃四	周平	為太常、不繕治園陵。	II	一応裁可	不敬、国除 免	史記19 漢書16
15	〃 〃五	季信成	為太常、縦丞相侵神道壖。	II	実刑	不敬、国除 為隷臣	史記18 漢書16
16	〃 〃 〃	劉受	故為宗正、聴謁。	IV	実刑	不敬、国除 耐為隷臣	史記19 漢書15上
17	〃 〃六 (元鼎元？)	劉拾	不朝。賀十月不会。	IV	一応裁可	不敬、国除	史記21 漢書15上
18	〃 元鼎二	任越	為太常、廟酒酸。	II	一応裁可	不敬、国除 免	史記18 漢書16
19	〃 元封五	劉延年	棄印綬出国。	IV	一応裁可	不敬、国除 免	史記21 漢書15上
20	〃 太初二(三)	張昌	為太常、乏祠。	II	一応裁可	国除 免 不敬、免、国除	史記18 漢書16 漢書32
21	宣帝	義渠安国	使行諸羌、奉使不敬。	IV	不裁可		漢書69
22	〃	檀長卿	以列卿、而沐猴、失礼不敬。	I	不裁可		漢書77
23	〃 甘露元	魏弘	酎宗廟、騎至司馬門、不敬。	II	一応裁可	坐祠廟、失侯 削爵一級、為関内侯	史記20 漢書18
24	〃 〃 〃	丙顕	祠宗廟不乗大車、而騎至廟門。(酎宗廟騎至司馬門、不敬。)	II	一応裁可	奪爵一級、為関内侯	史記20 漢書18
25	元帝	蕭望之	教子上書、称引亡辜之詩、失大臣体、不敬。	IV	一応裁可	飲鴆、自殺	漢書78
26	成帝	馮野王	賜告養病、而私自便持虎符出界帰家、奉詔不敬。	IV	一応裁可	免	漢書79
27	〃	匡衡 張譚	卑君尊臣、失大臣体、驕慢不謹。	IV	不裁可	(有詔勿治)	漢書79
28	〃	王尊	猥歴奏大臣、軽薄国家、奉使不敬。	IV	一応裁可	有詔左遷	漢書76
29	〃 河平中	陳慶	有罪未伏誅、虧損聖徳之聡明、奉詔不謹、皆不敬。	IV	一応裁可	免官	漢書84
30	〃	劉欽	不悔過而復称引、自以為直、失藩臣体、不敬。	IV	一応裁可	上加恩、許王還徙者	漢書80
31	〃	杜業	聴請、不敬。	IV	一応裁可	免、就国	漢書60
32	〃	夏賀良	挟学甘忠可書、以不敬論。	(IV)	不裁可		漢書75

33	哀帝	夏侯常 龔勝	与論宜、不崇礼義、疾言弁訟、婧慢亡状。	Ⅳ	一応裁可	貶秩一等 勝謝罪乞骸骨	漢書72
34	〃	申咸 炔欽	上書妄称挙師丹、前語相違。	Ⅳ	一応裁可	貶秩各二等	漢書86
35	〃	傅晏	与朱博議免傅喜、失礼不敬。	Ⅲ	一応裁可	削戸四分之一	漢書83
36	平帝	金当	上母南為太夫人、失礼不敬。	Ⅲ	不裁可		漢書68
37	光武帝建武七	郭憲	為光禄勲、従駕南郊、含酒三潠。執法奏為不敬。	Ⅳ	不裁可		後漢書82上
38	桓帝	梁冀	正旦朝賀、威儀不整、恃貴、不敬。	Ⅰ	不裁可	陳翔奏、時人奇之	後漢書67
39	順帝永建中	黄瓊	公車徵、称疾不進、有司劾不敬。	Ⅳ	不裁可	詔下、県以礼慰遣、遂不得已、拝議郎	後漢書61
40	〃	楊倫	倫言切直、辞不遜順、探知密事、激以求直。	Ⅳ	不裁可	坐不敬、結鬼薪、詔書以倫数進忠言、特原之免帰田里	後漢書79上

この表を次の三つの観点、すなわち不敬罪の現れる頻度、罪状および劾奏が皇帝によって裁可されたか否かという点に絞って考察してみよう。まず第一の頻度についてであるが、不敬罪の四〇例中一八例、つまり半数近くが武帝期に集中しているということが注目される。より厳密にいうと、武帝が即位（前一四〇年）してより太初二年（前一〇三年）までの三七年間、換言すれば前後漢併せて四〇〇年の一〇分の一に満たない期間に不敬罪の記録が集中しているのである。この時期は史料上、『史記』と『漢書』が併存するが故に記録される度が高かったということは一応考慮しなければならないとしても、武帝期の太初年間までの不敬罪適用の例が圧倒的に多かったことは紛れようがない。それからもう一つ注目すべき時期は前漢末期の成帝から哀帝にかけて一〇件の不敬罪が記されているということである。成・哀の三二年間に一〇件というのは武帝期に次ぐ頻度である。

次に第二の罪状に注目すると、武帝期には［Ⅰ］から［Ⅳ］まですべての例が現れているのに比して、元帝以降は後漢末までの一六例中一三例までが［Ⅳ］の臣下としての怠慢・不謹慎に当てはまるということである。

そして次に第三の観点、すなわち皇帝によって不敬の劾奏が裁可されたか否かという観点からすると、武帝期以前と宣帝期以降との間に断層があり、武帝期以前には不敬罪によって官爵が奪われかつ労役刑の実刑が科せられることが多かったのに対し、宣帝期以降はひとたび不敬罪をもって弾劾されたとしても、皇帝の詔によって赦免される例が多く、労役刑を科せられる例に至っては皆無であるという歴然たる事実が判明する。ただし『後漢書』列伝六九上の楊倫伝に

（楊倫）坐不敬、結鬼薪、詔書以倫数進忠言、特原之、免帰田里。

とあるように、不敬罪によって鬼薪の労役刑が科せられるという可能性は依然として存したのであって、楊倫の場合は、過去にしばしば忠言を呈したという実績が認められたからこそ詔によって刑を免れたのである。

このように、不敬罪による実刑が時代が降るにつれ緩和されたことにどういう意味があるかはさらに慎重に検討すべき課題であるが、ただ、第二の観点、すなわち不敬罪適用の場合の罪状の変化を併せて注目するならば、不敬罪の概念自体にある変化が起こったという推測が可能となる。この問題については、次に大不敬の場合を検討した後に再び立ち戻ることにする。

大不敬は文帝末期より刑法用語として登場する。『史記』巻九六（『漢書』巻四二）、申屠嘉伝に、宮中で文帝に戯れて丞相に非礼をなした太中大夫鄧通を弾劾した語が

夫朝廷者、高皇帝之朝廷也。通小臣、戯殿上、大不敬、当斬。

と記されている。申屠嘉は、あえて高祖劉邦の権威を持ち出して鄧通を弾劾し、殿上で戯れた「大不敬」の罪は斬罪に当たるというのである。この場は文帝自身のとりなしによって鄧通の罪が許されたが、この事例により、文帝末期

において大不敬の語がすでに刑法用語として確立していたことが明らかである(11)。そしてその量刑は死刑であった(12)。

文帝期より現れる刑法用語としての大不敬は、果たしてこれまで考察してきた不敬罪とその概念が重なり合うであろうか。これを確認するために、まず、さきに用いた不敬罪の諸類型が大不敬の場合に当てはまるか否かを検討する。

表2　漢代の大不敬〈分類　Ⅰ宮廷等における非礼　Ⅱ宗廟に関する罪　Ⅲ宗室近臣に対する非礼　Ⅳ臣下としての怠慢または不謹慎　Ⅴ天子に対する誣罔〉

No.	皇帝（年代）	被告者	罪状	分類	裁可 不裁可	結果	出典
1	文帝	鄧通	戯殿上、大不敬、当斬。	Ⅰ	不裁可	釈	史記96 漢書42
2	武帝	劉斉	与同産姦、数告言漢公卿及幸臣所忠等、又告中尉蔡彭祖、捕子明罵。有司劾誣罔、大不敬。	Ⅲ	（実刑）	病薨、国除	漢書53
3	〃	蘇嘉	為奉車従至雍棫宮、扶輦下除、触柱折轅、劾大不敬。	Ⅰ	（実刑）	伏剣自刎 賜銭二百万以葬	漢書54
4	〃	司馬遷	誣罔。（大不敬）	Ⅴ	一応裁可	贖死、腐刑	漢書62
5	〃（後二年）	商丘成	為詹事侍祀孝文廟、酔歌堂下曰、出居安鬱鬱。大不敬。	Ⅱ	（実刑）	自殺	漢書17
6	昭帝	張寿王	非漢暦、逆天道、非所宜言、大不敬。	Ⅴ	不裁可	有詔勿劾	漢書21上
7	宣帝	夏侯勝	非議詔書、大不敬。（毀先帝、不道）	Ⅴ	（不裁可）	繫獄当死、積三歳、乃出	漢書89（〃75）
	成帝		（自陽朔以来、天下以言為諱、朝廷尤甚。羣臣皆承順上旨、莫有執正、何以明其然也、取民上書陛下之所善、試下之廷尉、廷尉必曰、非所宜言、大不敬。）	Ⅴ			漢書67 梅福伝
8	〃	陳湯	妄称詐帰於上、虚設不然之事、非所宜言、大不敬。	Ⅴ	一応裁可	徙敦煌	漢書70
9	哀帝（建平三年）	王勳	坐選挙不以実、罵廷史、大不敬。	Ⅳ	一応裁可	免	漢書18
10	〃	趙玄	知朱博所言非法、枉義附従、大不敬。	Ⅳ	一応裁可	減死三等（二）	漢書83（〃16）

11	〃	師丹	忘其前語、後従公卿議、又使吏書奏、吏私写其草。	Ⅳ	一応裁可	罷帰	漢書86
12	〃	薛況	知申咸給事中、恐為司隷、挙奏薛宣、而令楊明等、迫切宮闕、要遮剣戮近臣、於大道人衆中。	Ⅲ	一応裁可	減死一等、徙敦煌	漢書83
13	〃	鮑宣	距閉使者、亡人臣礼、大不敬、不道。	Ⅲ	一応裁可	減死一等、髠鉗	漢書72
14	〃	王根 王況	先帝棄天下、王根不悲哀思慕、山稜未成、公聘取故掖庭女楽五官、置酒歌舞。王況亦聘取故掖庭貴人、以為妻。皆無人臣礼、大不敬、不道。	Ⅲ	一応裁可	遣就国 免為庶人、帰故郡	漢書98
15	〃	（待詔伍客）	以知星好方道数召、復坐事下獄。獄窮訊得其宿与人言。漢朝当生勇怒子如武帝者、刻暴以為先、帝為怒子。非所宜言、大不敬。	Ⅴ	？	？	桓譚新論（群書治要）
16	平帝	金欽	進退異言、頗惑衆心、乱国大綱、開禍乱原、誣祖不孝、罪莫大焉。尤非大臣所宜、大不敬。	Ⅳ	（実刑）	自殺	漢書64
17	光武帝（建武一一年）	（帝叔趙王）劉良	良従送中郎将来歙喪還、入夏城門中、与五官将軍車相逢、道迫。良怒、召門侯欽尊、叩頭馬前。鮑永劾奏良曰、無潘臣之礼、大不敬。	Ⅳ	不裁可		後漢書29所引東漢記
18	明帝（永平中）	（外戚）陰就	干突禁衛。	Ⅰ	不裁可		後漢書27
19	桓帝	虎賁	当階置天子之弓於地。	Ⅳ	一応裁可	収付獄治罪	謝承後漢書（太平広記347）
20	〃	楊秉 韋著	有詔公車徴、二人各称疾不至。	Ⅳ	不裁可		後漢書54

右にまとめた〈表2〉によって大不敬の場合も不敬罪の場合に用いた［Ⅰ］～［Ⅳ］の類型にほぼ当てはまることが了解できるであろう。ただし、表番号6・7・8・15は［Ⅰ］～［Ⅳ］の類型に該当しないので、別に［Ⅴ］の類目を立てた。［Ⅴ］に分類される太不敬は天子を誣罔する言動に適用される類型である。天子を誣罔する罪はいわゆる誹謗罪に連なるもので、『史記』を残した司馬遷が李陵を弁護した内容が「誣罔」とされたことを嚆矢とする。〈補注〉この李陵事件は漢代史の中にあっても特殊な事例ではあるが、これらを含めて大不敬の罪も不敬罪の概念に一応括れる

であろう。この表について、不敬罪の場合と同じく、三つの観点から見てみよう。

まず第一の頻度に関していえば、前漢末の成・哀の間に二〇例中の八例、すなわち半数近くが集中していることを特徴として挙げられる。『漢書』巻六七、梅福伝によると、成帝の陽朔年間以来「言を以て諱と為す」状況が生まれ、言語による罪が「非所宜言」として大不敬を適用される例が急激に増大したことが窺われる。

第二の罪状という観点からすると、［Ⅳ］の臣下としての怠慢または不謹慎の罪が大不敬とされた例が哀帝期以降圧倒的に多いということが特徴的である。

第三の裁可不裁可および量刑に関する観点であるが、数少ない例ではあるけれども、後漢では大不敬と弾劾されても皇帝によってそれが裁可されなかったという例がほどんどであるのが特徴である。また、量刑の問題を前漢の例で見ると、武帝期末に蘇武の兄蘇嘉および秺侯商丘成は大不敬を劾奏されて自殺しており、哀帝期の趙玄や薛況や鮑宣はいずれも死罪より一等ないし三等が減ぜられて髠鉗城旦として辺境に移されるか、或いは鬼薪の労役に服している。(13)これは大不敬の罪が裁可されると死刑に処せられることが原則であったことを物語っており、その故に蘇嘉や商丘成は自殺し、趙玄らに死一等ないし三等を減ず、という表現がとられたと考えられるのである。

さて、次に〈表1〉と〈表2〉とを重ね合わせて考察すると、どのようなことが言えるであろうか。まず頻度について考察する。〈表1〉には二つのピークがあった。第一のピークは武帝の初期から中期にかけてであり、太初年間以降は谷間である。ところが〈表2〉に取り上げた大不敬が現れはじめるのはその前後の時期である。そして武帝の後期を境として不敬と大不敬の交替現象が見られるのである。次に〈表1〉の第二番目のピークが成・哀期にあったが、これは〈表2〉の大不敬のピークとほぼ一致する。武帝期の不敬と大不敬の交替現象については後に考察するが、前漢末の成・哀期とそれ以前とを比べたときに、不敬罪に何らかの変化があったことはより確実視できるであろう。

不敬罪適用の際に実刑が緩和される傾向があったことと、成帝期に不敬、大不敬の双方のピークが一致することとの間には、何らかの関連があると思われるが、それらの背景にはどうのような客観的事実があったのであろうか。

ここで漢代の刑法の実態について概観しておく必要がある。劉邦によって秦末の戦乱が収拾され、さらに呂氏誅滅を経て文帝期を迎えると

刑罰大省、至於断獄四百、有刑錯之風。（『漢書』巻二三、刑法志）

とあるように、きわめて平穏なる時代が到来した。「断獄四百」に注して顔師古は「晋天下の重罪者を謂ふなり」と記しているが、同刑法志の孟康注に「重罪とは死刑を謂ふ」とあるように[14]、漢朝全体で年間の刑死者が四〇〇人であったという。文帝期には未だ中央集権的国家体制は完成しておらず、天下の断獄数を完全に把握できていたのか否かには疑問があるが、しかし、それにしてもこの数がいかに少ないものであったかは、武帝期以降の数値と比較することによって了解できるであろう。同刑法志には

自昭・宣・元・成・哀・平六世之間、断獄殊死、率歳々千余口而一人、耐罪（以）上至右止三倍有余。

とあるように、昭帝期以降後漢末にいたるまで、毎年ほぼ一〇〇〇人に一人という割合で刑死者を出し、耐罪以上の労役刑に当てられる者はその三倍余りであったという。戸口においては漢代の極盛時といわれる平帝元始二年（西暦紀元二年）の統計によると、漢朝の人口は五九五九四九七八人であった[15]。すなわち約六千万人であったから、昭帝期より平帝期までの刑死者は年間数万人はいたことになる。刑法志を編纂した班固がいかなる史料に基づいたかは不明であるが、昭帝期のことを記す『塩鉄論』申韓篇には

文学曰、河決若甕口而破千里、況礼決乎、其所害亦多矣。今断獄歳以万計、犯法滋多。

とあり、前掲の刑法志の記す昭帝期以降の断獄殊死の状況と見合っている[16]。これを文帝期と比べると、実に二桁の違

いがある。武帝期は文帝の平穏の時期と昭帝期との中間であり、刑死者が年間に数万、労役刑に就けられる者が二〇万人程度いた、と見られる。武帝の初期の事態を記す『漢書』巻九〇（および『史記』巻一二二）酷吏伝の義縦の伝によれば

軍数出定襄、定襄民乱敗、於是徙（義）縦為定襄太守。縦至、掩定襄獄中重罪二百余人、云々。

とある。定襄郡の人口は同書地理志下によれば一六三一四四人であった。重罪者（＝死刑囚）の数が仮に二〇〇人あったとして、その割合は八一五人に一人であったことになる。定襄郡の治安が乱れた時期ではあったが、この数値から、刑法志に記された「千余口にして一人」が決して大げさな数値でなかったことが窺えるのである。この武帝の初期の刑死者は昭帝期以降と比べて、ほぼ同程度であったことも推測できるのである。また、同刑法志には

自建武、永平（中略）与高恵之間同。（中略）以口率計、断獄少於成・哀之間什八。

とあり、後漢の光武帝から明帝期にかけての断獄数は漢初の高祖・恵帝期と同じく、成・哀の間よりは少なきこと一〇分の八、すなわちその二割であったという。後漢初期の班固の眼には、前漢の後期が刑死者の多い時期であったと映っていたようである。

以上の検討により、文帝期を過ぎると、帝国内の刑死者数は増大の傾向にあったことが知られるのであるが、一方では、不敬罪を適用された者の刑が緩やかになるという傾向があり、この二つの傾向は一見矛盾するごとくに思われるであろう。第一部の結章に述べたように、『周礼』には「乱邦を刑するには重典を用ふ。」とあった[17]。しかしながら、その「重典」というのは乱邦における社会の混乱を反映して文字通り刑法典が重くなることを表現したものであって、刑罰が重くなることを表しているものではない。その観点からすれば、不敬罪に関する変化についても、時代の流れに沿ったものではあった。けれども不敬罪は他の刑罰と比べて特殊な存在であったことも確かである。その特殊性は、

おそらく庶人を対象とする一般的な罪とは対象を異にするところから生じたものと考えられるのである。さらに武帝期には『史記』巻一二二、酷吏列伝に

　寧成・周陽由自りの後、事益々多く、民は法を巧みにす。

とあるように、刑罰が苛酷さを増し、民はその法網を巧みにくぐり抜けようとして法は益々重くなる。ゆえに、不敬罪の場合は逆に軽罪化してゆくことになるのであろう。こうした背景のもとに、不敬と同種の重罪名たる大不敬の適用が目立つようになり、ここから不敬大不敬交替現象が現れるに至ったのであろう。この考えは、不敬罪は君子を規制対象とする礼を法的に表現したものとする前章の推測を支持するものといえるのではあるまいか。

　なお、武帝の元朔元年の詔に「孝を挙げず詔を奉ぜざるものは当に不敬を以て論ずべし。廉を察せず任にへざらんものは、当に免ずべし」〈表1〉の元朔元年の項を参照）とあるのは、『周礼』天官小宰の六計を踏まえて出された詔であったと思われるが、その鄭玄注に「敬不解于位」とあった。この敬の派生的語義は［Ⅳ］に分類した「臣下としての怠慢または不謹慎」の項目にまさしく適合するのである。このことから、後漢の鄭玄の天官小宰の注は、当時の刑法用語として用いられていた不敬の意義を踏まえたものであったと見なしてよいであろう。鄭玄の頃には敬とは「位において懈らず」という義が一般的となっており、それを否定する行為、すなわち官僚としての怠慢あるいは不謹慎なる振る舞いが不敬として理解されていたと思われる。これを立証するのが本章に挙げた〈表1〉および〈表2〉の罪状の第Ⅳ項目該当の諸例であるといえるであろう。

むすび

敬という語には粛あるいは慎という義があり、古代中国においてはこの敬《つつしみ》という感覚が共通の祖を祀る際の族人の連帯を支える鍵と考えられていた。ことに儒家においては敬は礼の根本となるものと位置づけられていた。敬を否定する行為が不敬であったから、宮廷や宗廟における不謹慎な行為が基本となり、刑法の処罰対象行為としての不敬罪が文帝期には成立していた。これが演繹されて宗室や近臣などの高貴な身分の者に対する非礼も不敬罪の対象となった。さらに武帝期の半ば以降になると、官僚としての怠慢や不謹慎にも不敬罪を適用することが慣例となり、やがてこれが最も一般的な不敬罪となった。こうした歴史的事実の背景には、「敬」に「位におりて懈らず」という義が成立していた。その事実は後漢の鄭玄の残した注釈によって確認される。彼が記した「敬、不解于位」という観念は後漢に突如成立したものではなく、儒教的理念にリードされながら官僚機構が整備されゆく時代状況の中で除々に確立していったものと解すべきであろう。また「古は明王が不敬を伐ち」（『左伝』宣公一二年伝）という語が漢代の官僚によって引用された例があるが、このことも礼を重視する儒教的理念と族外的な刑罰観とが結びついて、不敬が天子の威に従わず、あるいは国威を損なう（臣下としての）不謹慎な行為に適用する罪名として用いられたことを示しているといえるであろう。

不敬罪は士大夫層を対象とした、最終的には皇帝によって裁可されるという特殊性を有つ刑罰であり、その量刑は必ずしも一定しておらず、詔によって刑が免除されるケースもしばしばあった。まさに「刑は大夫に上さず」を地で行くものであり、実刑が科せられたとしても次第に軽くなる傾向があった。文帝期に成立した大不敬はしばしば不道と結びつけられて死刑となる重罪であったが、このような不敬罪の軽罪化に伴い、大不敬の適用例が武帝期以降に目立つようになった。しかし、この大不敬もやはり同じように軽罪化してゆくのである。

注

（1）八議とは議親・議故・議賢・議能・議功・議貴・議勤・議賓の八者にあたる者および一定範囲内の親族が死罪を犯した場合には皇帝に報告されて法の規定に恩典が加わり、流罪以下を犯した場合には罪一等が減ぜられる制度をいう。唐律の場合も「十悪及び五流を犯す者は此の律を用いず」（名例律）とある。

（2）大庭脩「漢律における『不道』の概念」（『東方学報・京都』第二七冊、一九五七年、後に『秦漢法制史の研究』〈創文社、一九八二年〉所収）。

（3）第二部「漢代の不道罪について」を参照。

（4）不敬という罪名は『睡虎地秦墓竹簡』には見えず、おそらくは戦国以前には成立していなかった。

（5）『説文』の著者許慎と同じ後漢の人である劉熙の手になる書である故に、共に後漢時代の思想を知る手がかりとなる。

（6）無道という罪名は漢初より律文に存したと思われる。景帝三年に起こった呉楚七国の乱に際して鼂錯が大逆無道の罪で処刑されたのであるが、その罪名が即位して間もない景帝によって創設されたと考えるのは無理であろう。刑法改革を行って刑罰を簡明化した文帝の権威が濃厚に支配していた時期でもある。楚漢攻争の際の高祖四年、劉邦は項羽の罪状を数え挙げて「大逆無道」としたのであるが、その時点で漢律中に存していたと思われる。大逆無道が漢律中に存していたとすれば、「無道」という罪名も存していたと見るのが妥当であろう。なお、漢初においては帝国内の諸王国中には独立的な法制が敷かれていたと見られ（紙屋正和「前漢郡県統治制度の展開について（上）（下）」『福岡大学人文学論叢』一三―四・一四―一、一九八二年を参照）、劉邦が漢王となった時点で王国内を律する法典も用意されていた。漢の元年に秦の父老たちを召集して法三章を約したのは、あくまでも苛法を除くという統治方針を示したものであったろう。

（7）族外刑については、小島祐馬「支那における刑罰の起源に就いて」（『東方学報・京都』第六冊、一九三六年、後に『古代支那研究』〈弘文堂、一九四三年〉所収）を参照。

（8）張釈之が文帝に仕えたのは文帝期の前半までであった。

（9）文帝五年（もしくは三年）に張良の子張不疑が門大夫と共謀し、故の楚の国の内史を殺そうとして不敬とされた事件があった〈表1〉を参照）。これにより、文帝期に不敬罪が成立していたことがいっそう明らかである。張不疑の場合は死罪を論告されたが、贖刑が認められて城旦舂の労役に就いた。

(10) 第一部第五章を参照。

(11) 文帝初期の賈誼の上言に「夫俗至大不敬也、至亡等也」（『漢書』巻四八）とある。この場合の大不敬は刑法用語として用いられたわけではない。罪名としての大不敬の概念が確立したのはこれよりもやや後であろうと思われる。

(12) 武帝期の司馬遷は李陵の禍によって「誣罔」とせられ、大不敬と宣告されたと見られる。彼は死刑を回避するために宮刑を受けた。第三部「『史記』列伝のテーマについて」を参照。

(13) 『漢書』巻七二、鮑宣伝に「減死一等、髡鉗」とあり、同巻七六、王章伝には「減死髡」とあり、死罪より一等が減ぜられたときの刑は髡鉗城旦舂であった。さらに同巻七五、李尋伝には「減死一等、徙敦煌郡」とあり、同巻八三、薛宣伝には「減罪一等、徙敦煌」とあり、また『後漢書』巻六七、苑康伝には「減死一等、徙日南」とあり、死罪より一等減ぜられた場合はまた敦煌等の辺境に移されて労役に従った。髡鉗することと辺境に徙すこととは同時であり、そのことは同巻六〇下、蔡邕伝には「有詔減死一等、与家属髡鉗徙朔方」とあることによって証せられる。なお、髡鉗城旦舂より罪一等が減ぜられると完城旦舂であり、これよりさらに一等減ぜられると耐罪となった。よって「減死三等」は耐罪＝鬼薪白粲であったと解せられる。なお、『漢書』巻七七、劉輔伝に「上（成帝）迺徙（劉）輔共工獄、減死罪一等、論為鬼薪、終於家。」とあるが、この減死一等は減死三等の誤りと考えられる。

(14) 恵帝元年詔の「加笞与重罪無異」の注。なお、『国語』巻六、斉語の韋昭注にも「重罪死刑也」とあり、「軽罪、劓刖之属也。」とある。

(15) 『漢書』巻二九下、地理志下を参照。

(16) 「以万計」とは、万に垂んとするという意ではなく、ここでは万単位に数えること、すなわち数万を意味する。『漢書』刑法志において肉刑復活論の立場を支持する班固は「除肉刑者、本欲以全民也、今去髡鉗一等、転而入大辟、以死罔民、失本恵也。故刑者歳十万数、民既不畏、又曽不恥、刑軽之所生也」とあり、「以万数」が前掲の「歳千余口而一人」に対応し、

「十万数」が「三倍有余」に対応する。

(17)『周礼』秋官司寇の語。『漢書』刑法志には「昔周之法、建三典、以刑邦国、詰四方。一曰、刑新法用軽典、二曰、刑平邦用中典、三曰、刑乱邦用重典」とあり、乱れた社会では重典が必要であるとする。

〈補注〉第三部「『史記』列伝のテーマについて」を参照。『史記』『漢書』には李陵事件に関して「大不敬」の語は記されていないが、天子に対して誤った情報を伝えることに対して「誣罔」の罪名がつけられ、これが「大不敬、不道」と結びつけられたと見られる。『漢書』巻五四の李陵伝には「上は(司馬)遷が誣罔し貳師を沮まんと欲して陵の為に游説せるならんと以ひ、遷を腐刑に下せり。」と記している。なお、この時点で漢の刑罰体系の中に宮刑(腐刑)が存在していたわけではない。司馬遷に一度は棄市が宣告された。蘇武の兄蘇嘉が自殺を余儀なくされた事件と合わせてみると、漢代の刑法史においてもひとつの転換点となったことが〈表2〉から浮かび上がるであろう。司馬遷はその当事者であった為に、『史記』の中ではあからさまに語れなかったのであろう。

『張家山漢墓竹簡』奏讞書の和姦事件に関する法の適用

――公士の贖耐について――

はじめに

一九八三年に湖北省江陵の張家山から出土した『張家山漢墓竹簡』[1]の研究は、まだ緒についたばかりで、多くの謎を残している。その中の奏讞書には、秦代から漢の呂后期にかけての社会の実態を知る上での貴重で貴重で生々しい資料が収められている。その一八〇―九六簡には、第二一件めの案例として、女子甲が、病死した夫である公士丁の棺の安置された堂内で男性丙と和姦をしたという事件とその審議の顛末が記されている。廷尉以下三〇名でその罪を論議し、妻にとって、夫は親に準ずる存在であるから、親の死の直後に姦淫する行為が不孝罪[2]となる故に、これに次ぐ犯罪として黥為（城旦）舂[3]とすべきであるが、その夫が公士の爵を有していたから、妻の甲は一級爵の者に準じて[4]罪を減じ、また、「敖悍[5]は之を完とす」の条とも併せ考慮して「完為舂[6]」とすべし、という結論を出した。完為舂は肉刑は免れるけれども、黥城旦舂に次ぐ重い労役刑である[補注1]。ところが、この議論の時点では出張のために不在であった廷史の申という人物から、帰任後に異議が出され、再度の審議の結果、前の「完為舂」という結論が覆され、廷尉穀は「完為舂は失当であった」と判断したというのである。

奏讞書の記録二一番事案はここで終わっており、最終的に女子甲の量刑がどうなったのかを記していない。これはどうしてであろうか。「完為舂」の量刑が覆って、一挙に無罪となったということであろうか？　池田雄一氏(7)は、右記の事件を秦代に起きたものと見て、和姦事件は現行犯でない限り罰せられなかったと理解する。しかしながら、廷尉を初めとする三〇人がいったんは「完為舂」と判定した罪であったのに、どうしてこれが無罪となってしまったのか、という論理については今ひとつはっきりしないものがある。右の事案に緻密な考察を加えた邢義田氏(8)も、その最終的な量刑がどうなったかについては不明とするのである。

本論で目標とするところは、右の疑問に対しての解答を得ることである。方法としては、邢義田氏の本事案に関する詳細な検討を参照しつつ、『睡虎地秦墓竹簡』の法律答問に「内公孫の爵なき者、贖刑に当たれば公士の贖耐に比するを得るや得ざるや？　比するを得(9)」とある内容と照らし合わせることによって、奏讞書に示される論理を考察する(10)。なお、右記が秦代の事件であったのか、それとも漢初の事件であったのかについては、その内容を把握すれば、おのずとその結論は得られるではずである。

一　和姦事件と裁判の経過

奏讞書一八〇—九六簡には、起こった事件に関連する律文を挙げた後、和姦事件の経緯について、まず、次のように記す(11)。

今杜の濾の女子甲、夫たる公士丁疾死し、喪棺堂上に在りて未だ葬らずして、丁の母素と夜喪し、棺を環りて哭し、甲は男子丙と与に棺の後に之きて内中にて和姦せり。明くる旦、素は甲を吏に告し、吏は甲を補得するも甲の罪を疑ふ（疑甲罪）。廷尉穀、正始、監弘、廷史武等卅人、議して之を当とす。皆曰く、「律に『死して後を置くの次は、妻は父母に次ぎ、妻が死すれば帰寧すること父母と法を同じうす』と。律の後を置くの次を以て人事之を計るに、夫は尊を妻と異にし、妻は夫に事へ、其の喪に服するに及び、資は当に父母に次ぐべきこと律の如し。妻の後と為るは夫の父母に次ぐ。夫の父母死して未だ葬られずして喪の旁に奸する者は不孝に当す。『不孝は棄市。不孝の次は、黥為城旦舂』。『敖悍は之を完とす』。之に当すと。妻は夫を尊ぶこと、当に父母に次ぐべし。而るに甲の夫死して悲哀せず、男子と喪の旁にて和姦せるは、之を次不孝・敖悍の二章に致すべし。捕者は案じて校上せずと雖も、甲は完為舂に当す」と。杜に告して甲を論ぜよと。

杜県瀘里の女子甲の夫である公士の丁が病死し、甲は夫の母親素と共に丁の葬儀を行い遺骸を前に哭したのであるが、夜になって、（素が寝入った頃を見計らってか）甲は男子丙と遺骸を安置してある堂の奥で奸した、という。翌朝、素は嫁をお上に訴える。役人は甲を捕縛したが、甲の量刑については疑問が持たれた。廷尉の穀等三〇人が論議して結論を出した。すなわち「不孝は棄市。不孝の次は、黥為城旦舂」、「敖悍は之を完とす」の二つの条文を適用して、甲を完為舂としたのである。奸については相手の丙を校上（整理小組の注釈では、逮捕して身体を拘束すること。説文によれば、校は木囚とある）してはいないが、その結論に変わりはないとする。

以上が当初、甲の罪を「完為舂」と結論したところまでの概略である。甲に「完為舂」が量刑されたのはどういう法理論に基づいたものかについては後に考察する。ところが、論議の際に出張で不在であった廷史の申が帰ってきて、廷尉穀・廷尉正始・廷尉監弘・廷史武等の出した当に対して異義を申し立てた。奏讞書には申と廷尉穀らとの問答が記され、量刑が覆されることになる。その間のことが、以下のように記される(12)。

●今廷史申、徭使して後に来たり、廷尉の当を非とし、議して曰く「当は是に非ず。律に曰く『不孝は棄市』と。

生父有りて食せざること三日ならば、吏は且に何を以てか子を論ぜん」と。廷尉穀等曰く「棄市に当す」と。有た曰く「死父有りて其の家を祠らざること三日ならば、子は当に何もて論ぜん」と。廷尉穀等曰く「当に論ずべからず」と。「子、父の教を聴かざるもの有れば、死父の教を聴かざるといずれぞ重き」と。廷尉穀等曰く「死父の教を聴かざるは罪毋し」と。有た曰く「夫生きて自ら嫁するは、罪夫死して自ら嫁するといずれか重き」と。廷尉穀等曰く「夫生きて自ら嫁し、及び（婿を）取るは、皆黥為城旦舂。夫死して妻自ら嫁取するは罪毋し」と。有た曰く「生夫を欺くは死夫を欺く罪の重きといずれぞ」と。穀等曰く「死夫を欺くは罪毋し」と。有た曰く「夫は吏為りて官に居り、妻は家に居り、日々他の男子と奸し、吏之を捕らえんとするも得ず之を□[13]。論をいかんせん」と。穀等曰く「論ずべからず」と。曰く「廷尉、史の議は皆死父の罪は生父を侵欺するの罪よりも軽しとし、生夫を侵くの罪は死夫を侵欺するの罪よりも重し[14]とす。□□□□□□□[15]男子と棺喪の傍らに奸せり。捕者案じて校上[16]せずと雖も、独り完して舂と為すは、亦重からずや」と。穀等曰く「誠に之を失せり」と。

廷史の申と廷尉穀らとの問答は以下の通り。

申「律に『不孝は棄市』とあるが、仮に、健在の父親に三日間食を与えなかったとすれば、役人としてはその息子をどう処罰するか？」

廷尉等「棄市とする。」

申「では、父がなくなった後で、三日間家の祀りを怠ったらどうするか？」

廷尉等「無罪である。」

申「子が（生きている）父のいうことを聴かないのと、死んだ父の教えを守らないのとでは、どちらの罪が重いか？」

廷尉等「死んだ父の教えを守らないという行為は無罪である。」

申「では、夫が生きているにもかかわらず別の男に嫁ぐのと、夫が死んだ後に自分の意志で嫁ぐのとでは、どちらが罪が重いか？」

廷尉等「夫が生きているのに勝手に嫁いだり婿を取ったりする行為は黥為（城旦）舂であり、夫が死んだ後に嫁ぐのは無罪である。」

申「では、生きている夫を欺く罪と、死んだ夫を欺く罪とではどちらが重いか？」

廷尉等「死んだ夫を欺くのは無罪である。」

申「夫が役人であって官府に居住していて、妻が家に居り、日々他の男と不倫し、役人が逮捕しようとしたが捕らえられずに逃亡したとする。この場合はどう罰するのか？」

廷尉等「罰しはしない。」

申「今の廷尉等の議論では、死んだ父を欺く罪は生きている父を欺く罪よりも軽いとし、生きている夫を欺く罪は、死んだ夫を欺く罪よりも重いということである。（今回の事件の）夫が死んで、未喪の時点で棺の側で別の男と和姦したケースでは、相手の男を逮捕した上での確証を得てもないのに（校上せずと雖も）、一方的に甲のみを完為舂とするのは重きに失しないであろうか？」

廷尉等「確かに失当である。」

以上のような、きわめて素朴な問答で「完為舂」とした判断の誤りが認められた。これによって当初の獄案が覆ったことは知られるのであるが、最終的に甲がどのように判決されたかは記されていない。

このことについて池田雄一氏は、和姦の事件については、現行犯でない限り処罰がなかったとし、相手の丙にも処罰はなかったと解している。一方、邢義田氏は、池田氏の考察も踏まえた上で、甲の量刑が最終的にどうなったかについては、不明であるとしている。しかしながら、他の奏讞書の記載と比べると、ここにのみ最終判決が記されないのは不自然と言わねばならない。そこで、次章にて、この時点での律文に即して、法の適用がどのようになされたかを考察したい。

二　本件の事件に関連して付記される律の諸規定

奏讞書には本件の内容を記す前に、以下の七つの条文が引用されている。[17]

①死夫[18]は男を以て後と為し、男毋《な》ければ父母を以てし、父母毋ければ妻を以てし、妻毋ければ子女を以て後と為す。[19]

②諸そ県官の事に有りて父母若しくは妻死すれば、帰寧すること卅日、大父母・同産は十五日。

③敖悍は完為城旦舂と為し、鉄もてその足に纇し、巴県の塩を輸せしむ。

④人を不孝ならしむるは次不孝の罪。不孝は棄市、次不孝は黥為城旦舂。

⑤公士・公士妻以上を黥するに当たれば、之を完とす。

⑥奸は耐為隷臣妾。

⑦奸を捕ふれば必ず之を案じて校上せよ。

では、この七つの条文が本件の判決とどのように関わるか、ひとつひとつ見てゆくこととする。まず①についてであるが、『二年律令』三七九—八〇簡の置後律に「死して子男の戸を代《つ》ぐ者毋ければ、父若しくは母をして、父母毋ければ寡をして、寡毋ければ女をして、女毋ければ孫をして、孫毋ければ耳孫をして、耳孫毋ければ大父母をして、大父母毋ければ同産の子をして戸を代がしむ。」とある内容の前半に当たり、本件が漢代初期の事件であったことも一応は認められるであろう。邢氏もいうように、寡というのが妻を指すことは明らかである。[20] 夫が死亡したとき、その後継者として財産等を継承する優先順位としては、夫の父母に次ぐのが妻であった。本ケースの場合は、夫である丙の父は既に死亡していたと見られ、後継者は母親素であった。また、彼女は甲に対しては義理の母親である。

次に②については、任官中に妻が死亡したとき、父母の場合と同じく三〇日の帰寧が認められていた。この条がここに引用された意図については不明であるが、恐らくは、夫にとって妻は父母に次いで重要な位置にあることを確認するためと思われる。その夫に対して妻が裏切ることがいかに罪が大きいかということを示すための伏線として挙げられたものであろう。

③については「敖悍」の語義が問題となるが、邢氏は「行為が不謹慎であったり、ことばが不遜であること」等を意味するとし、[21] 具体的には、甲が夫に死に対し、哀悼の意を表して身を慎むということをせず、あまつさえ棺の側で男と和姦したという行為を指していたことは疑いなかろう。（ただし、どういう状況での和姦であったかは、相手が逃亡したために、不明なところが残ったままであった。）これが適用されれば、甲は完為（城旦）舂となる。

次に④については、「不孝」罪が死刑という秦律（以来）の原則を示し、「不孝」に次ぐ罪は黥城旦舂であるので、義理の母を欺き、かつ父母に次いで尊ぶべき夫を喪中に裏切って他の男との性行為に及んだことが「不孝」に次ぐ行為であるとして、甲の量刑は本来黥為（城旦）舂とすべきとしたと思われる。

⑤その際、甲は公士の妻であったから、公士という一級爵を自身が有しているのと同等に処遇される故に、量刑が（二等）減ぜられて完為舂となる。[22] この④と⑤のセットからも、甲は完為舂となる。

おそらくは、ここまでが第一審の際に用いられた律であろう。つまり、③の「敖悍」の適用によって甲は完為舂となり、これに⑤と④のセットの規定が適用されると、甲はやはり「完為舂」となる。二重の観点から「完為舂」という結論が得られたので、廷尉たちはひとまず安心したのではなかろうか。なお、この議論において、⑥の和姦のことが直接触れられていないことに留意したい。それは、⑥が適用される際の前提となる⑦の「校上」せよという条件が果たせなかったが故に、この律の適用をするまでもなく、⑤までの律によって裁いたものと考えられる。

では、「校上」とは何か。『睡虎地秦墓竹簡』の封診式九八簡の「奸」の条に

爰書：某里の士五甲、男子乙と女子丙を詣し、告して曰く、「乙・丙は相与に奸す。自昼某所に見はる。捕へて校上して之を来詣す」と。

とある。整理小組はこの「校」の注釈として説文の「木囚なり」、繋伝の「校は連木なり。」を引用し、木製の枷であるとする。(23) また、同じく法律答問一七三簡には

甲・乙交《こもご》も女子丙と奸す。甲・乙其の故を以て相刺傷す。丙は知らず。丙の論はいかん。論ずる毋し。

とある。この場合は「和奸」とは記されていないが、女子丙は男性甲・乙と奸したにもかかわらず無罪となっている。右の封診式と「奸は耐為隷臣妾」とあるこの奏讞書の⑥の規定とは一見矛盾する。そこで池田氏は、奸姪に関する事件では、封診式にある例のように、和姦は現行犯逮捕でなければその行為が罰せられることはないものと解した。「校」の理解を整理小組の解釈に従った上での判断である。『張家山漢墓竹簡』の注釈も⑦の「校上」については封診式と同じである。これを継承すれば、池田氏のように解するしかないようにも思われる。つまり、奸は現行犯逮捕で枷で拘束してでないとお上に突き出すことはできない、という理解である。(24) しかしながら、⑥に「奸は耐為隷臣妾」と規定がある以上、告発者がいてその証拠さえあれば犯罪が成立しないはずはない。では、この条文をどのように理

解すればよいのであろうか。

そこで邢氏は、「校上」についての疑問を提示する。上記の封診式のケースにしても、乙・丙を捕まえたのは士伍、つまり一般人の甲という人物であった。一般人民が予め枷を用意しているということ自体が普通では考え難いことではないか、と。そこで逮捕した際に必須となる「校上」の「校」とは枷ではなく、確実な証拠となるもの、あるいはそのことを示す報告のたぐいであると見る。つまり「捕奸者必案之、校上」というのは、冤罪となることがないよう、充分に慎重に確証を得てから告するように、という趣旨を示すものであるとする。[25] 筆者も全面的にこの邢説に賛同する。このように見れば、法律答問一七三簡のケースについても次のように理解できる。即ち、相手が女性を巡って傷害事件を起こすくらいの血の気の多い男性であれば、女子丙の自由意志によって甲および乙との関係が結ばれたとは必ずしも言えない。なるが故に、弱い立場の女子丙は無罪となったのであって、必ずしも不倫関係にある者同士の和姦が罰せられないということではなかったと理解される。また、封診式における「校上」は、証拠を添えての告発であったと思われる。[26]

さて、奏讞書二一番目のケースについては筆者は次のように理解する。すなわち、甲が和姦したという事実をおそらく義母自身は目撃していたが、その告発の内容について、甲が認めていたのかどうかは別にして、相手の丙が逃亡し、決定的な証拠が得られていなかったと思われる。義母（姑）の眼から「奸」と見られる行為であっても、甲は全面的に認めたわけではなく、その故に「甲の罪を疑ふ」ということになり廷尉㲄ら三〇人による審議となったのであろう。義母からの告発は状況証拠の域を越えるものではなかった。[27]

以上で本件の事件と引用された律との関連については、一応の理解が得られるであろう。これと廷史申の主張とを合わせると、次のような経過をたどったことになる。すなわち、次不孝罪と敖悍の罪によって、甲を完為舂としたのが第一回めの結論であり、それに対して廷史申は、死んだ夫に義理立てする必要はなく、不孝罪の適用は間違っていると主張する。また、甲の不遜な行為については確証がない。彼女が和姦したという行為については状況証拠しか存在しなかったのであろう。その刑は名目上、耐為隷妾となる[28]。いずれにしても、甲を完為舂とするのは重きに失する、ということであり、この申の見解に対し、廷尉らも承服し、先の第一審での結論を破棄することになるのである。

三　公士の贖耐について

では、女子甲の最終の量刑はどうであったのか。廷尉瑴等の最後の言は、甲を「完為舂」とした判断は重きに失するという内容であった。ということは、修正後の量刑は、少なくとも完為（城旦）舂よりも一等は軽い刑のはずであり、それは耐為隷妾より以下の刑であったはずである。ところが『張家山漢墓竹簡』の『二年律令』八八―九簡の具律には、女性の罪に対して（一般男子よりも）刑を軽くすることを規定して

女子当磔若要斬者、棄市。当斬為城旦者、黥為舂。当贖斬者、贖黥。当耐者、贖耐。

とある。耐罪に相当する罪に対して、（これを一等軽くして）贖耐とする、というのである。奏讞書に記される⑥の律では和姦の行為に対して耐為隷臣妾が科せられるのが原則であった。つまり男子の場合は耐隷臣の実刑となるが、女子の場合は実際には刑が一等軽くなって贖耐ということになった。贖耐については同じく具律一一九簡に「贖耐、金十二両」とあり、一二両という額を国に支払うことによって実刑が免除されるのである[29]。しかしながら、女子甲の場合は夫が公士という一級爵を有していたために、自身が一級爵を有していたのと同じ処遇を受けることになる。

ここで、『睡虎地秦墓竹簡』の法律答問一八五簡に

内公孫毋爵者、当贖刑、得比公士贖耐、不得。得比焉。

とあるのを想起したい。内公孫で爵のない者が罪を犯してその身分によって贖刑が認められた場合、公士という一級爵でもって耐罪をあがなうことができるという規定である。これを内公孫の贖刑に準用することができるか、という問いに対して、できる、というのがその答えである。内公孫とは王室の孫であり、その内公孫は爵を有しなくとも、その身分によって、法的には公士の爵を有するものと同等に処遇された、ということである。故に、内公孫は耐罪を犯したとしても、公士が耐罪をあがなえる例と同じく、その身分によって耐罪をあがなうことができたのである。この条について筆者はかつて、公士という一級爵で耐罪を贖うことはできないと考え、不足分を金銭または債務労役によって補うことを認める規定であったと理解した(30)。次に述べるように、父母で隷臣妾となっている者を贖うのに爵二級を要したから、一級爵では隷臣妾を贖うには不足すると考えたからである。即ち、秦律十八種の軍爵律、一五六―七簡に

爵二級を帰して以て親父母の隷臣妾と為れる者一人（中略）を免ぜんことを欲すれば之を許し、免じて以て庶人と為す。

とある通りである。しかしながら、国家は、父母を贖う際の額については、一般の隷妾を贖う場合よりも多額を要求したようである。そのことは、右記の中略した部分に

及び隷臣が斬首して公士と為り、公士を帰して以て故妻の隷妾一人を免ぜんとすれば之を許し、免じて以て庶人と為す。

とあり、隷臣が戦闘に志願して功績をあげて公士の爵を得た場合、この一級爵を国に返すことによって隷妾である故妻を免ずることが可能であったことが知られ、妻は父母の場合の半額であったのである。故に、爵一級と隷妾の刑徒

としての経済価値とは等価であったと見られる。その価格はというと、『二年律令』三九二簡の爵律に

諸そ当に爵を賜受すべくして而も爵を拝すべからざる者は、級ごとに万銭を与ふ。

とあり、爵を得る資格があって、実際に爵を必要としない者には一級につき一万銭（＝金一斤＝一六両に相当）が与えられたことが知られ、爵一級の価格が一万銭であったという事実が裏付けられた。この額は贖耐、すなわち一二両よりは上であり、したがって、公士の一級爵に相当する内公孫という身分を以て贖耐に替えることは、充分に可能であった。

さて、奏讞書の女子甲の場合、不孝罪と敖悍の適用が不当だとすれば、残るのは和姦したという罪のみである。その場合、名分上は耐為隷妾という罪名となっても、女性であるから実際には「贖耐」となり、さらに夫の爵であった公士で待遇されるとすれば、前述の「公士の贖耐」が適用され、甲の刑は免除されることになる。廷尉等はこうした常識を有していたが故に、「完為舂」は重すぎると認めた時点で、既に甲には実刑の免除が確定し、それ以上の論議が不要であったと理解されるのである。

以上の検討の結果、女子甲が罰せられないという点では池田氏の見解と筆者の結論が一致するのであるが、現行犯でなければ性犯罪を罰することができないとする見解については承服することはできない。相手の男子丙は逃亡したと思われ、もし逮捕されたなら、当然耐為隷臣として裁かれたはずである。

むすび

以上で奏讞書二一の案例についての一通りの理解ができたと思うが、では、上記の事件は秦代のものであったのか、

それとも漢初のものであったのかを最後に確認しておかねばならない。このケースにおいて「奸は耐為隷臣妾」という律が引かれるが、そこで、この律が秦律以来のものであったかどうかを検討し、もし秦律の規定と同じであれば、本件は秦代のものである可能性が残るが、もし秦律と違っておれば、本件が漢代のものであったことが確定する。

前述したように、『二年律令』の具律によれば、女性の刑は男性の場合よりも一等軽くするという原則があり、本来耐罪とされるべき罪は「贖耐」とされ、一二両の罰金を支払うことによって刑を免れることができた。従って前掲の「奸は耐為隷臣妾」は男子の場合は耐為隷臣、女子の場合は「贖耐」となることを示す。

ところで『睡虎地秦墓竹簡』法律答問六五簡には次のような条文が記される。

　内奸贖耐。今内人、人未蝕奸、而得、可論。除。

とある。整理小組は「内（納）奸」に注して、「当指容使壊人進入」とし、「悪人を進入させること」と解している(31)。これではその悪人が誰を指すのか、またどこへ進入させるというのか、さっぱり分からない。松崎つね子氏の訳(32)では「(律に)『奸人を内に入れるは贖耐に処す』とあるが、もし人を内に引き入れ、その人間がまだ奸刑を犯さないうちに捕らえたら、何の罪になるか？　罪を免れる。」となっており、これまた苦しい訳である。筆者は次のように読みたい。すなわち

　奸を内《い》れるは贖耐。今人を内《い》れんとするも人が未だ蝕奸せずして得《とら》はるれば、論をいかんせん。除く。

と。内奸とは奸を受け入れるということであると解すれば、それは女性の立場からの和姦を指すと見られるのではないか。量刑としての「贖耐」は奏讞書のこのケースと同じであることが知られるであろう。ただし、本ケースの場合は「奸は耐為隷臣妾」とする律文と、『二年律令』の具律に記される「当耐者贖耐」とする女性への減刑とが合わさって「贖耐」となった。一方、秦律では初めから「内奸贖耐」となっていた。従って、「奸者耐為隷臣妾」は秦律の規

定ではなく、漢律における規定であったことになる。よって、本ケースは漢代の事案であったことが確認されるのである。

次に、秦律の背景としての社会と、『二年律令』の背景としての漢代初期の社会の比較をしてみたい。実際の事件によって作成されたと思われる『睡虎地秦墓竹簡』封診式五三―四簡の告子の条には次のようにある。

爰書：某里の士五甲告して曰く「甲の親子にて同里の士五丙は不孝す。殺を謁めて敢て告す」と。即ち令史己をして往きて捉へしむ。令史己の爰書：牢隷臣妾某とともに丙を捉へ、某室に得たり。丞某丙を訊す。辞に曰く「甲の親子なり。誠に甲の所に不孝せり。他に坐せる罪毋し」と。

ここには父が子を不孝罪で国に訴えて死刑を求刑し、子がその不孝なる行為について認めたことが記され、この条はここで終わっており、子は棄市となったはずである。

次に同じく『睡虎地秦墓竹簡』の法律答問一〇二簡には

免老が告して以て不孝と為し、殺を謁《もと》むれば、当に三環すべきや不や。当に三環すべからず、亟《ただ》ちに執へて失することを勿れ。

とある。免老の年齢に達した者が不孝罪を告発したなら、（主観的、恣意的な告発である可能性を考慮して）三環した上で受理すべきか否かという問いに対して、「（三環は不要であり）直ちに被告発者を逮捕して、裁きを失することがないように」とあるのが答えである。この条からも、秦律における不孝罪が適用される子の側から見るといかに厳しいものであったか、ということを確認することができるであろう。因みに『二年律令』三六簡の賊律では

年七十以上にて子の不孝を告すれば、必ず之を三環せよ。之を三環して各日を同じくせずして尚ほ告すれば、乃ち之を聴け。

とある。七〇歳以上という条件付ではあるが、老人が不孝罪を告発した際には直ちに受理してはならず、日を改めて三度告発があって初めて受理を認めるというのである。これが漢初の規定である。秦漢では、不孝罪の厳しさに温度差があったということが理解できるであろう。

一方、『張家山漢墓竹簡』奏讞書二一のケースでは、実の親ではないが、義母の立場にある素が、嫁の裏切り行為を訴えている。もしこれが秦代の事件であったとすれば、義母の素は実質的に不孝罪の適用を請求したことになる。嫁である甲が夫および義母に対して許さるべからざる行為をなした、ということであるから、甲が和姦の事実を認めさえすれば、不孝（に準ずる）罪が成り立ったのではなかろうか。不孝罪が成立すれば、公士の妻であったことが考慮されてもその量刑は舂であったはずである。しかるに奏讞書では、甲はおとがめなし、ということになる。この落差はあまりにも大きい。このことは、甲の行為を和姦として確定することができなかったということと共に、夫の死後には妻を法的に拘束することはできないという考え方がこの時代（漢代初期）に浸透しつつあったことを物語っているのである。

なお、『二年律令』について考察した池田雄一氏は、『二年律令』における妻の地位の低下を強調している。(33)例えば、「妻が夫を殴れば耐して隷妾となす」とあり、(34)秦律にはこの規定はなかった。こうした律文の存在は、漢初の社会の状況を反映しているとする。その通りであろう。しかしながら、女性の地位に関して筆者はむしろ、その逆であったのではないかと考えるのである。老荘の無為自然の思想が尊ばれた漢初の社会では、女性の地位がより高いという現実があり、そうであったからこそ、その状況に対応する必要に迫られたものと見る。(35)

奏讞書二一のケースでは、義母が嫁を訴えた事件について、廷史申を中心として展開された論議を見てみると、きわめて素朴で柔軟な発想があり、秦律の理念からは、明らかに変化している。この事件は、まぎれもなく漢代初期の

社会状況を反映したものであった。〈補注2〉

注

(1) 張家山漢簡整理小組『張家山漢墓竹簡』(文物出版社、二〇〇一年)。その後二〇〇六年に『修丁本』が出された。本稿に引用の頁は後者による。なお、二〇〇七年に彭浩氏らによって赤外線による写真版が『二年律令与奏獻書』(上海古蹟出版社)として出されたので、本論においてもこれを参照した。

(2) 秦律においては、父母に対して暴力を奮ったり罵ったりする行為が不孝と見なされ、親よりの告発があれば子を死刑とすることが可能であった。漢代以降には親の死後に身を慎むことなく、性的行為に及んだ場合や、親を告発すること自体に不孝罪が適用された(第二部「秦漢律における不孝罪」を参照)。

(3) 男子の黥城旦に対する女徒の刑名が黥為舂であった。これは六年刑であったと見られる。刑期終了後には隠官という身分となる。趙高の母がその身分であったために趙高は成人するまでは隠官で育った。また、秦末より活躍した英布は罪を犯して黥された故に黥布と称された。彼は、始皇帝歿後、隠官として麗山での労役に従った。

(4) 『礼記』郊特牲に「婦人無爵、従夫之爵」とあり、これと符合する。

(5) 敖悍の意は後述するように、行為の不謹慎および言葉の不遜による罪を指す。

(6) 男子の完城旦に対応する女徒の刑名が完為舂で四年刑であった。秦律においては盗罪の刑として黥城旦舂と完城旦舂との中間に刑城旦舂があったと推定されるが、漢律では盗罪における刑城旦舂の刑は消滅していた。拙稿「秦の爵価と贖刑の制度」(『愛媛大学法文学部論集人文学科編』第三七号、二〇一四年)を参照。

(7) 池田雄一『中国古代の律令と社会』(汲古書院、二〇〇八年)第Ⅱ部第一章「秦代の律令」の第五、秦代の案例を参照。以下の池田氏の見解はすべて同論による。

(8) 邢義田「秦或漢初和姦案中初見的親属倫理関係――江陵張家山二四七号墓〈奏讞書〉簡一八〇―一九六考論」(中央研究院歴史語言研究所会議論文集之八『伝統中国法律的理念与実践』二〇〇八年)を参照。以下の邢氏の論はすべて同論による。

（9） 法律答問六五簡。
（10） 拙論を発表した二〇一〇年の時点では、漢律も秦律と同じく、黥城旦舂の次が完城旦舂であるという前提に立っていたが、『二年律令』一二七簡の具律によれば、黥城旦舂と完城旦舂の中間に「刑城旦舂」という刑名が存在した。公士の妻であることは、量刑の際に罪二等を減ぜられる条件となったのであろう。第一部第七章を参照。
（11） 一八三―八簡。
（12） 一八九―九六簡。
（13） 不明の一字は「亡」であったと推測される。
（14） 原文は「軽」となっているが、修定本では内容から判断して「重」に改めている。
（15） 不明の七文字は「甲夫死、未喪而与」であったと筆者は推定する。
（16） 「校上」とは後に述べるように、確たる証拠を添えての告発を意味したと思われる。
（17） 一八〇―三簡。
（18） 「死夫」の「夫」は読み取ることが困難であるが、彭浩氏等は「而」の可能性があるとする。筆者は「夫」でよいと思う。「死夫」は妻の存在を前提として、「夫が死亡すれば」を意味する表現で、夫の財産等の後継の序列が、息子、夫の父母に次ぐ位置にいることを示している。
（19） 律文の前に「故律曰」とあるが、邢義田氏は『二年律令』に同様の律文があるにもかかわらず、「故律に曰く」と古い律を引くのは道理に合わないから、故で文が切れ、律に曰くと続くと解する。筆者もこの見解に従いたい。
（20） 注八に同じ。
（21） 注八に同じ。
（22） 注一〇を参照。
（23） 『睡虎地秦墓竹簡』簡装本、二七八頁。
（24） 秦律および漢律においては、耐罪以上の犯罪者を捕えて告発すれば二両（以上）の賞金が与えられた。その際に求められるのが「校上」であった。池田氏は整理小組と同じく「校上」を枷の類による拘束の意と解したと思われる。
(25) 注八を参照。
(26) 最低限、当事者からの自白が必要とされたであろう。
(27) 「奸」という行為についても、告発した義母の立場から見て許し難い「奸」なる行為と告発された内容と甲の申し開いた内容との間にギャップがあったことも当然であり、それが刑法上の「奸」として罪が成立するか否かを確定できなかった故に「甲の罪を疑ふ」と奏讞書に記されたのであろう。なお廷史申よりの申し立ては、甲の行為が通常の刑法の適用にはなじまない内容であるとの観点からのものであったと思われる。
(28) ただし、甲の夫が公士であったために、後述のように、刑は免除されることになる。
(29) 贖耐の額を支払えない場合は、三年の債務労役によって支払われた。
(30) 拙稿「秦律における贖刑制度(上)(下)——秦律の体系的把握への試論——」(『愛媛大学法文学部論集文学科編』第一八号・一九号、一九八五・一九八六年)。なお、この執筆時では、秦律における貲一甲＝爵一級と考え、また軍爵律が爵二級で父又は母の隷臣妾となっている者の刑を贖える故に、爵一級では隷臣の解放は不可能と解したので判断を誤った。秦漢律における爵一級の額である一万銭(強)は「贖耐」を超える額であるから、公士で「贖耐」の額をあがなえるのは当然である。
(31) 簡装本、一七九頁。
(32) 中国古典新書『睡虎地秦墓竹簡』(明徳出版社、二〇〇〇年)一一四頁。
(33) 池田雄一「呂后『二年律令』に見える妻の地位」(注七の前掲書第Ⅱ部に所収)を参照。
(34) 『二年律令』三三簡、賊律。
(35) 前掲の具律八八—九簡からも、全体的に女性の刑の軽減があったことが知られ、妻の暴力に対して上記の律が適用される場合は「贖耐」となるはずである。しかし、夫の側からの告発によってこの刑が施行されるとすれば、その告発によって家庭は解体することになるであろう。そう考えると、女性への法を厳しくすることにより、男の側からの離縁を容易にするという効果はあったであろう。

〈補注1〉　黥城旦舂より罪一等を減ずると（刑）城旦舂となり、さらに一等減じた刑が完城旦舂である。秦律の規定は細やかであった（第一部第三章および第七章を参照されたい）が、それに比べると漢律はやや大まかであった。本件で女子甲が最初に完為舂に比定されたということは、それ自体、本件が秦ではなく、漢の事案であったことを物語るであろう。「次不孝」という表現も秦代にはなかったと思われる。

〈補注2〉　本件は不孝罪が適用されるべきか否かが焦点となったケースであり、単に敖悍の罪だけであれば女子の減刑規定（具律）と公士の妻という身分とによって、女子甲を罰することはできなかったはずである。

伝統中国における禁錮

はじめに

伝統中国における「法」(1)はその成立の経過からすれば、兵刑一源といわれるごとく、権力を貫徹して国家を維持する手段であったが、同時に「法は天子の天下と公共するところ」(2)とあるごとく、民衆にとっては、平和と秩序を護ってくれる規律でもあった。紀元前二世紀、漢の文帝は当時の伝統であった肉刑を廃止し、教育刑的な配慮をも込めた刑法改革を行った。その背景には、「罪の疑はしきは民に与ふ」(3)というような、民衆の視点に立つ法思想があった。文帝の改革の発想がどこから生まれたのかを見極めることは困難な事業ではあるが、その文帝期に初めて「禁錮」という熟語が用いられた(4)。しかしながら、「禁錮」の実態についての今日の研究者の理解には重大な誤解があるやに思われるのである。後漢の党錮事件の実態を把握するためにも、この禁錮の問題は避けては通れない。

漢代の禁錮に関する研究としては『歴代刑法考』における沈家本氏(5)のものが嚆矢であった。同氏は官となる資格を奪うこと「勿令仕」が禁錮の義であって、この刑罰の淵源は漢代よりも遡ると解した。これを受けたと思われる程樹徳氏(6)は「禁錮は蓋しもと周制なり。文帝時、賈人贅婿及び吏の贓に坐せる者を皆禁錮して吏たるを得ざらしむ」と述べるのである。

日本では禁錮について触れた研究者としては仁井田陞氏[7]および根本誠氏[8]がいる。このうち仁井田氏は禁錮の名誉刑たるところに重点をおき、根本氏は自由刑たるところに重点をおいてこれを解釈した。これらの説を受けて、中国古来の禁錮を専論として取り上げたのが鎌田重雄氏[9]であった。同氏は『辞源』の示部の禁錮の条に、「禁止錮閉するを謂ひ、仕進するを得ざらしむること、近世の永不叙用と言うが如きなり」とある説に賛意を表し、「禁止錮閉」よりも「仕進するを得ざらしむる」ことに解釈の重心を置き、漢代の禁錮とは、官吏たる身分を剝奪して該当者を平民より下位の身分に落としめる措置であった、と結論する。以来、沈—程—鎌田と受け継がれたこの官吏身分剝奪説に対する反論らしきものは見られず、したがって、現在ではこれが定説として容認されているやに思われる。

本論では、まず官吏身分剝奪説の問題点を検討し、続いて後代の「禁錮」の事例を手がかりとして、禁錮という刑の本質と実態とを究明し、しかる後に禁錮の概念が後代に変化し、やがてこの伝統的刑名に対する誤解の生ずるに至った経緯を明らかにし、最後に文帝による肉刑除去の刑法改革と禁錮との関連を論じて結びとする。

一　官吏身分剝奪説とその問題点

鎌田氏に先立って仁井田氏[10]は禁錮とは基本的には官職につくことを禁ずる名誉刑と解したが、一方では先秦時代より自由刑の一種として現代法の禁固刑[11]に相当するものがあったとし、『左伝』襄公二一年（前五五二年）の条に

会於商任、錮欒氏。

とある「錮」などがそれであるとした。これを受けた根本氏[12]は、禁錮を基本的には自由刑と解して次のように述べる。

すなわち「禁錮は現代法に於ては自由刑の一種にして、監獄に拘置するのみにて定役に服せしめない点に於て懲役と区別されるものであるが、上代支那に於ても『左伝』襄公三（二一の誤り）年の条に『会於商任錮欒氏也』とあり、同二十二年の条に『会於沙随、復錮欒氏』とあるその『錮』はこの禁錮に該当するものとみてよからう。唯茲に注意すべきは現代法の禁錮と同一文字を使用したものではあるが、後漢時代の其れになると余程趣の異つたものとなつてゐると云ふことである。即ち『後漢書』章帝紀、元和元年詔⒀の如きは、或る犯罪に対して其の本人及び一定親等のものをして、官吏たるの資格を禁奪するものにして、『奪爵』などに近い概念のものとなつてゐることこれである。然し本来の意味は単に、ある期間自由を束縛するものであつたであらう」と解し、禁錮は「死刑・肉刑以外に、そして一般には軽罪に対して採られたもの」と述べる。

仁井田・根本の両氏に共通するところは、『左伝』に見られる「錮」を禁錮のことと解している点である。そして両者の違いは、仁井田氏が仕官の禁止という名誉刑の側面にその本質を見るのに対し、根本氏は身体の移動等に制限を加える自由刑たる所に禁錮の本質を認めているのである。

鎌田氏はこれらの説を踏まえ、「錮」字を解釈して次のごとく述べる。⒁すなわち『説文』金部の錮の条に

　凡そ鉄を銷して以て穿穴を窒ぐ、之を錮と謂ふ。

とあり、また『漢書』巻五一、賈山伝に始皇帝の業績を述べた語として

　死して驪山に葬る。吏徒数十万人、日を曠しふすること十年、下三泉に徹し、金石を合せ採り、銅を冶して其の内を錮し、漆もて其の外を塗り、云々。

とあり、これらによって、錮字の原義は金属を鎔融して隙間を塞ぐことであったことが知られ、転じて刑囚に金属の枷をはめて身体の自由を束縛する刑罰の意に使用されるようになったという。――ここまでの鎌田氏の論に問題はな

いと思われる。

次に、『左伝』中の「錮」の語を記すもう一つの記事、すなわち成公二年（前五八九年）の伝に

子反請以重幣錮之。

とある条の杜預注に

禁錮勿令仕也。

とある。杜預は西晋の人である。彼が錮を禁錮と解した根拠は不明であるが

錮＝禁錮

という理解は古くより存在していたのであろう。鎌田氏はこれを前提として「仕えること勿らしむる」刑法上の措置が漢代以降の禁錮であったとし、杜預はこの起源が春秋時代にあると見た。また『漢書』巻四五、息夫躬伝の「廃錮」に付された顔師古注に

師古曰、終身不得仕。

とあるが、この「廃錮」が禁錮と同義であると鎌田氏は解する。こうして、金属を鎔融して穴を塞ぐという錮字の原義から転じ、漢代には「官吏たる身分を剝奪して、庶民より下位に落としめる」ことを意味する刑罰になったというのである。

そこで次に、鎌田説の問題点を探っておく。官吏身分剝奪説の重要な論拠の一つとして、氏は次の史料を挙げている。すなわち『後漢書』列伝一八上、桓譚伝の桓譚の語に

夫理国之道、挙本業而抑末利、是以先帝禁二業、錮商賈不得宦為吏。此所以抑兼長廉恥也。

とある。右文より、「商賈を錮す」ることによって、彼らに「宦吏たるを得ざらしむ」ることになったことを確認で

きる。そこで鎌田氏は、この「錮」と次に挙げる『漢書』巻七二、貢禹伝の「禁錮」とを結びつけて理解するのである。すなわち同伝には元帝に仕えた貢禹の語を記して

孝文皇帝時、貴廉潔、賤貪汚、賈人贅婿及吏坐贓者、皆禁錮不得為吏、云々。

とある。桓譚伝とこの貢禹伝とが同一の内容を述べたものと見た鎌田氏は、貢禹伝の「禁錮不得為吏」の禁錮と桓譚伝の「錮商賈不得宦為吏」の錮とが同義で用いられているとする。すなわち桓譚伝中では賈人・贅婿・贓吏（吏坐贓者）が並列されており、文帝が抑商策の一環として身分を固定して、彼らの仕官への道を断ったと解したのである。

右は一応はもっともな理解のようにも思われる。しかし、筆者にはやはり不可解さが残る。まず、文帝の時期には併兼の徒の跋扈の記述はまだ目立つ段階ではなく、文帝が抑商策をとったとする根拠についても明確な史料は見当たらない。後に廷尉として活躍する張釈之が兄からの出資による買官によって官を得たという事例もある。故に桓譚のいう先帝とは、文帝より後の武帝を指していたとするのが正当な理解ではなかろうか。武帝が農業を重視し、土地を兼併しつつ勢力を増大してゆく商人たちを抑えるために、彼らが官吏になることを禁止したのである、という桓譚の言（錮商賈不得宦為吏）については理解できる。しかしながら、後者の貢禹の言については理解が困難である。というのは、犯罪とは関係のない賈人や贅婿に対して、刑法犯である贓吏と同じ禁錮という刑が科せられるというのは何とも不可解なものであるからだ。

では、右記の「賈人贅婿及吏坐贓者、皆禁錮不得為吏」という貢禹の言はいかに理解すればよいのであろうか。大庭脩氏(15)によれば、贓とは不正な手段によって所得のあったことを指す。前漢末期の例でいうと、その額が百万銭を越える贓罪は「狡猾不道」という罪名で死刑となる最大級の重罪であった(16)。したがって、贓罪であれば、たとえその額が少なくとも、その量刑はかなり厳しいものであったに違いない。故に贓吏が免官という行政的な処罰のみで済まさ

れたとは考え難い。よって桓譚伝は貢禹伝とは全く別の文脈で理解せねばならないのである。

そこで改めて考えなければならないのは、「禁錮」の初見が文帝時であったということである。(17)この文帝時に貪汚の官を追放する目的で設けられたのが禁錮であったという可能性は充分に考えられる。しかしその後は法の運用が乱れ、(18)貢禹は文帝時の立法の原点に返らなければならないことを強調した。では、贓吏を処罰するための禁錮が何故に賈人や贅婿にも適用されたごとき記述となったのか。これについては後に論ずることとする。

さて、贓罪による禁錮者は「吏となるを得」なかったのであるが、しかし、鎌田説にいうごとく「吏となるを得ない」ことがすなわち禁錮であるという見解には問題がある。逆は必ずしも真ならずである。「禁錮して仕へること勿らしむ」という杜預注についても同様である。筆者は禁錮の刑には実はより重大な内容が秘められていたと考えるのである。官吏資格の剥奪の伴う刑罰は、禁錮ならずとも他にも多くあった。故に、禁錮がすなわち「吏となるを得ざらしむる」こととする表現は少なくとも不正確のそしりを免れない。〈補注1〉では、禁錮とはいったいどのような意義を有つ刑罰であったのか、その本質について以下に論究する。

二　伝統的禁錮の実態とその特色

禁錮された者が官吏身分を喪失するのは当然として、禁錮はさらに特殊な意味合いを有つ刑罰であったと思われるのである。しかしながら、漢代の史料のみから禁錮の本質を浮かび上がらせることはなかなか困難な問題である。そこで、本論では、後代の史料をも援用しながら、伝統的なこの刑名の本質を探究したい。

まず、桓帝時のことを記す『後漢書』列伝五五、張奐伝に

（延熹二年）梁冀被誅、（張）奐以故吏、免官禁錮。（中略）在家四年、復拝武威太守。

とある。右文からは、梁冀が失脚した際、彼の故吏であったという理由により禁錮された張奐が、再び招せられて武威太守となるまでに四年の在宅期間のあったことが知られ、禁錮者には禁錮が解けるまで在宅謹慎の期間があったことが知られるであろう。このように被禁錮者には在宅謹慎が義務づけられていたと推測される。そのことは同書列伝四七、欒巴伝に「抵罪禁錮、還家」とあり、党錮列伝五七の羊陟の場合は「免官禁錮、卒於家」とあり、賈彪の場合には「以党禁錮、卒於家」とあることからも証せられる。すなわち欒巴、羊陟、賈彪のいずれもが、禁錮されて帰家させられているのである。

では、被禁錮者の在宅中にはどのような義務や制約があったのか。その手がかりを求めると、同書列伝二一、羊続の伝に

（羊続）辟大将軍竇武府、及武敗、坐党事、禁錮十余年、幽居守静。及党禁解、復辟大尉府。

とある。これによると、被禁錮者は自宅にて「幽居守静」しなければならなかった。つまり、蟄居の義務が科せられていたのである。

ところが、宦官の勢力が跋扈した安帝及び順帝の頃には法の権威は動揺し、これが遵守され難い時期があったようである。列伝五一、左雄伝には順帝に上疏した左雄の言を記して

臣愚以為、（中略）其不従法禁、不式王命、錮之終身、雖会赦令、不得歯列、若被劾奏、亡不就法者、徙家辺郡、以懲其後。

とある。ここで左雄は次のように主張している。すなわち法禁に従わず、王命に背く者は終身の禁錮（すなわち廃錮）とすべきであって、彼らはたとえ恩赦に会ったとしても士人と同列に並ばせるべきではなく、また、劾奏されて禁錮

を宣告されたにもかかわらず逃亡して法に従わない者は、家族ごと辺境に徙して後世の懲らしめとすべしというのである。彼の言は、当時の士大夫の考えを代表していたと思われる。すなわち、ひとたび禁錮を宣せられた者は終身蟄居して歯列することを認められないのは当然として、もし恩赦にあって終身蟄居は免れたとしても、士に歯列することは認めるべきではなく、禁錮はそうした厳格さをもつ刑罰であるべきである、という見解を示しているのである。

なお、同伝によると、順帝は左雄の言に感じて有司に検討させてこれを施行させようとしたが、結局この時は宦官の専権に阻まれてできなかったという。しかし、後に彼の言が実行されたことは、同書列伝五五、張奐伝に桓帝時のこととして

時禁錮者多不能守静、或死或徙。

とあることによって知られるのである。桓帝期には幽居守静の規定を犯した禁錮者に対しては、死あるいは辺境移徙という厳しい刑が実際に加えられたというのである。同伝には続けて禁錮された張奐自身のことを記し、

（張）奐閉門不出、養徒千人、著尚書難三十余万言。

とある。張奐は閉門不出の規定を守りながらも、門徒千人を養ったという。閉門不出は被禁錮者本人及びその家族であったと見られる。弟子たちの（夜間等における）出入り等については黙認されたのであろうが、閉門不出とは外部との一般的な交際が禁じられたということであろう。そのことを伝える三国時代の『魏書』巻一九、陳思王伝には、曹植が兄の文帝曹丕に上奏した内容を記して

至於臣者、人道絶緒禁錮。明時臣窃自傷也。不敢過望交気類、修人事叙人倫、近且婚媾不通、兄弟乖絶、吉凶之問塞、慶弔之礼廃、云々。

とある。禁錮という境遇にあった曹植は婚姻の道が塞がれ、慶弔の礼も行うことのできないことを嘆き、禁錮の悲惨

さを訴えかけているのである。ここからは、魏における禁錮には通婚の禁止が伴ったことが知られるであろう。そうすると、被禁錮者の子孫は、禁錮が解かれない限り婚姻が認められないことになり、ひいては血統の断絶という危機に瀕することになる。子孫が絶えて先祖の祀りが絶えることは最大の不孝である。このことを思えば、禁錮がどんなに重大な脅威を孕む刑罰であったかに思い至るのである。

右の考察から、曹魏における禁錮は、子孫の絶滅への脅威をもたらす苛酷な刑であったことが知られるのであるが、これは決して三国時代の魏における独自のものではなかった。そのことを裏付ける史料がある。すなわち、時代は一挙に千年近く下るけれども、『金史』巻六四、衛紹王后徒単氏の伝には次のようにある。

至寧元年、胡沙虎乱、与衛紹王倶、遷于衛邸。帝偶弑。宣帝即位。衛王降為東海郡侯、徒単氏、削皇后号。貞祐二年、遷都汴、詔凡衛紹王及鄗厲王家人、皆徙鄭州、仍禁錮、不得出入。男女不得婚嫁者十九年。天興元年、詔釈禁錮。

これによると、至寧元年（一二一三年）の紇失烈胡沙虎《キシレコサコ》の乱[19]により、皇帝の地位を奪われた衛紹王は殺され、その家族は鄗厲王の家族と共に鄭州に移された。その後も禁錮が解かれず、出入りが禁じられて、男女が婚嫁できないこと十九年、天興元年（一二三二年）に詔によってやっと禁錮が解かれた[20]。その間の状況を伝える同書巻一一四、斜卯愛実伝には

衛紹・鄗厲二王家属、皆以兵防護、且設官提控、巡警之厳於獄犴。至是、衛紹王宅二十年、鄗厲王四十年。

とある。禁錮された家族の居宅の周辺は軍隊によってものものしく巡警され、そのさまは牢獄よりも厳しかったという。ことに鄗厲王家のごとく四〇年も禁錮が解けねば、子孫の断絶は決定的となる。かくの如く、子孫の絶滅への脅威こそが禁錮の禁錮たる苛酷さの所以であったということができるのではなかろうか。

このように、居所を厳しく警護して長らく家人の嫁娶をも禁ずる措置が金朝における禁錮であった。この金朝の禁錮についても、この王朝独自のものではなかった。そのことは、魏・晋の後の宋[21]・斉[22]・梁・陳及び北朝の魏、さらには南北を統一した隋及び唐・宋・元の各王朝においても同様の内容をもつ禁錮の律があったことから窺えるのである。まず、金代と近接する宋及び元の例から順次遡って史料を挙げる。『元史』巻三五、文宗本紀、至順二年（一三三一年）二月の条に

有旨「此輩怨望於朕、向非赦原、倶当置之極刑、可倶籍其家、速速禁錮終身。」

とあり、速速が皇帝を怨望したために籍没され、終身の禁錮に処せられたのである。続いて宋代の禁錮の例を挙げれば、『続資治通鑑長編』巻一九、太平興国七年（九八二年）閏一二月の条に

新建県令朱靖、因怒決部民致死。甲午、靖杖脊、配沙門島、禁錮。

とあり、県令であった朱靖が民に残酷な刑を科したために、沙門島に配流の上で禁錮となった。また同巻によれば、威塞節度使判穎州の曹翰が、「盗用官物」及び「侵擅賦斂」の罪により登州に移送された上で禁錮されている。また巻九三、真宗天禧三年（一〇一九年）五月の条に

壬戌詔「自今管軍縁辺部署鈐轄、犯贓私罪、当禁錮者、即以本司付長吏、訖禁勘、云々。」

とあり、贓吏禁錮の伝統は漢代以来北宋まで続いていた。

次に唐代の例としては、開元一三年（七二五年）三月に酷吏来俊臣らの子孫が禁錮されたことを記す『資治通鑑』巻二一二に

丙申、御史大夫程行湛奏「周朝酷吏来俊臣等二十三人、情状尤重、子孫請皆禁錮。傅遊芸等四人差軽、子孫不聴近任。」従之。

とあり、酷吏の子孫断絶を意図した禁錮が右に見てきたごとき伝統的な刑を指していたことが確認される。また、『冊府元亀』巻八九、帝王部、赦宥八には、唐の代宗期より文宗期にかけて「痕累禁錮」の語を含む詔が五例著けられているのである。(23)

次に隋代の史料としては『隋書』巻四五、文四王列伝に、煬帝の末弟楊諒の子楊顥が禁錮されたことを記して

諒窮蹙、降於（楊）素。百僚奏、諒当罪死。帝曰、「朕終鮮兄弟、情不忍言。欲屈法恕諒一死」。於是除名為民、絶其属籍、竟以幽死。子顥因而禁錮。宇文化及弑逆之際、遇害。

とある。反乱軍楊素の軍門に降った楊諒は死罪相当とされたが、煬帝の骨肉の情によって法を曲げて死を許した。諒は除名されて庶民となり、その属籍を抹消されてやがて幽死する。加えて諒の子顥は禁錮が続き、宇文化及の乱の際に殺されたという。なお、同列伝によれば、諒の兄（文帝の第四子）秀も文帝によって禁錮されていた。同列伝に

煬帝即位、禁錮如初。

とあるごとく、彼は煬帝の即位後も引き続き禁錮された。同伝末尾には史臣曰く、として

棠棣之詩徒賦、有鼻之封無期、或幽囚於囹圄、或顛殞於鴆毒、本根既絶、枝葉畢剪、十有余年、宗社淪陥。

とある。かくのごとく楊諒や楊秀を含め、文帝の一族は煬帝即位（六〇四年）後わずか一〇年余りで血統の断絶という悲劇を迎える（六一九年）のである。

次に北朝の例を挙げる。『隋書』巻一九下、南安王楨の伝には、楨に終身禁錮を命ずる高祖の詔を記して

南安王楨（中略）削除封爵、以庶人帰第、禁錮終身。

とある。また『北史』巻二一、崔敞伝には宣武帝（四九九年即位）の初期に鉅鹿太守となった崔敞が、弟の反逆の罪により、家族が「悉く籍没せられ」たが、正光年間（五二〇—二五年）に禁錮が解けて、爵が復活し、太守の地位も復

せられたとある。(24)
次に、南朝の禁錮についても、その代表的な例をいくつか挙げておく。まず『隋書』巻二五、刑法志には梁の武帝時のことを記して

士人有禁錮之科、亦有軽重為差。

とあり、梁王朝に士人階級を対象とする禁錮之科として幾段階かの刑があったことが知られる。次に、同志にはこの梁制を受け継いだ陳王朝のことを記して

其制唯重清議禁錮之科、若縉紳之族、犯虧名教、不孝及内乱者、発詔棄之、終身不歯。先与士人為婚者、許妻家奪之。

とある。これによると陳朝では、犯虧名教、不孝、或いは内乱という罪名を得て詔によって禁錮せられた士人（縉紳之族）は士人としての籍を抹消（不歯）され、その社会から葬り去られたことが知られ、禁錮を受けた士人に嫁していた女性については実家がこれを奪い返すことを認めたという。これはその女性本人の後祀が絶えるという悲劇を避けるべく、再婚への道を開くという意義があったと思われる。(25)
次に、晋王朝においても禁錮のあったことを示す。『晋書』巻三、武帝紀によれば

泰始元年（二六五年）冬十二月丙寅（中略）除旧嫌、解禁錮、亡官失爵者、悉復之。（中略）乙亥（中略）詔曰、（中略）鄧艾雖矜功失節、然束手受罪、今大赦其家、還使立後、興滅継絶。約法省刑。除魏氏宗室禁錮。（中略）二年二月、除漢宗室禁錮。

とあり、晋は前代の魏の王室と後漢の宗室とを禁錮していたことが知られるのである。鄧艾の罪と共に魏の宗室の禁錮を除いたというこの史料から、禁錮を解く目的が宗室の子孫の絶滅を食い止めること、すなわち「興滅継絶」によっ

て王朝の寛容性を民にアッピールすることにあったと推測できる。このことは、晋王朝における禁錮と漢や魏王朝における禁錮とが、基本的に同じ性格のものであったことを物語っているのである。

ところで、「興滅継絶」の語は後漢時においてもやはり禁錮との関連で用いられている。『後漢書』列伝二九、鮑昱伝に建初元年（七六年）の鮑昱の上言を記して

先帝詔言、大獄一起、寃者過半。又諸徙者、骨肉離分、孤魂不祀、一人呼嗟。王政為虧、宜一切還諸徙家属、蠲除禁錮、興滅継絶、死生獲所。如此、和気可致。

とある。「禁錮を除き興滅継絶し死生獲る所あらしめよ」という鮑昱の言からは、後漢時における禁錮除去の主張も、やはり「興滅継絶」という立場から為されたことが明らかであり、後漢の禁錮も晋代におけるそれと、これまた同じ性格の刑罰であった。

以上見てきたような伝統的刑名である禁錮に対する宋代の士人の認識を記す『宋季三朝政要』巻二、淳祐四年（一二四四年）の条には

四岳上書、略曰「嘗観秦人焚坑之禍、漢末党錮之獄、使名士淪亡、典籍消滅、以貽千百年不可追之恨者、其端始於一二愚士提議、云々。」

とあり、後漢の党錮事件は名士を淪亡させ、秦の焚書坑儒にも匹敵する一大汚点であったというのであって、単なる政変として片付けられるべき事件ではなかった、という当時の人々の評価が記されるのである。

以上の考察から、後漢より唐宋、さらに金元に至るまで、伝統的刑名としての禁錮が存続していたことが明らかであろう。しかしてこの刑は士人を対象とし、その籍を抹消（籍没）し、自宅に幽居守静せしめ、吉凶慶弔の礼を禁ずることを内容としたが、何といってもその最大の特質は、家族の嫁娶を禁じて、後祀断絶への脅威を与えるところに

あった。したがって、官吏身分の剝奪というのは、それに比べれば付随的な意味合いでしかなかったのである。

三　錮と禁錮について

前章で考察した伝統的禁錮は、春秋以来の錮とは内容を異にする刑名であり、しかも両者は併存する時期もあったのである。子孫絶滅への脅威を孕むところに禁錮の禁錮たる所以があったとすれば、『左伝』に記す春秋時代の錮とは、果たしていかなるものであったのか。また、文帝の事績を述べる貢禹の言に、文帝が賈人及び贅婿を禁錮したとあるのはどういうことなのか。さらには、後に官吏身分剝奪説が生ずるに至ったのにはいかなる背景が有ったのか等々、本章では行論の過程で生じたこれらの課題に解答を求め、縺れた糸を可能な限り解きほぐしたいと考える。

『漢書』巻四五、息夫躬伝には、哀帝を呪詛した息夫窮の母が大逆無道として棄市されたことを記した後に

躬同族親属素所厚者、皆免官廢錮。

とあり、息夫躬の同族親属が悉く免官されたことを述べている。その顔師古注には

師古曰、終身不得仕。

とあった。これによって、唐の代表的知識人たる顔師古が、廃錮された者は官吏となる資格を死に至るまで剝奪されると認識していたことが知られるが、しかしそれ以上のことは分からない。

次に、『左伝』成公二年条に「子反請以重幣錮之」とある条に杜預が注釈して

禁錮勿令仕也。

とあった。これと顔師古注とを結び付けて

い。

錮＝禁錮＝廃錮＝終身禁錮

と理解したのが鎌田氏に集約される官吏身分剝奪説であった。そこで、右の図式が正しいのか否かを確認しておきたい。

まず、禁錮と廃錮との関係から検討する。『後漢書』党錮列伝五七には

百余人皆死獄中、（中略）其死・徙・廃・禁者六七百人。

とある。党錮事件によってそれぞれ死・徙・廃・禁に処せられた士人が六、七百人もいたとあり、そのうち獄中で死亡した者が百人以上いたという。「廃」及び「禁」が廃錮と（一般的）禁錮を指したことはいうまでもない。獄中で死亡するのが最も悲惨であり、死・徙・廃・禁は苛酷さの順となっている。そのように見れば、廃錮は禁錮一般よりは重い刑であったとなるであろう。そこで、息夫躬伝の「廃錮」に付された杜預注に「終身不得仕」とあり、『左伝』の杜預注に「禁錮勿令仕」とあるのを比較すると、次のような理解が得られるのである。すなわち、廃錮とはその刑が終身に及び、禁錮とはそれよりも短いことを前提とした不定期のものであった、という理解である。因みに史料には「禁錮○○年」及び「禁錮終身」の例は見られるが[26]、廃錮の場合には「廃錮○○年」と記された例は皆無である[27]。なお、禁錮が直接死刑と結びつくことはなかったが、取り調べを受けて刑が確定するまでの間に獄中で死亡する者が数多くいた。

次に、錮について考察する。前述のように錮という刑罰用語は春秋時代より存在した。晋の杜預は自身の生きた時代に行われていた禁錮の概念（籍没や幽居守静という内容を含む）を適用して春秋時代の「錮」を解釈したのであるが、この時点で問題があった。というのは、「錮」には（漢代以来の）伝統的刑罰としての禁錮の概念とは明らかに別のものが存在したのである。その具体例を挙げると次の通りである〈補注2〉。

まず、比較的古いものでは『後漢書』列伝四二、崔鈞の伝に董卓が崔鈞の父崔烈を郿の獄に捕らえたことを記して

献帝初、(崔)鈞与袁紹倶起兵山東。董卓以是収(崔)烈、付郿獄、錮之锒当鉄鎖。

とある。董卓が崔烈を「錮」して獄中に拘束したのである。右記の錮が党錮事件の禁錮と異なることはいうまでもない。ここに付された李賢注には

説文「锒当鎖也」。前書曰「人犯鋳銭、以鉄鎖锒当其頸」。

とある。錮とは盗鋳銭の罪人を処罰する際に用いられた刑罰であり、鉄製の鎖を首に巻いて拘束したと唐の李賢は認識していたのである。なお、「前書曰」以下は王莽が盗鋳銭者に科した刑罰を述べたもので『漢書』巻九九、王莽伝に

民犯鋳銭、伍人相坐、没入為奴婢。其男子檻車、児女子歩、以鉄鎖琅当其頸、伝詣鍾官、以十万数。到者易其夫婦、愁苦死者什六七。

とある内容を指している。このときに王莽の苛酷な仕打ちのために死亡した者が一〇人中六、七人もいたという。これは禁錮とは無縁の刑罰であった。

次に、後代にもそのような錮の用例があったか否かを見ておきたい。まず、唐代の例としては『資治通鑑』巻二六二、昭宗光化三年(九〇〇年)一一月の条に

乃手鎖其門、鎔鉄錮之、遣左軍副使李師虔、将兵囲之。

とあり、同書巻二六八、後梁の均王乾化三年(九一三年)七月の条に

道襲曰「太子謀作乱、欲召諸将諸王、囲兵錮之、然後挙事耳。」

とある。これらの史料からは、門を鎔鉄を以て閉ざし、かつ軍隊を以て包囲することが当時の「錮」であったことが

知られる。これらの例は「子反重幣を以て之を錮せんことを請ふ」という『左伝』成公二年の条の「錮」に極めて近いと思われる。(28)

次に、さらに時代は降るが、宋代に成立したとされる『事物紀原』巻一〇の錮身の条には

春秋左伝曰「会于商任、錮欒氏也」、則禁錮之事、已見于春秋之時、故漢末有党錮。今以盤枷錮其身、謂之錮身、蓋出如此。

とある。ここに「禁錮の事已に春秋に見わる。故に漢末に党錮あり」とあるのは杜預注を受け継いだ見解である。その後の「今（宋代）盤枷を以て其の身を錮す、之を錮身と謂ふ」の語からは、宋代において「錮」が漢代以来の伝統的禁錮とは別のものと認識されていたことを示している。因みに元代の吏のテキストであった『吏学指南』獄具の項にも

錮身、重繫也。始於周、宋以盤枷代之也。

とある通り、宋以降は盤枷を以て身体を拘束することを錮身といったのである。金属製と木製の違いはあったであろうが、こうした錮の用法は前掲の王莽伝や崔鈞伝に見られた用法とも相通ずると言えるであろう。故に錮（禁錮ではなく）の起源を周代に有りとする『吏学指南』の指摘は当たっている。

これまで見てきたごとく、伝統中国には禁錮とは別に、一貫した錮の用法があったのであるから、『左伝』に見られる「錮」のみを禁錮と結び付ける方がむしろ不自然と言えるのである。

四　禁錮の概念の変遷

前章での考察から、春秋時代に存在した「錮」と漢代から見られる「禁錮」とがそれぞれ概念を異にするものであったことが浮かび上がったと思われる。しかるに元の胡三省は前掲の『資治通鑑』乾化三年（九一三年）七月条に注釈して

曰錮者、以禁錮為義。

と述べており、錮と禁錮とを同一視しているのである。彼の懐く禁錮の概念が身体の拘束に重心を移していたことは、同書巻一九、元朔六年（前一二三年）条の「詔令民得買爵及贖禁錮免贓罪」に付した注釈に

禁錮、重繫也。

とあることからも確認できるのである。一流の知識人であったはずの胡三省が錮と禁錮との概念に混乱を来したのにはそれなりの理由があったと思われる。つまり、宋代頃には禁錮の実態そのものに変化が生じ、それに伴って禁錮の概念にもゆらぎが生じたのではないか、という見通しが得られるのである。

すでにこれまでに指摘したことではあるが、錮と禁錮とを同一視するその淵源は杜預注にあった。彼は春秋時代の錮と漢代の禁錮とを同一視した。そしてこの杜預の見解を受け継いで、金属を溶融して隙間を塞ぐという錮の語義と、官吏身分の剝奪との関連を考えて両者を決定的に結び付けたのが唐の孔穎達であったと見られる。すなわち彼は『春秋正義』巻一八において

説文云、錮鋳塞也。鉄器穿穴者、鋳鉄以塞之、使不漏、禁人使不得仕官者、其事亦似之。故謂之禁錮。今世猶然。

と述べている。これは桓譚伝に「先帝禁人二業、錮商賈不得宦為吏」とある「錮」を字義的に解釈したとすればその通りではあるが、これを『左伝』成公二年条における「錮」と（やや強引に）結びつけて解釈した。そして左伝の「錮」が漢代以来の「禁錮」と同義だとしたのである。次いでこの説を受け入れたのが五代の人徐鍇であった。彼は

『説文繋伝』において

鋳銅鉄、以塞隙也。後漢法有党錮、塞其仕進之路也。

と記すのである。

かくのごとくして、伝統的禁錮に対する誤解が進展するのであるが、その背景には、刑罰としての禁錮の概念そのものに変化が生じていたに相違ないのである。以下に禁錮の概念の変化について追跡し行くこととする。

前章に詳論したごとく、伝統的刑罰としての禁錮の痕跡は宋元の時代にも残ってはいるが、しかし、唐の時代頃から、さらにある種の変化が生じている。そのことは、例えば前述の『冊府元亀』帝王部の赦宥八には、「痕累禁錮」を含む詔が記されており、『唐書』においてこれが削られている。そして以後は正史等にはほとんど禁錮の文字が見られなくなる。そして後述するように、北宋代半ばに再び登場する禁錮は、もはや漢代以来の伝統的禁錮とは別のものになっていたのである。伝統的禁錮が一般史料から消滅したということは、少なくとも主要刑罰体系から外されたということを意味するはずである。これと相い呼応するかのように唐初に現れたのが、錮と禁錮とを同義として理解する孔穎達の解釈であった。また、秦代のことを伝える『史記』巻六、秦始皇本紀には、李斯が捕らえられて五刑を受けるに至ったことを記して

(李)斯卒囚、就五刑。

とあるが、張守節の『史記正義』にはこれに注釈して

卒、子律反、囚、在由反。謂禁錮也。

とある。これによって、唐代半ばの張守節も、禁錮を禁囚の義として認識していたことが知られるのである。春秋時代より禁錮が存在したとする杜預の説を継ぐ彼は、おそらく秦代にも禁錮があったと見ていたのであろう。

思うに、伝統的刑名としての禁錮は、子孫絶滅の脅威を孕んだ刑罰であり、礼教的立場からは、いずれ廃止されるべき運命にあったと言えるかも知れない。『唐律疏議』巻一三、戸婚律の「父母囚禁嫁娶」の条の疏議には、

祖父母父母、既被囚禁囹圄、子孫嫁娶、名教不容、云々。

とあり、父母の囚禁中の嫁娶が禁ぜられていたのであるが、この疏議が記された時点では、おそらく禁錮（禁固とも書く）が「囚禁固身」という義で人々に認識されていたのではないかと考えられる。その後、宋代には「囚禁固身」の義で禁錮がしばしば現れる。『続資治通鑑長編』巻九五、真宗天禧四年（一〇二〇年）五月の条に

丙寅詔「自今天下犯十悪（中略）、余犯至死者、十二月内及春夏未得断遣、禁錮奏裁。」

とあるが、この文中の禁錮は獄舎での拘留を意味している。そのことは同書巻七一に記す真宗大中祥符二年（一〇〇九年）六月に出された詔の中に

軍使已下犯罪、徒以下、禁繫奏裁、云々。

とあり、ここにある「禁繫」が前条の「禁錮」に相当することからも明らかである。続く元代においても、禁錮が右記と同様に禁獄の意で用いられていた。そのことは『元典章』巻四〇刑部二、繋獄の項の監禁軽重罪囚の条に

凡有罪囚、不為厳切禁錮、云々。

とあることからも知られるのである。(29)

次に、宋代半ばの禁錮に、漢代以来の伝統的刑罰の概念からは外れるものがあったことを示す。例えば『続資治通鑑長編』巻三七四、哲宗元祐元年（一〇八六年）四月の条に

転運司不論水旱、与群牧司認定此銭、督責之厳、過於他事、以至佃地、百姓被禁錮、受鞭撻者、無日無之。

とあり、この文における禁錮の対象者が「百姓」、すなわち庶民であったことが知られるのである。(30)伝統的刑名であ

る禁錮が士大夫を対象としていたことを思うと、この場合は禁錮という名は同じであっても、その性格は根本的に異なっていたことが確認されるのである。

これまで見てきたように、唐代を境として伝統的禁錮は衰退し、これに代わって身体の拘束を本義とする新たな禁錮刑が設けられていた。これによって禁錮の概念に混乱が生じたものと推察される。宋元時に「錮身」あるいは「枷錮」という刑罰用語が用いられたのも、その新たな禁錮の概念の延長上にあったと見なし得る。『事物紀原』や『吏学指南』における「錮身」も右のような観点に立つことによって初めて正当な理解ができるのではなかろうか。

本章を結ぶに当たって、宋代の知識人における禁錮の概念を検証しておきたい。前掲『宋季三朝政要』淳祐四年（一二四四年）条には、その苛酷さを焚書坑儒に匹敵するという認識が記されていたが、一方、蔡沈の『書経集註』巻一、舜典には、舜帝が共工、驩兜、三苗、鯀の四者を追放したことを記して「流共工于幽州、放驩兜于崇山、竄三苗于三危、殛鯀于羽山。四罪而天下咸服」とある条に注して

流、遣之遠去、如水之流也。放、置之於此、不得他適也。竄則駆逐禁錮之。殛則拘囚困苦之。随其罪之軽重、而異法也。

と述べている。蔡沈の認識では、流、放、竄、殛の順で犯罪者の拘束の度合いが高くなってゆく。竄に加えられる駆逐禁錮は、拘囚禁錮（殛）と不得他適（放）との中間に位置する。つまり蔡沈は「駆逐禁錮」を枷で身体を苦しめるのではないけれども、他の場所への移動を禁ずるのみの軽いものではなかった、と解説するのである。これは自由刑としての側面が強調されていると思われる。宋代の「禁錮」の概念には多少のゆらぎは認められるけれども、少なくとも知識人レベルにおいては、漢代以来の伝統的な禁錮の概念が依然として保たれていたと言えるであろう。

五　文帝の刑法改革と禁錮

これまでの考察により、伝統的刑罰としての禁錮には、官吏身分剝奪という名誉刑的な側面のみならず、閉門不出という重大な内容が孕まれていたことが明らかとなったが、本章では、これを踏まえて文帝の刑法改革との関連において、禁錮の起源について考察する。

今日知られる限りでは、秦律以前に「禁錮」という熟語はなく、『張家山漢墓竹簡』にもその語は見られない。そして文帝の刑法改革の内容を記す『漢書』巻二三、刑法志に

前令之刑城旦舂、歳而非禁錮者、如完為城旦舂、歳数以免。

とあることにより、文帝一三年（前一六七年）以前よりこの刑名が存していたことが確認される。したがって、禁錮刑が設けられたのは文帝即位より同一三年までの間であった。

既に考察したごとく、禁錮は身体を直接傷つけることなしに血統の断絶の脅威をもたらす深刻な刑罰であった。ところで、肉刑によって血統の断絶をもたらす古来の刑罰としては宮刑があった。この肉刑が廃止されたのは文帝即位より同一三年（前一六七年）までの間であった。『漢書』巻四九、鼂錯伝には文帝の功績を称えた

今陛下、配天象地、覆露万民、絶其乱法、（中略）肉刑不用、罪人亡帑、非謗不治、（中略）除去陰刑、云々。

という語が残されている。陰刑が宮刑を指すことは疑う余地はない。しかも刑法志によれば文帝一三年の刑法改革を命じた詔中に

今法有肉刑三。

とあるように、その時点で存在していたのが黥・劓・刖の三種の肉刑であったから、それ以前に宮刑は廃止されていたのである。「禁錮」の初出と宮刑の廃止との時期の重なりを偶然とするならば、それは余りにも信じ難い一致といわねばならない。そこで思い至るのが『史記』孝景本紀、景帝中元元年（前一四九年）に禁錮が除かれたことを記す

四月乙巳、赦天下、賜爵一級、除禁錮。

とある記述である。景帝が父文帝の定めた禁錮を廃止することになるのであるが、これは文帝の改革に対して否定的な立場から為したことではない。文帝が劓と斬右止とを廃止するために定めた笞三百及び笞五百の刑によって、途中で息絶える受刑者が生じたことに対処して、これを笞二百と笞三百とに改め、さらにこれを笞百と笞二百とに改めたのが景帝であり、文帝の改革の趣旨に則って、これを貫徹させるための措置であった。このことを考慮すると、宮刑を廃止するための代替措置として文帝期に設けられたのが禁錮であったとする仮説が成り立つのである。

すなわち、伝統的刑罰であった宮刑の廃止に踏み切ることも決して容易ではなかったはずである。一三年の改革の際も、代替刑を設けることによって何とか肉刑廃止を実現し得たのであるから。そこで、宮刑を廃止するために、代替措置として新たに設けられたのが禁錮ではなかったかという推測が浮かび上がってくるのである。宮刑は受刑者にとっては肉体的苦痛を伴い、かつ死への危険をはらむ悲惨この上ない残虐なる刑罰である。それに比べるならば、禁錮という措置は、そのまま続けば血統の断絶に至る脅威はあったが、国家の側からは、更生への道が見えてくればこれを解除することを予め組み込んでいる。これに対して、宮刑はひとたびそれを受ければ、受刑者に身体的にも回復の余地はない。このようなことを考慮して文帝が宮刑廃止に踏み切ったのではなかろうか(31)。

宮刑が廃止されたのは遅くとも文帝即位以降で、一三年までの間である。それと同時に禁錮が設けられたとすると、景帝元年までに二〇年程度経過していたことになる。禁錮が二〇年続くと血統の断絶の危機が訪れる。その状況を見

据えた上で、景帝は禁錮を廃止したということになるかも知れない。いずれにしても、景帝が文帝の改革の理念を受け継いでいたことは確かであろう。文帝の刑法改革については、多くの官僚たちの眼には伝統を無視した大胆な改革と映ったかも知れない。事実笞刑による肉刑の代替にしても、実際の執行現場で息絶えるという犠牲者が出たりもした。それに対して景帝は直ちに対処した。禁錮の除去もそうした事後対処の一環であったと思われる。つまり、文帝の改革とそれを受けた景帝の改革とはセットになっていたと評価されるべきではないか。

なお、『漢書』武帝紀に記される元朔六年（前一二三年）六月の詔に

諸禁錮及有過者、皆蒙厚賞、得減免罪。

とあり、禁錮は武帝期には復活していた。禁錮は無期（不定期）刑であり復活後は廃錮とされない限り、血統の絶えるほど長期にわたる禁錮はないよう考慮が払われたと思われる。(32)

さて、前掲刑法志に

前令之刑城旦舂、歳而非禁錮者、如完為城旦舂、歳数以免。

とあったが、文帝一三年の時点で城旦舂の者の中には、禁錮の者とそうでない一般の刑徒とがいたのである。〈補注3〉城旦舂で禁錮の者は禁錮が解除されるまでは自宅での蟄居が原則であったと推測される。前掲貢禹伝に

孝文皇帝時（中略）吏坐贓者、皆禁錮、不得為吏。

とあるが、貢禹に文帝時のある程度正確な情報がほぼ把握されていたとするならば、贓罪を犯した役人に対して禁錮が科せられたということになろう。その際は禁錮が解除されても官吏としての復活はないのが原則であったと思われる。(33)貢禹は秩序の乱れを糾すことを主張して文帝期の例を出している。彼は文帝期に禁錮が定められたという認識をもっていたと推察されるのである。

むすび

これまで考察してきた筋道を整理するとおおよそ次の通りである。まず、禁錮という熟語ができる前の春秋時代より「錮」と称せられる刑罰が存在した。これは家の門を鎖等で閉ざして対象者およびその家族の移動の自由を奪う刑であった。この自由刑的な刑は宋元時代の「枷錮」や「錮身」に引き継がれたと思われる。

一方、禁錮という刑名の起源は前漢の文帝期に求められる。すなわち肉刑の廃止を手がけた文帝がまず宮刑を除去し、その代替刑として設けたのが禁錮であったという推論が成り立ち、贓吏に適用したのがその初期の例として挙げられるであろう。被禁錮者は移動の自由が奪われ、家族の嫁娶が禁じられた。禁錮が長らく解かれなければ、やがてその子孫が絶滅し、後祀が断絶するという脅威にさらされる。かくのごとく苛酷な内容を秘めていたのが禁錮であり、宋・金・元の頃までは確実に存続したのである(34)。

ただしこの禁錮を設けた文帝の主旨はそうした苛酷なところにあるわけではなかったであろう。禁錮は肉体を傷つけることはない故に、宮刑の悲惨さには比ぶべくもない。歴史的に見て、制度はその創設者の意図とは別の展開を見せることがしばしばである。文帝の次の景帝の代になると、禁錮はいったん除去されるが、武帝の元朔年間には復活しており、重大な影響を残しつつ、後漢の党錮事件の後も、歴代王朝に引き継がれた。

この伝統的刑名としての禁錮は、唐代を境として衰退に向かったようである。この語は、伝統的刑名とは別に「禁錮身」の義で用いられるようになり、宋代には自由刑的側面が一層強くなり、その結果、後世には伝統的禁錮の認識も不明瞭となり、やがて、官吏となる身分の剝奪がすなわち伝統中国の禁錮であったとする認識が生ずることになる。

そうした誤解の遠因となったのが西晋の杜預の残した注釈であった。すなわち『左伝』に記される「錮」を禁錮の義と解した彼が、「禁錮して仕へるなからしむ」と注釈したのである。晋代にも伝統的禁錮は行われていたのであるから、禁錮に幽居守静や嫁娶の禁止の義務がともなうことは彼らにとっては常識であった。その故に注釈を「禁錮して仕へるなからしむ」に止めた。杜預の失点は禁錮の起源を春秋期まで遡らせたことにある。

その後、名誉刑としての側面が禁錮の概念からは薄れ、宋代半ばを越えると、自由刑としての側面が一人歩きするようになり、伝統的刑罰としての認識が薄れた故に（と思われるのであるが）、後代の研究者たちが、逆に名誉刑としての側面を強調し過ぎた感がある。その結果、禁錮がすなわち官吏身分の剥奪であるとする見解を生じ、これが定着して行った。そうした中で、禁錮の認識の転換点にあった時期の『宋季三朝政要』に、「名士を淪亡」せしめたとあり、これによって、後漢の党錮を秦の焚書坑儒に匹敵する重大事件とする本質を穿つ評価が、かろうじて残されることになったのである。

注

（1）後漢時代の法思想を反映する許慎の『説文』の灋（法の古字）の項には「灋刑也。平之如水、从水。廌所以触不直者去之。从廌去」とあり、さんずい偏は水が普く行きわたるごとき公平さを表し、廌は伝説上の一角獣で、不直なる者にこの角が触れると、これを殺し去るといわれ、ここにかつての神判の痕跡を留めているという。これは支配者の支配原理の正当化のために用いられた論である。古代中国にあっては刑法が法の基本であった。

（2）『史記』巻一〇二、張釈之伝。

（3）同右。

(4)『漢書』刑法志の文帝の刑法改革を記す条に、「前令之刑城旦舂歳而非禁錮者、如完為城旦舂、歳数以減。」とある。

(5)沈家本『刑法分考』巻一七、禁錮の項を参照。

(6)程樹徳『漢律考』(一九一九年、後に『九朝律考』〈台湾商務印書館、一九六五年〉所収)の禁錮の項を参照。

(7)仁井田陞「支那における刑罰体系の変遷――ことに自由刑の発達――」(『法学協会雑誌』第五七巻第三・四・五号、一九三九年、後に『中国法制史研究・刑法』〈東京大学出版会、一九五九年、補訂版、一九八〇年〉所収)。

(8)根本誠『上代支那法制の研究・刑事編』(有斐閣、一九四一年)第五章「上代支那の犯罪及び刑罰の概念と其の種類」を参照。

(9)鎌田重雄「漢代の禁錮」(『歴史学研究』第一〇八・一〇九号、一九四三年、後に『秦漢政治制度の研究』〈日本学術振興会、一九六二年〉所収)を参照。鎌田氏は沈家本説には触れていない。

(10)仁井田氏は鎌田氏の論が発表された後、前掲論文に補註を設けて、『左伝』中の「錮」を禁囚の義とした自説を撤回し、鎌田説に賛意を表した。注七を参照。

(11)日本の現行刑法における「禁錮(固)」はヨーロッパ刑法における"Imprisonment"あるいは"Einsperrung"の翻訳語として中国古典より借用したものであるから、これと伝統中国の禁錮との間には、その概念において何らかのズレがあることはいうまでもない。しかし、全く別のものであったとするのも極端である。

(12)注八に同じ。

(13)『後漢書』巻三、章帝紀に記される元和元年(八四年)一二月壬子の詔には「往者妖言大獄、所及広遠、一人犯罪、禁至三属、莫得垂纓仕宦王朝。如有賢才而没歯無用、朕甚憐之、非所謂与之更始也。諸以前妖悪禁錮者、一皆蠲除之、以明棄咎之路、但不得在宿衛而已」とある。

(14)注九に同じ。

(15)大庭脩「漢律における『不道』の概念」(『東方学報・京都』第二七冊、一九五七年、後に『秦漢法制史研究』〈創文社、一九八二年〉所収)を参照。

（16）不道罪については第二部「漢代の不道罪」を参照。
（17）注四を参照。
（18）『後漢書』列伝四四、楊震伝に「（楊）震復上疏曰く『（上略）宰司辟召、承望旨意、招来海内貪汚之人、受其貨賂、至有贓錮棄世之徒、復得顕用。云々。』」とあるように、安帝期には宦官が跋扈して、一たび禁錮を宣せられた贓吏が再び顕用されるというような事態があった。貢禹伝に記す貢禹の上奏によれば、前漢の中期においてもほぼ同様の状況があったものと察せられる。
（19）紇失烈胡沙虎の乱及び衛紹王については牧野修二「チンギス汗の金国侵攻」（藤野彪・牧野修二『元朝史論集』〈汲古書院、二〇一二年〉所収）を参照。
（20）同じく『金史』巻九三、衛紹王六子の賛には「衛紹歴年不永、諸子凡禁錮二十余年、鎬厲王諸子禁錮四十余年、長女鰥男皆不得婚嫁。天興初、方弛其禁、金亡祚後可知矣。」とある。
（21）『宋書』巻三、武帝本紀に記される永初元年の詔には「其有犯郷論清議、贓汚淫盗、一皆蕩滌洗除、与之更始。長徒之身、特皆原遣、亡官失爵、禁錮奪労、一依旧准」とあり、同書巻五三、庾登之伝には「（射）晦拒王帥、欲使登之留守、登之不許、（中略）晦敗、登之以無任免罪、禁錮還家。」とあり、また同書巻六四、何承天伝には「旧制出銭二十万、布五百匹以上、並応奏聞。（射）元輒命議以銭二百万給大尉。事発覚。（中略）元時新除大尉諮議参軍。未拝、為承天所糾。上大怒、遣元長帰田里、禁錮終身。（中略）卒於禁錮。」とある。
（22）『南斉書』巻四二、王晏伝に「晏弟詡、永明中為小府卿。六年、敕位未登黄門郎、不得畜女妓。詡与射声校尉陰玄智坐畜妓、免官、禁錮十年。敕特原詡禁錮。」とある。
（23）『冊府元亀』帝王部、赦宥の項の興元元年正月の詔に「先有痕累禁錮・反逆縁坐、承前恩赦不該者、並宜洗雪」とあり、これにより、従来の禁錮者は反逆罪の縁坐者と同じように、通常の恩赦では除外の対象となっていたことが知られる。同趣旨の詔が貞元元年正月、同二一年二月、元和一五年二月、太和元年正月に出されている。伝統的刑名としての禁錮が唐代半ばまで存在していたことが確認される。なお、後代に編纂された『唐書』では、詔文から「禁錮」の語が削られている。

(24) 同伝に「宣武初、(崔敞)為鉅麓太守。弟朏之逆、敞為黄木主韓文殊所蔵、其家悉見籍没、唯敞妻李氏、以公主之甥、自随奴婢田宅二百余口、得免。正光中、普釈禁錮。敞復為郡侯、卒於郡太守」とある。

(25) 陳王朝における禁錮のいま一つの史料としては『隋書』巻二、高祖本紀下に「永定元年(五五七年)詔(中略)亡官失爵、禁錮奪労、一依旧典」とある。

(26) 例えば『後漢書』列伝二一、羊続伝には「坐党事、禁錮十余年」とあり、『南斉書』巻四二、王晏伝には「晏弟詡(中略)免官、禁錮十年」とあり、『金史』巻九三、衛紹王六子の伝には「衛紹王年不永、諸子凡禁錮二十余年」とある。

(27) やや例外的なケースとしては『後漢書』巻六九下の儒林列伝の何休伝に、「休坐廃錮、乃作春秋公羊解詁、覃思不窺門、十有七年、(中略)党禁解、又辟司徒」とあるが、これは党錮の禁それ自体が解除されたために、当初廃と宣告された者に対しても、同時にそれが解かれたのであろう。

(28) 軍隊が監視したという点では、前述の『金史』衛紹王の伝にも近いと言えるかも知れない。しかし、衛紹王の家族の場合は、巡警による監視はあったにしても、門を鎔鉄で閉ざしたという記録は見られない。

(29) 『元史』巻三、憲宗本紀には憲宗二年夏のこととして「定宗后及失烈門母以厭禳事覚、並賜死。謫失烈門・也速・孛里等於没脱赤之地、禁錮和只・納忽孫脱等於軍営」とある。禁錮の場所が軍営であったことからすれば、これは繋獄の義に近いと思われる。宋及び元では、繋獄の義で用いられる禁錮と伝統的禁錮とが併存していたことになる。

(30) 当時(宋代)百姓とは『続資治通鑑長編』巻二二一、神宗熙寧四年三月の文彦博の言に「為与士大夫治天下、非与百姓治天下」とあるように、士大夫の対極にある庶民を指していたことはいうまでもない。

(31) 『漢書』景帝紀によると、中元四年秋に「死罪欲腐者、許之」という詔が出されて、再度宮刑が史上に登場することになるが、これは臨時の恩恵的措置であり、刑罰体系の中に宮刑が復活することはなかった。後、武帝時の司馬遷は李陵の禍により死刑を宣告され、この詔のお陰で宮刑を受けることにより生を全うすることができた。なお、一時廃止された禁錮も後に復活することになるが、文帝の意図としては、禁錮は一時的な代替刑であって、将来廃止することを予め見込んでいたという可能性も考えられる。

（32）後漢の党錮事件の際も、廃錮の場合を除けば、ほぼ一〇年程度で解除されている。ただし、禁錮の解除の権は権力者側の手中にあり、被禁錮の者にとっては血統断絶の脅威は解除の時点まで続くことになろう。重要なことは、文帝の遺志を継いだ景帝がこの禁錮を廃止したという事実の方ではなかったか。スピノザは「前時代の歴史を、まっこうから断罪し一語で片づけることはだれにでも出来る。しかし、歴史を内から理解すると言う複雑公正な作業は、真の歴史学究によってのみ可能である」と記しているが、後世の多くの士人たちを苦しめた禁錮という刑罰の苛酷さについては、むしろそれを復活させた武帝こそがその責めは負うべきではないか。

（33）文帝の刑法改革以前の秦漢律には黥城旦舂と完城旦舂の中間に六年刑の「刑城旦舂」が存在していた。第一部第七章を参照。刑城旦舂に禁錮の者と禁錮でない者とがいたのであり、このうち禁錮でない者は完城旦舂に移されて刑期が二年短縮されることとなった。一方、刑城旦舂で禁錮の者というのは贓吏に科せられた刑であった可能性が考えられる。その身柄は自宅での謹慎であったのか、城旦の労役に就いたのかは不明である。官吏であってもその身分差があり、その身分によって処遇に違いがあったとも考えられる。

（34）明の丘濬は『大学衍義補』巻一一において「天下太平、聖主之心。雖草木昆虫、皆欲使之得所。仕者大則望為公卿、次亦望為侍従、下亦望為京朝官。奈何錮之於聖世。嗚呼、禁錮人於聖世、固非太平美事。然使天下失職之人、布満郡県、亦豈朝延之福也」と述べており、官から追放することを禁錮と解していたことが知られる。丘濬の生きた明代には伝統的な禁錮は、既に消滅していたと推測される。

〈補注1〉例えば肉刑を受けた者は官職に就くことは不可能となる。しかし肉刑の受刑者は被禁錮者ではない。肉刑の廃止に伴う刑徒の移行措置を記す『漢書』刑法志に「前令の刑城旦舂の歳而非禁錮の者は完為城旦舂に如《じょ》し、歳数は以て免ず」とあるが（第一部第七章を参照されたい）、「刑城旦舂」であってなおかつ禁錮の者がいたという事実が知られる。彼らは他の刑徒と共に労役に就くのではなく、自宅蟄居させられたと考えられる。

〈補注２〉『二年律令』三八簡に「賊殺傷父母、牧殺父母、欧詈父母は父母が子の不孝を告すれば皆錮し、爵を以て償し免除し及び贖するを得る母から令む。」とあり、右の錮は不孝罪を告発された人物の妻子に対して科せられたもので、名誉刑的な意味合いはなく、身体の自由について厳格に拘束されたものと思われる。

〈補注３〉王侯クラスの高身分の者が罪を犯して城旦舂の刑を宣告された場合、実際には刑徒として実刑に服するのではなく、自宅に蟄居させられたと見る方が当時の身分社会の理解としては適切であろう。「刑は大夫に上さず」という考え方は受け継がれていた。なお、禁錮は有期（六年?）のものと無期のものとがあったことになるであろう。

〈付記〉本論のもとになった「古代中国の禁錮」は一九九一年に発表し、その後『張家山漢墓竹簡』の全貌が公表された。『二年律令』の時点では「禁錮」の熟語が成立していなかったこと、および「錮」が名誉刑的なものではなかったことが確認された。補注二を参照。

『元典章』および『唐律疏議』に見られる伝統中国の不孝罪

はじめに

古来、中国法の特色として、法と道徳が未分化のまま発達したことが指摘されているが、唐律の十悪の名称がそれを雄弁に物語っている。十悪とは①謀反②謀大逆③謀叛④悪逆⑤不道⑥大不敬⑦不孝⑧不睦⑨不義⑩内乱の各種の大罪であるが、このうち④悪逆と⑦不孝は家庭・宗族という閉じられた人間関係の中で、子（または目下の者）が親（または目上の者）に対して働く不遜なる行為に適用される罪名の典型である。（祖）父母に暴力を奮う行為が「悪逆」とされるのを例外とすれば、両者のうち、殺人のからむのが「悪逆」罪で、それ以外のものが「不孝」罪であった。殺人を別にすれば、これらは本来宗族の中で処理されてしかるべきものであり、それが国家によって罰せられるところに特殊性があったのである。秦漢代以降の国家統治において重要な役割を演じた『孝経』の五刑章には

五刑之属三千、而罪莫大於不孝。

とある。五刑とは黥・劓・刖・宮・大辟の五段階の刑罰であり、「五刑の属三千」とは、これらの刑罰の対象となる犯罪行為について、三千に及ぶ条文が存在したという戦国期の人々の歴史認識を示しており、そこに記される各種の

罪名の中でも、「不孝」罪は最大（級）の罪であるというのである。なお、『孝経』の成立した戦国時代には「悪逆」という罪名はまだ成立していなかった。

筆者の考察[1]によれば、『睡虎地秦墓竹簡』等に見られる秦代の「不孝」罪は、子が親に対して暴力を奮ったり、罵詈したり、或いは教令に従わずして反抗したりした際に、親の側からの訴えによって死刑と為し得るという厳酷なものであった。秦帝国崩壊のあとを承けた漢王朝では、蕭何の手によって漢律が制定されるが、当初はほぼ秦律を踏襲しつつ、漢王朝の独自性も有していた。例えば、漢初には「不孝」に次ぐ罪（次不孝罪）[2]という表現があり、「不孝＝死刑」とする原則が緩和されていた。それでも武帝期頃までは「不孝」罪による死刑の記録が散見するが、前漢も後期になると、「不孝」罪の訴えや自告を受理しないケースが見られ、逆に「不孝」罪による処刑の事例はほとんど見られなくなる。さらに「不孝」の内容についても、漢代にはさまざまな変化が現れる。例えば、父母への経済支援を怠ったり、父母の喪中に性的行為に及んだり、或いは父母を告発したりすることも「不孝」とされ、刑事罰の対象となった。また、儒教の浸透にともなって、父母に限定されていた当初の「不孝」の対象が、祖父母父母へと広がったのも漢代である。こうした一連の変化[3]の延長上にあるのが唐律十悪中の「不孝」罪[4]であり、さらには『元典章』の「諸悪」中の「不孝」罪である。

本論では、元代法制史料の宝庫といわれる『元典章』の刑部を中心的な史料として、当時における「不孝」罪の性格解明と刑法史上の位置づけとを目標とする。順序としては、まず第一章では従来の「不孝」罪の概念と一部重なる「悪逆」罪について論じ、続いて第二章では元代の「不孝」罪の実態を考察するための前提として、『唐律疏議』の十悪中の「不孝」の内容を検討し、しかる後に第三章において『元典章』に即して元代の「不孝」罪を分析する。これを以て唐から元にかけての「不孝」罪変遷を跡づける研究の一環とできればと考える。

一　悪逆罪について

『元史』巻一〇四、刑法志三の「大悪」の項には唐律を承けた十悪のうち①から⑤までに関する律の規定が記されており、この中に「不孝」と関連する「悪逆」罪の規定が記されている。滋賀秀三氏(5)によれば、唐律における「悪逆」とは「親殺しの予備・陰謀および親に対する暴行または近親尊重の殺害という、儒教倫理の上からみて最大級の犯罪」であるが、元王朝においても基本的にはこれを受け継いでいたはずである。元の「悪逆」罪の典型は

諸子孫弑其祖父母父母者、陵遅処死。

と記される罪である。「陵（凌）遅処死」とは受刑者の身体を切り刻む最も残虐な刑で、王鍵の『刑書釈名』によれば、金王朝に始まるとされる。『元史』刑法志によれば、子が父母を殺した場合には、たとえ犯人が獄死しても、その遺骸は解剖して見せしめにするという(6)。また、秦律以来の伝統的「不孝」罪の多くが父母等からの告発によって成立する親告罪であったのに比して(7)、「悪逆」罪は犯罪の成立要件としての身内からの告発を要しなかった。そのことは同刑法志に

諸酔後敺其父母、父母無他子、告乞免死養老者、杖一百七、居役百日。（中略）諸部内有犯悪逆、而隣佑社長知而不首、有司承告而不問、皆罪之。

とあることによって確認される。すなわち、酔った際に父母を殴り、その子が自分たちを扶養する唯一の者であるからと、親が免死を願い出た場合でさえ、杖一〇七とした上で一〇〇日の労役が科せられた。また、父母を殴るというこの罪は、隣人や社長等周りの者がこれを隠したり、役所でこれを握りつぶそうとしても、発覚すれば罰せられる。

同刑法志によれば、そのほか弟が兄を、嫁が姑を、妻が夫を、さらには奴婢が主人を殺害した場合にも「悪逆」罪が適用され、死刑が科せられた。(8)

では、『元典章』中に見られる「悪逆」罪の実態はどうであったか。同書巻四一、刑部三、悪逆の［駆奴本使を斫傷す」の条には

至元四年（一二六七年）曹州の申にいふ、帰問し到《た》る吉四児の状称にいふ「元と投排の新民の戸計に係はり、本管頭目余洪、四児将《を》売り訖り、不合《ふとどき》にも本使の弟に打罵せられたること有る（上の）為め、至元四年七月初めの二日の夜に、本使の弟陳二将《を》斧を用て斫傷せる」罪犯。法司擬議し得たるに、吉四児の所招にいふ「元と好き投拝の人戸に係はり、被りて余主簿に駆口と作れ、陳百戸に転売与《さ》されて駆為り。今、本人陳百戸の弟陳二を謀殺し已傷せり」と。理は謀殺凡人の定罪に同じ。旧例にいふ「謀殺人已傷の者は絞」と。其れ吉四児は合に死に処するを行ふべし、と。(刑)部は擬を准《ゆる》し、省に呈して断じ訖る。

とある。(9)本条は駆奴であった吉四児が主人陳百戸の弟陳二が彼を打罵したことに恨みを懐き、斧で切りつけて傷を負わせた事件について記したものである。結論として吉四児には旧例（金律を指す）(10)の「謀殺人已傷」を適用して、（陵遅処死ではなく）処死とすべし、というのが刑部の判断であり、中書省もこれを許したのである。

ここで、右のケースが何故問題になったのかを考えてみる。『唐律疏議』巻一、名例律の「悪逆」の注に

謂殴及謀殺祖父母父母、殺伯叔父母・姑・兄姉・外祖父母父母・夫・夫之祖父母父母者。

とあるように、「儒教倫理の上からみて最大級の犯罪」が唐律における「悪逆」罪であり、その量刑は絞よりも一ランク重い斬であった。(11)一方、奴婢が主人を殺害したり謀殺したりというケースは同巻二二、闘訟律二二条に

諸部曲奴婢過失殺主者、絞。傷及詈者流。即殴主之期親及外祖父母者、絞。已傷者皆斬。詈者徒二年半。

とある。しかし、唐律ではこれらが「悪逆」罪として扱われることはなく、おそらく、金の泰和律においても同様であった。因みに、奴婢が主人（またはそれに準ずる人物）を殺害した罪を「悪逆」として扱うのは『元典章』においては至元四年（一二六七年）以降の事件においてである。

古来、中国社会においては主人と奴婢との法的関係は親と子との関係と類似していた。『睡虎地秦墓竹簡』法律答問一〇四簡には

主擅殺刑髡其子・臣妾、是謂非公室告、勿聴。而行告、告者罪。

とあり、秦律においては、親または主人が子または奴婢に対して不当に殺したり刑罰を加えた際、子や奴婢が救済を求めその不当性を訴えたとしても、それは「非公室の告」として扱われ、受理されなかった。(12) 同竹簡には奴婢が主人に暴力を奮ったケースについては記されていないが、子が親に暴力を奮った場合に親からの告発があれば死刑となし得たのと同様に、主人からの告発があれば、奴婢を死刑となし得たと推測される。というのは、五世紀ばかり下る三国時代の魏の刑法について記す『晋書』巻三〇、刑法志に

奴婢捍主、主得謁殺之。

とあり、主人からの求めにより、有罪の奴婢を死刑となし得るのは秦律以来の伝統であったと見られるからである。

元の時代について言えば、『元典章』巻四一、刑部三、殺奴婢娼の［殴死有罪駆］の至元五年の条に

旧例、奴婢有罪、不請官司而殺者、杖一百。無罪而殺者、徒一年。有衍決罰罪致死者、勿論。

とある。このように、元においても有罪あるいは有罪と見られる奴婢ならば、主人が官に申し出れば死に処することができ、科罰の際に死に到ったとしても、主人は罰せられることはない、とする「旧例」が援用されているのである。

さらに、同じく［主戸打死佃客］の大徳六年（一三〇二年）の条に

亡宋已前、主戸生殺、視佃戸不若草芥、自帰附以来、少革前弊。

とあるように、宋代には、地主が佃戸や奴婢の生殺与奪の権をほとんど掌握するに近い状況であった。そこで、元王朝が中国本土を支配するに当たっては、こうした身分的に異なる者同士間での殺傷事件について、明確な基準が必要となったものと考えられる。その際に利用されたのが、これまで専ら家庭内倫理に背く行為に適用されていた「悪逆」罪であったのではなかろうか。『元史』巻一〇四、刑法志三の大悪には

諸奴故殺其主者、陵遅処死。

とある。おそらく、この規定は前掲の

諸子孫弑其祖父母父母者、陵遅処死。

の規定が準用されて定められたものであろう。[13]

さて、前述の吉四児が主人の弟を謀殺已傷した事例ではこの犯罪の量刑を単に死刑とすべきか、それとも陵遅処死とすべきかが問題の焦点であったはずであり、まだ前例がなかったが故に中央までお伺いを立てる必要があったのであろう。前述のように、「旧例」とは金の律を指すが、それは、『唐律疏議』巻一七、賊盗律九条の

諸謀殺人者（徒三年。）已傷者絞。已殺者斬。

と一致する。つまり唐律や金律では、一般の殺人未遂でも計画的であってしかも已傷であれば絞となり、已殺の場合は斬となるという。一方、元の死刑には、斬の上に例外的な刑として陵遅処死があったが、絞はなかった。故に吉四児の量刑も、斬か陵遅処死のいずれかしかなく、結局前者が採択された。したがって、このケースは「悪逆」罪ではあっても、殺人罪一般の量刑と区別はされなかったことになる。[14] そしてこれが前例となり、奴婢が主人を殺害した罪を「悪逆」罪とし、（故殺でない限りは）処死とする事例が積み重ねられるのである。

次に、『元典章』の「悪逆」の項に記される他の例は、奴隷が役人を殺した二例[15]（奴殺本使）と、同じく奴隷が役人の次妻を殺した例[16]（奴殺本使次妻）である。いずれも奴婢の身分の者が役人またはその家族を殺害したケースで、加害者は前者では死刑となり、後者では被害者の夫からの請願により死罪は免れている。

右に見た諸例により、元代の「悪逆」罪の特色を要約すると、おおよそ次にようになる。すなわち、下位の身分の者が上位の者を殺傷する犯罪が（その対象が祖父母父母の場合は殴のみで）「悪逆」となり、その量刑は死刑であった。ただし、殺害の対象が祖父母父母であったり、或いは故殺であった場合には、最も残虐な陵遅処死が科せられた。また、奴婢が主人を殺傷したケースに「悪逆」罪を適用したのも、元王朝独自の事情によるものであったと思われる。

二　唐律における不孝罪

次に『唐律疏議』によって、唐律における「不孝」罪の概念とその量刑とを確認しておく。名例律十悪の「不孝」の注には

謂告言詛詈祖父母父母、及祖父母父母在、別籍異財、若供養有闕、居父母喪、自身嫁娵、若作楽釈服従吉、聞祖父母父母喪、匿不挙哀、詐称祖父母父母死。

とある。右に記される「不孝」罪を分析して列挙すると①告言、②詛、③詈、④別籍異財、⑤供養有闕、⑥自身嫁娵、⑦作楽釈服従吉、⑧匿不挙哀、⑨詐称喪の九種類となる。[17] このうち①～⑤については祖父母父母に対する行為であり、父母の喪中の行為としては⑥および⑦があり、次に服喪に関しては⑧及び⑨が挙げられる。以下に少しく詳細に検討を加える。

まず、①の「告言」については、『唐律疏議』巻二三闘訟律、四四条に

諸告祖父母父母者絞。

とあるところの「告」と同じで、祖父母父母を告発する行為が罰せられ、絞となった。前述のように、秦律においては、子や奴婢が親や主人を告発することは「非公室の告」とされて取り上げられず、それでも強いて告発すれば罰する、という消極的な禁止であったが、漢代になると、子が親を告発すること自体を「不孝」罪として重く罰するようになった[18]。唐律はこの伝統を受け継いでいた。

②の「詛」については、名例律の疏議に

詛猶呪也。

とあるように、呪詛を指す。呪詛にも二通りあり、一般的には相手に害意を懐いてのものであり、呪詛の有効性が信じられていた当時にあっては、これが謀殺の罪を構成することになり、したがって「悪逆」罪となり、その量刑は斬であった[19]。一方、これに対して、同巻一八、賊盗律一七条に

即於祖父母父母及主、直求愛媚、而厭呪者、流二千里。

とあるように、愛媚を求めての呪詛であれば、量刑が流三千里にとどまった。

次に③「詈」についてであるが、滋賀秀三氏[20]によれば、これは「面と向ってしかも通常の会話では決して用いないような語彙をつらねて悪口を浴せかけるという、極めて具体的な行為」を指す。祖父母父母を罵る罪の量刑については、同巻二二、闘訟律二八条に

諸詈祖父母父母者絞。

とあるように、絞であった。以上が死刑を原則とする「不孝」罪である。

次に、量刑が死刑に至らない「不孝」罪について述べる。まず④別籍異財については名例律の疏議に

祖父母父母在、子孫就養無方、出告反面、無自専之道。而有異財別籍、情無至孝之心、名義以之俱淪、情節於茲並棄。稽之典礼、罪悪難容、二事（別籍、異財）既不相須、違者並当十悪。

とあり、祖父母父母の生存中に戸籍を別にするとか、或いは家計を分かつことも「不孝」罪とされた。その量刑については同巻一二、戸婚律六条に

諸祖父母父母在、而子孫別籍異財者、徒三年。

とあるように、徒三年という重い刑であった。なお、これに類する罪としては、後述のように、父母の喪中の別籍異財に徒一年が科せられた。

次に⑤供養有闕については、同じく疏議に

礼（『礼記』内則）云「孝子之養親也、楽其心、不違其志、以其飲食、而忠養之。」其有堪供而闕者、祖父母父母告、乃坐。

とあり、祖父母父母の生存中に経済支援を怠ることも、祖父母父母からの告発によって「不孝」罪に当てられた。その量刑について記す同巻二四、闘訟律には

諸子孫違犯教令、及供養有闕者、徒二年。

とあり、祖父母父母の扶養の怠慢は、その教令に従わない場合と併せて、祖父母父母からの訴えがあれば徒二年の刑が科せられるのである。(21)

なお、時代は遡るが、漢代初期の刑事事件を記した『張家山漢墓竹簡』の奏讞書には、司法の最高責任者である廷尉榖と廷史申との間の論議の経緯が記されており

今、廷史申（中略）非廷尉当、議曰「律曰『不孝棄市』。生父有而不令食三日、吏且以何論子」。廷尉㱿等曰「当棄市」。

とある。これによれば、前漢の草創期においては、供養有闕は死刑に当たると司法の側での認識があったということになる。前漢の半ば以前の時点では、このように「不孝」なる罪名が死刑と結びつく認識のあったことが知られるのである。ところが時代社会の進展につれて変化が起こり、やがて唐律において供養有闕が徒二年となり、軽罪化していたことになる。

次に、⑥父母の喪中に自身が嫁娵する「不孝」罪についてであるが、『唐律疏議』巻一三戸婚律、三〇条には

諸居父母及夫喪、而嫁娵者、徒三年。妾減三等、各離之。知而共為婚姻者、各減五等、不知者、不坐。

とあり、親の喪中であることを承知で婚した場合の量刑として徒三年が科せられ、別離させられるのが原則であった。なお、喪中に妾を娶った場合には罪三等が減ぜられ（徒一年半）、喪中であることを知りながら婚姻した相手方は減五等（杖一百）となり、知らなかった場合は罪を問わないという。（ただし離縁させられることにはなろう。）またこれと類似する犯罪として、父母の喪中に子を生むということも刑罰の対象となり得た。同巻一二の戸婚律の七条には

諸居父母喪生子、及兄弟別籍異財者、徒一年。

とあり、喪中の懐妊によって子を生む場合には兄弟が喪中に別籍異財する行為と同じく徒一年を科すという。なお、喪中に妊娠出産したという例は、「俗説」としてではあるが、後漢の彭城相袁元服のことを記す『風俗通』には、袁元服の父伯楚が喪中に元服を生み、高齢であるゆえにチャンスを逸すれば子が設けられなくなり、そのために子孫が絶えることこそ不孝の極みであるが故に、子を取り上げ育てたという。そのことを隠すことなく、敢てわが子の名に「服」の字を付けた、というのである。(22) これは必ずしも百パーセントの史実とは思えないが、この「俗説」からは、

次のことが読み取れる。すなわち後漢の時代には喪中に子を設けることは決して推奨されるべきことではなかったが、子孫断絶を最も恐れる人々にとっては、喪中に子を授かることは、少なくとも刑事罰の対象とはならなかった、という当時の状況が窺える。これがいつしか、喪中に子を設けること自体が不道徳とされ、あまつさえ法的な処罰の対象となったもののようである。唐律においてはその量刑が、何と徒一年であったのである。

なお、父母の喪中における懐妊や兄弟の別籍異財も理念的には「不孝」の概念に入るはずであるが、これが名例律の「不孝」の中に取り上げられなかったのは何故か、ということをここで考えてみたい。それは唐律における「不孝」罪は「徒二年」以上のものを指すという前提があった故ではなかろうか。つまり量刑が「徒二年」未満の場合は、法的に「不孝」罪とならなかったと解されるのである。それはちょうど秦律において、死刑とならない家庭内の犯罪が狭義の「不孝」罪に入らなかったのと同様ではなかろうか。(23)

次に、同じく父母の喪中に⑦作楽釈服して吉に従るという「不孝」罪を記す同巻一〇、職制律三〇条には

喪制未終、釈服従吉、若忘哀作楽、徒三年。

とあり、父母の喪中に喪服を脱いで平服に替えて音曲の席に臨んだりする「不孝」の行為には徒三年の刑が科せられるのである。なお、前文に続いて

雑戯徒一年。即遇楽而聴、及参預吉席者、各杖一百。

とあり、喪中に雑戯や楽舞等の会を催したりその席に出た場合は準「不孝」罪として、それぞれ徒一年及び杖一百が科せられた。

次に、⑧（祖父母）父母の喪を匿して挙哀しない「不孝」罪については、同じく巻一〇、職制律三〇条に

諸聞父母若夫之喪、匿不挙哀者、流二千里。

とあり、父母の喪を隠す罪は流二千里であった。[24]

最後に⑨祖父母父母の喪を詐称する「不孝」罪については、同巻二五、詐欺律二二条に

諸父母死、応解官、詐言余喪、不解者、徒二年半。若詐称祖父母父母及夫死、以求假及有所避者、徒三年。

とある。すなわち、祖父母父母の死を詐称する「不孝」罪は徒三年が原則であった。また、任官者の父母が死亡した場合は直ちに官職を辞して喪に服すべきであるにもかかわらず、父母以外の者の喪と偽って離任しなかった場合が徒二年半であった。

以上、『唐律疏議』によって唐代の「不孝」罪の内容を見てきた。具体的には（祖）父母に対しての告発、呪詛、罵詈、経済援助における怠慢、喪中の婚姻、歌舞音曲の場に臨む等の不謹慎な行為をしたり、或いは喪を隠したり逆に喪を詐称して休暇を求めたり、こうしたケースに適用された。その量刑は徒二年であるのが最も軽く、多くは徒三年以上であった。そしてその周辺には喪中の生子、別籍異財、妾を娶る行為、雑戯への臨席等の准「不孝」罪も存在した。

なお、本章で見た史料は法典としての唐律であって、その実際の運用が規定通りに行われていたかどうかは、必ずしも定かとは言えない。そこで、次章では時代的にやや下って、元代の法運用の実態を示す『元典章』の刑部を史料として元代の「不孝」罪の実情を探ってみたい。

三　元代の不孝罪

『元典章』刑部に採録されている元代の「不孝」罪の例の中には、この罪によって死刑を宣告されたというケース

は見当たらない。では、元朝において「不孝」罪は、もはや死刑でなくなっていたのであろうか。答えは否である。そのことは次の史料によって知られるのである。すなわち益都路の彭友なる人物がその父彭仙を殴打し毀り罵ったという行為が「不孝」と称せられ、その彭友の行為は司法当局からも「応死」とされるのであるが、怒った父彭仙が、一族の彭忠及び彭顕等の幇助を得て息子を溺死せしめた。この事件を記す『元典章』巻四二、刑部四、殺卑幼の「有罪の男を渰死せしむ」の項には

　益都路の申にいふ、帰問し到《た》る彭仙の招伏にいふ、不合《ふとどき》にも男彭友が不孝せし為、房弟の彭忠、姪の彭顕と同謀して綁縛擡舁し、河の内に撇り渰死せしむ。取り到《た》る一起の招伏せる詞因にいふ（原文、中略）彭仙　法司が擬したるに、彭友が伊の父を殴打して毀り罵れる本犯は応死にして、彭仙の所犯は情を原ぬれば恕すべし。部が擬したるに、罪を免ぜよ、と。（中書）省に呈して（省は）准《ゆる》して罪を免ず。彭忠・彭顕は各々招にいふ、不合《ふとどき》にも彭友が不孝せし為め、伊の父彭仙と商量して本人将《を》綁縛して河の内に撇りて渰死せしむるの罪犯。法司が擬したるに、各々合に徒五年、決杖一百たるべし。仍ほ焼埋銀を徴せよ、と。（刑）部が擬して各々一百下に決す。省は擬を准す。[25]

とある。[26] ここでは彭友が父親を「殴打毀罵」した行為を（悪逆ではなく）「不孝」と称しており、唐律との間の若干のズレが生じている。しかし、いずれにしろ、この「不孝」罪が死刑に相当する故に、「不孝」たりし息子の殺害を指示した父親は無罪となり、幇助した者たちが刑を受けたのである。死と結びつく「不孝」罪としては、『元典章』中唯一のケースであるこの例自体が、このような事例が極めて稀であったことを物語っている。[27]

『元典章』中には①②③に相当して死刑に処せられたというケースは見られない。ただ『元史』刑法志五には

　諸子不孝、父殺其子、因及其婦者、杖七十七。

とある。この例は、息子が親に対して（暴力か罵詈のような）「不孝」を働いたために、怒った父が息子の他に嫁まで殺してしまったというケースである。このケースでも、息子を殺しただけならば父の罪は免ぜられたであろうが、（息子を庇う）嫁をも殺したために、杖七七が科せられたのであろう。この場合も、国家が直接「不孝」罪を犯した息子を罰したわけではない。

このように見てくると、親が子の「不孝」を告発することによって、国家が子を罰するような事態は、もはや皆無に近かったと推定される。しかしながら、元代の律の中に唐律以来の伝統的な「不孝」罪の存在していたことも確かである。そのことは『元典章』巻三〇、礼部三、礼制、葬礼の［禁約厚葬］の条の至大元年（一三〇八年）一二月の竜興路の奉に

今後喪葬の家、衣衿棺槨は礼に依りて葬を挙ぐるの外、輙に金銀宝玉の器を用て装斂を玩ぶを許さず。違ふ者は不孝を以て坐罪せしむ。

とあることによっても明らかである。すなわち、葬喪に関する禁令を犯すことに「不孝」罪の適用がなされたのである。同じく［停喪不葬を禁治す］の条にも

至元十五年（一二七八年）、欽奉せる条画内の一款にいふ、節該にいふ、提刑按察司官が至る所の処に風俗を省察し教化を宣明して、若し不孝不悌、乱常敗俗有れば、皆な糾して之を縄せよ、と。

とあり、「不孝」なる行為を処罰すべきことが命じられている。

次に④別籍異財については『元史』巻一〇三、刑法志二の戸婚に

諸父母在、分財異居、父母困乏、不共子職、及同宗有服之親、鰥寡孤独、老弱残疾、不能自存、寄食養済院、不行収養者、重議其罪。

とあり、『元典章』巻一七、戸部三の［父子の居を異にするを禁治す］の条にも至元二五年（一二八八年）の王良輔の言として

新附の江南の地面、生まるる所の児男、妻を娶るの後、父母と別居する者多く有り。（中略）擬合して各省に咨を移して所在の官司をして遍行して誨諭せしめ、如し委に不孝不悌の人有れば自ら常刑有らしめよ。

とあるように[30]、別籍異財に常刑あるべし、とする提言がなされている。さらに、巻一九、戸部五には、延祐六年（一三一九年）の中書省の咨を記す［父母未だ葬られざれば分財異居するを得ず］の条には

凡そ父母の喪に居りて葬事未だ畢らざれば弟兄分財異居するを得ず。已に葬を訖ると雖も、服制未だ終わらずして而も分異する者は並な禁止するを行ふ。

とあり[31]、父母の喪が明けるまでは兄弟の別籍異財を禁ずべきことが確認されている。ただし、父母の許しがあれば別であった。同じく戸部巻三、至元八年（一二七一年）の［父母の在して支析せしむるを許す］の条に

今より後、如し祖父母父母が許令すれば支析して籍を別つを聴す。違ふ者は治罪す。

とある通りである[32]。ここにもまた、別籍異財そのものを悪として罰した唐律からの変化が窺われる[33]。

次に⑤供養有闕についてであるが、前述のように、漢初では親の面倒を見ないことによる「不孝」罪は死罪に相当すると見なされた。ところが唐律においては、この罪はわずかに徒二年であり、「不孝」罪のなかでも最も軽い部類にあった。さらに『元典章』に至っては、その例が全く見られなくなっている。こうした一連の変化を見ると、別籍異財や供養有闕等を含む「不孝」罪は、唐律に比べてさらに軽罪化していたようである。

しかしながら、⑥自身嫁娶、⑦作楽釈服従吉、⑧匿不挙哀、⑨詐称については『元典章』中に、以下に記すような様々な例が見られる。同巻三〇、礼部三［喪に居りて飲宴するを禁ず］の条に採録される延祐元年（一三一四年）七

月に出された監察御史王奉訓の呈に

　古を去ること日々遠く風俗日々に薄きこと近年以来、江南尤も甚だし。父母の喪に小斂未だ畢らざるに茹葷飲酒し、略《すこ》しも顧忌することなく、送殯するに至りて管弦歌舞し、導引して柩を循り、焚葬するの際、筵を張り宴を排ね、酔はずんば已まず。泣血未だ乾かざるに享楽すること此の如し。昊天の報、其れ安くに在り哉。興言此に及ぶは誠に哀憫すべし。若し禁約せざれば深く未宜と為さん。今後、蒙古・色目は合に本俗に従ふべきを除き、其の余人等、喪に居り送殯するに、飲宴動楽するを得ざるに若くはなし。違ふ者は諸人首告して実を得れば、衆に示して断罪せよ。所在の官司、申禁厳ならざれば、罪亦た之に及ぼせよ。

とあり(34)、ここでも「不孝」の罪名に対して厳格に刑罰を適用すべきことが強調されている。

　では、延祐年間までの事例により、元王朝は「不孝」罪に対してどのような処罰を科していたかを見ておく。刑部一、遷徙の「豪覇凶徒は遷徙す」の条に採録された皇慶元年（一三一二年）に江西行省が准けた咨に

　御史台の呈にいふ「張徳安なるもの松州官吏の不公を告せしに、本州讎を挟み、張徳安を執羅し、不孝を名と為し、八十七下に枉断して遼陽に遷徙し、沿路に杖瘡の潰発して身死せる等の事」

とある(35)。これは豪覇凶徒と称せられる悪人の処罰規定の明瞭化を求めての刑部からの呈に引用された御史台の呈であり、次の内容が記されている。すなわち、官吏の不正を告発した張徳安に対し、これを怨んだ役人が、逆に彼を「不孝」罪に陥れ、杖八七とした上で遼陽の地への遷徙刑としたが、徳安は笞罰の際の瘡がもとで護送中に病死したという。右文からはどのような所為を以て張徳安を「不孝」罪に当てたのか不明であるが、「不孝」罪が親告罪ではなくなっていたことともに、直接死刑と結びつくものでもなくなっていた事実が確認されるであろう。

　次に、具体的な「不孝」罪の例を検討する。まず、⑥自身嫁娵(36)については、喪中に嫁娵したケースとして同巻四一、

刑部三、不孝の［王継祖屍を停めて成親す］の条に次のように記されてある。(37)

河東山西道宣慰司の関にいふ「太原路臨州の軍戸王仲禄の男王猪僧、至元二十一年（一二九一年）十二月三十日、娶り到《た》る賀真真を妻と為す。至元二十三年正月内、王猪僧身死し、屍を停めて家に在り。王仲禄却《ま》た過房し到る王仲福の男王唐児を男と為し、王唐児をして賀真真と王猪僧の屍霊を拝し訖り、収継して成親せしむ。二月の初の二日に至りて才めて王猪僧将殯送し了当《おわ》れり。収継の後、已に生む所の児男有り」と。本部（尚書礼部）照べ得たるに、「詔条の内に嫂を収むる者例あり、夫亡して服に守志を欠く者例あり。其の王唐児、伊の兄を葬し訖るを候たず、停喪の夜に於て嫂の賀真真と屍を拝して成親せるは大ひに風化を傷なへり。若し已擬に依れば各人将《を》離異せしめて相応《しか》るべし。都省（尚書省）は擬を准《ゆる》し、王唐児をして賀真真と離異せしむ」と。

その大意は次のごとくである。すなわち、軍戸であった王仲禄の息子王猪僧の死後、王仲禄の養子となった王仲福が義兄王猪僧の妻であって兄嫁に当たる賀真真と猪僧の遺骸を拝した後に婚姻し、二人の間に（喪中に懐妊した）子が宿っていた。このことは風化を損なう行為であり、王仲福と賀真真は離別させよ、というのである。本件は親の死後ではなく、義兄の死後に兄嫁を娶ったという例で、「不孝」罪に準ずるケースである。この事例は、父の死後、埋葬の前に婚姻をなした王継祖という人物を処罰する際の前例として参照された。結局、王継祖も王仲福のケースと同じく離縁させられ、千戸であった彼は罷職せしめられた。(38) ここに見られる王仲福の場合も王継祖の場合も、彼らは共に離縁させられるけれども、笞や杖の刑罰は受けていないし、王仲福が喪中に子を設けたことによって自身が刑罰を受けることもなかったという点に留意したい。

次に⑦の作楽釈服従吉に準ずる事件としては、同じく［張大栄服内に娼に宿す］の条に記す至大三年（一三一〇年）の御史台の呈に、県の典史であった張大栄が喪中に二人の娼婦と関係をもったというケースについての審議の過程と量刑とが述べられている(39)。

山南江北道廉訪司の申にいふ、葉応山の状告にいふ、応城県の典史張大栄、服制を守らず、娼戸の家に於て宿歇せる等の事。取り訖れる典史張大栄の招状にいふ、「既に是れ応城県典史たり。大徳十一年（一三〇七年）三月の任にして不合《ふとどき》にも筵席に遇ひて娼女を呼喚し、把盞歌唱し、恣意に作楽す。因みて娼女鄧丑丑の顔色を慕愛し、不時に用言し、本婦将《を》調戯す。大徳十一年八月二十六日夜一更時分に鄧回家に前み去き、倚杖公勢にて娼女鄧丑丑と対面し、議して毎月中統鈔七十五両を出し、鄧丑丑に与へ老小を養贍するを許し、開門接客せしめず。当夜、先づ鄧丑丑に中統鈔二十五両を与へて本婦と宿睡し、二更に至るの時分に回還りたり」と。又た招にいふ、「至大元年（一三〇八年）閏十一月初めの十日、父張杰病に因りて身亡れり。新たに父親を喪するは人子の大事にして、又た応城県典史は親民の役たるに係はれば、自合に服制を居守すべきことを明知し、又た不合にも当月二十六日、鄧丑丑の家に前み去《ゆ》きて、本の婦と淫慾せること一次、前依《どお》り銭鈔を供送し、節続して帯酒し前み去きて宿睡せり。至大二年三月初めの三日一更時分に及び、娼女呉大姐の家に前み去きて宿睡し、二更に至るの時分、方めて行きて回還《かへ》る」と。（山南江北道廉訪司は）典史張大栄の所招を議し得たるに、職役は小なりと雖も親民を案牘し風俗を教化するは重からずと為さず。父死して甫めて二七に及び、骸骨未だ冷めざるに、娼女鄧丑丑・呉大姐と二処にて宿睡飲酒し、礼訓を遵らざるは大ひに風化を傷へり。若し王継祖の喪に居りて成親せるの例に依りて断ずるならば、却りて王継祖は求娵応得妻室なるに縁る。今張大栄は報本を思はず、哀情を絶滅し、飲酒宿睡せるは情罪尤も重し。張大栄将《を》情量して断八十七下として罷役せしむるを除くの外、擬合して除名不叙とし、遍行して照会し、以て風化を敦からしめよ、と。

右文によれば、張大栄は杖八七を科された上で除名不叙とされている。ここでは「情罪尤も重し」とされながら、その処罰が除名及び杖八七にとどまったことに留意したい。

次に、⑧匿不挙哀の例としては同じく［蔵栄父の優《も》に丁《ふく》さず］の条に採録される延祐元年（一三一四年）の江南行台の劄付中に記される内容として

近ごろ抛《う》けたる広西道廉訪司の申にいふ、劉浩然の状告にいふ「蔵栄は父姓に依らず、改めて荘栄と作す。伊の父荘覚顕、母陳氏病故す。後に吉州路知事を受け、服の闋《おは》るを候たず、喪を匿して任に之けるは礼に於て違ふ有り」と。荘栄の招伏を取り訖れり。申して乞ふ、照詳せられんことを、と。（江南行台は）此れを得。移准したる御史台の咨にいふ、呈奉せる中書省の劄付にいふ、送りて抛けたる刑部の呈にいふ、照べ得たるに元貞二年（一二九四年）七月初四日、承奉せる中書省劄付にいふ、御史台の呈にいふ、准《う》けたる淮西江北廉訪司の申にいふ「黄州路録事司判官靳克忠、父の亡せるを聞知し即ちに奔訃せず、又た飾詞を行ひ、離職するを肯んぜず。其の所為を詳かにすれば必ず合に懲戒すべし、と。（中書省は）此れを得。（刑部の呈にいふ）本部に送りて議し得たるに、職官の喪に奔くは已に定例有り。其れ黄州路録判靳克忠は父の亡せるを聞知し、本管官司の明降を申准せるも、推故して行きて喪に奔むかざれば四十七下に量決して見任を解き、期年の後、一等を降して標附して相応《しかるべ》し」と。此れを得。都省（中書省）は擬を准《ゆる》す。除外《とりあへ》ず合下に仰せて照験し、例の依《とお》り施行せよ、と。（刑部は）今承けて見奉して議し得たるに、荘栄は父母の重喪に遭値して服制未だ終わらざるに忘哀して任に之けるは、比例して四十七下に決し、見任を解きて期年の後、一等を降して叙用し、罪原免に過（遇）ふも、例依《どお》り標附して相応《しかるべ》し。具して呈すれば、照詳せられんことを、と。

とある。[40] おそらく荘栄は婿養子となって父姓を改めたのであろう。妻の父母が年を同じくして亡くなった際、彼は辞任して喪に服することをしなかった。彼は笞四七下を受け現任の役職は解かれたが、一年後に一等下して官に復帰さ

せるということになった。この事件の先例となったのは黄州路録事司靳克忠のケースであり、彼の場合は、父親の喪に服さなかったために、笞四七とされ一年後に一等級降して叙用、とされている。

『元典章』刑部三にはこの他に、継母の死を聞きながら喪に服することなく現職にとどまった三原県尹の張敏に対し、喪の期間が終わるのを待って、一等級下して雑職に任ぜよ、とする判例(41)、および荊湖北道宣慰使であった裴従義が二七ヶ月の喪の明ける前から出仕したことに対して、笞二七とし、現任を解いて別の所に出仕せしめよ、とする判例(42)が記されている。

次に、⑨喪を詐称した例としては同じく［捏克伯母の死を虚称す］の条に、晋州の達魯花赤であった捏克伯の母が病没したと偽って休暇を取り、中妻とその子を伴って帰任したというケースを記して

大徳五年（一三〇一年）三月、（中略）十二月二十四日に本台（御史台）の奏過《せ》る事の内の一件にいふ、燕南（河北道）廉訪司の文字裏にて説《い》ひ将《も》ち来り『晋州達魯花赤捏克拍なる小名的《の》人、「彼の娘《はは》死し了れり」麼道《とい》って説謊し勾当を撇《な》げ了り、家裏に去きて他の媳婦将《を》取り来れり』と。「娘死了れる也」麼道って説謊し、家裏に去き来的《しこと》、招し了る。他的罪過重ねて有り来《し》も、詔書裏に免れたることが了也《あった》。他《かれ》の勾当裏に罷め了れば幾なる時かを揀ばず、勾当裏に委《いひ》付け休《ざ》れ呵《ば》怎生《いかが》か」と奏したる呵《に》、「那般《そのよう》に者《せ》よ」麼道《という》聖旨が了也《あった》。此れを欽む、と。

とある(43)。右の中略部によると、捏克伯は離職の日からの俸給の返上を求められたのであるが、幸いに恩赦にあった。最終的には彼は免職となるが、笞や杖の罰は科せられなかったようである。

以上が『元典章』刑部、「不孝」罪の項に記される「不孝」罪の例である。ここで気付くことは、ここに取り上げられるのは、一般の庶民ではなく、いずれも官僚もしくはこれに準ずる階層の人物を対象とする「不孝」罪であったということであり、また、秦律以来の伝統であった親からの告発によって子に「不孝」罪が適用される例も元代では

皆無となっていたと見られることである。これらの事実から判断すると、元代では「不孝」罪の主たる対象者は官僚層であったのではなかろうか。[44] してみれば、「刑は大夫に上さず」の原理により、その刑罰の軽かったことも肯ける。事実「情罪尤も重し」とされた張大栄の場合ですら杖八七と除名不叙であり、王継祖や張敏や揑克伯等の場合のように、笞や杖の刑さえ受けないこともあったのである。

むすび

これまでの考察をまとめると以下のようになる。前漢以前の「不孝」罪が文字通り「罪不孝より大なるものなし」で、その量刑が死刑であったのに対して、唐律の「不孝」罪は、量刑が死刑のものとそうでないものとに二分される。「不孝」罪のうち死刑となるものは、祖父母父母に対して①告言し、②罵り、③（害意をもって）呪詛した場合であった。死刑にまでは至らない「不孝」罪としては（祖）父母に対して③愛媚を求めての呪詛、④喪中の別籍異財、⑤供養に闕くるところのある場合、または喪中に⑥嫁娵したり、⑦作楽釈服従吉したり、⑧喪を隠したり、逆に⑨喪を詐称して休暇を求めた場合があり、その量刑が徒二年以上であった。なお、これらに類似する犯罪として、例えば慎むべき父母の喪中に妊娠した子を生むという行為が徒一年とされ、喪中に雑戯を催したり、これに同席したりすることも徒一年とされた。これらは道徳的規範に背くという点で広義の「不孝」の概念に含まれるが、名例律の「不孝」罪には記されていない。

次に、元代における「不孝」罪の特色を考える。元の「不孝」罪にも、量刑を死刑とするものとそうでないものとがあった。まず、死刑と結びつく「不孝」罪としては父母を殴打毀罵した彭友の行為が「応死」とされた例がある。

しかし、この場合は、国家によって刑が執行されたのではなくて、息子の行為を怨んだ父親彭仙が、一族の助けを借りて彼を溺死させた。この事件において、息子の行為が「応死」に相当するものであったが故に、父彭仙自身は無罪となった。ただし、彭友殺害を幇助した一族の者には杖一〇七下という重い罰が加えられている。

次に、死刑とはならない「不孝」罪の実態はどのようなものであったであろうか。唐律の④別籍異財に当たるケースとしては、父母の面倒を見ない子に対して「常刑あらしめよ」という命がしばしば下されているけれども、実際の刑がどうであったかは不明であり、やがて、父母の許可があれば別籍異財は認められるようになった。⑤供養有闕については『元典章』にもその例が見えず、これが適用されて「不孝」罪となるケースはあまりなかったものと見られる。次に⑥喪中の嫁娵の例としては、父親の死後、埋葬前に婚姻した王継祖の例があり、また、親ではないが、夫の喪中に養子となっていた義理の弟と婚姻して子を設けた賀真真の例がある。彼らは笞や杖の刑は受けなかったが、風化を傷なう行為であるとして、共に離縁させられた。次に⑦作楽釈服従吉の例としては、喪中に娼婦と交わる等の行為のあった張大栄が「情罪尤も重し」として杖八七下とされている。次に⑧匿不挙哀の例としては、父親の喪を隠して官に留まった蔵栄が笞四七下を科せられて現任を一年解かれた例や、母の喪が明けないうちに出仕して笞二七下を科せられ、現任を解かれた裴従義の例がある。次に⑨喪を詐称して罷免された例としては、母が病死したと偽って帰省し、中妻を任地に連れてきた揑克伯の例がある。

右に挙げた一連の「不孝」罪について、その処罰の面を見ると、「不孝」罪を犯した官僚は、少なくとも一旦停職となるが、こうした職務上の処罰を別にして、純粋の刑事罰としては、杖八七下を上限とし、かつての秦律的不孝罪にくらべれば格段に軽いものであった。また、親からの告発によって子が「不孝」罪となるケースも元代には見られず、秦漢の時代からは様変わりしており、漢代以来の「不孝」罪の軽罪化は元代には一段と進んでいたことが明らかであろう。また、「不孝」罪で弾劾される者はほとんどが士大夫の階層に属する人々であった。したがって、これらは同時に「不孝」罪の道徳化の現象でもあり、「刑は大夫に上さず」の原理が働いた結果でもあろう。

この他に、秦漢以来「不孝」罪とされていた「殴及び謀殺祖父母父母」の行為も一応唐律の「不孝」の概念に含まれはしたが、唐律では、これよりランクの上の「悪逆」罪を適用したところに特色があった。ただし、『元典章』にはほとんど陵遅処死の実例が見られない(45)。

以上は専ら『元典章』と『元史』刑法志および『唐律疏議』によっての考察であり、不備は承知の上で論を進めた。多方面からのご教示を賜れば幸いである。

注

（1）第二部「秦漢律における不孝罪」を参照。
（2）江陵張家山整理小組「江陵張家山漢簡〈奏讞書（二）〉」（『文物』一九九五年三期、後に『張家山漢墓竹簡』〈文物出版社、二〇〇一年〉所収）を参照。
（3）『宋書』巻六四、何承天伝には、何承天の語として「法に云ふ、教令に違犯し、敬恭に虧くる有りて、父母が殺さんと欲すれば皆之を許すを謂ふなり」とあり、同じく巻八一、顧覬之伝には「律に死人を傷つくるは四歳刑、妻の夫を傷つくるは五歳刑、子の父母に不孝なるは棄市、並びに科例非ず」とあり、南朝の宋において「不孝」罪が存在し、その量刑が死刑であったことが知られ、しかもこれが適用される例が皆無に近かったことも窺われる。なお、前漢半ばまでは「罪不孝より大なるものなし」の通り、「不孝」罪によって死刑となる事例が散見する。しかし、宣帝期を境として変化が起こり、「不孝」という罪名で弾劾されても、実際の刑は死刑よりもずっと軽いという例が現れてくる。さらの後漢になると、「不孝」罪による処罰の例自体がほとんど見られなくなり、これによって刑死したという記録も皆無に近い。けれども、南朝の宋において「不孝なるは棄市」という律文が存在したのであるから、その律文そのものは漢から受け継がれていた。実際にこれが適用されることは稀であった。さらに『魏書』巻一一一、刑罰志には大和一一年（四八七年）の詔に「律に父母に不遜なるも罪髡刑に止む」とあり、父母の教令に従わないという類の「不孝」罪は髡刑五歳刑に止まりとなっていたことが知られる。多少の曲折はあったにせよ、大局的に見れば、現象的にも規定の上でも「不孝」罪の軽罪化は促進され、「不孝」罪の道徳化が進んで行ったのである。

（4）五刑章の後文に「要君者無上、非聖人者無法、非孝者無親、此大乱之道也」とあるが、玄宗皇帝御製本『孝経』の注には「人に上の三悪（無上、無法、無親）有れば豈に惟だ不孝なるのみならんや。乃ち是れ大乱の道なり」とある。「不孝」が諸悪の根源であるから、「罪不孝より大なるものなし」である、というのが唐代人の理解であったと思われる。これは「孝は百行の源」という表現の裏返しであり、刑法上の位置が後退することと相表裏して「不孝」の道徳化が進行していた。

（5）滋賀秀三『訳注日本律令　五　唐律疏議訳注篇一』（唐律研究会編、東京堂出版、一九七九年）四〇頁を参照。

（6）「諸子弑其父母、雖痩死獄中、仍支解其屍以徇。」

（7）『睡虎地秦墓竹簡』法律答問に「免老人を告し、以て不孝と為し、殺を謁む。之を三環すべきや不や。還すべからず、亟ちに執へて失する勿れ」とあり、また封診式には「甲の親子、同里の士五丙は不孝したり。殺を謁め、敢て告す」という士五甲の告発が記されている。秦律においては、このように、親の側からの告発によって「不孝」罪が取り上げられた。

（8）「諸婦殴舅姑者、処死。（中略）諸弟殺其兄者、処死。（中略）諸妻殺傷其夫、幸獲生免者、同殺死論。（中略）諸奴殺傷本主者、処死」。『元史』刑法志の内容については小竹文夫・岡本敬二編『元史刑法志の研究訳注』（教育書籍、一九六二年）を参照。

（9）「至元四年曹州申、帰問到吉四児状称、元係投排新民戸計。有本管頭目余洪、将四児売訖、不合為本使弟打罵上、於至元四年七月初二日夜、将本使弟陳二、用斫傷罪犯。法司擬議得、吉四児所招、元係好投拝人戸、被余主簿作駆口、転売与陳百戸為駆。今本人謀殺陳百戸弟陳二已傷、理同謀殺凡人定罪。旧例「謀殺人已傷者、絞」。其吉四児、合行処死。部准擬、呈省断訖。」

（10）仁井田陞『支那身分法史』（東方文化学院、一九四二年）八二二頁を参照。

（11）『隋書』巻二五、刑法志に「絞は以て甏を致し、斬は以て形を殊にす」とあるように、斬は首と体が切り離される故に刑として重いのは当然であるが、絞の場合は立秋を待って刑が執行されるので、それまでに恩赦にあう可能性があった。これが斬とのより決定的な違いといえるかも知れない。桑原隲蔵「支那の孝道殊に法律上より観たる支那の孝道」（『桑原隲蔵全集　第三巻』〈岩波書店、一九六八年〉所収）の注（9）を参照。

（12）注一に同じ。

（13）唐律においては「悪逆」の量刑は絞より重い斬であった。元朝においては死刑に絞と斬の区別はなかったが、斬よりさらに重い例外的刑罰として陵遅処死があり、謀殺祖父母父母にもこれが適用されたと思われる。なお、謀殺祖父母父母を「悪逆」罪として量刑を斬とした唐律の例および元の奴婢が主人を故殺する罪が陵遅であった例に鑑みると、吉四児のケースでは、相手が主人ではなくその弟であったこと、および怨まれて斬りつけられた陳二にも過失が認められること等のために、裁定が困難であったものと考えられる。

（14）『荀子』正論に「殺人者死、傷人者刑、是百王之所同也」とあり、劉邦が秦の父老と法三章を約した際にも「殺人者死、傷人及盗抵罪」（『史記』巻八、高祖本紀）とあり、哀帝期の廷尉直（姓は不詳）の言にも「殺人者死、傷人者刑、古今之通道、三代所不易也」（『漢書』巻八三、薛宣伝）とある。

（15）駆奴であった北京路の張茶合馬が打罵されたために怨んでいた主人劉懐玉を仲間と共謀して殺害した例、および西京路の路驢児が忽林察を殺害し、その妻を脅して通奸した上で共に逃亡した例である。いずれも犯人は死刑となっている。

（16）至元九年三月、完兀蘭の駆口張保児らが役人の次妻とその息子を殺害したケース（およびその前例として参照された益都路の黄伴哥らが役人である忒木児の妻と息子併せて三人を殺害せんとしたケースで）、被害者の主人からの減刑請求があったために犯人は死刑を免れている。次妻については仁井田前掲書七一五～九頁を参照。

（17）桑原隲蔵氏は唐律における「不孝」の内容は、①祖父母や父母を告訴するもの、②祖父母父母を悪口するもの、③祖父母父母の生存中に子孫兄弟が別家するもの、④祖父母父母に対して十分供養せざるもの、⑤父母の喪中に嫁娵するもの、⑥父母の喪中に奏楽するもの、⑦父母の喪中に喪服を着けざるもの、⑧祖父母父母の喪を匿すもの、⑨祖父母父母の喪を偽り称するものであると分類する。桑原氏注一一の前掲論文を参照。

(18) 注一の拙稿。

(19) 賊盗律一七条の憎悪造厭魅の疏議に「或呪或詛、欲以殺人者、各以謀殺論、減二等。若於期親尊長及外祖父母夫夫之祖父母父母、各不減、依上条、皆合斬罪。」とある。

(20) 滋賀氏注五の前掲書を参照。

(21) 実際に父母や祖父母が我が子または孫を供養有闕で訴えるということはほとんど考えられない事態といえよう。しかし、律文にこの規定があることが周知されることによって、子孫の扶養義務が強制されたのであろう。

(22) 『風俗通』巻二を参照。袁元服が実際に喪中に生まれたのか否かは必ずしもよく分からないが、たとえそうであっても、後漢の時点ではそのことが刑罰の対象とはならなかったことを「元服」という名が物語っている。

(23) 『睡虎地秦墓竹簡』の法律答問には祖父母に対する暴力の量刑を黥城旦舂としており、その行為について「不孝」という表現が記されていない。漢初の『張家山漢墓竹簡』には「次不孝」という語が用いられている。

(24) 名例律には「祖父母父母の喪を聞きて挙哀せざる」行為を「不孝」の対象としているが、職制律では「父母若しくは夫の喪を聞きて」となっており、祖父母の喪についてはこれを隠したとしても、実際には大目に見られたと推測される。

(25) 「益都路申、帰問到彭仙招伏、不合為男彭友不孝、与房弟彭忠・姪彭顕同謀、綁縛擡掙、撇河内渰死。取到一起招伏詞因(原文、中略) 彭仙　法司擬、彭友将伊父殴打毀罵本犯応死、彭仙所犯、原情可恕。部擬、免罪。(中書) 呈省准免罪。彭忠・彭顕各招、不合為彭友不孝、与伊父彭仙商量、将本人綁縛撇河内渰死罪犯。法司擬、各合徒五年、決杖一百、仍徴焼埋銀数。部擬、各決一百七下。省准擬。」

(26) 秦律においては祖父母を殴打する罪は黥城旦舂にとどまり、父母を殴打する罪が「不孝」罪として死刑となった。

(27) 父母への暴力が特別稀であったということではなく、その行為を「不孝」罪として公に訴えて処刑を願い出るという事態が稀であったのであろう。彭仙たちは自分たちの手で不孝の息子を殺害し、官権にはこれを事故死として処理しようとしたのであろう。

(28)「今後喪葬之家、除衣衿棺槨依礼挙葬外、不許輙用金銀宝玉器、玩装歛。違者以不孝坐罪。」

(29)「至元十五年欽奉条画内一款、節該、提刑按察司官所至之処、省察風俗、宣明教化、若有不孝不悌、乱常敗俗、皆糾而縄之。」

(30)「新附江南地面、多有所生児男、娵妻之後、与父母別居。（中略）擬合移咨各省、令所在官司遍行誨諭、如委有不孝不悌之人、自有常刑。」

(31)「凡居父母之喪、葬事未畢、弟兄不得分財異居。雖已葬訖、服制未終、而分異者、並行禁止。」

(32)「今自後、如祖父母父母許令、支析別籍者聴。違者治罪。」

(33) 桑原注一一前掲論文一〇六頁を参照。

(34)「去古日遠、風俗日薄、近年以来、江南尤甚。父母之喪、小斂未畢、茹葷飲酒、略無顧忌、至于送殯、管弦歌舞、導引循柩、焚葬之際、張筵排宴、不酔不已。泣血未乾、享楽如此。昊天之報、其安在哉。興言及此、誠可哀憫。若不禁約、深為未宜。莫若今後、除蒙古・色目合従本俗、其余人等、居喪送殯、不得飲宴動楽。違者諸人首告得実、示衆断罪。所在官司、申禁不厳、罪亦及之。」

(35)「御史台呈、張徳安告松州官吏不公、本州挟讎、執羅張徳安、不孝為名、枉断八十七下、遷徙遼陽、沿路杖瘡潰発、身死等事。」

(36)『元典章』刑部三、不義の「居喪為嫁娵者徒」には尚書戸部の契勘を記して「旧例、居父母及夫喪、而嫁娵者、徒三年、各離之。（中略）中書省咨、依准施行。」とある。刑部一の冒頭の新旧対照表によれば、旧例の徒三年は杖八七に相当する。しかしながら、その適用例があったか否かは不明である。

(37)「河東山西道宣慰司関、太原路臨州軍戸王仲禄男王猪僧、至元二十一年十二月三十日、娶到賀真真為妻。至元二十三年正月内、王猪僧身死。停屍在家、王仲禄却過房到王仲福男王唐児為男、令王唐児与賀真真、拝訖王猪僧屍霊、収継成親。至二月初二日、才将王猪僧殯葬了当。収継之後、已有所生児男。本部照得、詔条内、収嫂者有例、夫亡服欠守志者有例。其王唐兒、不候葬訖伊兄、於停喪之夜、与嫂賀真真、拝屍成親、大傷風化。若依已擬、将各人離異相応。都省准擬、令王唐児与賀真真離異。」

(38)「王継祖父喪、停屍忘哀成親、乱常敗俗、莫甚於此。参祥、宜従都省劄付枢密院断令、各人離異、所拠王継祖、擬合罷職、相応。具呈。都省准呈、依上施行。」

(39)「山南江北道廉訪司申、葉応山状告、応城県典史張大栄、不守服制、於娼戸之家宿歇等事。取訖典史張大栄招伏、既是応城県典史、大徳十一年三月之任、不合遇筵席、呼喚娼女、把盞歌唱、恣意作楽。因慕愛娼女鄧丑丑顔色、不時用言、将本婦調戯。於大徳十一年八月二十六日夜一更時分、前去鄧回家、倚杖公勢、与娼女鄧丑丑、対面議許、毎月出中統鈔七十五両、与鄧丑丑、養贍老小、不令開門接客。当夜、先与鄧丑丑中統鈔二十五両、与本婦宿睡、至二更時分回還。又招、至大元年閏十一月初十日、父張杰因病身亡。明知新喪父親、人子大事、又係応城県典史、親民之役、自合居守服制、又不合当月二十六日、前去鄧丑丑家、与本婦淫慾一次、依前供送銭鈔、節続帯酒、前去宿睡。及於至大二年三月初三日一更時分、前去娼女呉大姐家宿睡、至二更時分、方行回還。議得、典史張大栄所招、職役雖小、案牘親民、教化風俗、不為不重。父死甫及二七、骸骨未冷、与娼女鄧丑丑・呉大姐、二処宿睡飲酒、不遵礼訓、大傷風化。若依王継祖居喪成親例断、却縁王継祖係求娵応得妻室。今張大栄不思報本、絶滅哀情、飲酒宿睡、情罪尤重。除将張大栄、量情断八十七下、罷役外、擬合除名不叙、遍行照会、以敦風化。」

(40)「近拠広西道廉訪司申、劉浩然状告、蔵栄不依父姓、改作荘栄。伊父荘覚顕、母陳氏病故。後受吉州路知事、不候服闋、匿喪之任、於例有違。取訖荘栄招伏、申乞照詳。得此。移准御史台咨、呈奉中書省劄付、送拠刑部呈、照得、元貞二年七月初四日、承奉中書省劄付、御史台呈、准淮西江北道廉訪司申、黄州路録事司判官靳克忠、聞知父亡、不即奔訃、又行餙詞、不肯離職。詳其所為、必合懲戒。得此。送本部議得、職官奔喪、已有定例。其黄州路録判靳克忠、聞知父亡、申准本管官司明降、推故不行奔喪、量決四十七下、解見任、期年之後、降一等標附、相応。得此。都省准擬。除外、合下仰照験、依例施行。今承見奉、議得、荘栄遭値父母重喪、服制未終、忘哀之任、比例決四十七下、解見任、期年之後、降一等叙用。罪過(遇)原免、依例標附、相応。具呈照詳。」

（41）［張敏母の憂に丁さず］の条を参照。
（42）［裴従義が哀を冒して公参す］の条を参照。
（43）「大徳五年三月、（中略）於十二月二十四日、本台奏過事内一件、燕南廉訪司文字裏説将来、晋州達魯花赤捏克伯小名的人、彼娘死了、麼道説謊、撇了勾当、去家裏取将他媳婦来。娘死了也、麼道説謊、家裏去来的、招了。他的罪過重有来。詔書裏免了也。他的勾当裏罷了、不揀幾時、勾当裏休委付呵、怎生。奏呵、那般者、麼道、聖旨了也。欽此。」
（44）『元典章』巻四一には「不孝」罪に準ずる行為として［打殺妻父］や［殴傷妻母］の行為が「不義」とされる例が記されているが、これらは刑罰の対象が官僚ではなかった。
（45）同右、不道の［採生蠱毒］の条に「採生支解人者、鞫問明白、審復無冤、擬合陵遅処死、籍没家産。」とある一例のみである。

伝統中国における「孝」と仏教の〈孝〉思想

はじめに

中国において文化大革命が起こり、さらに批林批孔運動が行われていた頃、筆者には大きな疑問があった。それは、中国社会において、儒教はいったい如何なる役割を果たしてきたのか、また果たして行くのか、というところにあった。儒教的実践倫理の中核となったのが「孝」思想であるが、これが封建制の弊害をもたらした諸悪の根源であるという見方が正当なものであろうか、と。

その後、中国古代史を専攻した筆者は、『史記』五帝本紀(1)を読んで不思議に思った。それは堯から位を譲られて理想の帝王と讃えられた舜の伝記についてであるが、舜の父瞽叟が明らかに悪人として描かれていることであった。幼くして母を亡くした舜に対して、父と後妻（継母）とその間に生まれた弟象とがグルになって舜の命さえ奪わんとしたのであるが、舜はそれでも「孝」を貫き通し、堯から認められて最終的には国を譲られたという内容が記される。そもそも「孝」とは祖先崇拝を出発点とし、祖先がもとより絶対的善なる存在であることを前提とする思想ではなかったのか。ことに古代中国という父系社会にあっては、父親は祖先より受け継いだ血統の最先端に位置する至高の存在ではなかったのか。

池澤優氏(2)も言うように、「孝」は祖先祭祀と結びついた概念であり、それは祭祀の対象たる祖先が崇拝に価する善人であることを前提として成り立ち、その延長線上に家父長の存在があって、これに従属すべき倫理が説かれる。しかしながら、家庭内での支配者たりし瞽叟は、舜を抹殺せんとする存在であり、この物語における「孝」思想は、その祖先崇拝の思想と矛盾するはずである。時として親が悪人である場合もあるが、それでもひたすら親には従属すべしと、露骨に民衆に従順を強いるイデオロギーが「孝」であったのか。しかしながら、それでは父を代表とする伝統的な権力側の支配の正当性は担保されていないことになり、そして対する民衆の側からの支持がなければ、思想として成り立たないことになるのではないか。

権力側が自らの悪を暴露するような道理がないとするならば、この堯舜伝を成立させた人々が「孝」に託した概念は、権力側からのものとは性格を異にする内容を孕むものであったと見直さざるを得ないことになる。この伝の中に託された「孝」とは、舜という人物に集約されるところの子の側に立って叙述されたものであったことは明らかである。したがって、当時の民衆が現実社会の中で他との関係性の中で忍耐強く生き行く経験の中から生まれるであろう「調和」の追究が表現されたものであったと言えるのではないか。つまり、（祖先の権威を絶対的に尊ぶ）伝統的な「孝」という言葉の中に、子の側からの創意を盛り込んで、調和の可能性を追求する経験と智恵とによって生み出され、育成されたのが、堯舜伝であったのではなかろうか。

一方、戦国時代に成立し、歴代王朝の支配に多大の影響を与え続けた『孝経』には「五刑の属三千にして罪不孝より大なるものなし」という一節がある。これは刑法の対象としての「不孝」罪の存在を示しており、しかもそれが最大級の罪であるという(3)。この論理は、親と権力とを結びつけて、子の側の自由を抑圧することを正当化するための論拠ともなり得る。親はこの一節を根拠として、子に対して盲従を強いることも可能であった。しかし、これは前述の堯舜伝に見られる「孝」思想とは明らかに反する内容を孕んでいる。では、この矛盾した「孝」思想が、現代人である我々にとって、どのようにすれば理解可能となるのであろうか。

ところで、インドから中国に入って中国化した仏教は、この「孝」思想の影響を多大に受けている。中国で活動した仏教者は、外来宗教である仏教を中国社会に根付かせるために、試行錯誤を重ねつつ、翻訳による新たな表現と、すぐれて中国的な展開とを模索した。中国社会における仏教倫理は道端良秀氏(4)の言うように、そうして中国社会に同調し、儒教倫理との間に調和を保とうとして、衝突、反撃、調和、妥協の歴史を展開するのである。

こうした問題意識のもとに、歴代王朝の権力者が法支配の手段として用いてきた「不孝」罪を分析することにより、儒教が権力との関係で変質したという事実を浮き彫りにし、また、仏教思想が中国的文化土壌の中で、どのように「孝」思想に対処していったか、という問題を探るのが本論の目標である。順序としては、まず第一章では、中国文化の影響を受ける以前の原始仏教思想における「孝」思想を考察し、続く第二章では、中国古代より、支配者の側から統治の手段として用いられた「不孝」罪の変遷をたどってこれを分析し、最後に、この中国的土壌の中で形成された中国仏教における〈孝〉の概念を考察し、ともすれば混乱しがちな「孝」の概念について、仏教史との関連においてその理解を深めるための一助となし得れば幸いである。

一　原始仏教における〈孝〉思想

筆者はインド仏教史については専門外である故に、ここでは中村元氏(5)の論によって、中国文化の直接的影響を受ける以前の原始仏教の中の家族倫理における親子関係を中心とする思想を探ってみたい。原始仏教には中国でいう「孝」に相当する概念はなかったと言われるが、本稿では、「孝」に類似する概念として親子関係における仏教的家族倫理を括弧つきの〈孝〉思想と表記する。

原始仏教典に見られる家族倫理の基本を示す一節に

この世において妻子と親族と朋友と近親の群と――

かれ（家長）にたよって生活するものどもは

戒しめを身にたもち信仰心ある家長に依って栄える。

戒をたもてるかれの戒行と施捨と善行とを見つつ、注意しつつ、かれを見ならうからである。

とある。[6] 中村氏によれば、氏族の長を中心として親族が共同生活を行い、氏族の命運が氏族の長の人格の如何に依存する度合いの大なりしことがここから読み取れるという。序に述べた堯舜伝に見られる「孝」思想や或いは伝統的な「孝」の概念が子の立場から親との人間関係をいかに調和的に維持し行くかというところに重心を置いたものであった[7]のにくらべると、原始仏典に見られる家族倫理は、子の立場ばかりでなく、親の立場からの戒、すなわち義務をも重視していることが知られるのである。つまり、親が子に対して〈孝〉的な態度を要求する以前に、親が、子に見習われてしかるべき善行を保つことの重要性を説いているのである。また別の経典には

賢者は実に五つの道理を以て子を欲する。①実に子は（われわれから）養育されたのであるから、（のちに）われらを養うであろう。②或いは（のちに）われらの用務をなすであろう。③家計が永く存続するであろう。④（のちに）財産を相続するであろう。⑤或いはまた祖先に供物を献ずるであろう（と）。賢者はこれらの道理を観て子を欲する。

とあり[8]、子を産み育てることによって、五つの報いがあるという。すなわち親の扶養、労働、家系の存続、財産の相続、祖先の供養である。そしてこの五つは、同時に子の側からすれば義務ともなる。これは『論語』為政篇の

生きては之に事ふるに礼を以てし、死しては之に喪するに礼を以てし、之を祭るに礼を以てす。

の内容と相通ずるものがある。ただし、原始仏教典では、葬儀についてはは全く触れていない。

次に、親子の倫理について仏教の特質といえるものは、従来のバラモン的な家父長への絶対的服従の観念が排除されていることである。さらに、両親を表現する語として「母と父」といい、母が先にくる。これは、母親を尊重する仏教的思想を端的に表現している。これが家父長権が圧倒的に強かった中国社会に入って漢語に翻訳されるときは、「父母」と順序が入れ替えられたのであるが、北魏の般若流支訳の『正法念処経』には

如し説法を聞くに、四種の恩甚だ報じ難きと為す有り。何等をか四と為す。一に母、二には父、三には如来、四には説法の師なり。

とあり[9]、母への報恩が強調されている。如来の恩が三番目に記されていることから、父母の地位の高さを比較しているのではなく、母が最も身近な存在であるが故に、かえって母への報恩が最も難しいということを示唆していると思われる。

以上、初期経典における親子の倫理観について概観したが、その中には、中国の堯舜伝や『論語』の中に観られる中国的「孝」思想とも共通する〈孝〉思想が孕まれていたと言えるであろう。一方、その異なる部分としては、中国的「孝」が子の立場から、特に父親に対して義務を負うことに重心を置くのに対して、仏教的〈孝〉は、むしろ平等的立場から、親子が互いに尊重しあうべきことを説き、葬儀に関しては、原始仏教ではさほど重視してはおらず、さらには、仏教が母親への報恩を強調すること等にその特徴があったと言えるであろう。つまり、中国社会の中に生ま

れた儒教の「孝」が父子関係を軸としたハードな側面を多く有つのに対し、仏教に説く〈孝〉は、どちらかというと母子関係を軸とするソフトな側面にその特色があったと言えるのではなかろうか。

二　伝統中国における不孝罪の変遷

中国において「孝」の字が用いられるようになったのは西周からであった。同時代の金文には、主として祖先を対象としてこれが用いられている。池澤優氏[10]によれば、家族集団の秩序に対する従順の義を表現するのが当時の「孝」であった。春秋時代になると、「孝」は宗族よりも縮小した親子関係の倫理へと変化していった。そして、これに対して新しい意味づけを与えたのが儒家集団であり、就中孔子は、「孝」を普遍的な価値へと昇華させる重要な役割を果たしたという。

ところで、孔子の弟子曽参の著作と伝えられるけれども実際には戦国時代に著述されたと見られる『孝経』の五刑章には

> 五刑の属三千にして罪不孝より大なるものなし。君に要むれば上を無みし、聖人を非《そし》れば法を無みし、孝に非ざれば親を無みす。此れ大乱の道なり。

とある。この解釈を巡って後世に混乱が生じたようである。唐の玄宗皇帝御製の『孝経注』には

> 人に上の三悪有れば豈に惟だ不孝なるのみならんや。乃ち大乱の道なり。

とある。上の三悪とは「無上」「無法」「無親」を指すが、この注釈には、「不孝」が諸悪の根源であるから「罪不孝より大なるものなし」であるという理解が一般的となっていたことが背景にあったと理解される。玄宗皇帝の御注に

よって、それが公認されたことになるであろう(11)。

しかしながら、『孝経』の成立した時点（戦国時代）における五刑とは黥・劓・刖・宮・死を指していたのであり、これらの刑の対象となる犯罪に関する規定が三〇〇〇条に及ぶと信じられていたのである。したがって、右記五刑章の意味するところは、文字通り、諸々の犯罪の中でも最大（級）のものが「不孝」罪である、ということであった。そのことを証する決定的証拠となる史料が二〇世紀の最後の四半世紀になって相次いで出土した。共に湖北省の出土で、雲夢県の睡虎地から一九七五年に『睡虎地秦墓竹簡』が、江陵県の張家山から一九八三年に『張家山漢墓竹簡』が発掘され、秦漢の時期の法制史上の史料的空白が埋められつつある。その史料批判の上での問題点はまだまだ多いのであるが、今我々の目的とする「不孝」に関しては、刑法上の罪名として存在したことが明らかとなった。

まず、『睡虎地秦墓竹簡』の封診式五三―四簡の告子の条に

爰書にいふ、「某里の士五甲が告して曰ふ『甲の親子にして同里の士五丙は不孝したり。殺を謁め、敢えて告す』と。即ち令史の己をして往きて執らへしむ。令史己の爰書にいふ、「牢隷臣某と丙を執らふるに某室に得たり。丞の某が丙に訊す。辞に曰く『甲の親子にして誠に甲の所に不孝したり。它に坐する罪なし』」と。

とある。封診式とは官吏が業務を遂行するためのマニュアルとして編纂された文書であるが、実際の事件等の際に作成された書類に基づいた編纂物であり、固有名詞が記号化されてはいるが、ベースとなったのは実際の事件の際の書類であった。爰書とは公式の書類であり、この告子の条に記された内容は以下の通りである。すなわち、爵のない平民である甲という人物が、自身の息子丙を「不孝」罪に当たるとして、死刑を求めて告発した。これを受けた国家は直ちに丙を逮捕して取り調べ、丙は「不孝」罪を認めるのである。具体的にどのような行為が「不孝」罪の要素となったのかについては略されているが、重要なことは、親が告発することによって、死刑を前提とする「不孝」罪が受理

され、被告である息子が逮捕取り調べにより、「不孝」罪を認め、これが成立したという事実である。この他、秦代に「不孝」の罪名の記される在来の文献としては、『史記』巻八七、李斯伝に、始皇帝の長子扶蘇が、親である始皇帝を誹謗し怨望した、として趙高による偽の詔によって自殺せしめられたという例がある。そして、死刑を量刑とする「不孝」罪の存在を決定ならしめたのは『張家山漢墓竹簡』奏讞書二一[12]に漢律を引いて

不孝者棄市。

と明記されてあったことである。この「不孝」罪によって死刑が宣告された例[13]としては前漢では景帝の中元三年に襄平侯紀嘉の息子紀恢説[14]が「不孝謀反」によって処刑され、武帝期に父衡山王賜からの告発により「不孝」とされた長子劉爽[15]、および父の侍女を奸した次子の劉孝のケース、さらには母親を誣告した陳季須[16]、元帝期には養母を奸した美陽県の「不孝子[17]」のケース等がある。しかし一方では、宣帝（在位前七三―四八年）頃を境として、「不孝」罪を弾劾されても、実際には量刑が極めて軽微である例が現れ[18]、後漢になると、親が「不孝」罪を告発してもそれが受理されなかったり[19]、或いは「不孝」を自首しても、十分に反省し行いを改めたとして放免されたり[20]、という例が見られ、全体として「不孝」罪による処刑の記録が見られなくなる。このことは、「不孝」罪が刑法の対象から、倫理道徳の対象へと変化していったことを窺わせるものである。

しかしながら、「不孝」罪を死刑とする原則は、律文の上では、歴代の王朝の交替をも越えて次の王朝へと受け継がれ、南北朝までは確実に続いていた。そのことを裏付ける史料として、秦代から六世紀以上隔たる南朝の宋の刑法について記す『宋書』巻六四、何承天伝には、何承天の語として

法に云ふ、教令に違犯し、敬恭に虧くる有りて、父母が殺さんと欲すれば、皆な之を許すを謂ふなり。

とあり、父母の命に従わない子に対して、父母が告発し、それが認められれば、その子は「不孝」という罪名で死刑

となし得たことが知られるのである。これは秦律の場合と酷似しており、この律を宋王朝で創始したとはとても考えられない。前王朝で用いられていたものを、そのまま踏襲したに過ぎないのである。また、同じく巻八一、顧覬之伝には

律にいふ「死人を傷つくるは四歳刑、妻の夫を傷つくるは五歳刑、子の父母に不孝なるは棄市」と。

とあり、父母に不遜なる行為をなした「不孝」罪の量刑が死刑であったことが確認される。そして、さらに重要なことは、これが実際に適用される例が皆無に近かったことが、ここから窺われるということである。そして、北朝の拓跋魏では、ついに「不孝者棄市」の原則が放棄されることになるのである。『魏書』巻一一一、刑罰志には

太和十一年（四八七年）、詔して曰く「三千の罪、不孝より大なるはなし。しかれども律にいふ父母に不遜なるもの、罪は髡に止めよ」と。

とあり、父母に不遜なる行為をなした「不孝」罪の量刑を五年刑である髡刑に止めたのである。これはある意味では画期的といえよう。なぜならば、それまでは「不孝」という罪名が、死刑の対象ともなり得たのに対し、以後は建前（名目上）においても「不孝」罪の位置が後退することになった。少なくとも親の側から子（又は孫）に対し一方的な「不孝」罪の告発によって極刑が科し得るという可能性が制約されることになり、親の子に対する生殺与奪の権が大きく制約されることになったであろうからである。同刑罰志には、さらに神亀年間（五一八―一九年）の崔纂の言に律文を引いて

闘律を案ずるに「祖父母父母忿怒して兵刃を以て子孫を殺す者は五歳刑、殴殺する者は四歳刑、若し心に愛憎する有りて故殺せる者は各々一等を加ふ」と。

とあり、祖父母父母が子孫を殺すことは明確に犯罪と認められており、しかもかなり重く罰せられたことも知られる

であろう。これは前掲の秦律や何承天伝の延長上にはあり得ない発想であることに留意しておきたい。

なお、「正当な」理由なく子を傷つけたり殺したりすることは、秦律においても禁じられてはいた。[21]『睡虎地秦墓竹簡』法律答問六九簡に

擅に子を殺せば黥為城旦舂とす。

とあるように、「正当な」理由なく子を殺した場合には、黥城旦舂の労役に就けられるのが原則であった。[22]しかし、陳律においては、父母に対して不遜な行為をした子を法に訴えて国家に罰してもらうにしても、その量刑は髡鉗の五歳刑止まりであった。これは、子の人権という観点から見ると、「不孝」罪として死刑の認められた秦・漢の律よりも一段と進歩を遂げたことになる。こうした変化は、北朝における独自の動きであったとは考え難い。南朝の陳でも「不孝者棄市」の原則はなくなっていたと見られる。『隋書』巻二五、刑法志には

陳氏梁季の喪乱を承けて、刑典疎闊なり。武帝即位するに及び、其の弊を革めんことを思ふ。（中略）前代を採酌するに、条流冗雑にして綱目多しと雖も博にして要に非ず。其の制は唯だ清議禁錮の科を重んず。若し縉紳の族、名教を犯虧し、不孝し及び内乱する者は、詔を発して之を棄てて終身歯せざらしむ。先に士人と婚を為せし者は、妻家が之を奪ふを許す。

とある。「之を棄てて終身歯せざらしむ」というのは、士人たるの身分を生涯にわたって剝奪することを意味する。禁錮[23]とは、これに加えて家族の移動を禁じ、したがってこれが婚姻の禁止にも通ずるが故に、子孫の断絶へとつながりかねない深刻な刑罰ではあった。しかし、「不孝」罪によって死刑さえ認められていた以前の律にくらべれば、その刑は格段に軽くなっていた。

さて、北朝では魏が東西に分裂し、さらに東魏は北斉へ、西魏は北周へと王朝が交替するが、同刑法志によると、

北斉においては刑法の対象とする「十悪①反逆、②大逆、③謀叛、④降、⑤悪逆、⑥不道、⑦不敬、⑧不孝、⑨不義、⑩内乱」の名称が成立しており、かつては「罪不孝より大なるものなし」とされた「不孝」罪がその八番目にあり、刑罰体系上の位置を後退させていたことが窺われるのである。一方、北周の後を承け、南朝の陳を征服して統一王朝を築いた隋では、この「十悪」が①謀反、②謀大逆、③謀叛、④悪逆、⑤不道、⑥大不敬、⑦不孝、⑧不睦、⑨不義、⑩内乱、となっており、ここでは「不孝」が七番目に位置していた。北斉律における十悪の内容は不明であるが、次の隋律においてはこの十悪に宗教的色彩が現れるのが特徴である。具体的には高祖文帝の晩年の出来事として、同刑法志に

　沙門道士の仏像、天尊を壊す者（中略）は悪逆を以て論ず。

と記されてあるように、宗教上の犯罪がそのまま刑法上の「悪逆」罪として裁かれることもあったのである。その後、煬帝即位後には

　高祖の禁罔が深刻なるを以て、又た勅して律令を修し、十悪の条を除く。

とあり、煬帝により十悪の名目が削られた(24)。これによって十悪中の「不孝」罪も一旦は廃止されたはずである。しかし、次の唐王朝の唐律では、十悪のそれぞれが隋律と同じ順序で復活した。ただし、その中身にはかなりの変化があったと推測される。

　唐律の「不孝」罪については、『唐律疏議』の名例律十悪の「不孝」の注に

　祖父母父母を告言詛詈する、及び祖父母父母の存するに別籍異財し、若しくは供養に闕くる有る、父母の喪に居りて自身嫁娵し、若しくは楽を作し服を釈きて吉に従ふ、祖父母父母の喪を聞きて匿して哀を挙げざる、祖父母父母の死を詐称するを謂ふ。

とある。右記のうち（祖）父母を告発したり呪詛したり罵ったりした場合は、死刑（絞）となるが、別籍異財、供養有闕、喪中の婚姻、作楽、釈服従吉、および喪を匿したり詐称したりした場合は、「不孝」罪とはいえ死刑にはいたらず、その量刑は徒二年から流二千里までであった。(25)

これまでに見たように、「不孝」罪は当初は死刑に直結する最大級の罪であったのが、次第に軽罪化してゆく過程があったのである。では、『孝経』五刑章の意義は薄れていったのかというと、必ずしもそうではなさそうである。前述のように、確かに「罪不孝より大なるものなし」の解釈は変化せざるを得なかったが、解釈を変化させたことによって、また『孝経』が重視されだしたのではないかと思われる節がある。例えば『元史』巻一〇四、刑法志、殺傷には

諸そ子不孝にして、父弟姪と同謀して之を死地に置くは、父坐せず、弟姪は杖一百七。

とあり、「不孝」罪を働いた子に対して、父親が一族の弟姪者と共謀してこれを死地に追いやった場合、弟姪は杖一〇七下という刑を受けるが、その父本人は無罪とするというのである。これは『元典章』刑部巻四、殺婢幼の「有罪の男を渰死せしむ」の条に記される彭仙彭友親子を巡る事件が前例となって定められた規定である。(26)すなわち、息子彭友が父彭仙に対して、殴打し罵ったために、彭仙の弟姪が彭友を縛って溺死せしめた事件であり、(27)この事件の判例より定められた規定である。彭仙を無罪とする理由として判決文には

彭友がその父を殴打して毀り罵れるは応死にして彭仙の所犯は情を原ぬれば恕すべし。

とあり、殺害された彭友の行為が「応死」の「不孝」罪であったから、とされる。ここに「不孝」罪が「応死」と結びつけられており、これを死罪とする考え方がその背景にあったことが知られるのである。ただし、「不孝」罪を国に告発して息子を処刑する、というようなやり方は、決して一般的ではなかったろう。このケースでは、結果として

感情にまかせた父親の親族たちが、息子を殺害するに至ったということである。(28)

このように、法制的には元代にも「不孝＝死刑」とする原則はなお続いていたと見られるであろう。「不孝」を死罪とする原則の存在が、実際の民衆の生活に対してどれだけの拘束力を有していたかは検証が困難である。しかし、国家権力によってこの法が支持されているということは、親に対して子が従順なるべきことを国家が強要していることであり、前述の堯舜の伝に見られる「孝」のあり方、或いは『論語』に説かれ得る孝の概念との間には、かなり隔たりがあったと言わねばなるまい。

伝統中国では、刑法を道徳と未分化のまま発達させてきたために、かえって道徳が法という強制力に支持されて存在することになり、子の自発性を重視したはずの「孝」思想は、親、或いは権力者側からの押しつけ的な意味合いが再び濃厚となり、「孝」思想を骨格とする儒教によって封建制が助長されたことは事実である。しかし、だからといって「孝」思想の本質が誤解されることがあってはならない。

三　中国仏教における〈孝〉思想

インドより西域を通って仏教が中国に伝えられるが、当初、これを受け入れたことを記す史料としては庶民階層のものは見られず、専ら支配階層が主体であったようである。後漢の章帝時に楚王であった劉英が「浮屠の為に斎戒を喜《この》んだ」(29)とあるのは有名であるが、仏教は当初、上層部の人々に受容されたと見られる。例えば、後漢の安世高訳『仏説尸迦羅越六方礼経』（『国訳大蔵経』一一巻）には

東向して拝する者は、子の父母に事ふるに当に五事有るべきを謂ふ。一には当に治生を念ふべし。二には早起し

て奴婢に勅令し、時に飯食を作らしむ。三には父母の憂を益さず。四には父母の恩を念ふべし。五には父母疾病あれば、当に恐懼して医師を求め、之を治せしむべし。

とある。右にあげられた五事のうち、第二の項目に「奴婢に勅令し」とあることに注目すると、奴婢を所有する比較的上層部の人々が仏教の主たる受容者であったと察せられる。

さて、前章に見たごとく、中国における「孝」思想が権力側に取り入れられることによって、親子の関係は決して対等なものではなくなり、子の立場は、親に対して全面的に従属を強いられるようになっていた。親子間の犯罪についていえば、前述のように、古代の律では、「教令に違犯」する等の「不孝」罪があり、親が子の死刑を求めれば、それが認められたのである。その原則は漢代にも受け継がれ、少なくとも南朝の宋までの数百年は続いた。その後、北魏においては「父母に不遜」なる行為が五年刑に止められ、「不孝」罪がやがて軽罪化してゆく。ここには、社会的弱者である子の立場を擁護する仏教思想の影響があったことは確かである。

仏教の中国社会への受容はその社会の文化的、政治的状況に応じた形態が取られたことは言うまでもない。妙楽大師湛然が

礼楽前に馳せて真道後に啓く。

と述べるごとくである。[30]儒教を文化的支柱とする専制国家にあって、就中、僧侶が君主や父母に対し礼拝を為すべきか否かという問題は物議を醸した。帝権の比較的弱い南朝においては『沙門不敬王者論』を著した慧遠のごとく、仏教者の主体がほぼ貫かれ得たが、帝権の強い北朝においては、仏教者はかなりの妥協を強いられた。唐代には、それでも僧侶たちは、伝統的立場である不敬不拝を容認させた。ただし、「臣僧」の語に象徴されるように、唐朝の支配に服さざるを得なかった。ことに密教僧と唐室との接触は、鎮護国家的ありかたを規定したという。[31]

このように、制約された状況の中ではあったが、仏教思想は着実に中国社会に浸透して行った。なかでも「孝」と密接に関連するのが盂蘭盆供養の問題である。この行事は六朝期にも一部では行われたけれども、一般庶民のレベルにまで行われるようになったのは唐代からであるという。宗密は『盂蘭盆経疏』の自序において、「孝」を次のように述べている。(32)

混沌に始まり天地を塞ぐまで、人神に通じ貴賤を貫きて、儒釈の皆な之を宗とするは、其れ唯だ孝道なるのみ。孝子の懇請に応じ、二親の苦厄を救い、昊天の恩匿に酬ゆるは、其れ唯だ盂蘭盆経のみ。宗密罪釁ありて早年親を喪し、毎に雪霜の悲しみを履み、永く風樹の恨を懐く。竊かに以へらく、終身の墳壟、卒に蒸嘗を生じ、孝思を展ぶと雖も神道に資せざらん、と。遂に聖賢の教を捜索し、追薦の方を虔求して此の法門を得たり。実なるかな是れ妙行なり。年年僧恣日々に自ひ、四事に三尊を供養す。宗密之に依りて修崇すること已に多載を歴て、兼ねて其の誥を講じ、用て未だ聞かざるものに示す。今帰郷するに因みて日に依りて道俗耆艾に開設す。悲喜遵行し異口同音に請ふ。新疏を製せられんことを、と。心は松柏に在りて豈に郷閭を慢かんや。允に来情に式り、要道を発揮せん。

稽首三界主、大孝釈迦尊、劫を重ね親恩を累ねて親恩に報ひ、因を積みて正覚を成し、将に永く衆類に錫ひ、応に請はれて斯の経を演べ、背恩の人をして咸な能く罔極に酬はしめんと欲す。我が今讃述する所、願はくは衆聖の冥加し、自他の歿親をして苦を離れ常に安楽なるに存らしめん。

宗密は、中国の伝統思想たる「孝」に注目し、この思想こそが仏教・儒教に共通する基本倫理であると位置づけて『盂蘭盆経疏』を著した。若くして両親をなくしたことが彼の仏道を求めるきっかけとなり、仏門に入った彼が帰郷した妻に乞われて講じた説法を『盂蘭盆経疏』として親恩に報いんとしたという。親の苦悩を救い、かついかに追善するかということは、中国社会においても、やはり最大の関心事であった。ここに三世を説き、魂の救済を説く仏教が重視される要因があった、と言えるであろう。ともすれば、「不孝」罪の存在により、強制的な側面の強くなった「孝」思想に再度魂を吹き込んだのが仏教であったと言えるのではなかろうか。

なお、仏教といっても宗派によって「孝」思想にもニュアンスの違いが見られる。帝権が強力な中国において仏教を流布しゆくためには、国家権力に対するある程度の妥協はやむを得なかったと言えるかも知れない。国王に対して「転輪聖王」たることを期待して権力にすり寄っていったのが密教であったと言われる。これに対して、人としてのより主体的生き方を追究したのが天台智顗であった。智顗は『法華文句』巻二下において

　若し四天下の人、父母に孝養し沙門に供養すれば、諸天は威力有らん。

と述べる[33]。さらにマカダ国王であった父頻婆娑羅王を幽閉し、死に至らしめた阿闍世王の出生の由来から、その名が「未生怨」の義であったことに因んで

　観解は貪愛の母無明の父、此れを害せる故に逆と称す。逆は即ち順なり。非道を行じて仏道に通達す。

と述べる[34]。母親の貪愛に対しての反抗、及び父親の無明に対する反逆の情念が、実は真実の父母を希求してやまない心情から発したものであり、耆婆大臣及び釈尊との縁を通して、これがそのまま求道心へと転じ、さらにこれが仏道へ通達する善なる働きとなったという。ここには画期的な人間変革論が提示されている。「貪愛の母無明の父」を害す、とは強烈な表現である。智顗の庇護者でもあった煬帝は父を殺害し母を幽閉した阿闍世王と同じ境遇にあり、その懺悔の念に対する慰めという意味もあったかと思われる。しかしながら、これは、ともすれば権力や権威への盲従に堕しかねない「孝」の伝統概念からさらに一歩踏み込んだ発想を有つ表現である。封建時代であれば、現実の家庭や社会は制約だらけであり、その中で、権威への妥協や盲従、忍従ではない第三の道を求めて現実に挑戦し、また応

戦しゆく主体性、智恵の開発にこそ仏教的〈孝〉思想の本質があると言えるであろう。さらに、智顗の信奉する法華経の常不軽品には、不軽菩薩が四衆に対して但行礼拝したことを説き、そのとき不軽の発した

我れ深く汝等を敬い敢て軽慢せず。所以は何ん。汝等皆な菩薩の道を行じて、当に作仏するを得べし。

という所謂二四文字の法華経(35)が記されている。これは、一切衆生が仏性を有し、その開発の可能性のあることについて明言したもので、本質的な平等思想が提示されている、と智顗は見る。これは民衆が分を重んずることを強要する儒教的理念とは対立する可能性を孕んでいる。当時の中国社会で起った三武一宗の難(36)についても、その本源を尋ねるならば、仏教の平等思想と不平等な権力社会との間の矛盾の中に、仏教者側からいう難が引き起こされる真因があったことは疑いない。

ここで、仏教思想における〈孝〉思想と中国の伝統的「孝」思想の違いを確認しておきたい。中国的「孝」思想は子の立場から、特に父親に対して義務を有つことを重視し、伝統を重んずることの方に重心が置かれていた。「不孝」罪の存在によって父母の立場が国家からの支持を受けてきた、という歴史も無視することはできないであろう。これに対して、一切衆生に仏性有りとする仏教的〈孝〉思想は父母への報恩を強調することにおいて共通基盤はあるが、仏教では、同時に一切衆生への報恩も説いており、親と子とがむしろ平等な立場から互いに尊重しあうべきことを説き、さらには母親への報恩を強調することにその特徴があった。さらに、子の立場からは、父母への盲従ではなく、より積極的な現実変革の方向性を有しており、伝統よりも未来への指向性が強かったと言えるのではないか。

こうした仏教的な〈孝〉を中国的に表現するに当たっては、大胆な翻訳活動も必要とした。単に言語の問題ではなく、文化的土壌の中の共通の基盤を求め行く作業をも要したことはいうまでもない。原始仏教においては、人の死が忌むべきこととは考えられておらず、葬儀は俗事とみなされていた。しかし、中国においては、祖先や親を尊ぶこと

の重要性が仏教者にも強く意識され、葬儀や盂蘭盆会等の行事とも関わるようになる。やがてこれが儀式を重んずる密教と結びつき、葬儀や法要は仏教における重要な儀式となって行く。これは「生きては之に事ふるに礼を以てし、死してはこれを喪するに礼を以てし、之を祭るに礼をもってす」（『論語』為政）という思想と融合する。このように仏教者は、様々な試行錯誤を繰り返し、独自の中国仏教を展開して行ったのである。

むすび

本稿での考察を整理するとおよそ次のようになる。

まず、伝統的中国社会では父親の権力を国家が支持し、圧倒的な強さを保っていた。その典型的表現が「不孝」罪であった。一方、その中で成立した堯舜伝説には、明らかに悪人として描かれる父叟瞽に事えた舜の立場、いいかえれば権力によって虐げられる民衆の側からの願望的視点が示されている。現実の制約の中で、伝統的秩序を破壊することなく、精一杯生き抜かんとする人生の智恵がここに提示されている。

さて、「不孝」罪は、『孝経』の成立する戦国時代には、権力の側から最も重い罪として位置づけられていた。そのことが『睡虎地秦墓竹簡』や『張家山漢墓竹簡』に「不孝」罪の名称によって裏付けられるのである。子が父母の言いつけを聞かず、或いは親に対して暴力を奮う等の事実があり、父母がこれを「不孝」罪としてその死刑を願い出ればそれが認められた。こうした「不孝」罪の存在は、少なくとも五世紀の宋朝までは確認され、さらには唐や元王朝にまで受け継がれるのである。これは中国的「孝」思想のハードな側面が刑罰と結びついた例である。

しかしながら、前漢の宣帝期頃を境として、後漢以降は「不孝」罪による処刑は減少して量刑は軽くなり、「不孝」

罪の適用自体が記録上皆無に近くなり、やがて、五世紀末の北魏では、五年以下の刑にと限定される。これは、「不孝」罪の軽罪化であり、同時に倫理化でもあった。その際、西域を通って伝えられた仏教思想の流布が、この「不孝」罪の変化の要因となっていたことも見逃せない。「不孝」罪の軽罪化には人の主体性を重んずる仏教側の〈孝〉思想のソフトな側面が与かっていたと思われる。また、隋においては十悪が廃止され、これによって一時的とはいえ、「不孝」罪も律文から抹消されたと見られるのである。

なお、唐律においては「不孝」罪が復活するが、その量刑は必ずしも死刑とは限らなかった。こうした変化に伴って、「五刑の属三千にして罪不孝より大なるものなし」の解釈にも変化が生じた。こうして「不孝」は一方では「不孝」罪として権力側に用いられつつ、一方では、堯舜伝に見られる「孝」の思想が復活し、「孝」の倫理化が推進されて行く。こうした伝統的中国社会に漢代頃より浸透して行った仏教は、父母への報恩を説いて伝統中国の文化と融合し、伝統中国の法思想へも重要な影響を与えつつ、中国的仏教が形成されて行ったのである。

注

（1）『史記』五帝本紀には「舜の父瞽叟は盲にして舜の母死す。瞽叟更めて娶りて象を生む。象は傲なり。瞽叟が後妻の子を愛し、常に舜を殺さんと欲し、舜は避逃す。及び小過有れば則ち罪を受け、父及び後母と弟に順ひ事ふること日に以て篤謹にして解ること有るなし、云々」とある。

（2）池澤優「中国古代の『孝』思想の思想的意味」（『社会文化史学』第二三号、一九九三年）、「西周春秋時代の孝と祖先祭祀について」（『地域研究』第一〇号、一九九二年）および「中国戦後記事大の孝思想の諸文」（『地域研究』第一一号、一九九三年）を参照。

（3）第二部「秦漢律における不孝罪」を参照。

(4) 道端良秀「仏教と実践倫理」(『中国仏教史全集』第二巻〈書苑、一九八五年〉所収)を参照。
(5) 中村元『原始仏教の生活倫理』第二編第三章「限定された人間関係における倫理」(『中村元選集』第一五巻、春秋社、一九七二年)を参照。
(6) 同右一三二頁を参照。
(7) 『史記』巻一三〇、太史公自序に「父が父たらざれば無道、子が子たらざれば不孝なり」とある。
(8) 中村氏前掲書一三二頁を参照。
(9) 『大正大蔵経』一七巻三五九頁。
(10) 注二に同じ。
(11) 以下の「不孝」罪に関しては、注三の拙論を参照されたい。
(12) 「江陵張家山漢簡〈奏讞書〉釈文(二)」(『文物』一九九五年三期、後に『張家山漢墓竹簡［二四七号墓］』〈文物出版社、二〇〇一年〉所収)二二七頁を参照。
(13) 注三の拙稿。
(14) 『漢書』巻五、景帝紀。
(15) 『史記』巻一一八、および『漢書』巻四四の衡山王賜の伝。
(16) 『史記』巻一八、および『漢書』巻一六、高祖功臣侯者年表、堂邑侯陳嬰の曽孫の欄。
(17) 『漢書』巻七六、王尊伝。
(18) 『漢書』巻八四、翟義伝および同巻八三、薛宣伝等。
(19) 『後漢書』循吏列伝六六の仇覧伝。
(20) 『後漢書』列女伝七四の程文矩の妻の伝。
(21) 正当な理由とは、例えば出産の時点で身体に奇形や障害があって、これを取り挙げずに死なせる場合である。『睡虎地秦墓竹簡』法律答問六九簡には「擅に子を殺すは黥為城旦舂。其の子新生して其の身に怪物有る及び不全にして之を殺すは罪する勿れ。」とある。

(22) 注三の拙論を参照。

(23) 第二部「伝統中国における禁錮」を参照。

(24) 煬帝の業績については、現時点で再評価がなされるべきであろう。これは漢代人によって秦のことに始皇帝の評価が極端に貶められたことと原理は同じであったと思われる。「十悪」の名目を削ったということは、道徳の部分を国家権力からは切り離して独立させようとしたことに通じ、大いに評価さるべき側面をもっていた。

(25) 第二部「『元典章』および『唐律疏議』に見られる伝統中国の不孝罪」を参照。

(26) 原文は第二部「『元典章』および『唐律疏議』に見られる伝統中国の不孝罪」の注二五を参照。

(27) 前注の論を参照されたい。

(28) このような私刑に対して国家が多く黙認していたという可能性も考えられる。

(29) 『魏書』巻一一四、釈老志。

(30) 『大正大蔵経』四六巻三四三頁下。

(31) 小笠原宣秀「中国倫理と唐代仏教」(『仏教史学』第三巻第三号、一九五三年)を参照。

(32) 『大正大蔵経』三四巻二五頁。

(33) 『摩訶止観輔行伝弘決』巻六(『大正大蔵経』四六巻三四三頁)。

(34) 同右二六頁。

(35) 『大正大蔵経』九巻五〇頁。

(36) 三武とは北魏の太武帝(在位四二三―三九年)、北周の武帝(在位五六六―七七年)、唐の武宗(在位八四〇―四六年)、一宗とは後周の成宗(在位九五六―五八年)を指す。

第三部　中国古代史の基礎的研究

『漢書』食貨志の「黄金方寸、而重一斤」について

——「黄金一斤、直万銭」との関連——

はじめに

古代経済史の基本史料たる『漢書』食貨志下において、班固は「黄金方寸にして重さ一斤」と記してあり、この理解が漢代及びその前の戦国期社会経済を把握する上で、基本中の基本となるはずであるにもかかわらず、今日の時点においてこれを正確に理解することは困難な状況にある。今日では純金は比重が一九・三であることが知られており、一立方寸の金の重量は約二三五グラムとなる。しかるに秦漢における一斤の重さの標準値は二五〇グラムであったのであり、二三五グラムとの間に若干のズレがあり、その誤差は六パーセントであった。もし「方寸」の黄金が錘り（権）の基準となっていたとするならば、その誤差は大きすぎると言わねばならない。しからば食貨志は、単に一斤の目安として「黄金方寸」を挙げたにすぎないのであろうか。実はこの問題の解明が、以下に考察するごとく、秦漢の刑罰制度の原理・原則を探る上においても、重要な鍵となるのである。

さて、秦律においては軽微な犯罪に対して今日の刑法でいう罰金刑が科せられ、その単位として「盾」および「甲」が用いられた。『睡虎地秦墓竹簡』が出土し、その内容が公表された当初、盾や甲がある金額を表し、甲が盾の倍額

であると見られたのであったが、[1]具体的な銭額が不明であったが故に、筆者も試行錯誤した。その結果、商鞅の制定した爵制との関連から、戦闘において敵の甲首一級を斬った功によって与えられる爵一級と同等の額として一甲が設定されたとして「一甲＝一万銭」と推定した。しかし、この見解については堀敏一氏より指摘のあった通り、[2]筆者の附会であった。後に『張家山漢墓竹簡』の全貌が公表された際、秦律における「貲一盾」の罪に相当する罰額が『二年律令』においては「罰金一両」と表記されており、[3]そこで筆者は、前説を撤回して「一両＝一盾」、したがって「二両＝一甲」、「四両＝二甲」であったと考察し修正した。[4]また、『二年律令』三九三簡の爵律に「諸そ当に爵を賜受すべくして爵を拜すべからざる者には級ごとに万銭を予ふ。」とあり、漢代初期の爵一級が一万銭であったことが確認され、爵一級に相当する銭額が一万銭であった。ところが以下に述べるごとく、この爵価は秦代の爵一級との間に実は若干のズレがあるという実態が浮かび上がってきたのである。

西暦二〇〇〇年代になって出土した『里耶秦簡』には、「貲三甲、為銭四千三卅二銭」とあり、一甲の額が一三四四銭であるという具体的数値が明らかとなり、『嶽麓書院蔵秦簡（貳）』には「貲甲直銭千三百卌四、直金二両一垂」とあった。故に、両と甲の関係について、ひいては秦律にいう両と漢代の両との関連についても、筆者は再検討を余儀なくされたのである。[5]

本論では「黄金方寸、而重一斤」の正確な意味を解明すべく、この食貨志に附された如淳の「黄金一斤、直万銭」および臣瓚の「秦以一溢為一金、漢以一斤為一金」とある注釈を手掛かりとして考察する。順序としては、まず第一章で、重量の単位である「斤」が、食貨志にいうごとく「一立方寸の黄金」を基準（原器）として一斤（＝一六両）（の重さ）を決定したのか否かについて、『睡虎地秦墓竹簡』の效律の規定との関連によって確認し、続いて第二章では、『里耶秦簡』および『嶽麓書院蔵秦簡』の記述より、甲、盾の額と爵一級の額、さらには秦律における両の額が、

『二年律令』にいう両との間にズレがあることを確認し、第三章では、重さの単位としての一斤と「黄金一立方寸」の重量との間の誤差に注目して、漢代と秦代の爵額の間に微妙なズレの生じた理由を浮かび上がらせたいと考える。これによって「黄金方寸、而重一斤」が意味するところを解明できれば幸いである。

一　『睡虎地秦墓竹簡』の效律の規定と度量衡

『中国古代度量衡図集』（文物出版社、一九八一年）によれば、秦代のものとしては、一九〇番の始皇詔銅権の重さが二五二グラム、一九一番の始皇詔銅権が二四八グラム、一九二番の両詔銅権が二五〇・四グラム、一九三番の両詔銅権が二四七・五グラム、一九四番の美陽銅権が二四〇グラムである。また五斤の権については一八六番の始皇詔銅権が一二四七グラム（一斤＝二四九・四グラム）、一八七番の始皇詔銅権が一二六四グラム（一斤＝二五二・八グラム）、一八八番の始皇詔銅権が一二四五グラム（一斤＝二四九グラム）、一八九番の始皇詔銅権が一二六五グラム（一斤＝二五三グラム）である。また、八斤のものについては一八五番の始皇詔銅権が二〇〇〇グラム（一斤＝二五〇グラム）である。以上から、一パーセント程度の誤差はあるにしても、秦代の一斤の重さがほぼ二五〇グラムであった〈補注〉ことは承認され得るであろう（前漢のものも同じ）。

では、『漢書』食貨志の「黄金方寸にして重さ一斤」が何を意味し、これが秦律にいう一甲あるいは一両という価格とどのような関連を持つのかを考察しなければならない。まず、黄金方一寸、すなわち一立方寸の金の重さはどのくらいであったかを確認する。一寸を二・三センチとすると、その体積は一二・一六七立方センチとなり、純度一〇〇パーセントの純金であれば、比重が一九・三であるから

一二・一六七×一九・三≒二三四・八（グラム）

となる。これと前述の「一斤＝二五〇グラム」とを比較すると、その誤差はすでに六パーセントとなっている。しかもこの一九・三という数値は純度百パーセントの純金が得られたという仮定での計算であるから、純度が低くなればそれだけ比重も下がり、一立方寸の金の重量は、二五〇グラムである一斤の実数値から遠ざかり、誤差はさらに広がってゆく。しかるに、それでも黄金方一寸の重量を一斤として、許容範囲内の誤差であると認められ得たのであろうか。これについては、『睡虎地秦墓竹簡』の效律の中に記される官府における度量衡の不正を罰する規定が存在したことによって、その解明が可能となる。すなわち效律の第三簡には

　衡石の不正、十六両以上ならば、官嗇夫に貲すること一甲、十六両に盈たざるより八両に到るは貲一盾。桶（斛）の不正は二升以上ならば貲一甲、二升に盈たざるより一升に到るは貲一盾。

とある。右記は戦国時代の秦で用いられた律文であり、一石の衡石の誤差が基準より一六両＝一斤（すなわち一二〇分の一＝〇・八三パーセント）以上であれば、官府の嗇夫には貲一甲の罰金を科し、その半分（〇・四二パーセント）の不正でも一盾の罰金を科すという。これは、一斛枡に二升（五〇分の一＝二パーセント）の不正で貲一甲が科せられ、一升（一パーセント）の不正で貲一盾が科せられるのに比べると、より厳しい基準であった。やや厳しすぎる感があり、そのようなチェックが現実に可能であったのかどうかについては若干の疑問は残るが、[6] 枡の基準より衡石の基準の方が厳しかったことは確かであり、したがって、一石（三〇キログラム）について六パーセントの誤差というのは、誤差として許容される範囲を遥かに超える数値であった。さらに黄金の純度が下がると、誤差はより拡大することになる。よって、黄金方一寸の黄金が一斤の錘り（権）としての標準であったという可能性はまずないと言えるのである。

　右の考察から、黄金が衡石の基準ではなかったことが明らかとなる。衡石は度量とは別の原理で、おそらくは経験的な基準によって造られたものであり、效律が定められた時点においては、方一寸の黄金が一斤という重量の基準と

なったのではない。そうすると、「黄金方寸、而重一斤」は単に一斤の近似値を示したに過ぎないのであろうか。しかしながら、この語句が食貨志の貨幣について記す下巻の冒頭部に記されたという事実を考えると、そこには黄金の価格と貨幣価値との間をつなぐ重大な情報が込められていたと見るべきではなかろうか。

なお、一甲とか一盾という貲額は、当初は軍事に関する罪を贖うために甲（よろい）や盾の現物を国に納めさせたという春秋時代の斉の歴史に由来すると見られるが[7]、秦律においては、これらがある銭額を表すようになっていた。その具体的な額については後述する通りである。

二 『里耶秦簡』および『嶽麓書院蔵秦簡』に見られる甲の額と爵価

二〇一二年に出版された『里耶秦簡（壱）』[8]によると、その第八層簡牘の第四六簡には

公士僰道西里亭、貲三甲、為銭四千卌二。

とある。右記のように、貲三甲の額が四〇三二銭であったとすると、貲一甲は一三四四銭であったことになる。また二〇一二年出版の『嶽麓書院蔵秦簡（貳）』[9]の八二―〇九五七簡には

貲一甲直銭千三百卌四、直金二両一垂、一盾直金二垂（下略）。

とあり、八三―〇九七〇簡には

馬甲一、金三両一垂、直銭千九百二十（下略）。

とある。右の二つの簡の記述から、一両と一垂の銭額を求めるべく、一両をｘ銭、一垂をｙ銭とすると次の連立方程式が成り立つ。

$2x + y = 1{,}344$

$3x + y = 1{,}920$

これを解くと、x＝五七六銭、y＝一九二銭となる。すなわち秦の一両は五七六銭、一盾（＝二垂）は三八四銭であったことになる。そして三・五盾が一甲であった。この他に馬甲という単位があり（馬甲とは原義は馬の鎧であったと思われる）、一九二〇銭であった。これらの数字を見ると、すべて一垂＝一九二銭の倍数になっており、その一九二銭も八の倍数になっていることに気づくであろう。八といえば司空律の「日居八銭」を想起する。つまり、これらの単位はすべて労働日数何日か、で表現できるのである。一垂は労働二四日、一盾は四八日、一両は七二日、一甲は一六八日、一馬甲は二四〇日となる。したがって一・五馬甲で三六〇日となり、八甲では一三四四日となり、これを労働価でいうと一〇七五二銭となるのである。実にこの額こそ、商鞅が設定した爵一級の価格であったと見られるのである[10]。以上のことを考えると、戦国時の秦において黄金の価格を定める際に、予めこれが労働価と関連づけられていたことが理解されるのである。

次に、重量の単位としての両および斤については、同書の八〇—〇四六八簡に

十六両一斤。卅斤一鈞、四鈞一石。

とあることから確認されるように、漢代と同じである。ただ、この史料（『嶽麓書院蔵秦簡』）には「黄金方寸」に関連する記述は見られない。一方、『二年律令』には金額としての「両」について、両と斤との関係が「一六両＝一斤」と記されてある[11]。また、『史記』巻三〇、平準書には

漢興（中略）。秦銭重難用。更令民鋳銭、一黄金一斤（後略）。

とあり、『史記索隠』において司馬貞は如淳と臣瓚の注を引用して、

按、如淳云「時以銭為貨、黄金一斤、直万銭」、非也。臣瓚云「秦一溢為一金、漢以一斤為一金」、是其義也。

と記してある。漢王朝の成立後、秦で用いていた半両銭が重くて不便であるが故に、民間で青銅銭（最終的には武帝期の五銖銭が定着）を造ることを認め、また、黄金「一斤」を一金としたことを伝えている。如淳注では、銭を貨幣の単位とし、「黄金一斤」を一万銭とした、という。しかし、この説については非である、と司馬貞はいう。何をもって非とするのか、その論拠は定かではない。(12) ただし、如淳説を無視することはできないと思われる。黄金一金を一万銭とした、ということには必ずや何らかの論拠があったはずである。また臣瓚は、秦では一溢(13)の金を以て一金としたが、漢では一斤の金を以て一金とした、と言い、一金の額が秦と漢とでは違っていたという指摘は示唆的であり、かつ極めて重要である。司馬貞はこの臣瓚説を是とするのである。秦が一溢を一金としたという史料についても他には見られないのであるが、必ずや基づくところがあったに違いない。

前述のごとく、「黄金方寸」を一斤とすることが不合理であるという見解に達した筆者は、臣瓚説についてもさらに追究する要を感じた。『陔余叢稿』を著した趙翼は

臣瓚曰く、「秦は一鎰を以て一金と為し、漢は一斤を以て一金と為す」と。然れば則ち古の一金は乃ち一斤というのみ。

と述べている。昔の一金というのは「金の一斤」であると言っているに過ぎない、という。これは「白金一両を以て一金と為す」というような説に対する反論であるが、趙翼は一斤の重さに対する関心はあまりなかったようである。なお、秦で用いられた重量単位が漢で改められたということを示す史料は見られない。重量の基準に変化がなかったとするならば、臣瓚説の意味するところについてはよくよく慎重に考察することが求められる。古くより鎰（溢）という単位が用いられたという記録はあっても、その重量に関しては不明であり、南宋の程大昌の『演繁露』

巻一五には

周人之金以鎰計、二十両也。漢人之金、以斤計、斤方寸而重一斤也。

とあり、この二〇両が一溢であったとされるのであるが、これも論拠については必ずしも明らかではない。これについては『小爾雅』広量に

一手之盛、謂之溢、両手謂之掬。

とあり、片手に盛った穀物の量が溢であり、両手に盛る量が掬であったという。また『儀礼』喪服に

朝一溢米、夕一溢米。

とある。朝夕の一溢の米というのは、一人分の慎ましやかな米の量をイメージしていたと推測される。それに注して後漢の鄭玄は

二十両曰、溢、為米一升二十四分升之一。

と記す。前述のように、秦と漢とでは、基本的に度量衡の変化はなかった。漢は一六両を一斤としていたことについては確かに知られていたが、秦の衡石については、後漢以降の人々はその知識が鮮明でなかったようである。鄭玄注によれば、鄭玄は一溢を一升と二四分の一の容量であったと理解していたことになる。

次に、清の胡倍翬は『儀礼正義』において、その一溢の容量がなぜ二〇両になるのかについて、『左伝』の解説（人物は不明）を紹介して

説左伝者云、百二十斤為石、則一斗十二斤為両、則一百九十二両、則一升為十九両有奇。（下略）

と述べている。すなわち、一石＝一二〇斤であり、その一〇分の一である斗の量はその一〇分の一であるから一二斤であり、これを両で示すと（一六両が一斤であるから）、一九二両となり、さらにその一〇分の一である一升が一九・

二両となり、その概数が「二〇両」である、という。しかしながら、「両」はあくまで重量単位であり、筆者は寡聞にしてこれが容量の単位として用いられた例を知らないのである。

胡倍翚が紹介した計算は数字合わせに終始した説であり、後述する見解により、史実と一致するとはとうてい考えられない。一流とされる学者の認識においても、溢（鎰）という単位については長らく不明のままであった状況が右の注記から読み取れる。

ただし、鄭玄および胡倍翚が「鎰」を容量の単位であったと見ていたことは重要である。鎰は秦以前は溢と記されたようであるが、重さの単位であるはずなのに、どうしてサンズイ偏が用いられるのか、筆者も疑問であった。そしてその理由について次のように考えたのである。すなわち、玉や金の計量の際に、水槽が用いられ、玉や金をこれに浸けてその排水量を計量すれば、その体積を求めることができる。玉や金は、その質の問題について別途基準を設けておきさえすれば(14)、その体積によってその本体価格を求め得るであろう、と。例えば、ある量の金塊があってその排水量が一合であったとすれば、その体積は一・六二立方寸とな（り、これが一・六二金とな）るのである。胡倍翚が考えたように、両という単位が容量の単位として用いられたとはとうてい考えられないのであるが、溢が容量の単位であると見たという点では、鄭玄（および胡倍翚）の見方は当たっていた。

さて、鎰がもし単純に重量単位であったとするならば、二〇両をわざわざ鎰という別の単位で表現するまでもなかろう。重量単位として「一六両＝一斤」であったことは『嶽麓書院蔵秦簡』からも明らかであるが、二〇両を一金としたとする史料については、信頼できるものが見当たらないのである。

ここで、再度食貨志の「黄金方寸、而重一斤」とあることに立ち帰ると、「黄金方寸」が現実の物体であり、これを一斤とするというならば、趙翼のいうように、黄金方寸（重さがほぼ一斤）を「一金」としたと解するしかない。こ

れを「金一斤」とも称したのである。例えば『漢書』高帝紀に

（陳）平に黄金四万斤を与へ、以て楚の君臣を間疏せしむ。

とあるように、四万斤＝四万金＝四億銭であったと見られよう。純度が一〇〇％《パーセント》に近い黄金が実際にあったということを前提とすると、「黄金方寸」を一金とし、これを銭で評価すると、如淳のいうごとく、「直万銭」であったということになるのである。

では、次に問題となるのは、臣瓚注のいう「秦為一溢為一金」が何を意味したかということである。筆者の理解によれば、要するに漢の一金よりは秦の一金の方が重かったということであり、後代の者が一六両より重いということで二〇両（あるいは二四両）と解した（に過ぎない）と思われる。筆者は第一部第三章で、秦律においては八甲（一〇七五二銭）が爵一級の価格であると推定した。もしそれが正しいとするならば、爵一級の価格こそが「一金」であった、とする見通しが立つのである。

さて、確かにいえることは、漢における金一斤の価格を一万銭と設定していたことである。前述の史料からも、秦代以来、重量単位としては「一斤＝二五〇g《グラム》」であったことおよび「一六両＝一斤」であったことは動かせない。故に、漢において一斤の金が一万銭であったとすれば、一両の銭額は六二五銭となるはずである。ところが『嶽麓書院蔵秦簡』によれば、秦における一両は五七六銭であった。これをどのように理解すればよいのか。この問題解決こそが冒頭の課題「黄金方寸、而重一斤」を解く上での重要なステップとなる。ここで注目すべきことは、漢は貨幣の単位を秦から踏襲したのではない、という新出史料によって得られる新たなる知見である。秦においては一甲が一三四四銭であり、八甲が爵一級の価格であったと見られ(15)、その銭額は一〇七五二銭であった。漢代の「爵一級＝一万銭」の額よりも七・五二％《パーセント》だけ高価であったことになる。実はこの七・五二％《パーセント》という数値は重要であり、我々はここから

ある結論に導かれることになるのである。

三　黄金方寸と標準金塊

漢代の一両は一〇〇〇〇銭の一六分の一、すなわち六二五銭であった。しかるに『嶽麓書院蔵秦簡』によれば、秦の一両の額は五七六銭（＝三垂）であり、銭額としての漢の一両は秦のそれよりは高額であったことが確認されたのである。一方、黄金一鎰（重量は二五〇グラム）は黄金方寸（前述したように重さは二三五グラム弱である）よりもやや高額であったことになる。

ここで漢書食貨志下の冒頭部を再掲すると

黄金方寸、而重一斤

となっていた。仮に純度一〇〇パーセントの純金が得られたとすると、その比重は一九・三である。一寸を二・三センチとして計算すると、一立方寸の金の体積は

二・三×二・三×二・三≒一二・二（立方センチ）

となる。その重さは

一二・二×一九・三≒二三五グラム

となる。食貨志ではこれが「一斤」であるというのである。しかしながら、前掲の『中国古代度量衡図集』によれば

一斤＝二五〇グラム

であった。この二三五グラムと二五〇グラムとの間に六パーセントの誤差がある。実は、この誤差のよって来る所以を追究することに

よって、我々は問題解決への糸口を得ることができるのである。

そこで考えなければならないのが、前掲の『睡虎地秦墓竹簡』の效律に見られる通り、量よりも衡の方がより厳正な基準を要求されたことであり、これは一定の体積を占める金属の重さによって衡石の基準を定めたのではない、という事実を示す。しかも、純度一〇〇パーセントの純金でない限り確定できない金の比重を掛け合わせるなら、誤差はより広がることになる。しかるに衡石の基準の方がマスの基準よりも厳しかったということは、重さの基準については、これとは別の方法でそれが定められていたことになる。つまり、尺度によって定まる量とは別に、重さの基準が定められていた、ということである。度量衡の定められた順序をいうと、度（および量）が定められて然る後に衡が定められたのではなく、衡石の正式な基準が早い段階で定められ、その後で度（および量）との関連についての基準（あるいは目安）が定められた、ということになる。(16)（金玉や薬剤を計量する場合の厳密さが求められたことは疑いない。）

そこで筆者が考察した仮説は以下のごとくである。すなわち、「黄金方寸」とは、一金、すなわち一万銭に設定された標準金塊であった、と。つまり、一立方寸の金塊の重さが約一斤であるが、その額を一金として、これを一万銭の標準とする、というのがその意味するところであったと見られるのである。この「方寸」の標準金塊を秦では国家が保管し管理していたと思われる。黄金の「方寸」の遺物としては、後漢時代に下るけれども例えば「漢委奴国王」の印璽が現存する。(17)これは厚さは一寸はないけれども取手まで含めるとその高さが一寸（弱）であり、底面はほぼ正確に一平方寸（強）となっている。金製品の寸法を正確に取ってゆくこうした技術が、すでに戦国時代以前の頃よりあったと仮定するならば、一立方寸の標準金塊を造ることなどは、むしろ容易なことであったと推察できるであろう。

なお、秦律における爵一級の額でもある八甲は一〇七五二銭であった。これが二五〇グラムの金塊の価格でもあったとすれば、これと同質の方一寸の金塊の重量 x を求めると、次の等式が成り立つ。

10000：10752 ＝ x ：250

右の式よりxの値を求めると

x ＝232.5（グラム）

となる。つまり、一万銭の標準金塊の重量が二三二・五グラムであったことになる。したがって、この金塊（一立方寸）の比重を求めると

232.5 ÷ 12.167 ≒ 19.1

となり、その金塊の比重は純金の比重に近かったことになる。一九・一というこの数値は、標準金塊は純度一〇〇パーセント一九・三の比重に極めて近く、このことは、秦代において、不純物のほとんどない（したがって比重が一九・三に極めて近い）金塊の「方寸」が一万銭と定められていたということと対応すると思われるのである。

右の結果を検証すると、次のようになる。一万銭の標準金塊が一立方寸であって、それは純金に近く、その比重が一九・一であったことになり、全体の重量が二三二・五グラムであったのである。

なお、秦律の原型を作ったのは商鞅であるが、彼はその基礎として新たな爵制を定めた。その際、戦闘における斬首の功に酬いるべく、敵の甲首一級につき爵一級を与え、これに田一頃と宅地九畝[18]（実は八畝）とを付与した。田の価格を一頃一万銭とすると、宅地の九（実は八）畝分とを併せると一〇九〇〇（一〇八〇〇）銭となる。この額が爵一級の価格一〇七五二銭と極めて近い値であることに注目したい。偶然にそのようになったというよりは、当初より商鞅がそのように設定したものと見る方が妥当ではないかと思われるのである。[19]すなわち、爵一級につき田一頃（一〇〇畝）と一宅（八畝）とを付与することによって、爵価を八甲＝五六垂により近似する価に設定したと理解されるのである。

むすび

以上の考察から、秦代の貲額の基本単位である甲と盾との関係について、二盾＝一甲とする筆者の以前の見解は修正を必要とすることとなった。秦代の一両は五七六銭であり、漢代の六二五銭の額とは異なっていたのであって、さらに八甲が爵一級の額であり、銭額でいうと一〇七五二銭であった。一方、漢代の爵一級の価格は一万銭であり、わずかではあるが、七・五二パーセントの差があった。実はそのわずかな違いの認識が、秦代の貨幣の基準と漢代の貨幣の基準の違いを知る手掛かりとなるのである。

以上の検討から、『漢書』食貨志の「黄金方寸にして重さ一斤」の「黄金方寸」とは、一金、すなわち一万銭に設定された標準金塊の量を表現したものとする仮説は承認されてよいと思われる。つまり、一立方寸の金の重さが約一斤であるが、その額を一金として、これを一万銭とする、というのがその意味するところであった。ところが、その記述に後生の誤解を招く不備があったのである。これを厳正に表記するなら

黄金方寸、重略一斤、謂之一金（直万銭）。

ということであった。これが漢代の金の価格の基準であった。

一方、秦代では方一寸の純金に近い黄金二三二・五グラムを一〇〇〇〇銭の標準金塊とし、一方では、ちょうど一斤＝二五〇グラムを八甲とし、これを爵一級の値とした。したがって、一甲は一三四四銭であった。「方一寸」の黄金は、重さの基準となる原器として用いられたのではなく、方一寸（一立方寸）の、極めて純金に近い標準金塊（比重一九・一程度）であり、これを一〇〇〇〇銭と定めたのであった。一方、重さの単位としては一斤＝二五〇グラムであり、その

一六分の一が一両（一五・六グラム）であった。一甲の額は一三四四銭であるが、爵一級（＝八甲）分を労役によって贖うとすれば一三四四日でそれが可能であった。

秦律では重量としての「斤」や「両」とは別に、罰金額としては貲二甲、貲一甲、貲一盾を用いた。初期の秦律には貲一盾と二盾の間に貲一両も存在したと思われる。[20] 一方、文帝期よりも前の漢律であった『二年律令』では「甲」や「盾」の単位は用いず、「罰金四両」「罰金一両」というように、「両」を単位として用いた。このことは　重さの単位としての斤と標準金塊一〇〇〇〇銭の金額としての斤との間のズレを解消し

一両＝六二五銭

として罰金や賞与の単位についても漢王朝が両に統一したことを物語っているのである。つまり、漢代の一両とは、黄金一両（一斤の一六分の一）の値段そのものであった。そしてその一六倍の金一斤は、これが正真正銘の「方一寸」であり、その価格がちょうど一万銭であった。なお、秦における一両は五七六銭であり、それを一六倍しても一〇〇〇〇銭とはならない。漢は度量衡については秦を踏襲したけれども、貨幣制は踏襲しなかったのである。ただし、金の価値が変動したわけではない。

注

（1）『睡虎地秦墓竹簡』の效律に「官嗇夫貲二甲ならば令・丞は貲一甲、官嗇夫一甲ならば令・丞は貲一盾。」とあることから、過失の際の現場責任者たる官嗇夫の半額が上級責任者たる令および丞の罰として科せられたと見れば、一甲の半額が一盾であると見られたのである。

（2）堀敏一「雲夢秦簡にみえる奴隷身分」（『中国古代の身分制——良と践——』〈汲古書院、一九八七年〉所収）を参照。

（3）秦律では盗一〇銭の罪は貲一盾であったが、『二年律令』では罰金一両であった。

（4）拙稿「秦漢律における贖刑制再考――刑期との関連を探る――」（愛媛大学「資料学」研究会『資料学の方法を探る（五）』二〇〇六年）を参照。

（5）第一部第三章を参照されたい。秦および漢律の贖刑の制度では、贖刑の労働が一日八銭で計算され、一年で約四両（二五〇〇銭）、四年で一斤の額が返済可能であった。

（6）『中国古代度量衡図集』によれば、秦の一石の衡石は①三〇七五〇グラム、②三一八一〇グラム、③三〇五〇〇グラム、④三一五〇〇グラム、⑤三〇四三〇グラム、⑥三二二五七グラム、⑦三〇七五〇グラム、⑧二八一五〇グラム、⑨三一四三一グラムであった。この九つの平均値は三〇八四二グラム（一斤は二五七グラム）であるが、この平均値と比べてその誤差が六パーセントを超えるものもある。重量が大になると、正確なものを造ることが困難となるのであろう。中央にあったはずの基準原器にばらつきがあったとすれば、どうして各地方の衡石をチェックできたのか。会計監査官が大きな衡石を持ち歩いて各県等の衡石をチェックして回ったとも考え難い。効律がどの程度厳格に実施されたかについては、いろいろと疑問が残る。ただ、衡に関して厳格であったのには爵制の基盤をしっかりと固めるという意図があったと思われる。

（7）『国語』斉語に「管子対曰、制重罪贖以犀甲一戟、軽罪贖以韇盾一戟、小罪讁以金分。」とある。

（8）文物出版社、二〇〇一年。

（9）上海辞書出版社、二〇一一年。

（10）第一部第三章を参照。

（11）『二年律令』一一九簡具律に「贖死は金二斤八両。贖城旦舂・鬼薪白粲は金一斤八両。贖斬・府は金一斤四両。贖劓・黥は金一斤。贖耐は金十二両。贖遷は金八両」とあり、一六両＝一斤となっており、「日居八銭」の労賃で三一二・五日働けばちょうど四両となり、四年で一斤＝一万銭となる。また、「官府に居して公食する者は日居六銭」ともあり、一日二銭に相当する食費については居貲贖責の本人が負担させられたことも考えられるが、ともかく一年間の労役によって四両分の返済が可能であったと見て大過ない。一斤は四年分の労働価格でもあった。また、爵一級分の価格でもあった。

(12) 司馬貞は唐代の人であり、唐代の一寸は三〇《ミリ》に訛長しており、「方一寸」は秦漢時代の「方一寸」の一・二倍を越える。その金を一万銭とすると、おそらくは唐代の相場と比べても半額程度であったことになる。金の価格にそれほどの変動があったとすることに司馬貞は納得ができなかった故に、「黄金一金、直万銭」とする如淳説が誤っていると判断したのではないか。これに比して、臣瓚説では一斤が一万銭とは述べていない。故にこの臣瓚説の方に賛同したのであろう。なお、唐代の一斤は藪内清氏によれば、五九六・八《グラム》であった（平凡社『アジア歴史事典』一九六一年）。唐代の金の一斤の価格は二万銭程度ではなかったか。

(13) 鎰については、拙稿「幻の重量単位『鎰』について」（愛媛大学「資料学」研究会編『資料学の方法を探る（一三）』二〇一四年）を参照されたい。

(14) 『韓非子』に引用される卞和の璞玉の故事からも知られるように、古来、玉の質の鑑定については人々は生命をかけるほど関心が高かった。そうした経験の積み重ねによって、玉の質については細かなランクづけがなされていたと推定される。故に質のランクと玉の体積の二つの要素によって、玉の価格は定められ得たと思われる。一方、金の質については、漢代以前より残されている金印の質の高さからも窺われるように、春秋戦国の時代より、純度九〇《パーセント》を越える金の製造技術はあったと推測し得るし、既述のように、体積を量った上で重量を調べれば、その質についても一目瞭然となろう。このように考えると、玉や金の計量に水槽が用いられたことも疑いないと思われる。このような背景があるなら、「黄金方寸」というのが、金の価格の標準となり得たことが容易に理解されるのではなかろうか。

(15) 商鞅の懐いた概念図としてはおおまかに爵一級をほぼ一万銭とするものがあったであろう。彼が秦律を整備した際に、爵一級の額として八甲（一〇七五二銭）を当てたと見られる。その故に、一万銭との間の調整分として、田一頃の他に宅地九（実は八）畝を余分に付加したと解釈できるのである。

(16) 殷虚から一六《センチ》の尺が出土しており（本書四一一～二頁を参照）、もとより尺度の起源の方が早いと思われるが、度と量との関係がどのように定められたかについてはまだ謎が残っている。ただ、戦国時代の商鞅が爵制を定めるに当たって、度量衡の関連を再検討したことは確かかと思われる。春秋時代にもマスは存在していたのであるが、量と衡との関連については定められていなかったことが考えられる。とすると、金や玉の計量は、その容量で量っていたという蓋然性がさらに高くなる。水槽につけてその排水量によって体積は求められる。そうした伝統のなかで、あるいは商鞅が、金の体積と重量との関連を検討して、爵の価格と一鎰の黄金とを等価としたと見るのが妥当であろう。こうした経過がわからなくなると、鎰はまぼろしの重量単位となってしまったと思われる。ただし、戦国の楚に残っていたことは補注を参照されたい。

(17) 福岡市博物館所蔵。

(18) 宅地に「九畝」はやや大きすぎる感がある。李悝の尽地力の教によれば、一〇〇歩一畝制をとっていた当時の魏における一頃の田よりの収穫一五〇石を石三〇銭で換金すると四五〇〇銭となる。一方、秦では二四〇歩一畝制であった故に、一頃からの収穫量は二・四倍となり、金額にすると一〇八〇〇銭となる。商鞅はこのことを意識していたのではないか。その故に、「九畝」はもともと「八畝」であった可能性が考えられる。おそらくは、そのような経緯を知らない漢代の人物が、漢代の基準（三〇歩四方を一宅とする）に合わせて、もともと境内篇に「八畝」であったものを「九畝」に改めたのであろう。『二年律令』三一四簡の戸律に「宅の大きさは方卅歩」とあるのを参照。田と宅とを合わせた標準価格が一〇八〇〇銭であれば、爵一級の額一〇七五二銭に限り無く近い数値といえる。また、前述した秦の単位が八で割り切れる数値になっていることからしても、一〇八〇〇銭という額の方がふさわしい。

(19) 一頃の田の他に宅地をプラスしたことにはそれなりの意味があったはずである。爵と甲や両や盾との関連性も当然考慮されていたはずであり、何れも垂（＝一九二銭）の倍数であったに違いない。

(20) 第一部第三章を参照。

〈補注〉『中国古代度量衡図集』所掲第一五九番目の図版によれば九番目の二二四・四グラムの環権の右に「半益（鎰）」の文字が刻まれており、戦国の楚において一鎰が二五〇グラムであったことを示している。戦国時代の秦における「斤」と楚における「鎰」とが重量において同量であったということになる。

中国の古尺について

はじめに

今日では戦国期以降の物差しやマスの出土は数多く報告されており、その故に、秦漢の一尺がほぼ二三・〇センチであったことについて異論の余地はない。『史記』商君列伝には戦国時の秦は商鞅の手によって「斗桶・権衡・丈尺を平しく」したとあり、また同書秦始皇本紀には、天下を統一した始皇帝が「法度・衡石・丈尺を一に」したと記すのであるが、しかし、この度量衡統一の実態については必ずしも明らかではなかった。また、商鞅の手によって二三センチに確定された尺がその後、南北朝期を経て訛長して行き、やがて唐代の三〇センチ強にまでなるのであるが、ではその訛長の原因はどこに求められるのであろうか。また中国における尺と日本の尺との関係は如何。本論ではこれらの基本的問題について探究する。

順序としては、まず秦漢以前の尺がほとんど知られていなかった時点で関野雄氏によってその実態究明が試みられた戦国尺を取り上げ、その方法論と問題点を検討し、続いて時間的には遡ることになるが、我が国の江戸時代中期に『隋書』律暦志等の文献を中心に考察した荻生徂徠の方法論を検討し、種々の尺度の相互関係及び量との関係について考察を加えたい。もって古代の尺度の実態究明に、多少なりとも寄与できればと考える。

一　関野氏の方法論

戦国時代の諸国においては、度量衡のうち、少なくとも度はすでに統一されたものが用いられていた。このことは、研究材料の乏しかった一九五三年に発表された関野氏の研究によって明らかにされた[1]。本章では同氏の研究の概要を筆者の理解に基づいて以下に紹介したい。

中国古代の度量衡を知る手がかりとなる根本史料は『隋書』律暦志（以下これを隋志と略称す）であるが、関野氏の場合はそこに記される記録と実際に検証し得る遺物との間の接点を容易に見出すことのできない時代であった。そこで氏は次のような方針をとる。すなわち「或る一定の尺度でつくられているであろうところの遺跡や遺物を実測し、その数値からもとの尺度を見つけ出す」というものである。そして貨幣として広く用いられていた戦国期鋳造の刀・布にその目標を絞る。というのは氏によれば、刀・布はその素材である青銅地金の素材価値と流通価値とが等しい「実体貨幣」[2]であって、その流通価値を一定に保つためには品質と重量の統一が求められ、そのために大きさに規格を与える必要があった故に、そこではある一定の尺度が用いられていたと見られるからである。さて、その際、この尺度によって定められた刀・布の大きさおよび各部の長さに端数がないよう定められていたと考えられる。したがって、刀・布の大きさがきれいな数値で割りきれるような物差しを求めれば、これがもとになった尺度の候補として上げ得ることになる。

そこで関野氏は、刀・布のうち、破損の程度が軽く、より精巧な造りとなっている布をまず取り上げ、その基づいた尺度を求め、これを刀に適用して検証するという方法論に拠った。布には空首布・方肩尖足布・方肩方足布・円肩方足布・円肩円足布・三孔布などの形式があるが、そのうちの一群の方肩尖足布についてみると、その大部分の長さが五四ミリで、さらに綿密な考証を経て、[3]この一群の布は確かに五四ミリを基準にしていたらしいことが判明する。また、別の一回り大きな方肩尖足布の一群があり、それらは「甘丹（邯鄲）」「晉昜（晋陽）」「茲氏」「大陰」「藺」などの製造地を記す銘があり、その長さは前述の小型のものの一・五倍に当たる八一ミリが標準となっている。さらにまた「藺」の銘を有する大・中・小の三群の円肩円足布の長さがそれぞれ七二ミリ・六三ミリ・五四ミリとなっている事実も認められ、これらの数値を見ると、面白いことにすべて九ミリの倍数になっている。よって、これらの布はすべて九ミリまたはその倍数の一八ミリを単位とする尺度によって作られたものと推定できる。関野氏はこのうちの一八〇ミリ尺が戦国時代に用いられた（小）尺であったと結論づけるのである。

右は布の全長を基にして戦国尺を推定する過程を示したものであるが、この尺が他の部分にも当てはまり、例えば大型空首尖足布に全長七寸、首の長さ二寸、胴の長さ三寸、股下の高さ三寸、胴の幅三寸、尖足の開き三寸五分となっているものがあり、布全体の構成が多くこの尺によってできあがっているという。[4]このように、すべての布は一八〇ミリ尺によって作られていたことが判明する。そこでこの尺を刀に適用すると、斉刀が一尺、明刀が七寸五分、尖首刀が九寸と八寸五分、円首刀が八寸・七寸五分・七寸を標準としており、さらに各部の寸法もこの尺によっていたことがほぼ認められ、また刀・布の他に銭貨の場合も直径二寸と一寸五分のものが多くあることが明らかになった。

次に、この戦国尺の用いられた時期および地理的範囲を求め、「藺」という銘の刻され、製造時期の異なる諸種の貨幣をこの一八〇ミリ尺で測って次頁の〈表一〉のような結果を得た。

表一　各種貨幣の実測値と戦国尺への換算値

貨幣の種類	実測値（ミリ）	戦国尺への換算値
銭貨	三六	二寸
方肩方足布	四五	二寸五分
方肩尖足布（小）	五四	三寸
円肩円足布（小）	五四	三寸
円肩円足布（中）	六三	三寸五分
円肩円足布（大）	七二	四寸
方肩円足布（大）	八一	四寸五分
円首刀	一一七	六寸五分
尖首刀	一四四	八寸

右表のごとく、藺の地で造られた九種類の貨幣は一八ミリ寸（一八〇ミリ尺）の数値できれいに割り切れる。このことから、当地において最初に方肩尖足布が造られるまで、終始一貫して一八〇ミリ尺の用いられていたことが知られる。次に、「甘丹」「晉易」「離石」などの銘を記す貨幣においてもこれと同様の結果が得られ、いずれの地域にあっても共通の尺度の用いられていたことが認められ、よって、戦国時代には時間的にも空間的にも統一した尺度の存していたことが明らかになるのである。

ところで、『周礼』考工記等の諸文献には成人の身長として「七尺」あるいは「八尺」という長さが見えており、一八〇ミリ尺による数値であるとすれば、これはわずか一二六センチあるいは一四四センチに過ぎず、あまりにも短かすぎる。このことから関野氏は、これまでの論に再検討を加えるのである。そして『説文解字』には

周制（中略）諸そ度量は皆人の体を以て法と為す。（中略）咫は中なる婦人の手の長さ八寸、之を咫と謂ふ。周尺なり。

とある。これによって関野氏は

一八〇ミリ尺の八寸＝一咫＝一周尺

であると解した。そして、これまで検討してきた一八〇ミリ尺を戦国期に複数用いられていた尺の内の小さい方の八寸尺（＝戦国小尺）と名付け、これに対して、一〇寸の大尺（＝二二五ミリの戦国大尺）が存在していたとして、これで身長や土木工事の際の測量等がなされたと解したのである。成人の男女では手の長さが一〇：八くらいの比であり、これが大尺と小尺（＝八寸の周尺）との比となった、という理解であったと思われる。

次に、この戦国大尺が用いられていたことを裏付ける証拠として、趙王城から出土した瓦の類を測定すると、その長さ、幅、厚さがそれぞれ二二五ミリ尺で割り切れる例があり、これを偶然というにはあまりにも寸法が合いすぎるというのである。

その後、秦代においても戦国大尺と戦国小尺とは併用され、身長や土地の測量には大尺が用いられたものと関野氏は解し、したがって、始皇帝が度量衡を統一したといっても、在来用いられていたものを再確認したに過ぎず、そしてこの二二五ミリ尺がその後訛長していったと見るのである。およそ以上が関野氏の見解の概略である〈補注1〉。

二　関野説の問題点とその検討

関野氏の戦国小尺を求めた手際は実に鮮やかで、かつ緻密であった。戦国小尺の基準尺なるものが存在していたか否かは今日なお不明ではあるが、しかし氏は多くの事例に当たっており、一八〇ミリ尺が現実に用いられていた時期のあったことは疑いないと筆者には思われる。

しかしながら、この戦国小尺の場合の検証の綿密さにくらべると、戦国大尺の検証についてはやや大雑把な部分があるやに思われる。そこで戦国大尺の論拠に立ち返って、検討をしておく必要がある。関野氏は戦国の小尺と大尺が八対一〇の比になっていたというが、その論拠として用いられたのが『説文』の尺部の咫の項であった。そこには

中婦人手長八寸、謂之咫、周尺也。

とある。右文にいう八寸＝一周尺とする説は古くよりあった。しかしながら、上文では標準的な体格の婦人が手を開いたときの長さが周尺の八寸であり、これが咫の長さであると述べているのであって、周尺の一尺＝（漢尺の）八寸と言っているのかどうかは疑問である。そのことは『度量衡攷』において荻生徂徠も指摘するところである。すなわち『国語』巻五の魯語に

粛慎氏、貢楛矢石砮、其長尺有咫。

とあり、これは関野氏自身も引用する所であるが、上文中の「尺有咫」は一尺八寸を指しているはずである。関野氏はさらに宋の陳暘の『楽書』に記す

周家は十寸・八寸を皆な尺となす。

という語を挙げているが、これとて後世からの解釈であり、結局は周尺が八寸であったとする決定的証拠は確認し得ない。ただし、周代に用いられた尺が漢代に用いられていた尺よりも二割程度短いものであったことについては、漢代の知識人は識っていたという可能性は十分に考えられる。けれども論拠となる文献は見出しえなかったようである。(5)

なお、二二五ミリ尺の現物は出土していない。関野氏はその戦国大尺が存在した証拠を求めて、趙王城出土の長方塼の報告書(6)を挙げている。そこには縦三八・三センチ、横四〇・三センチ、厚さが三・四センチであったことが記されている。これを二二五ミリ尺に換算すると、縦一・七二尺、横一・七九一尺、厚さ一・五一一寸となるという。これは概数でいえば縦一・七尺、横一・八尺、厚さ一・五寸ということになる。しかしながら、これはピタリと割り切れるわけではない。関野氏はこの他にも長さ一尺六寸、幅六寸の丸瓦、長さが一尺六寸に相当する平瓦があったと述べるが、願わくば、もっと他例も欲しいところである。また戦国大尺と戦国小尺の比が一〇対八であったという決定的論拠が不十分と思われるのである。

以上、関野説を紹介し、批判してきたが、何と言っても関野氏の功績は、実際の物差しの出土報告のほとんどない時点で貨幣等の遺物から当時用いられた尺度を推定したということであって、その手法については敬服すべきと思われる。就中、政治的な統一に先だってほぼ統一された度量衡が各地で用いられていたことが明らかになったことは、古代史理解のためにも不滅の業績であったとされねばならない。

本章の結びとして、上海博物館所蔵の商鞅銅方升(7)について次に述べておかねばならない。商鞅方升は戦国時代の秦の考公に仕えた大良造商鞅の命によって作製された法定の一升枡であるが故に、方塼の場合とちがって、その制作に際しては技術的に可能な限りの精度が求められたことは言うまでもない。その各部の寸法を戦国小尺、戦国大尺、および二三〇ミリ尺、二三一ミリ尺で測った数値を示せば次頁の〈表二〉のごとくなる（換算値の小数点第三位以下切り捨て）。

表二　布貨の各部の測定値と各種の尺への換算値

測定箇所	測定値	戦国小尺	戦国大尺	二三〇ミリ尺	二三一ミリ尺
全長	一八・七	一〇・三九	八・三二	八・一三	八・〇九
長さ	一二・四七四	六・九三	五・五四	五・四二	五・四〇
寛さ	六・九九四二	三・八七	三・〇九	三・〇四	三・〇〇
深さ	二・三二	一・二九	一・三〇	一・〇一	一・〇〇

右表からは、関野氏のいう戦国小尺でも戦国大尺でも商鞅方升の各部の長さがすべて割り切れないのに、二三一ミリ尺を用いるならばきれいに割り切れることになる。これによって、上海博物館所蔵の商鞅胴方升が、限り無く二三一ミリに近い尺によって製造されたことが明らかとなろう。全長には多少の誤差があるが、長さ五・四寸、寛さ三寸、深さ一寸と精巧に造られていることが確認されるのである。なお、容量については左壁の刻文通り「十六尊五分尊之壱」（一六・二立方寸）となっている。

さて、議論をもとに戻すと、瓦や煉瓦の場合は、その製造のさい、貨幣の場合ほどには精密さは求められない。また縮み代も貨幣よりは大であろう。上記の塼や煉瓦が二二五ミリ尺でほぼ割り切れたという結果から判断するならば、その縮み代の具合があって、むしろ上記の胴方升の場合と同じく、二三〇〜二三一ミリの尺で作成されたとするのが妥当ではないかと思われる。

三　歴代律暦志の記述と徂徠の方法論

度量衡の問題は『史記』巻二五の律書中には記されておらず、前漢末の劉歆が度量衡の起源を管楽器の一種である黄鍾に求め、その説を班固が『漢書』律暦志に取り上げて以来、度量衡は律暦志において扱われるようになる。劉歆は黄鍾の各部の寸法を決するのは秬黍（くろきび）の大きさおよびかさであったという。すなわち中程度の大きさの秬黍を横に並べた九〇個分を黄鍾の管の長さとし、一個分を一分、一〇分を一寸、一〇寸を一尺、一〇尺を一丈、一〇丈を一引とした。次に量としては、前述の黄鍾の龠中に中程度の秬黍一二〇〇個が入るような太さに定めて、その容量を一龠とし、二龠を一合、一〇合を一升、一〇升を一斗、一〇斗を一斛とした。次に衡については、一龠中の秬黍一二〇〇個分の重さを一二銖とし、二四銖を一両とし、一六両を一斤、三〇斤を一鈞、四鈞を一石と定めたという(8)。

右『漢書』律暦志の記述に対して、荻生徂徠は『度量衡攷』において、次のように評している。

度量は帝王の制、諸を史籍に載す。儒者の当に知るべき所なり。（中略）豪忽の微は目力及ばず、故に楽工は律を截るに耳を以てす。（中略）累黍の説は漢儒に出で本より定準なし。其の本原を究むるに所謂度量衡は皆黄鍾に生ずと云ふが是れ其の根由たり。量は度を以て求む可し。而るに衡は則ち得可からず。故に一龠の黍を以て衡を生ぜるのみ。陰陽五行、理気象数の自然というは漢儒の溺る所、宋儒又之に溺れて儒者千歳に或は卒に解く可からず。（中略）夫れ黍に肥瘠有り、大小定まらず。律は高にして度の短からんことを欲すれば其の大なるものを取る。皆元を黍に託して以て己が意の為さんと欲する所を求む。故に司馬（光）君実は黒黍の説を取らず。一に古尺を以て断と為さんと欲す。苟も史籍を読まば、古今の弊、暁然として悟る可し。

徂徠は「度量衡は帝王の制」つまり帝王によって人為的に定められたものであり、自然的に定まったものではないと主張する。音律の微妙な差異は専門家である楽工の耳によって聞き分けられ、楽工の音感を基にして律管の長さが定められるのであって、多くの儒者たちが考えたがるように、自然の法則によって律管の長さについて予めその数値が定まっていたというのは現実と相容れない逆転した発想であると厳しく指摘する。これは今日の我々の目から見てきわめて合理的な見解であるが、伝統の枠にとらわれる人々には、このような視点を見出すことが困難であったようだ。さらに徂徠はいう。黒黍には大小があり、収穫までの諸条件によって、実の大きさや重量も一定ではない。その故に、宋儒の司馬光は黒黍の説を取らなかった。要するに漢儒劉歆の説には正当な論拠がなく、また音律によって度が定められたのではない、というのが徂徠の見解であった。

さて、それでは日本近世の半ばにあって、徂徠に中国古代の尺の実態を知り得る手段はあったのか。その方法論を説く徂徠は、まず最も信頼し得る史料が『隋書』巻一六、律暦志であることを明示して、足らざる所を『玉海』等の諸文献で補う。隋志には周から後漢までの間に用いられた尺度（＝周尺）を晋前尺とし、これらを基準として隋代までの一五種類の尺度があったことを記している。しかしながら、隋以前の遺物として実測可能なものは稀にしかなく、まして辺境の日本においては、たとえ「大泉五十」等の宝貨を伝えることがあっても、偽物との判別が困難であった。そこで徂徠が眼を付けたのは、当時日本にも多量に輸入されていた、唐朝製造の開元通宝銭であった。徂徠は次のようにいう。

之を求むるの法、貨泉、大泉は世に或いは之有れども年代久遠にして真偽知る可からず。且つ周漢の古銭は世々之を宝とす。故に贗物多く憑とす可からず。只だ開元銭のみ世々多く有り、人も亦之を宝とせず。唐書は明らかに径八分と言ふ。吾が邦の尺を以て之を校るに、亦八分なり。故に知んぬ。吾が邦も亦唐制を稟けたることを。

つまり、その開元通宝が当時の日本でも多数実見できたのである。徂徠等による実測値は、当時の日本尺で八分であった。しかして『旧唐書』志二八、食貨上には

武徳四年（六二一年）七月、廃五銖銭、行開元通宝銭。径八分、重二銖四絫。

とあり、『新唐書』巻五四、食貨志にも同内容が記されている。これによって、開元通宝の直径が唐代の八分（唐大尺）であったことが確認され、徂徠の用いた江戸時代の尺での八分と等しかったことになる。

なお、ここで留意しなければならないことは、当時日本に輸入されていた開元銭がすべて精確に直径八分であったとは限らないということである。この問題に対処して徂徠は次のように記す。

或るひとの疑うらくは「開元銭の今に存するもの乃ち大小厚薄斉はざるもの有らん。今尺を以て之を校るに八分を過るもの有り、及ばざるもの有り。豪忽の差無きにしもあらず。小なるを択びて十を累ぬれば則ち七寸八、九分、大なるを以て累ぬれば則ち八寸、四分に至る。是れ銭は物為りて本より尺度の為に設けたるには非ず、当時新たに鋳るとき既に当に斉しからざるべし。況んや降りて五代に至りて世世にして鋳、年を暦ること久遠なれば輪郭頗る銷す。何ぞ以て準と為るに足らんや」と。是れ誠に然り。小なるを択びて之を累ぬるは其の短からんことを欲すればなり。大なるを択びて之を累ぬるは其の長からんことを欲すればなり。今平心を以て之を求むれば、大小厚薄の斉はざる有りと雖も、之を要するに皆八分に遠からじ。唐の八分と曰ひ、今之を校るに亦八分なるときは則ち今尺は則ち唐の大尺なること亦何ぞ疑はんや。況んや吾が唐制を稟くること国史に証せらる可きをや。此を以て周尺を求むるも亦豪忽の差無きにあらず。然も諸を楽律量法に求め諸を人事に証するに、書伝の記す所皆允へるときは其れ亦可なるのみ。

すなわち、無意図的に一〇個選んだ開元銭を並べるならば、その合計が八寸となるのであって、一個の直径は八分と

なり、『唐書』の記述と一致する。しかも日本の尺が唐制を承けたものであることは史実であり、これを史書の伝える人事と照らして不適合がなければ、日本尺＝唐（大）尺なることが検証されるという。ただし、四桁にも五桁にも及ぶ精度はこの際要求されないし、また肉眼で確認される範囲を超えるという。

徂徠の方法は現実的でかつ的確である。微少のところにこだわらず、しかも当時としては可能な限りの精確さを求めようとする態度には敬服するばかりである。

では次に、確かな文献とされる隋志に記す晋前尺（＝周尺＝秦漢尺）と唐尺との関連を示す史料があるか。これを求めることが文献と物証とを結び付ける鍵となる。

まず、周尺＝晋前尺について記す『隋書』律暦志には次のようにある。（書き下しは『度量衡攷』の訓点による。）

一に周尺。漢志の王莽が時の銅斛尺、後漢の建武の銅尺なり。晋の泰始十年（二七四年）の荀勗が律尺、晋前尺為り。徐広、徐爰、王隠等が晋書に云く「武帝泰始九年、中書監荀勗、大楽を校るに八音和せず、初めて知れり、後漢より魏に至りて古より長きこと四分有余為ることを。勗乃ち著作郎劉恭に部して周礼に依りて尺を制せしむ。所謂古尺なり。古尺に依りて更めて（銅）律呂を鋳て以て声韻を整へ、尺を以て古器を量るに、本銘と尺寸差ふ無し。又汲郡の盗、魏の襄王の冢を発きて古の周時の玉律及び鍾声を得、（新）律を吹きて之に命ずるに、皆応ぜり」と。梁武の鍾律緯に云く、「祖冲之が伝ふる所の銅尺、其の銘に曰く『晋の泰始十年、中書古器を考へ、今尺（杜夔尺＝晋後尺）に揆校するに長きこと四分半、校る所の古法に七品有り。一に曰く姑洗玉律、二に曰く、小呂玉律、三に曰く西京の銅望臬、四に曰く金錯望臬、五に曰く銅斛、六に曰く古銭、七に曰く建武の銅尺。姑洗は微や強、西京の望臬は微や弱、其の余は此の尺に同じ』と。銘八十二字。此の尺とは荀勗が新尺なり。今尺とは杜夔尺なり。雷次宗・何胤の二人鍾律図を作りて載する所の荀勗が古尺を校量せるの分、此の銘に同じ」と。

これによれば、周代に用いられた周の古尺は王莽時に作られた銅斛尺、後漢の建武銅尺、晋の泰始一〇年（二七四年）に荀勗によって造られた晋前尺、および南朝の梁に仕えた祖冲之所伝の銅尺のいずれとも等しかったのである。しかるに晋志は右所引の後文において、荀勗の造った晋前尺が実際の周尺よりも四分ばかり短かったとし、また、銅尺の銘文の由来を精確に記してはおらず、かえって杜夔尺（晋後尺＝晋前尺の一・〇四七尺に相当）の方が周尺に近かったかのごとく記し、前後意味の通じない記述となっているのであるが、隋志に懲せばその矛盾は明瞭である。隋志には祖冲之が伝えた銅尺の銘文として「荀勗が泰始十年に作製した尺であり、小呂玉律や王莽時の銅斛や古銭、或いは建武の銅尺等の周漢の古物と一致した」という内容の八二字（晋志及び隋志には八〇字しか記されていない）が記されてあり、この記述を信ずる限り、また祖冲之所伝の尺が荀勗の作製したものと同一かまたは同一の型によって造られたものであったことを信ずる限りは、この晋前尺が周尺や秦漢の尺に均しかったことは明らかである。しかるに北朝を継承した唐の太宗が後述のごとく、実際の周尺の一・一五八倍に当たる後周（北周）の玉尺を以てこれを周尺と見なしてしまったのである。後世の者が古尺を正しく知ることができるのは、実に『隋書』の編纂者魏徴のお陰であると、徂徠は彼への讃辞を惜しまない。そして実は、この後周の玉尺を媒介とすることによって、漢尺と唐尺との関係を指示する史料が存するのである。すなわち『通典』の巻一四四、楽四の権量に次のごとくある。

大唐の貞観中、張文収が銅斛・秤尺・升・合を鋳るに、咸な其の数を得、詔して其の副を以て楽署に蔵せり。武延秀太常卿と為るに至り、以て奇翫と為し、律と古玉尺・玉斗・升・合を以て献ぜり。開元十七年（七二九年）将に宗廟の楽を考えんとして有司之を出さんことを請ひ、勅して唯だ銅律を以て太常に付するに、而も其の九管を亡せり。今正声の銅律三百五十六、銅斛二、銅秤二、銅甌十四有り。（中略）斛の銘に云く「大唐貞観十年（六三六年）歳次に玄枵・月旅・応鍾新たに累黍尺もて律を定め龠を校せしめて成りたる茲の嘉量に依りて古玉斗と律度量衡を相符同せしむ」と。協律郎張文収が勅を奉じて修定したる秤盤の銘に云く「大唐貞観の秤、律度量衡を同じくす」と。匣の上に朱漆にて題せる「秤尺」の二字あり。尺を亡せるも其の跡猶ほ存せり。今の常用の度量を以て之を校すれば、尺は六の五に当たる。

右文中には若干の脱落があるようであるが、その要点は、貞観年間に後周の玉尺を標準として作製された秤尺は、一世紀後の開元一七年の時点では失われていたのであるが、その跡が残っており、唐代常用の尺の六分の五に相当するというのである。後周の玉尺とは、徂徠が

隋陳を平らぐるに至らざるの前に之を用ゆ。唐又此を以て法尺と為し、唯だ律・冠冕を制し、及び医薬に用ゆ。

と記すように、隋による統一以前に北周で用いられていた尺であり、唐はこれを法尺として公認し、伝統を重んずる音律や冠冕の製作、あるいは医薬品の調合の際等に用い、その他の場合には大尺を用いたという。大尺と小尺との比が六対五であったから、大尺は小尺に比べて二割訛長していたことになる。

後周の玉尺は、隋志によれば周尺の一尺一寸五分八厘に当たるという。唐の大尺（すなわち徂徠の用いた尺に同じ）はその二割増しであるから、周尺の一尺三寸八分九釐六豪に当たる。ここから逆算によって徂徠は七寸一分九厘六豪三糸という周尺の換算値を得た。徂徠の用いた尺が伊能忠敬が用いた折衷尺（三〇・三〇四センチ）に近同であったとするならば、徂徠は周尺（＝秦漢尺）を二二・八ミリ程度と認識したことになる。

四　大尺と小尺および度と量の関係

唐代には法尺と大尺とが併用され、両者の長さが五対六という関係にあった。こうした例は隋代にもあった。隋志

には宋氏尺の項に

陳を平らぐるの後は周の玉尺律を廃して便ち此の鉄尺を用ひ、一尺二寸を以て即ち市尺と為す。

とあり、祖孝孫の語が引かれてある。隋は天下統一後にこの言を用いて後周の玉尺（一・一五八周尺）を廃して後周の鉄尺（一・〇六四周尺）を採用し、この鉄尺に一尺二寸（実際には一・二八一周尺）を市尺として用い、これを開皇の官尺と定めたのである。

ここに注目されるのは、隋の場合も唐の場合も共に二種類の公定尺の間に五対六の関係が成り立っていたということである。この他にもこれに先立つ例があった。すなわち後魏前尺が一・二〇七周尺となっており、周尺の一・二倍であり、五対六の関係であった。

では、拓跋氏の北魏（後魏）において古周尺の二割増しの尺が制定されたのは何故か。その理由について考察し、その解明に基本的に成功しているのが徂徠であった。彼は拓跋族には元々尺度がなく、農耕民族たる漢族と接するようになった当初は、穀物を計量する必要から、度よりも量の方に関心があったという前提に立ち、次のように推論する。

按ずるに此の尺（後魏前尺）は乃ち後世の大尺の祖なり。蓋し夷狄に尺無し。只だ漢の粟斛を伝え、此れを以て米を量りて以て米斛と為す。後に中原を簒ふとき驟かに嘉量の制を聞きて輒ち其の斛を以て嘉量と為す。漢の粟法を以て之を算するに陸斗肆升は方壱尺貳寸、深さ一尺貳寸なり。陸肆を以て之を帰すれば則ち積貳千七柒百寸。故に壱尺貳寸七厘と云ふは訛長せること柒厘。之を求むるの法は壱尺二寸を以て自乗して壱百肆拾肆寸と為し、又壱尺貳寸を之に乗じて千柒百貳拾捌寸と為し、陸斗肆升を以て之を帰すれば則ち貳千柒百寸と為る。此よりの後、隋は鉄尺の壱尺貳寸を以て市尺と為す。唐は玉尺の壱尺貳寸を以て大尺と為すこと皆此より出ず。大抵後世の儒者は数を知らず、算士は書を読まず。故に此等の事、千歳に知る者無きは嘆く可き哉。

右文に解説を加えつつ解釈すると、およそ以下のごとくなる。まず『周礼』考工記、肉氏の条の「鬴」の鄭玄注に

四升曰豆、四豆曰區、四區曰鬴、六斗四升也。鬴十則鍾。方尺積千寸。

とあり、漢代以前には一立方尺＝一鍾という単位があり、その一〇分の一の一鬴が六斗四升となり、一鬴（釜）の一〇倍が一鍾であった。また、『九章算術』巻五の商工篇によれば漢代には粟を計量するための容積が二七〇〇立方寸の大斛と米を計量するための一六二〇立方寸の小斛とがあった。後者は前者の容量の六割となっている。その理由は、粟の籾殻を脱去して米にすると、その容量が減じて元の六割になるために、大斛を用いれば、粟のままでその実質である米の量を量ることが可能であった。いわば自動換算装置であったのである。

さて、徂徠によれば、拓跋魏ではもともと尺がなかった。穀物の計量に際しては漢族が用いていた米の一鍾を計量するための一辺一尺の立方体の枡（小鍾）の他に、粟のままで計量する枡（大鍾）が存在したと考えられる。その一辺の長さが一尺二寸であった、と徂徠は見るのである。何故一辺が一尺二寸かというと、その理由は次の通り。一般に粟を搗いて米にするときの粟率は六割とされる。（斛と鬴との比率は六割四分でこれに近い。したがって、粟率を六・四割と徂徠は仮定したのであろう。[9]）一辺が二割増大するとその容量は一・七二八倍となる。つまり一・二立方尺は一七二八立方寸となり、粟率でこれを割ると二八八〇立方寸という数値が得られる。つまりこれが前述の一大斛の容量に近似する値である。これを逆算すると、二七〇〇立方寸に〇・六の粟率（徂徠は〇・六四とする）を掛け合わせた一七二八立方寸がその容量であったということであり、徂徠の仮定は現実離れしたものではなかったといえるであろう。徂徠はこのように、粟枡と米枡の関係から、尺が一・二倍ずつ誑長した要因を突き止めたのである。

以上考察したように、大尺が小尺の一・二倍に誑長した理由に関しての徂徠の推理は、その発想においては的確で

あった。というのは、大尺と小尺の六対五という比はこれをそれぞれ三乗すると一〇〇対五八となり、ほぼ一〇対六の粟米率となるからである。

徂徠はいう、拓跋族が当初漢族の間で用いていた嘉量のことを知らなかったのである、と。嘉量とは考工記の肉氏の条に

鬴深尺、内方尺。而圜其外、其実一鬴。

とあるのがその基本である。これは一立方尺の立方体に外接する円柱の枡であり、徂徠のいう嘉量もこれを指すようである。（この容量が一斛であり、そしてこの裏底に一斗枡を設け、その左右の耳に当たる部分の上下にそれぞれ一升、一合、一龠の枡をつけたものが一般にいう嘉量なるものである。〈補注2〉）その容量は円周率を三・一四として計算すると、一五七〇立方寸となる。これは公定の一斛（一六二〇立方寸）よりも三・〇パーセントばかり少ないとはいえ、ほぼこれに均しいのである。しかるに考工記には「其実一斛」とは言わずに「其実一鬴」とある。これは何故かを考えておかねばならない。

それはこの嘉量を以て量った粟一斛分の籾殻を脱した正味（玄米）の量が「一鬴」であるということを表現していると見なければならない。すなわち先述のごとく鬴＝六斗四升であるとすれば、この嘉量は米斛であると同時に〈粟鬴〉でもあった。米斛と粟鬴が互用され得ることは次の出土資料や文献からも察せられるのである。

まず、戦国斉の「子禾子銅釜」はその容量は二〇四六〇立方センチ、すなわち一六八一立方寸（『中国古代度量衡図集』）、これはほぼ一斛に相当する。にもかかわらず「銅釜」と名が記されている。釜と鬴は『説文』によれば同音同義である。故に銅釜＝銅鬴と考えてよい。よってこれが〈銅粟鬴〉であったことが知られるのである。そのことを裏付ける史料が『淮南子』要略訓の高誘注に

鍾十斛也。

とあるのである。(10) これは一鍾が一〇斛と同義ということではなく、(粟鍾) 一鍾の容量が一〇斛であると述べたものである。すなわち粟計量用の一鍾の枡が米一斛の計量用の小斛としても用いられ得たということを示しているのである。立方体の枡であれば、一立方尺が一鍾であり、一・二立方尺がほぼ一斛 (大鍾) と等量であったのである。

五　「尺」字の起源と「丈夫」について

これまでの検討により、戦国時代以来の尺が古来「周尺」とされ、それが訛長して唐尺に至ったことを概観したが、その応用問題として、春秋時代の孔子の身長が「九尺六寸」(『史記』孔子世家) と伝えられている(11)その実態について考察しておきたい。

徂徠は春秋以前の尺には触れていないが、「周尺」は春秋時代を含めての尺と見ているようである。しかし、始皇帝によって人為的に度量衡の統一令が出されるより以前から尺度は存在していた。孔子らが活躍した春秋時代から隋志や徂徠のいう「周尺」に変化 (訛長) がなかったとするなら、『史記』孔子世家に記す孔子の身長「九尺六寸」は二メートルを遥かに超す超長身の人物であったことになる。彼の身長が一般人と比べて比較にならないほど高かったのか、となると疑問が生ずる。それは容貌が似ていたが故に楊虎 (楊貨) という人物と孔子が間違われて五日間拘留されたという事件があった。(12) しかし楊虎の身長が飛び抜けて高かったという記録は残されていない。身体の特徴の第一といえば身長であろう。とするならば、彼と間違われた孔子自身についても、飛び抜けてというほどの身長ではなかったのではないか、という疑問である。

次にこれと関連するが、「尺」の文字についての疑問がある。後漢の許慎は『説文解字』巻八下において

尺、十寸也。手却十分、動脈為寸口、十寸為尺、尺所以指尺規矩事也。（中略）周制寸尺咫尋常仞、諸度量皆以人之体、為法。

と記す。指を広げた手の長さと解しているようである。右記には書写の過程で一部誤りが生じたと見られるが、続く「咫」の項目では

咫、中婦人手、長八寸、謂之咫、周尺也。

と述べている。許慎の認識においても、周代の尺は漢尺よりも二割五分短くて、漢の八寸が周の一尺であったという。その長さは中程度の体格の成人女性の手の長さに等しいと解している。これによって「手の長さ」というのが手を開いて最も間隔が開く親指より子指までの距離を意味していたことが確認される。

以上の記述から推測されることは、後漢時代の知識人であった許慎ですら、尺の変遷や「尺」字の由来が分からなくなっていた、ということである。男性の手の長さを二三センチとするのは少し長すぎはしないか。一方、周尺が漢代の尺よりも短かかったということについては、孔子の「九尺六寸」を意識しての解釈であったと思われる。また、『説文』に記される「尺」は会意文字と見られるが、親指と小指の距離を計るために目一杯手を開いたときの貌はどうしても「尺」の貌にならないのである。これらの疑問を踏まえて筆者は次のように理解する。すなわち、「尺」はもともと中指、薬指、子指の三本を握り、親指と人差し指とを広げた貌を写し取った文字であったということである。

これに関して説明した文字資料というものは見当たらない。しかしながら、重要な出土資料が存するのである。それは殷墟から出土したと伝えられる牙尺である。『中国古代度量衡図集』(13)によればその図一、図二としてかかげられている長さ一五・七八センチ（図一、中国歴史博物館蔵）、一五・八センチ（図二、上海歴史博物館蔵）の物差しであり、中が一〇等分される目盛りとさらにこれを一〇分する細かな目盛りまできざまれており、これが物差し（殷尺）であったこと

は疑う余地はないであろう。また、矩斎「古尺考」の付表には「伝安陽出土、南京博物館蔵」とされる商の骨尺が一六・九五センチであったことが記されており、羅福頤「伝世歴代古尺図録」にもこれが紹介されている(14)。また楊寛『中国歴代尺度考』によると、安陽の殷墟から出土したという尺は寸ごとの目盛りに不均等があり、左側が一六・七八センチ右側が一六・八〇センチであったとある(15)。この三例から判断すると、殷代の一尺は一六〜一七センチ程度であったことになる。これはまさに尺の起源が親指と人差し指とを広げた距離であったことを裏付ける事実と言えるのではなかろうか。

尺が親指と人差し指の間の距離であったとする右記筆者の見解を傍証する資料もまた存在する。それは「丈」という単位である。一〇尺を一丈とするという決まりは殷代より存したと見られる。もしそうだとすれば、一丈は一六〇〜一七〇センチであったことになり、「丈夫」は身長一六〇センチに達した大人の意を表したものと理解されるのであって、さらにこれより大きい人物を「大丈夫」と称したと見られるのである。

これらの考察を完璧に実証するためには、さらなる証拠を収集する必要があると思われるのであるが、では孔子の身長についてはどうであろうか。ここで前掲の『説文』に

中婦人手長八寸、謂之咫、周尺也。

とあった記述を想起したい。後漢の許慎らは当時の一尺の長さの定められた論拠を探していたと思われる。彼をはじめとする当時の知識人には周代以前の尺が現時（後漢）の尺よりももっと短かったとする認識があったと思われる。そこで、周代（春秋期以前）の尺は漢尺の八割の長さであったとする理解ができあがったのではないか。あるいは孔子が九尺六寸であったという記録についても合理的な理解を試みる者もいたと推測される。孔子の身長がどのような尺で測られたものかについては、目下不明であるが、関野氏が求めた戦国小尺がこれに近かったとすれば、孔子は身長一八〇センチ程度であったことになろう。許慎等が考えていた「周尺」とは、関野氏の見出した「戦国小尺」に近いも

のではなかったか。そして殷代に遡れば、さらに短い約一六センチの尺が用いられており、また、ここに「尺」字の起源があったと見られるのである。

むすび

本稿における考察を整理すると以下のごとくである。

まず、関野雄氏は始皇帝の政権統一に先立って戦国尺がすでに統一されていたことを実証し、統一令はその確認に過ぎなかったと論じた。一方、荻生徂徠は量によって度が規定されるという関係を究明し、尺度が詘長してゆく主要因をつきとめた。すなわち、粟用の枡を米用の枡として用いることによって、その一辺の長さに二割の詘長が生ずるということである。また殷墟出土の殷尺が一六〇センチ程度であり、関野氏のいう戦国小尺が約一八センチ（孔子の身長九尺六寸という数値はこれに近い尺による）、秦漢尺、というように詘長し、唐尺が三〇センチとなり、開元通宝はこの尺によって造られた。日本に輸入されて定着したのはこの唐尺で、江戸時代の徂徠はこれと同じ長さの尺であったことを直径八分の開元銭の実測によって確認しているのである。

このように、尺が詘長していった事実を踏まえると、「丈夫」や「尺」の語源についても理解が可能となり、「九尺有六寸」と記された孔子の身長についても、その実態が浮かび上がってくるのである。〈補注3〉

注

（1）関野雄「古代中国の尺について」（『東洋学報』第三五巻第三・四号、一九五三年、後に『中国考古学研究』〈東京大学出版会、一九五六年〉所収）を参照。

（2）関野雄「中国青銅器文化の一性格」（『東方学』第二号、一九五一年、後に前掲書所収）を参照。

（3）この一群の方肩尖足布は実際には五五ミリより五〇ミリに至るまで分布するという。貨幣は初鋳のものは規格に忠実であり、後鋳のものほど小さくなる傾向がある。したがって、圧倒的に多い五四ミリのものが規格通りの初鋳に近いものと考えられ、一方、例外的に存する五五ミリのものについては、縮み代や仕上げ代が考慮されたために規格品よりも大きくなったと関野氏は見る。

（4）その浮刻字から斉法化（斉大刀）と称せられ、精巧な造りで大量に発行されたようである。第三部「漢代の穀価」の補注を参照。

（5）『通典』巻五五、歴代所尚の「八寸為尺」の注釈として、『白虎通』を引いて「周は地に拠りて生ず。地は陰、婦人を以て法と為す。婦人は大率ね八寸を奄ふ。故に八寸を以て尺と為す」とする。周尺が漢代の尺よりも二割五分ほど短かかったという認識は知識人にはあったようであるが、その所以については後漢時には不明となっていた。そこで男女の手の大きさの違いに周代の尺と現時の尺の違いの論拠を求めようとしたのではないかと推測される。

（6）東亜考古学会、一九五四年。

（7）国家計量総局主編『中国古代度量衡図集』（文物出版社、一九八一年）の図八一を参照。左壁の外側には「十八年、斉率卿大夫衆来聘、冬十二月乙酉、大良造鞅、爰積十六尊五分尊壱為升」と刻まれており、その底面には「廿六年、皇帝尽并天下諸侯、黔首大安、立号為皇帝、乃詔丞相状・綰、法度量則不壱、歉疑者、皆明壱之。」とある。

（8）『漢書』巻二一上、律暦志には「以子穀秬黍中者、一黍之広、度之九十分、黄鍾之長。一為一分、十分為寸、十寸為尺、十尺為丈、十丈為引。（中略）以子穀秬黍中者千二百、実其龠、以井水準其槩。合龠為合、十合為升、十升為斗、十斗為斛。（中略）一龠容千二百黍、重十二銖、両之為両、二十四銖為両、十六両為斤、三十斤為鈞、四鈞為石。」とある。

（9）徂徠には少しく思い違いがあったようである。粟率は（陸肆ではなく）六割で計算すべきであり、一辺を三乗することによって容積が出るはずである。筆者の前稿においては『度量衡攷』の数値についての理解に誤りがあったのでここに訂正する。拙稿「中国の古尺について――荻生徂徠及び関野雄氏の方法論をめぐって――」（愛媛大学教育学部社会科編『社会科学研究』一九八八年）を参照。

(10) 米の一鍾（＝粟の一〇斛）が六・四石であったことを裏付ける史料としては『史記』貨殖列伝に「畝鍾の田」の千畝よりの収穫で二〇万銭分の生産が可能なことが記されている。第三部「漢代の穀価」を参照。

(11) 「孔子長九尺有六寸、人皆謂之長人、而畏之。」とある。

(12) 「孔子状類陽虎、拘焉五日。」とある。

(13) 文物出版社、一九八一年。

(14) 矩氏および羅氏の論文は共に藪田嘉一郎編訳注『中国古尺集説』（綜芸社、一九六九年）に所収。

(15) 前注の羅氏論文の注二一に紹介されている。

〈補注1〉関野氏の研究において基づいた考古学上のデータについては今日（二〇一四年）では既に古くなっている。しかし筆者が注目するのは関野氏の方法論である。限られた資料から歴史の復元に取り組まねばならないのは研究者の宿命である。その取り組みにおいてすぐれた着想があれば、徂徠の研究のごとく、幾百年後にも輝きを失わないであろう。関野氏以降の青銅貨幣のデータを踏まえた研究としては江村治樹『春秋戦国秦漢時代出土文字資料の研究』（汲古書院、二〇〇〇年）および『春秋戦国時代青銅貨幣の生成と展開』（汲古書院、二〇一一年）を参照されたい。

〈補注2〉嘉量の一斛は一立方尺のマスに外接する円柱であるから、その容積は円周率πを三・一四とすると、一五七〇立方寸となる。これが商鞅胴方升の一〇〇倍（一六二〇立方寸）とならなければならないが、約三パーセントの誤差が生じていることになる。しかし、実際は等量であったと解するならば、王莽の時期の尺度が、商鞅の時期のものに比べてほんの少し長大化していたということになる。厳密な考証はより多くのマスの出土報告を俟たなければならない。

〈補注3〉関野氏のいう戦国小尺によって身長等が計測されたという証拠はないので、孔子の正確な身長については判断を保留していたが、二〇〇一年に公表された『張家山漢墓竹簡』中の『算数書』（張家山漢簡『算数書』研究会〈代表、大川俊隆〉

編『漢「算数書」——中国最古の数学書——』〈朋友書店、二〇〇六年〉を参照）に金価両三一五銭とあることから、これを春秋時代の金の価格であったと見て（秦の一両の価格は五七六銭）、春秋時代の尺が戦国時代に一・二二パーセント程度詘長したものと解して、孔子が生きた春秋時代の尺は一九センチ弱であったと推定した。拙稿「孔子の身長について」（愛媛大学人文学会『人文学論叢』第一六号、二〇一四年）を参照されたい。なお、「尺」は会意文字であり、（三本の指を握って）人差し指と親指とを広げた様を示していたが、春秋時代以降さらに詘長していて、その原義が既に不明となっていた。故に、許慎は尺の理解に苦しんだと思われる。『周礼』考工記には「人長八尺」とあり、春秋以前の情報を含んではいるが、その成立は戦国期以降であった。許慎も（大きめの）人の身長を八尺と認識していたことになるであろう。

漢代の穀価

はじめに

漢代の穀価については多くの研究があり、中国においては宋の王楙[1]、清末の王鳴声[2]をはじめとして瞿兌之[3]、陳嘯江[4]、劉汝霖[5]、馬非百[6]、勞榦[7]、陳直[8]、彭信威[9]、楊聯陞[10]等の諸氏、日本においては加藤繁[11]、宇都宮清吉[12]、布目潮渢[13]、宮崎市定[14]、佐藤武敏[15]等の諸氏による研究がある。このうち中国の研究者によるものの多くは『史記』『前・後漢書』あるいは『居延漢簡』等に記される穀価に関する史料を収拾したという範囲にとどまり、漢代一般の穀価を把握するにはいま一歩の憾がなきにしもあらずである。前漢における穀価の動態的把握を試みた研究としては佐藤氏のものがあるが、後漢については日常的穀価およびその推移を見極めることに成功しているとは言い難いのである。本論では、前後漢を通じての日常的穀価を考察することを課題とする。

さて、佐藤氏[16]も指摘するごとく、『史記』や『漢書』等に記される穀価は、飢餓や戦乱による異常騰貴か或いは連年の豊作による異常下落の時の記録がほとんどであり、その故に日常価格を求めることには困難が伴う。他方、穀価の分かる居延漢簡はその年代確定が難しく、かつ辺境地域であるために、それが帝国一般の穀価を代表するとは言い難い面がある。このような制約を突破すべく、日常穀価の解明に一歩踏み込んだのが宇都宮・宮崎の両氏であった。まず宇都宮氏は、『史記』貨殖列伝を分析して司馬遷の生きた時期の穀価を推定し、商人が農民より買い入れる価格が一石（＝斛）約五二銭、二割の利を見込む糴価が六二銭程度であったという[17]。宮崎氏はこの宇都宮説を踏まえて貨殖列伝を検討し、布目氏の論[18]にも賛意を表し、『居延漢簡』の史料をも考慮して武帝時の穀価は一斛一〇〇銭（糴価）、その糴価が一二〇銭であったと結論した[19]。佐藤氏は宮崎説を受け入れて武帝時の平常価を一斛一二〇銭と認めるのである[20]。

財政というものは物価、ことに穀価の安定を踏まえて立案・運営されるものであろうから、国家はその価格の安定に努め、一方、生産力の増大が相まって平和時の安定価格が自ずと設定されてくる。ところで、右に挙げた諸研究においては漢時を遡る戦国期までは考察が及んでいない。信頼すべき史料がほとんどなかったことと、始皇帝による度量衡の統一以前の戦国期の穀価と秦漢時の穀価とを比較する視点が定まらなかったということがその障碍として立ちはだかっていた。しかし、この障碍を乗り越えなければ穀価の実態把握は困難である。幸いにして今日では『睡虎地秦墓竹簡』等の出土によって、秦律中に記された法定価が明らかとなり、戦国期と漢代の日常穀価解明への手がかりを得ることができた。そして、戦国期より漢代にかけて穀価の連続性を追究することが日常穀価解明への第一歩となると思われる。次に、日常穀価把握のための方法として俸給制の問題が挙げられる。漢代においては、俸給は銭と穀とで支給されたのであるから、俸給額の設定の際にはその当時の穀価が勘案されたはずである。これについては、後漢官僚の俸給制に先鞭をつけた宇都宮氏の業績[21]がある。同氏は後漢官僚が七銭三穀の割合で支給されたと論じ、その俸給制の前提として米一斛七一・四二銭という穀価が想定されていたと述べる[22]。この宇都宮説に対し布目氏[23]より批判が出され、同氏は粟一斛一〇〇銭が俸給制における想定穀価であったと述べる。俸給制をめぐる両説は重要な問題を孕んでおり、これに再検討を加えることにより、そこから後漢の日常穀価把握のために決定的ともいえる視点が得られると期待できるのである。

一　戦国期より秦代までの穀価

『睡虎地秦墓竹簡』出土以前においては、秦代以前の穀価を記す在来史料としては、戦国期の魏の李悝が当時の農民の経済生活について述べた『漢書』巻二四上食貨志所引の次の言がほとんど唯一のものであった。

今一夫挟五口、治田百畝、歳収畝一石半。為粟百五十穀。除十一之税十五石、余百三十五石。食、人月一石半、五人終歳、為粟九十石。余有四十五石。石三十、為銭千三百五十。除社閭嘗新春秋之祠、用銭三百、余千五十。衣、人率用銭三百、五人終歳用千五百、不足四百五十。不幸疾病死喪之費、及上賦斂、又未与之。此農夫所以常困、有不勧耕之心、而令糴至於甚貴者也。

大意は次の通り。標準五口の農家は一〇〇畝の田を耕作し、平年作ならば畝ごとの収穫が一・五石であるから、年収一五〇石、そのうち十分の一税を除いた百三十五石が実収となる。食糧として九〇石を自家消費して、残る四五石を一石＝三〇銭で換金するとその額は一三五〇銭となる。これから春秋の祭りの費用負担分および衣料費を差し引くと四五〇銭の赤字となる。病人が出たり葬儀等の出費があると農民は耐えられなくなって耕作への意欲をなくして流亡することとなり、穀物価格は騰貴することになる、という。右文にいう「石三十」とは粟すなわち籾殻つきで計量した穀の価格である。〈補注〉

これによって戦国期の魏における穀価が、平年作の場合には一石当たり三〇銭であったことが認められる。半世紀以上前の時点での関野雄氏の考察では、戦国時代の度量衡のうち少なくとも度（および量）については諸国に共通のものが用いられており、始皇帝が統一令を出したといっても、在来用いられていたものを再確認したに過ぎないという。[24]そこで本稿では、戦国期の食糧消費のあり方について、魏と秦とを比較し、両者において同じ状況であったか否かを確認したい。『睡虎地秦墓竹簡』秦律十八種四九―五二簡の倉律に

隷臣妾其従事公、隷臣月禾二石、隷妾一石半。（中略）小城旦・隷臣作者、月禾一石半石。未能作者、月禾一石。小妾・舂作者、月禾一石二斗半斗。未能作者、月禾一石。嬰児乃毋母者、各半石。（中略）隷臣・城旦高不盈六尺五寸、隷妾・舂高不盈六尺二寸、皆為小。高五尺二寸、皆作之。

とある。右文の大意は次のごとくである。労役に従う男徒には月二石、女徒には月一・五石、身長六尺五寸未満の未成人の男徒には月一・五石、身長六尺二寸未満の女徒には月一・二五石、嬰児には月〇・五石の穀物を食糧として支給するという。ただし、特にエネルギー消耗の激しい労働に従事する刑徒には増額された。そのことは同五五―六簡の倉律に

城旦之垣及（為）它事、而労与垣等者、旦半夕参。（中略）城旦舂・舂司寇・白粲操土攻、参食之。

とあることによって知られる。垣造り等の労役に従事する者には日に六分の五斗の穀が支給され、女徒である舂司寇及び白粲や（城旦）舂には一般の男徒の食糧と同額が支給された。秦代の一石はほぼ二〇《リットル》であり、[25]これらの食糧消費は一般庶民とほぼ同じであったと考えられる。作業の能率を考えれば、刑徒にも一般人並の食糧を与えたのは当然である。この時代に人々がどのくらい穀類を食していたかを示す史料は乏しい。その中で戦国期に成立したと見られる『荘子』天下篇には

毎日但得五升之飯、師与弟子共之。先生以此五升、猶且不飽、弟子安得不飢。言其師弟皆忍飢以立教。

とある。ここには師と弟子とが五升の飯を分かち合って食して飢えを凌いでいたことが記される。師一人でも五升の飯では満腹とまではいかないのに、（二人の？）弟子とこれを分かち合ったのだから、若者である弟子にとっては飢餓感が免れ難いと強調されている。ここで「五升の飯」の量を確認しておくと、飯という表現は米での計量であり、かりに穀種を粟（あわ）とすると、これを粟に換算すると六分の五斗となる。(26) これは肉体労働に就く刑徒に支給される額と等しい。よって、こうした数値は現実に即していると見て大過ないと思われる。一般人の食糧消費は成人男子で月二石、成人女子で月一・五石、子どもの場合が月一石であり、全体を平均するとほぼ月一・五石、年間一二ヶ月では一八石となり、五人では九〇石となる。この数値は『漢書』食貨志所引の李悝の述べた五人家族の年間消費の額と一致する。よって李悝の言もまた現実に即したものであったと理解されるのである。また秦律十八種一三六簡、司空律には

繫城旦舂公食、当責者石卅銭。

とある。関野雄氏によれば、先秦時代の貨幣は素材価値と流通価値とが等しい実体貨幣であったという。(27) したがって戦国期における魏と秦とにおける石三〇銭という価格は共に関野氏のいう実体貨幣に基づく価格であったはずであり、その故に互いに等価であったことが確認される。これを裏付ける史料として同一三八―九簡の司空律に

日居八銭、公食者六銭。居官府公食者、男子参、女子駟。

とある。官より食糧を支給される債務労役者は、一日の労役賃の八銭から食費として二銭分差し引かれることがここに示されている。男子を基準にしていたとすれば、一日三分の二斗の食費が二銭に相当したことになる。このときの穀価は一斗が三銭、すなわち一石が三〇銭であったことになるのである。故に、「石卅銭」は穀価の法定額を示していたと見られるのである。

さて、李悝は魏で文侯（在位前四二五―〇五年）に仕え、秦の孝公（在位前三六一―三八年）に仕えた商鞅にとって何十年か先輩になる。一方、商鞅より一世紀ばかり下る始皇帝の時代に用いられていた司空律中に「石卅銭」と記されているところを見ると、石三〇銭という穀価の相場は商鞅の頃からすでに定まっていたものと思われる。そうすると半世紀隔たった戦国期の魏と秦とでは穀価が同じであったことになり、「石卅」はいわば国際的標準価格でもあったことになる。飢饉や戦争という異常事態の時期を除けば、ほぼ安定した法定価格であったと見て大過ないと思われる。

以上を要するに、一石三〇銭が秦以前の平常穀価であったことが認められた。これを傍証する史料として、先秦の情報を含んでいると見られる『九章算術』巻八、方程に記される次の（問題及び）回答を挙げ得るであろう（問題の前部は省略）。

（前略）問、一斗直幾何。答曰、麻一斗七銭、麦一斗四銭、菽一斗三銭、荅一斗五銭、黍一斗六銭。

ここに粟という名称が記されていないことに注目すべきであろう。粟は狭義では穀物の種類（あわ）を指すが、最も広い広義では穀物の総称として用いられた。そこで両者の混同を避けるべく、粟を敢えてはずしたのであろう。また、問題はすべての回答値が整数になるように作られている故に、ひとつひとつの数値が当時の価格を正確に現しているとは限らない。そうであるからといって、現実離れした数値とも思えない。『九章算術』中に記される問題文の多くは実用的なものであり、したがって、そこに記される物価等が実勢を反映していたことは疑いない。[28]右に記された五種類の穀物のうち、一斗三銭から七銭という価格を平均してみると、その値が一斗五銭、すなわち一石五〇銭となる。何種類かの穀物を計量する場合は（籾殻を脱した）米を以てしたとするのが妥当である。前述したごとく、粟の状態の穀を米にすると粟（あわ）の場合は六割に減量する。米一石五〇銭であれば、粟一石はその価格は六割の三〇銭となる。この数値から見ると右の問題では「粟石三〇銭」という当時の相場を意識して作られたものと判断されるのである。

二　前漢前期の穀価

秦代以前の穀価は粟一石三〇銭が一般であったことが認められたとして、次に前漢の穀価の検討に移る。楚漢攻争期の記録として『漢書』食貨志上には

漢興、接秦之敝、諸侯並起、民失作業、而大飢饉。凡米石五千、人相食、死者過半。高祖令民得売子、就食蜀漢。

とある。戦乱の最中、米価は一石五千銭という信じ難い額に騰貴し、人が互いに食い合い、人口の半ば以上が死ぬという悲惨さであった。高祖劉邦はために民が爵や子を売ることを許し、蜀漢の地に就食を奨励したという。同書高帝紀の漢二年の条には

関中大飢、米斛万銭、人相食、令民就食蜀漢。

とあり、前掲食貨志と同内容を伝えている(29)。関中の地が特に大変であったことを高帝期では強調し、一石一万銭にまでなったという。『史記』巻一二九、貨殖列伝に、戦乱に乗じて大富を獲得し任子のやり方を伝えて

秦之敗也、豪傑皆争取金玉、而任子独窖倉粟。楚漢距滎陽也、民不足耕種、米石万銭。而豪傑金玉、尽帰任子、任子以此起富。

とあるのもおそらくそのときの事情を記したものであろう。滎陽は関中の隣接地であるが、関中においても似通った状況があった。秦末漢初の争乱の際、任子はひたすら大量の粟を穴蔵に蓄え、耕作不能の故に米価一石一万銭に騰貴したとき、これを以て豪傑の争取した金玉を悉く納めたという。右文より任子のごとき投機的商人の活動が物価騰貴

の背後にあったことを窺い得る。同書巻三〇、平準書には

漢興（中略）不軌逐利之民、蓄積余業、以稽市物、物踊騰、糶米至石万銭、馬一匹則百金。

とあり、不軌逐利の悪徳商人によって物価が釣り上げられたことが記されている。戦時の貴重品は穀物と馬である。漢代平時の馬の価格を『居延漢簡』の礼忠簡[30]により一頭四〇〇〇銭であったと推定すると、この時に「百金」すなわち一〇〇万銭はその二五〇倍であったことになる。石万銭が現実に近い数値であり、かつ米と馬の価格比が同じであったとするならば、一石四〇銭程度であったことになり、秦代の価格とさほど遠からぬ値である。これによって秦代と漢代の穀価が似通ったものであるという見通しが立つ。文帝期には建国当初の騰貴穀価が一転して下落する。同書巻二五、律書に

孝文即位、（中略）百姓無内外之徭、得息肩於田畝、天下殷富、粟至十余銭。

とある通り、粟価一石十数銭にまでなったのである[31]。

これまでの考察により、漢初の穀価については極端をみれば一石一万銭（米価）、と十余銭（粟価）というかけ離れた数値を得たが、では、平常価格はどの程度であったろうか。その手がかりとなる好個の史料が『史記』巻一二九、貨殖列伝の

封者は租税に食み歳々率ね戸ごとに二百。千戸の君ならば則ち二十万。朝覲聘享は其の中より出ず。庶民の農工商賈も率ね亦た歳々万に息二千、百万の家ならば則ち二十万、而も更徭租賦は其の中より出ず。

とある記述である。領内の一〇〇〇戸から二〇〇銭ずつの租税を収める封建諸侯が二〇万銭の年収を得るのと同じく、庶民たる農工商においても、一〇〇万銭の資産があれば年間二〇万銭の利潤を得ることができるという。その具体例として挙げられている中に

名国万家之城帯郭千畝畝鍾之田

という語句がある。[32] 大都市近郊の畝鍾の田といわれる豊壌な佃地一〇〇〇畝を有する者も千戸の君と同じ年収が得られるとの謂いである。千畝畝鍾の田から収穫される穀物は一〇〇〇鍾であったことは確かであるが、問題となるのは、①一鍾の容量はいくらであったか、ということと、②千鍾というのが粟で千鍾であったのか米で千鍾であったのか、ということである。行論の都合上、この問題を意識しつつ、順次宇都宮清吉氏と宮崎市定氏の理解とを検討してゆく。

まず、宇都宮清吉氏は千畝畝鍾の田より見込まれる穀一〇〇〇鍾の価が一〇〇万銭に相当すると解釈する。[33] 鍾とは徐広注等によって「六斛四斗」とし、一〇〇〇鍾は六四〇〇石と解している。これが一〇〇万銭に相当するとして同氏は、穀価を一石当たり一五六・二五銭であったとする。しかし、この額は高すぎる故に、貨殖列伝の後文に「三之」とある語がここにかかるものと見なし、[34] 三〇〇〇鍾が一〇〇万銭相当であり、すなわち一石五二銭であったと解した。さらに、これは商人が農民より購入する買価であり、これに二割の利を見込む売価（市場流通価）は約六二銭であったと結論するのである。[35]

これに対して宮崎市定氏[36]は千鍾が百万銭相当とするのは同じであるが、『淮南子』要略訓の高誘注に

鍾十石也。

とあるところから、漢代の一鍾は一〇石であったと見なし、一〇〇〇鍾＝一〇〇〇〇石の糴価が一〇〇万銭、すなわち一石当たり一〇〇銭であったと判断する。そしてこれに二割の利を見込む糶価が一石一二〇銭であったと解するのである。[37]

右の貨殖列伝における宇都宮、宮崎両氏の説で共通するのは、商業資本が介在して二〇万銭の利潤が得られるとする点である。しかしながら、右で取り挙げた文脈中では商業のことを述べているのではなく、資産とそこから見込み

得る利について述べているのである。すなわち一〇〇万銭の資産からその二割にあたる二〇万銭の利が得られるという文脈のなかで司馬遷が「千畝畝鍾の田」を記しているのであるから、その田一〇〇〇畝から収穫を見込まれる穀物全部の価格が二〇万銭相当であったと解するのが妥当ではないか。もしそうだとすれば、一〇〇〇鍾の穀価が二〇万銭であったことになる。そこで改めて鍾が問題となる。『史記』巻二九、河渠書には鄭国渠によって新たに灌漑された秦の鹵地が四万余頃あり、その収穫が「畝ごとに一鍾」あったことが記されており、「畝鍾之田」とは架空のものではなかったことが確認される。

次に、高誘注と相反する史料を挙げる。すなわち『周礼』冬官考工記の肉氏には

四升曰豆、四豆曰區、四區曰鬴、鬴六斗四升也、鬴十則鍾。

とあり、一〇鬴、すなわち一鬴＝六斗四升の一〇倍が一鍾である旨が記されている。これが一鍾を六・四石とする論拠となるのである。

では、宮崎氏の引用した「鍾十石也」とする高誘説は論拠がないのか、といえばそうではなかったはずである。鍾の一〇分の一が釜であるが、『中国古代度量衡図集』（文物出版社、一九八一年）によれば、七八番目に挙げられた戦国斉の「子禾子銅釜[38]」とされる器の容量は二〇四六〇立方センチ、すなわちほぼ一石である。高誘説も勿論でたらめではなかったのである。そうすると、いずれも論拠のある両説からの算定の結果に大きな違いがあるのであるから、少なくとも何れかの論拠そのものに問題があったことになるであろう。

そこで、「子禾子銅釜」について踏み込んだ議論が必要となる。容量において釜＝斛であったとするならば、音通でもないのに何故別々の名称が用いられたのかについて考察しなければならない。前掲の冬官考工記との間の整合性が問われるのである。これについて、筆者は次のように考える。すなわち「子禾子銅釜」は食料となり得る、籾殻を

去った正味の穀（＝米）を（籾殻を被ったままの）粟の状態で計量することを目的とする「大釜」であって、[39]その故に、容量がほぼ一石となっているのである、と。つまり、容量にしてほぼ一斛の粟を「禾子禾銅釜」で計量すると、米への換算額が「一釜」となる粟の量が得られる、という仕組みになっていた。いわば、米と粟との自動換算器として大小二つの「釜」が存在したのである。これは一斛マスに大斛と小斛とが存在したのと全く同じ原理である。[40]これと同じ原則で、「大鍾」の容量が一〇石である、というのが右記の高誘注であったのである。このように解すれば、貨殖列伝の「千鍾」は粟での数値である故に、その一〇〇〇鍾は文字通り「粟六四〇〇石」なのである。[41]

右記の通りであるとするならば、粟一〇〇〇鍾すなわち六四〇〇石の穀価が二〇万銭であったことになる。よって一石当たり（二〇万銭を六四〇〇で割ると）三一・二五銭という数値が得られ、すなわち石三〇銭強であったことが確認されるのである。この数値は戦国時代の魏の場合とほぼ同じであり、これよりも心持ち高めであったことが知られるのである。これが前漢代半ばの穀価であった。

以上の考察により、司馬遷も武帝期当時の穀価を一石三〇銭（強）と認識していたことが了解され、さらに前章での考察と併せると、戦国時代より漢の武帝期に至るまで、穀価は石三〇銭が日常的価格であったことが認められるのである。

三　前漢後期より後漢初期までの穀価

武帝期以前における平常価は粟一石三〇銭であったことが認められたとして、次に昭帝期以降の穀価の動向を探ってみよう。『漢書』巻二四上、食貨志上には

至昭帝時、流民稍還、田野益闢、頗有蓄積。

とあり、匈奴討伐をはじめとする武帝期の大遠征によって消耗した民力が昭帝期に至って回復し、富が蓄積されていったことが記される。続いて

宣帝即位、用吏多選賢良、百姓安土、歳数豊穣、穀至石五銭、農民少利。

とある。宣帝時には豊作が続き、穀価は一石五銭という未曾有の賤さとなる。同書巻八、宣帝紀によると、それは元康元年（前六二年）のことであった。その背景には、連年の豊作による穀物のダブつきと、農民の窮状につけ込んで安く買いたたく米穀商人の暗躍が読み取れるであろう。「石五銭」は商人が農民から買い入れる際の羅価であったろう。武帝時には物価統制のための平準法がある程度機能して標準価へと回復したものと思われるが、宣帝時では、この翌神爵元年（前六一年）には西羌の反乱が起こり、その討伐軍派遣のために食糧が不足し、同書巻六九、趙充国伝によれば、張掖以東の地では

粟石百余、芻藁束数十、転輸並起、百姓煩擾。

という状態であったという。粟百余銭という価格については、その高さと輸送の労のゆえに民が煩擾した、とする記述に留意すべきであろう。ところが同伝の同年秋の趙充国の上言によれば、張掖とさほど離れていない金城および湟中においては

穀斛八銭。

であったという。この「石八銭」も「穀至石五銭」や「粟石百余」の場合と同じく粟価であり、「石五銭」に比べればやや上昇しているものの、まだ平常価に回復してはいなかったようである。このことと張掖以東の石百余銭とを比べると、季節的な問題の他に、河西地方が内地よりも穀物の入手が困難な状況があったのであろう。その河西の地な

る居延の大湾地区で発掘された『居延漢簡』の一九・二六簡に

朱千秋入穀、六十石六斗六升大、直二千一百廿三。

という記録があり、地節年間の時点(42)で穀価が一石当たり三五・〇銭であったことが分かる。

さて、次の元帝の初期にはまた一転して飢饉が続き、数年間は穀価が騰貴した。ただし「石万銭」というような超異常な額になることはなかった。『漢書』食貨志上には

元帝即位、天下大水、関東郡十一尤甚。二年、斉地飢、穀石三百銭。民多餓死、琅邪郡人相食。

とあり、初元二年（前四七年）、斉において穀価が石三〇〇銭余りとなったという。さらに同書巻七九、馮奉世伝には永光二年（前四二年）のこととして

京師穀石二百余、辺郡四百、関東五百。

とあり、斉地を含むと思われる関東において穀価はさらに上昇していた。このように元帝期には長安においても一石二〇〇銭を越える事態があったが、この時期を過ぎるとまた平常価に戻ったと見られる。

ところで、前漢後期の平常穀価を示す史料の探索は困難である。そこで筆者はその閉塞状況を突破すべく、次の方法を考えた。すなわち、労役賃銭の問題を手がかりとすることによって、前漢後期及び末期の穀価が推定できるのではないか、と。

さて、第一章での考察によれば、秦律においては労役者に給する一日の食糧は三分の二斗であり、これが二銭分と計算された。労役者は「日居八銭」であったから、その四分の一が食費であったことになる。漢初は秦の制度をほぼそのままのかたちで受け継いだようで、労役者の賃銭についても変化はなかったと見てよい。すなわちその日額は八銭、そのうち食糧として二銭分が差し引かれた。これと比較することを可能とする前漢末の史料がある。すなわち、

『漢書』巻一二、平帝紀の元始元年（西暦元年）六月条に

　　天下女徒、已論、帰家、顧山銭月三百。

とあるのがそれである。本条の「顧山」につけられた如淳注には

　　当於山伐木、聴使入銭顧功直、故謂之顧山。

とある。女徒の労役を免ずるために、功直を雇うための銭を出すことによって、労役を免ずるという措置（制度）が設けられたのである。その顧山の銭額が「月三百」であったという。これを日に換算すると一日一〇銭となる。したがって功直の日当は一〇銭であったことになる。漢初における労役の賃銭が八銭であったとすれば、この時期に比べて二五%《パーセント》上昇していたことになる。そこで、もし労賃のうちに占める食費の率に変化がなかったと仮定すれば、前漢末期における穀価も同じく二五%《パーセント》程度上昇していたということになるであろう。おそらくは、穀価（をはじめとする諸物価）の上昇に伴って労賃を上昇させたというのが実情に近いであろう。このことより、前漢中期までは粟石三〇銭（米石五〇銭）であったのに対し、前漢末期には二五%《パーセント》の上昇があって、粟石三七・五銭（米石六二・五銭）程度、すなわち粟価は四〇銭弱となっていたという推定が成り立つのである[43]。

　次に王莽期より後漢初期の状況について概観する。王莽期に残された記録としては「雒陽以東、米石二千」あるいは「米石万銭」という記録が見られ、続く後漢の光武帝初期にも「時百姓飢餓、人相食、黄金一斤、易豆五升。」という時期もあった。黄金一斤は一万銭であり[44]、これと豆五升が交換されたというのであるから、もしこの記録を信頼するとすれば豆一石が二〇万銭であったことになる。これは超異常事態というよりは史料そのものの疑惑が免れない。これらと比較するために『居延漢簡』中に見られる比較的穀価の高い例を挙げて参考に資しておく。三六・七簡には「黍米二斗、直銭卅」とあり、この黍米は一石一五〇銭、これを粟に換算すると石九〇銭となる。一九八・一一A簡

には「粱粟（中略）百一十、（中略）黍粟（中略）石百五、（中略）大麦（中略）石百一十」とある。右の粱粟とは米田賢次郎氏も述べるごとく、[45]粟（あわ）の粟価を指している。これよりさらに高い例としては二六・九A簡に「粟二石直三百九十、糜三石直三百六十」とある。ここにある「粟二石」は後の糜が石一二〇銭であることとのバランスを考慮すると、宮崎氏の指摘するごとく[46]「粟三石」の誤記と見られ、したがって、一石当たりの粟価は一三〇銭であったと思われる。いずれにしても一石が二〇〇銭を越すような例は皆無であり、これが現実的数値である。しかも居延地方における穀価は内地よりも高めであった。よって前漢より後漢に至る内地の穀価も、概していうならば安定していたと推察され、日常的な価格の理解のためには、異常な数値に惑わされるべきではない。次に明帝時の記録としては『後漢書』明帝紀の永平一二年（六九年）の条に

是歳天下安平、人無徭役、歳比登稔、百姓殷富、粟穀三十、牛羊被野。

とあり、連年の豊作によって、粟価が石三〇銭にまで下がった時期もあったのである。これは後漢における穀価の低い方の極限であったと見られるであろう。

以上を要するに、前漢後期より穀価はやや上昇の傾向が見られるが、巨視的に見るならばほぼ安定しており、粟で石三〇銭から四〇銭弱のところを徐々に変動したといえるであろう。なお、居延地方は穀価は中原よりも高めであったことにも留意する必要があると思われる。

四　後漢の百官俸給制と穀価

これまでの検討により、穀価は前漢半ばまでは一石三〇銭という安定価格が続き、前漢末期に近づくとやや上昇し

たことが窺われた。本章では後漢初～中期の穀価を探る手がかりとなる百官俸給制について検討する。漢代の俸給は「半銭半穀」といわれるように、銭と穀とによって支給されたのであるが、その支給に当たっては穀価との関連に何らかの考慮が払われていたと考えられる。延平元年（一〇六年）における百官の俸給額と俸穀額については、『続漢書』巻二八、百官五の末部に劉昭が引用した荀綽の『晋百官表注』に次のごとく記してある。

漢延平中、中二千石奉銭九千、米七十二斛。真二千石月銭六千五百、米三十六斛。比二千石月銭五千、米三十四斛。一千石月銭四千、米三十斛。六百石月銭三千五百、米二十一斛。四百石月銭二千五百、米十五斛。三百石月銭二千、米十二斛。二百石月銭一千、米九斛。百石月銭八百、米四斛八斗。

彭信威氏(47)はこの時点における百官の俸給が半銭半穀で支給されていたと解し、上より中二千石の場合は米七二斛（＝石）と九〇〇〇銭とが等価であったと見て一石一二五銭と算定し、以下真二千石の場合は石一八一銭、比二千石の場合は石一四七銭、千石の場合は石一三三銭、六百石・四百石・三百石・百石の場合は石一六七銭、二百石の場合は一一一銭であったとし、その平均値として得られる一石一五〇銭を以て当時の穀価であったと算定した。しかしながら、この算定には直ちに疑問が湧くであろう。同一時期における穀価に石一一一銭から一八一銭までの幅があったというのは不可解である。この百官俸給制の史料解釈に新たな地平を開いたのが宇都宮清吉氏(48)であった。以下に筆者の理解するところに基づいて宇都宮氏の説を紹介する。

『後漢書』光武帝紀の建武二六年（西暦五〇年）正月の条に

詔有司、増百官奉、其千石已上、減於西京旧制、六百石已下、増於旧秩。

とあり、この建武時の改革によって百官のうちの千石以上の者については前漢時より俸給を減じたが、大半を占める六百石以下の官については前漢時より増額したことが知られる。右の条に付された李賢注には『続漢志』を引用して百官の俸禄を次のように記している。

大将軍三公奉月三百五十斛、秩中二千石月百八十斛、二千石月百二十斛、比二千石月百斛、千石月九十斛、比千石月八十斛、六百石月七十斛、比六百石月五十五斛、四百石月五十斛、比四百石月四十五斛、三百石月四十斛、比三百石月三十七斛、二百石月三十斛、比二百石月二十七斛、百石月十六斛、斗食月十一斛。佐史月八斛。凡諸受奉、銭穀各半。

これは後漢の百官俸給を記したものであり、ここに記される穀建ての俸給額と前引の『晋百官表注』に記される俸穀額とを対比すると興味ある事実が判明する。すなわち（真）二千石の場合には一二〇斛：三六斛すなわち一〇：三となっているのをはじめとして、六百石、四百石、三百石、二百石、百石とそれぞれの官において俸給額と俸穀額が同じく一〇：三となっていることである。宇都宮氏はこの事実に着目し、「銭穀各半」と記されてはあるけれども、穀物による支給が俸給全体の三割、残る七割は銭で支給というのがその実態であると見なした。すなわち銭による支給（俸銭）額と俸穀（の時価換算額）との割合が七：三となっているというのである。故に、延平時における想定穀価を一石 x 銭であったと設定すると、次のような等式が成り立つことになる。すなわち三百石の官を例にとると、その俸銭額が二〇〇〇銭、俸穀額が一二石であったから

$$2000 : 12x = 7 : 3$$

となり、この x の価を求めると七一・四二（銭）となる。すなわち延平元年における穀価は米一斛につき七一銭強として計算されていたということになる。

右が筆者の問題意識に従って取り上げた宇都宮氏の見解の一部であるが、この宇都宮説に対して、楊聯陞氏(49)及び布目潮渢氏(50)から批判がなされた。楊氏は宇都宮説が粟による計量と米による計量の違いを考慮していないと批判し、こ

れを承けた布目氏は次のように述べる。『晋百官表注』に記された俸穀額は米によるものと明記されているが、『続漢志』の俸給額は「米」と断っていないが故にそれは粟によるものと推定され、したがって両者を粟同士の数値で比べれば、正しく半銭半斛となっている（例えば三百石の官の俸給額の一二斛は粟に換算すると二〇斛となり、これが俸穀の四〇斛のちょうど半分となる）というのである。したがって、延平元年（一〇六年）の穀価は粟一石一〇〇銭と想定されていることになり、宇都宮氏算出の七一・四二銭という数値は無意味である、というのが布目氏の見解である。しからば、米一石七一・四二銭（宇都宮説）と粟一石一〇〇銭（布目説）のいずれをとるべきであろうか。

そこでまず考慮せねばならないことは、百官俸給制は制定されてより幾度か改訂が加えられて後漢に至ったと見るべきことである。『続漢志』に記される俸給制がいつの時点のものなのか明示されてはいないが、これが後漢の建武時のものであることには異論はないと思われる。『漢書』宣帝紀の神爵三年（前五九年）八月の詔に

其益吏百石以下奉十五。

とあるように、宣帝時に百石以下の官俸が五割引き上げられ、続いて哀帝紀の綏和二年（前七年）六月の条に

益吏三百石以下奉。

とあり、哀帝時には三百石以下の官俸が幾ばくか引き上げられた。さらに前述のごとく光武帝の建武年間には六百石以下の官俸が引き上げられた。百石の官に次ぐ斗食の場合を例にとると、このように三度の増給を経た後漢時の月俸が一一斛であったのであるから、宣帝時以前の月俸は六石程度であったと推定される。この斗食の穀建てによる月俸が粟六石なのかそれとも米六石なのかが問題である。前章までの考察によると、宣帝時における穀価は粟一石三〇銭強であった。仮にその時点での斗食の月俸の六石が粟建てであったとするとこれを銭で評価すると一八〇銭ということになり、これはかなり低い額である。漢代半ばにおける一般の労役においても八銭の日当が相場であったとすれば、

三〇日働けば二四〇銭を得ることができる（食費を差し引けばちょうど一八〇銭）。しかるに役人である斗食の月俸はこれと同等かこれを下回ることになる。当時の社会の中ではまさにエリートであった官吏の俸給において、このようなことはあり得べからざることといわねばならない。もし六石が米建てでの額であれば月収三〇〇銭となり、かろうじて一般労役者を上回ることになる。よって、俸給額は当初より米建てで定められたことは疑いないと言えるであろう。

さて、延平時の穀価が宇都宮氏の算定したごとく一石七一・四二銭であったと仮定し、三百石の官を例に取り挙げてみる。延平時の三百石の官は月俸四〇斛で、内訳が月銭の二〇〇〇銭と米一二斛であった。米一二斛の価格は八五七銭であったことになる。これと俸銭の二〇〇〇銭とを合計すれば二八五七銭となり、これが実収額となる。一方米建ての俸給額の四〇斛を石七一・四二銭で換算すると二八五七銭となり、実収の額と一致することが確認できる。

以上の検討により後漢中期の穀物の平常価格は米価で一石七一銭強、これを粟価で表現すると一石四三銭であったことが明らかになる。

五　穀価の上昇傾向と後漢の穀価

前漢に比して後漢の穀価が少しく上昇していたことが前章での検討により明らかとなった。穀価の上昇傾向は後漢になって始まったものではなく、前漢よりの傾向を引き継いでいたと解すべきであろう。すなわち米価一石五〇銭（粟価一石三〇銭）より延平時の七一銭へと徐々に上昇していったものと見るのが最も現実に近い理解であろうと思われる。

次に、後漢中期以降の穀価の動向を探ってみよう。『後漢書』列伝四一、龐参伝によると、安帝の永初四年（一一〇年）に羌の侵攻と不作とにより「穀石万余」という状態になったが、もちろんこれも一時的現象であった。同じく安帝期のことを記す同書列伝四八、虞詡伝には

虞詡遷武都太守。（中略）始到郡、戸裁盈万、乃綏聚荒余、招還流散、二三年間、遂増至四万余戸、塩米豊賤、十倍於前。

とあり、その李賢注に

続漢書曰、詡始到、穀石千、塩石八千。見戸万三千。視事三歳、米石八十、塩石四百。流人還帰、郡戸数万、人足家給、一郡無事。

とある。『続漢書』によれば、武都太守となった虞詡が郡内を立派に治めて三年のうちに米価が一〇〇〇銭より八〇銭にまで下がって安定したという。この記録により、武都郡における安帝期の安定価格が一石八〇銭（米価）であったことが知られるのである。次に、これまた武都太守であった李翕西狭の頌（建寧四年＝一七一年）に

年穀屢登、倉庾惟億、百姓有蓄、粟麦五銭。（『金石粋篇』巻一四、漢一〇）

とあり、この記事は右の安帝期よりも半世紀ばかり下る霊帝期頃のものであるが、これによれば、当時は豊年が続いて粟麦が一斗五銭となったという。粟麦とは籾殻のついたままの麦であるが、この粟麦五銭より一般の米価を推定してみよう。前掲『居延漢簡』二一四・四簡によれば、粱粟（あわの粟）が石一一〇銭のとき大麦はこれよりやや賤く石一〇五銭であった。粟《あわ》と大麦では粟《ぞく》同士の値は五《パー》《セント》ほどの違いはあっても、その差異は微細であった。麦と大麦との間にもさほどの値の開きはないと見て大過ないと思われる。よって概算を求める本稿において、麦の粟価の五銭から一般の粟価五銭程度と推定することは認められるであろう。粟価が五銭であればこれを米価に換算すれば斗当たり八銭強となる。すなわち石八〇銭強となる。

以上の考察により、後漢の中期と末期の武都郡における穀価が霊帝時と半世紀を隔てながらもきわめて近い価であったことが認められ、このことによって米石八〇銭（強）が安定価格であったことが裏付けられるのである。

次に、右記の考察結果をさらに裏付けする史料を補足しておきたい。李翕西狭頌と同じ霊帝時のことを記す『華陽国志』巻四、南中志に、景毅が益州太守として安集に至ったときのことを述べて

景毅為益州太守、承喪乱後、民夷困餓、米斗千銭、皆離散。毅至安集後、米一斗八銭。

とある。これにより、蜀においても霊帝時の安定穀価が一石八〇銭であったことが知られるのである。さらに同じ霊帝期の常山国においても白石神君婢（光和六年＝一八三年建立）に

年穀歳熟、百姓豊盈、粟斗五銭、国界安寧。（『金石粋篇』巻一七、漢一三）

とあり、常山国においても霊帝時の穀価が粟一斗五銭、すなわち一石五〇銭となって安定していたことが知られ、これを米に換算すると石八〇銭強であった。したがって、ほぼ同じ時期における武都郡と益州と常山国とにおいて安定穀価がともに八〇銭或いはその前後であったことになる。これは偶然の一致というものではなく、米一石八〇銭というのはこの時代の安定した一般的価格であったことを示していると言えよう。既に前章において前漢から後漢にかけて穀価の上昇傾向が確認されたのであるが、この度もまた同様の傾向が認められた。すなわち延平年間以前に米価がほぼ七一銭とされていたのに比べると、この霊帝時の石八〇銭という額は明らかに上昇を示しており、その率は一二％《パーセント》であった。これは前漢以来の緩やかな上昇率とほぼ見合う数値と言えるのではないか、以上の考察によって黄巾の乱勃発（中元元年＝一八四年）より以前の後漢後期における安定穀価が米一石約八〇銭であったことが認められるのである。

なお、霊帝に次ぐ献帝初平元年（一九〇年）、劉虞が牧となった幽州において「穀石三十」（粟価ならん）という一時

期があった。ところがその直後の興平元年（一九四年）には「穀一斛五十万、豆麦一斛二十万」という大騰貴が起こり、後漢の最末期には、もはやコントロール不能となり社会的な規制力が失われ、悪徳商人の操作のままに穀価が釣り上げられていったと見られるのである。

むすび

これまでの考察を振り返り、漢代における穀価の推移を跡づけて結びとしたい。戦国期以来、穀物は粟価で一石三〇銭というのが平常価格であった。秦末の戦乱を経て劉邦によって漢帝国の基盤が確立するまでの間に穀価は局地的に一石五千銭あるいは一万銭という騰貴を見たが、やがて戦乱の終息と共に穀価は安定し、文帝期には連年の豊作により一時石十数銭という価格にまで下った。しかしながら、安定価格が一石三〇銭であったことは『史記』貨殖列伝からも確認されるのである。この平常価格が宣帝紀直前頃まで続いたと思われる。宣帝即位後に豊年が続き、穀価は一石五銭という異常低落を見た。その背後には農民に対する商人の仕入れ価の買いたたきがあったと考えられる。やがて穀価は平常価に回復し、続く元帝の初期には羌粟の反乱と不作とにより、京師においても一時的に一石二〇〇銭強という高値となった。その後、前漢後期には平常価が粟石三〇銭よりやや上昇していた。それは地節年間に粟価が石三五銭であった例、および前漢末に労役者の日給が八銭から一〇銭に引き上げられていたという事実から推察されるのである。穀価の上昇があったからこそ、これに見合う労賃の上昇があったのであり、粟価は一石四〇銭弱となっていたと推察される。前漢末から王莽期にかけての経済的混乱が静まり後漢に入ると、穀価は前漢以来の緩やかな上昇傾向を引き継いだと思われる。延平元年（一〇六年）の百官俸給例においては俸給が一石七一・四二銭という想定のもとに七銭三穀の割合で銭と穀とで支給された。米七一銭強を粟価に換算すると四三銭となる。これが後漢中期の穀価の実勢を反映していたと考えられる。続く後漢中期から霊帝期にかけての間に米価一石八〇銭乃至八〇銭強と推定される史料が四例見出される。これを粟価に換算すると、一石約五〇銭となる。その後黄巾の乱を経ると、国家及び社会の有つ穀価の調節機能が破壊され、穀価は悪徳商人に操作され「穀一斛五十万」という極端な数値すら史料に現れるのである。

以上を要約すると、戦国時代以来の貨幣経済社会を承け継いだ漢代では、前漢から後漢にかけて平常穀価は粟一石三〇銭から五〇銭の間を変動し、大勢的に見れば、徐々にではあるが上昇していった。これを米価に換算していうと、一石五〇銭から八〇銭へと上昇したことになる。なお、本論でいう穀価は生産者である農民の立場から見た穀価（糴価）であり、商人の手を通して市場で売買される価格（糶価）はこれに二割程度の利が組み込まれていたと思われる。

注

（1）王楙『野客叢書』巻一一、米価貴賤。
（2）王鳴声『十七史商榷』（台北大化書局排印本、一九七七年）巻一二、漢書六。
（3）瞿兌之「西漢物価考」（『燕京学報』一九二九年五期）。
（4）陳嘯江「西漢底通貨単位和物価」（『文史学研究所月刊』第二巻第二期、一九三三年）。
（5）劉汝霖「両巻糧価漲落攷」（『師大月刊』一九三三年六期）。
（6）馬非百「秦漢経済史資料（二）——商業」（『食貨半月刊』一九三五年）。
（7）勞幹『居延漢簡考釈』己、辺郡生活、糧食（国立中央研究院歴史語言研究所、一九三五年）。
（8）陳直『両漢経済史料論叢』「漢代的米穀価及内郡辺郡物価情況」一秦漢米穀価（陝西人民出版社、一九五八年）。

（9）彭信威『中国貨幣史』第二章、両漢的貨幣（上海人民出版社、一九五八年）。

（10）Lieng Shang Yang（楊聯陞）'Number and Units in Chinese Economic History'（"Harvard Journal of Asiatic Studies" vol.12 1949）.

（11）加藤繁『支那経済史概論』第一一章、物価（弘文堂、一九四四年）。

（12）宇都宮清吉①「西漢時代の都市」、②「続百官受奉例考」、③「続百官受奉例再考」（共に宇都宮清吉『漢代社会経済史研究』〈弘文堂、一九五五年〉所収）。

（13）布目潮渢「半銭半穀論」（『立命館文学』第一八四号、一九五七年、後に『布目潮渢中国史論集（上巻）』〈汲古書院、二〇〇三年〉再録）。

（14）宮崎市定「史記貨殖列伝物価考証」（『東方学』第二八号、一九六四年、後に『アジア史論考』中巻、朝日新聞社、一九六六年）。

（15）佐藤武敏「前漢の穀価」（『人文研究』第一八巻第三号、一九六七年）。

（16）前注に同じ。

（17）注一二①論文。

（18）注一三に同じ。

（19）注一四に同じ。

（20）注一五に同じ。

（21）注一二②③論文。

（22）前注に同じ。

（23）布目氏は『続漢書』百官志に記される延平元年の俸給額のうちの穀物支給は米価ではなく粟価で記されているのであるから、七銭三穀ではなく、文字通り「半銭半穀」であったと主張する。注一三を参照。

（24）関野雄「古代中国の尺について」（『東洋学報』第三五巻第三・四号、一九五三年）および「先秦貨幣の重量単位について」

（『東洋文化研究所紀要』第七冊、一九五五年）を参照。関野氏は戦国時代に大尺と小尺とがあって、小尺の一尺は一八〇ミリ、大尺の一尺は二二五ミリであったと論じ、この大尺が統一後の尺度として用いられたと推定する。その後の実測値によると、秦漢の一尺は二三〇ミリであったというのが一般であり（天野元之助「中国畝制考」〈『東亜経済研究』復刊第三号、一九五八年〉および次注を参照）、始皇帝が度量衡を統一した時点ですでにほぼ統一したものが流布しており、その厳格な実施が通達された。

(25) 天石「西漢度量衡略説」（『文物』一九七五年一二期）を参照。

(26) 『居延漢簡』一一〇・一四簡に「粟一斗、得米六升」とある。秦律十八種四一簡にも「（粟一）石六斗大半斗、舂之為糲米一石」とあり、秦においても粟率を六割とする点は同じである。

(27) 関野雄「中国青銅器文化の一性格――青銅器の素材価値を中心として――」（『東方学』第二号、一九五一年）および注二四論文を参照。

(28) 例えば巻七の盈不足篇の問題中に「買（田）一頃、賈銭一万」という田価が見られるが、これは秦における田価の実勢を反映しており、さらに牛価や他の物価も当時の実勢を反映していたと見られる。

(29) 穀価に五〇〇〇銭と一〇〇〇〇銭との違いがあるが、実際にその額で取引が行われたという数値であったとはにわかに信じ難い。ただし任子のような投棄商人が買い占めた穀を国が買い入れたという可能性も考えられる。

(30) 礼忠の資産を記す三七・三五簡に「用馬五匹、直二万」とある。

(31) 漢代初期にはまだ安定した貨幣経済が社会の隅々まで浸透するところまでは至っていなかったようで、粟価が標準よりも下がったことをも含めて天下殷富と称している。農民にとっては穀価が低いとこれを換金する際に額が減るが、さほど困らなかったと見られる。また、官僚の俸給が銭と穀とで支給されるようになったのも前漢の半ば以降であろうと思われる。インフレがなければ半銭半穀の制もさほど重要な意味はもたないはずである。

(32) 第三部「『史記』列伝のテーマについて」の注一六を参照されたい。

(33) 注一二論文を参照。しかしながら、この理解については正しくない。司馬遷は千戸君が各戸より二〇〇銭の税を納入させることによって二〇万銭の収入を得ることができる。これと同様に、千畝畝鍾の田を耕作する農は、そこから獲られる収穫によって、千戸君と同等の収入となることを指摘しているのである。

（34）商人が二〇万銭の資本を三回転させて二〇万銭の利を稼ぐ（貪賈）か、五回転させてその利を稼ぐ（廉賈）か、との意に解す。しかしながら、司馬遷がここで述べているのは「千畝畝鍾之田」から収穫を見込まれる穀物の経済価値が、千戸君が得る二〇万銭の額等しいということであって（前注を参照）、後半の話との混同がある。商業資本による利益については、次の文脈の中で述べているのである。つまり、二〇万銭の資本を有する商人がそれで二〇鍾の穀を買い、これを二割の利をとって売ると二四万の売り上げがあり、その内の二〇万銭でまた千鍾の斛を買い、こうして資本を五回転させれば、廉賈でも二〇万の利を獲ることが可能となり、貪戸であれば、利の幅を大きく取って、三回転で二〇万の利を生み出そうとする、というのが貨殖列伝の文脈に沿った理解となる。なお、一〇〇万銭という額は、それだけの資本があれば、その利息によって二〇万銭の利を獲ることが可能であることを述べていて、二割は合法的な利息として当時の社会で認められていた。

（35）宇都宮氏は後述するように、後漢の延平年間の穀価が七一銭強であったことから、前漢においてもこれに近い価格であったという前提があったと思われる。その故に、宇都宮氏のいう六二銭というのは米価であり、これを粟価に換算すると六割の三七・二銭となる。

（36）注一四に同じ。

（37）宮崎氏のいう石一二〇銭とは粟価であって、宇都宮氏の算定した六二銭は米価であるから、両者の価格認識には大きな懸隔があったことになる。半銭半穀論を展開した布目潮渢氏も、宮崎氏と同じ見解に立っている。

（38）『中国古代度量衡図集』の図版説明一〇頁の解説によれば、これが鋳造されたのは前四〇四～三八五年の間であった。

（39）『九章算術』によれば一斛マスにも大斛と小斛とがあり、大斛の六割が小斛であった。これは粟を籾殻のまま大斛で計量してその米に換算した実数が得られるのである。一鍾を一〇石とする説は、一斛マスが大鍾として、あるいは逆に、大鍾が一斛マスとして用いられたことによる。なお、七九番めに挙げられた「陳純銅釜」の容量は二〇五八〇立方《セン》チ《》で、ほぼ二〇《リッ》トル《》となっている。第三部「中国の古尺について」を参照。

(40) このことについては、前注を参照されたい。
(41) 尽地力の教によれば一〇〇歩＝一畝制をとる戦国の魏において一畝あたりの収穫高が一・五石であったとすれば、同じ収穫率であったと仮定すれば二四〇歩＝一畝制をとる秦の農民の場合、畝収は二・四倍の三・六石であったことになる。「畝鍾の田」はその二倍弱であり、決して現実離れした収穫率ではない。しかるに、もし「畝鍾の田」が米額での一鍾であったとするならば、これを粟に換算すると畝収が一〇・六七石となり、通常の三倍近くとなり、非現実的と言えるであろう。よって、貨殖列伝にいう「千畝畝鍾の田」の畝鍾とは米ではなく、粟による量であり、計六四〇〇石の粟の収穫が見込める肥沃な田を意味したのである。なお、筆者の算定した石三一・二五銭の粟価は米価に換算すると五二・一銭となり、宇都宮氏の推定額と結果的には等しくなるが、筆者の得た数値は商業資本の問題とはかかわりなく、千鍾の粟価を二〇万銭として求めた穀価である。
(42) 地湾地区で出土した同三八七・四簡に「肩水破胡□長□得成漢理朱千秋、地節二年（前六八年）七月乙酉除」とあり、朱千秋は一九・二六簡のものと同一人であったと見られる。
(43) 一日の労働価が八銭であって、労役者の食費として日に二銭分を別途女徒が負担させられて計一〇銭となった、とする解釈も一応は成立しそうである。しかし、秦律の場合も債務労働者は食費を差し引かれた六銭分が所得とされたのであるから、実質の労働価も戦国期から前漢末にかけて六銭から八銭弱へと上昇していて、穀価の上昇と労働価の上昇とは相関関係にあったと見るのが自然な理解となるであろう。
(44) 第三部「『漢書』食貨志の「黄金方寸、而重一斤」について」を参照されたい。
(45) 米田賢次郎「漢代辺境兵士の給与について」（『東方学報・京都』第二五冊、一九五四年）を参照。
(46) 注一四に同じ。
(47) 注九の書一〇五頁の注九を参照。
(48) 注一二に同じ。
(49) 注一〇に同じ。

(50) 注一三に同じ。

〈補注〉戦国時代に穀物が「銭」という単位で評価されたとすると、その「銭」とは何によって定められたものかという根本的な問題が生ずる。銭の起源を解明することははなはだ困難ではあるが、今日までの考古学的成果から、我々はいくつかのヒントを得ることができる。そのひとつは戦国時代の斉で鋳造された「斉法化（斉大刀）」である。長さは一八～一九センチであるが、実に精巧に造られている。朱活氏によると、斉の「賹化」（平均重量は一・五一グラム）のほぼ三〇枚分が「斉法化」の重さになるという。今後の綿密な検討が俟たれるところではあるが、筆者の観点からは、まさにこの「賹化」の価格が一銭であり、「法化」の価格が三〇銭であったことになるのである。つまり、三〇銭というのが穀一斛の標準価格であり、これを逆にいうと、戦国期にほぼ安定した穀物の経済的能力（購買力）が銭という額の基準となったということであろう。この穀価は春秋時代以来の基準であった黄金の価格との関係が問題になったはずである。そのバランスが商鞅によって定められ、「黄金方寸」を一万銭とする基準が漢代に踏襲されることになる。こうした見通しが筆者の古代研究の底流より浮上しつつある。朱活「談山東海陽出土的斉国刀化」（『文物』一九八〇年二期）および江村治樹『春秋戦国秦漢時代出土文字資料の研究』（汲古書院、二〇〇〇年）一七一頁、および本書第一部第三章補注三を参照。

後漢官僚の俸給制における半銭半穀

はじめに

漢代の官僚の俸給に関する研究としては宇都宮清吉氏(1)の先駆的論究とこれを批判した布目潮渢氏(2)の精緻な論考とがある。宇都宮氏は『続漢志』（『続漢書』百官志）の末尾に記される百官受俸例を検討し、これに『後漢書』光武帝紀の建武二六年の条の末尾に記される百官受俸例を対比させ、さらに『後漢書』光武帝紀の建武二六年条に附された李賢注及び『漢書』百官公卿表の題下に「漢制」として記される顔師古注――以上の三種の史料を以下の本稿では建武例と略称する――を援用し、この建武例と延平元年に百官受俸例を記す上記『続漢志』の劉昭注所引の荀綽著『晋百官表注』――これを以下の本稿では延平例と略称する――とを対照することにより、後漢の百官の俸給は「半銭半穀」で支給されたと記されてはいるが、その実、俸給額の七割が銭で、残る三割が穀で支給された【四四九頁所掲の〈表Ⅰ〉を参照】と見なし、所謂七銭三穀の原則が前漢以来の伝統であり、漢代の俸給制においては穀価の変動に応じて俸給額がスライドさせられ、常に七銭三穀の割合が維持されたものと推定する。

右記の宇都宮説に対して批判的に検討を加えた布目氏は次のように述べる。すなわち、建武例に穀建てで記される俸給額は、米額（粟から籾殻を取り去った米の状態で計量した額）によって記されてあると宇都宮氏は前提としているけれども、実はこの俸給額は粟建て（籾殻のついた粟による）数値が記されている（と見られる）のであって、これを米額での俸穀額を記す延平例と比較するためには、その米額を粟額に換算する必要があり（粟の籾殻を去って米にすると、その容量は六割となる）、換算した数値【〈表Ⅱ〉の月粟（二c）を参照】は建武例のちょうど半額となっており、文字通り半銭半穀が実施されていたことになる、という。布目氏はさらに、俸給制においてスライド制は採られておらず、右の半銭半穀が定められたのは後漢であったと推定するのである。

本論は上記の両先学の驥尾に附して漢代百官の俸給制の実態を把握せんことを目的とするが、順序としてまず第一章では宇都宮・布目両説の要点を記してその相違点を明瞭にし、続いて第二章では半銭半穀の実態を明らかにするために、実際の穀物価格とは別に、俸給専用の抽象的観念的穀価が制度上存在したという仮説を設けることによって両氏の説を止揚せんことを試み、最後に第三章では漢代の日常穀価を推定し、以て前漢における考察結果を検証する。以上によって、後漢における百官俸給制の問題を解く視点を提示することができれば幸いである。

一　宇都宮氏の七銭三穀説と布目氏の半銭半穀論

後漢の官僚の俸給額を知るための史料としてまず挙げられるのが司馬彪撰『後漢書』百官志五の末尾における次の記述である。

百官受奉例、大将軍三公奉月三百五十斛、中二千石奉月百八十斛、二千石奉月百二十斛、比二千石月百斛、千石奉月八十斛、六百石奉月七十斛、比六百石奉月五十斛、四百石奉月四十五斛、比四百石奉月四十斛、三百石奉月四十斛、比三百石月三十七斛、二百石奉月三十斛、比二百石奉月二十七斛、一百石奉月十六斛、斗食奉月十一斛。佐史奉月八斛。凡諸受奉、皆半銭半穀。

右記に附された劉昭注を引用して右の俸給例を建武二六年（西暦五〇年）の百官増俸時のものと見なしている。(3) 次に右とほぼ同内容の記事が百官の増俸を伝える『後漢書』光武帝紀、建武二六年条の李賢注には「続漢志に曰く」として

大将軍三公奉月三百五十斛、秩中二千石奉月百八十斛、二千石月百二十斛、比二千石月百斛、千石月九十斛、比千石月八十斛、六百石月七十斛、比六百石月五十五斛、四百石月五十斛、比四百石月四十五斛、三百石月四十斛、比三百石月三十七斛、二百石月三十斛、比二百石月二十七斛、百石月十六斛、斗食月十一斛、佐史月八斛。凡諸受奉、銭穀各半。

とある。右の二史料を比較すると李賢注にあった比千石が前者百官志では省略されていることの外に、千石、比六百石・四百石・比四百石の官の俸給額の数値が若干異なっている。しかしその他は同内容であるから、両史料は共に建武例と見て大過なさそうである。この点に関しては宇都宮氏も布目氏もほぼ同じ見解をとる。また、『漢書』百官公卿表の題下の顔師古注には「漢制」として次のようにある。

三公号称万石、其俸月各三百五十斛穀。其称中二千石者月各百八十斛、二千石者百二十斛、比二千石者百斛、千石者九十斛、比千石者八十斛、六百石者七十斛、比六百石者六十斛、四百石者五十斛、比四百石者四十五斛、三百石者四十斛、比三百石者三十七斛、二百石者三十斛、比二百石者二十七斛、一百石者十六斛。

これは李賢注の記す俸給額とほとんど同じであり、比六百石の俸給額が異なるのみである。その故に、これもやはり建武例と見なされる。宇都宮氏及び布目氏は顔師古が前漢の俸給制を後漢のそれと大差なかったと見て後漢時の史料

をもとにしてこの数値を記したものと解しておられるが、その見解は妥当のようである。次に、『続漢書』百官志に附された劉昭注には荀綽の『晋百官表注』を引いて建武時より五十余年後の延平元年（一〇六年）における俸給制を挙げて、次のように記してある。

漢延平中、中二千石奉銭九千、米七十二斛。真二千石、月銭六千五百、米三十六斛。比二千石、月銭五千、米三十四斛。一千石、月銭四千、米三十斛。六百石、月銭三千五百、米二十一斛。四百石、月銭二千五百、米十五斛。三百石、月銭二千、米十二斛。二百石、月銭一千、米九斛。百石、月銭八百、米四斛八斗。

宇都宮氏は建武例における百官の俸給を穀建てで記す『続漢書』百官志、李賢注および顔師古注の三つの史料群と、延平例における百官の俸給を銭と穀との額で記す『晋百官表注』との二種の史料を比較し、両者の時期的相違による変化は無視し得るという前提のもとで――このことについても賛同できる――百石、二百石、三百石、四百石、六百石の官の穀建てによる俸給額と俸穀額との間に一〇：三の対応関係があることを見出し、他の官もほぼこれに準ずる数値となっていると見なした。したがって俸給総額の三割が穀物で支給され、残り七割が（穀物の時価に換算されて）金銭で支給されたものと解した(4)。

宇都宮氏は以上のことを整理してまとめ、さらに延平例に記されていない比千石、比四百石、比三百石、比二百石、斗食および佐史の奉銭および奉穀の額を推定し、さらに七銭三穀の原則に合うように若干の数値を修正して次頁に所掲の〈表Ⅰ〉を作成した。そして氏は、この七銭三穀の原則は前漢以来の伝統であったと推定し、俸給のうちの俸銭の額が穀価の変動に応じてスライドさせられたと論ずるのである。

この宇都宮説に対して、布目氏は次のように批判する。すなわち、荀綽記すところの延平例においては俸穀額が米によると明記されてあるが、しかし、一方の建武例における穀建ての俸給額については米によるとは明記していない。

表Ⅰ　宇都宮氏作成の受俸例表

建武26年受奉例		延平中月俸支給例		備考		
秩 A	月俸 B	俸銭 C	俸谷 D	延平制の銭にて支給せらるべき月奉の換算斛数 E	EとDの比率 F	延平制の月奉支給例による一斛の評価 G
中二千石	180斛	9,000銭	(54)斛	126斛	7：3	71.42銭
二千石	120	(6,000)	36	84	7：3	71.42
比二千石	100	5,000	(30)	70	7：3	71.42
千石	90	(4,500)	(27)	63	7：3	71.42
比千石	80	*4,000	*24	*56	7：3	71.42
六百石	70	3,500	21	49	7：3	71.42
比六百石	60	*3,000	*18	*42	7：3	71.42
四百石	50	2,500	15	35	7：3	71.42
比四百石	45	*2,250	*13.5	*31.5	7：3	71.42
三百石	40	2,000	12	28	7：3	71.42
比三百石	37	*1,850	*11.1	*25.9	7：3	71.42
二百石	30	(1,500)	9	21	7：3	71.42
比二百石	27	*1,350	*8.1	*18.9	7：3	71.42
百石	16	800	4.8	11.2	7：3	71.42
斗食	11	*550	*3.3	*7.7	7：3	71.42
佐史	8	*400	*2.4	*5.6	7：3	71.42

備考　＊印は宇都宮氏による推定値
（　）内は宇都宮氏による修正値
B欄は顔師古注数値と一致する

表Ⅱ　布目氏作成の受俸例表

号次	禄秩	受棒例月俸 (一)	延平中支給例		
			月銭（二ａ）	月米（二ｂ）	月粟（二ｃ）
(1)	中二千石	180斛	9,000銭	*72斛	*120斛
(2)	(真)二千石	120	*6,500	36	60
(3)	比二千石	100	5,000	*34	*56.6
(4)	千石	80	4,000	*30	*50
(5)	六百石	70	3,500	21	35
(6)	四百石	50	2,500	15	25
(7)	三百石	40	2,000	12	20
(8)	二百石	30	*1,000	9	15
(9)	一百石	16	800	4.8	8

備考　＊を附してあるのは半銭半穀原則に一致しないことを示している。

半銭半穀の語を重視する布目氏はそこで次のように論ずるのである。粟は籾殻を脱するとその量が六割に減少するから、米と粟との換算率は五分の三となる。そこで延平例の米による俸給額を粟額に換算した数値を求めると、前頁の〈表Ⅱ〉の最右欄月粟（二ｃ）のごとくなる。同表における月奉（一）欄の数値とこの月粟（二ｃ）の欄の数値を比べると、百石、二百石、三百石、四百石、六百石および二千石の官において前者の半額が後者の額になっている。これは官僚の俸給が、まさに「半銭半穀」で支給されていることを示すと布目氏は言う。すなわち、建武例の俸給額月奉（一）は粟による支給額であったからこそ、その半額が月粟（二ｃ）の額となっていると見るのである。さらに氏は、上表の月銭（二ａ）の額と月粟（二ｃ）の額とは半銭＝半穀の関係にあるのだから、当時の穀価は一斛一〇〇銭（粟価）であったという。そして宇都宮氏のいうごときスライド制は採られてはいなかったと解するのである。

これまでの叙述により、宇都宮・布目両説の相違は建武例における俸給額が米額によって記されたもの（宇都宮説）か、それとも粟額によって記されたもの（布目説）か、という理解の相違から生じていることが明瞭であろう。なお、布目説は半銭半穀を重視するが故に粟額説を採っていると解することができる。では、建武例の俸給額は粟建て米建ての何れであったのか。そしてまた、「半銭半穀」の実態如何。これを究明するためには、再度両氏の紹介した既出史料に立ち戻って検討する必要がある。

二　半銭半穀の原則とその実態

延平例を解釈するに当たって、前もって設定しておくべき解釈の条件を説明しておくと、次のごとくである。延平例には俸給月額（斛高）と「半銭半穀」原則を明記する語とが見られないのであるが、先述のごとく、基本的には建武例との間に差異はなく、建武例に記されていた「半銭半穀」（「銭穀各半」）の原則は延平例にも貫かれていたと見てよい。少なくともこの二点——延平例と建武例とに記される俸給制の内容はほぼ同一であり、かつ、そこには半銭半穀の原則があったという——を立論の出発点にすべきであろう。

さて、延平例を解釈すると以下のごとくなる。すなわち中二千石の俸給月額（穀建で記される。以下同じ）は一八〇斛で、その内訳は半銭半穀の原則に従うと、まず俸銭として俸給月額の半額九〇斛分を銭で支給する。その銭額は九〇〇〇銭である。この解釈から九〇斛＝九〇〇〇銭すなわち一斛一〇〇銭という数値を得る（他官も二百石および二千石を除いて皆同じ数値を得る）(5)。次に俸給月額の残り半分を俸穀額として現物支給するに当たっては（粟ではなく）米を以て支給し、その額は七二斛とする（以下百石に至るまで同様）。これを便宜上整理して表に示すと上掲〈表Ⅲ〉のごとくである。延平例は素直に解釈すれば、ただこれだけのことを言っているに過ぎないのである。

ところが、問題はこれから始まるのである。すなわち右に述べた「俸給月額の半額を銭で支給する」際の俸給の穀は米、粟の何れであったかということが第一の問題となる。しかし、筆者は目下

表Ⅲ　延平例俸給表

	(A) 建武例 俸給月額	(B)　(C) 延平例		(D) 半穀額 (A/2)
		俸銭額	俸穀額	
中二千石	180斛	9,000銭	72斛	90斛
二　千　石	120	6,500	36	60
比二千石	100	5,000	34	50
千　　石	90 (80)	4,000	30	(45) 40
六　百　石	70	3,500	21	35
四　百　石	50	2,500	15	25
三　百　石	40	2,000	12	20
二　百　石	30	(1,500) 1,000	9	15
一　百　石	16	800	4.8	8

D欄にはA欄の月俸の半額の数値を記す。
※二百石の月銭は後述の如く1,500銭と修正すべきである。

のところでは、これを何れとも断定せず、単に穀物と考えておく。つまり、米、粟何れかは不明であるが、抽象的に穀物一斛の銭額を一〇〇銭と見なすのである。この考え方は、実は筆者の恣意によるのではなく、漢代俸給制の発想の根底がここに在ったのではないかと想われる節がある――結論的にはそうではなかったことが後で判明する――からで、行論の便宜上「俸給専用の抽象的穀価」を漢、少なくとも後漢が設定していたという仮説を立てんがための方法として用いるのである。この仮説に立って再度延平例を説明すると次のごとくなる。斛高で示される百官の俸給月額は、半銭半穀原則に従って、まず俸銭として俸給月額の半額を米、粟何れとも断ぜられぬ「俸給専用の抽象的穀価――一斛一〇〇銭――」によって銭で支給する（各官の具体銭額は〈表Ⅲ〉の（B）欄を参照されたい）。これによって半銭原則の遵守されたことが一応認められる。次に俸給月額の残り半分を俸穀額（月米）として現物支給するに当たっては、粟ではなく、米を以て支給し、その具体的斛高で示されてある俸給月額の半額とする。この各官が受け取るはずの米斛数は同表の俸穀額（C）欄に示されてあるごとくである、ということになる。

ここで第二の問題が生じる。すなわち右の論法で行けば各官が受けるはずの米斛数は〈表Ⅲ〉の俸穀額（C）欄の数字では辻褄が合わないのではないか、つまり半穀額を示す（D）欄の数値が俸穀額になるべきではないか、という論が当然生じるのである。布目説は、ここから筆者のいう半穀（D）欄の数値を粟額とし、この数値と（C）欄の俸穀（米）額の数値に五対三の整数比を認めたのである。一見したところではむしろこの発想こそ自然であると想われる。しかし、布目説では、氏が粟額と認めた数値（前掲の〈表Ⅱ〉における月粟（二ｃ）の欄を参照。なお、百石より六百石までの官においては〈表Ⅲ〉の（D）欄の数値と一致する。）と同表（B）欄（〈表Ⅱ〉では月奉（二ａ）の欄）に記す俸銭額との間に一：一〇〇＝一斛一〇〇銭という見事な整数比を発見しながら、この関係を粟一斛＝一〇〇銭と解し、加之、この粟一斛一〇〇銭を粟の実価と見なしたために粟一斛実価一〇〇銭の説明に終始せざるを得なかった。

筆者は先述のごとく、「一斛一〇〇銭」を穀価と算定したが、その数値は布目説と同じに見えて実はそうではなく、この数値は実価に非ずしてかつ俸給専用の粟、米何れとも断ぜられない国家設定の穀物価格と仮定し、その数値を俸給月額の半斛分（D）欄と延平例の月俸銭（B）欄との間に得た。この点は布目説との根本的相違である。それはさておき、筆者の半銭半穀説に立脚する論法に従えば、寧ろ（D）欄の数値が俸穀月（米）額として得られるべきであるのに、筆者は敢えて延平例史料の整合的解釈から言えば、延平例の俸穀月米額（C）欄が正しい数値であるはずと想定するのである。しからばこの数値はどのように解されるのかというのが第二の問題点となるのである。この問題自体を念のために具体例として「三百石」の官を取り上げて説明すると次のようなことになる（〈表Ⅳ〉を参照）。

三百石の官は俸給月額（斛高）は四〇斛で、その内訳は半銭半穀の原則に従って、まず俸銭として俸給月額の半額二〇斛分を銭で支給する。その銭額は二〇〇〇銭である。この二〇斛は米、粟何れとも断ぜられない穀額で、ここから導出される「一斛一〇〇銭」の穀も同様であり、加之、一斛一〇〇銭なる穀価は国家が設定した俸給専用の抽象的穀価であって、現実の穀価――米、粟何れであれ――とは必ずしも合致しない。次に、俸給月額の残り半分を俸穀（米）額として現物支給するに当たっては、粟ではなくて米で（二〇斛を）支給するはずのところであるが、延平例では何と「米十二斛」と明記されてある、ということである。

この第二の問題はどのように考えるべきであろうか。筆者はこれを次のごとく解釈する。これまた「三百石」の官を引き続き例に取り上げて説明する。

三百石の官の俸穀分は延平例を素直に読めば米一二斛で、この数値はまぎれようがない。しかし半銭半穀が貫かれているとすれば、米二〇斛であるべきこともまた明瞭である。しかもその何れであるにせよ、この数値は正味現物の数値でなければならない。ここではじめて正味現物の数価が国家と官との間で授受されるというのっぴきならない論理上の場面が展開されることになる。

俸銭（月銭）額支給に際しては国家は米、粟何れとも断ぜぬかたちで俸給専用穀価を抽象的観念に設定し、「一斛一〇〇銭」とした。それは現実の穀価とは必ずしも一致しない。換言すれば時価から超越した穀価であった。しかもこの数値は時価の変動――大勢的にいえば後述のごとく、穀価は前漢以来徐々に上昇する傾向にあるのであるから――すなわちある程度の穀価上昇に堪え得る、つまり穀価（時価）の上昇につれて度々改訂する必要のない穀価として財政運用上の便宜のために設定された虚価であったといえる。

ここに至って改めて（後）漢帝国の百官俸給に対する基本的態度を考えてみる必要がある。漢では百官の俸給は斛高で明示された俸給例であったことはいうまでもない。この斛斗で明示された俸給例は身分制度と実収面の両面において百官にとっては極めて関心の高いもので、俸給の受け取り額、つまり俸銭と俸穀とを併せた受け取り額が斛高とも実価に基づく実収額とも一致することを最低限の希みとしているはずである。したがって、支給する国家の立場からすれば、百官の納得する俸給運営に努めるはずである。かく考えると、斛高の数字と実収（物価を代表する穀物実価に見合った実収入）との間にズレのないことを授受の両当事者が望むのは当然で、この点においても俸給例並びにその運営には細心の注意が払われてあったと考えるべきであろう。このような想定のもとに、改めて百官の俸給支給を考えるに、米の実価が俸給制そのものの中に考慮されてあるのではないかという事に想到する。

ここに及んで先の挙例に立ち帰って延平例時点の米の実価については暫くおいて、幾通りかの実価（X）――一斛五〇銭、六〇銭、七〇銭、八〇銭、九〇銭、一〇〇銭――を想定し、それに対応して三百石の官の俸給月額（斛高）とはどのような関係になるのか等という問題を共通因子である銭を媒介にして見てみると、次頁の〈表Ⅳ〉のごとくなる。

この表はあまりにも煩雑なので、要点的に読み取ると、次の諸点が明らかになる。

表Ⅳ　俸給月額40斛たる「三百石」の官における額

（X）	（A）	（B）	（C）	（D）	（E）	（F）	（G）	（H）
* 米一斛の想定実価	俸給月額	俸　銭（半銭）	俸　穀（半穀）	想定俸給月額（B＋C）	月収余得分（D－A）	調整俸穀銭額（C－E）	調整俸穀額（F÷X）	支給比率 銭：穀
**(110銭)	4,400銭	2,000銭	2,200銭	4,200銭	200銭	（余得分がない故に対象外）		(5：6)
100	4,000	2,000	2,000	4,000	0	2,000銭	20斛	5：5
90	3,600	2,000	1,800	3,800	200	1,600	17.78	5：4
80	3,200	2,000	1,600	3,600	400	1,200	15	5：3
70	2,800	2,000	1,400	3,400	600	800	11.43	5：2
60	2,400	2,000	1,200	3,200	800	400	6.67	5：1
50	2,000	2,000	1,000	3,000	1,000	0	0	5：0
**40	1,600	2,000	800	2,800	1,200	－400	（調整不能）	
***71.42	2,856.80	2,000	1,428.40	3,428.40	571.6	856.8	12	5：2.1425 (7：3)

（A）　40斛の米価と想定した場合の俸給実額
（B）　俸給専用穀価によって算定した俸銭分
（C）　俸銭を除いた残る20斛分の穀物銭額（実価による）
（D）　半銭半穀を文字通り実施した場合の想定俸給実額
（E）　（D）欄が実施された時に官僚がもらい過ぎる余得分
（F）　俸給専用穀価と米実価の差から生ずる（E）の想定余得分を不当と見なして、その不当余得分を俸穀分の換算銭額（C）から差し引いて、実収が額面（A）に見合うべく調整された俸給額を銭額で表したもの
（G）　（F）の時価換算による調整俸穀額
（H）　俸銭対俸穀の支給比率
＊　俸給月額40斛を米と想定して計算したのは俸穀が米額であるから、それに歩調を合わせて廉い粟価ではなく、高い米価で支給されたと仮定するのが妥当と推察されるからである。
＊＊　米一斛の想定穀価が40銭或いは110銭のときは半銭半穀原則が崩れることを示す。
＊＊＊71.42銭は宇都宮氏の算定した穀価である。

①米一斛の実価が一〇〇銭に達した時、すなわち国家が俸給専用に設定した穀価の値と均しくなった時に半銭半穀が完全に現実のものとなる。換言すれば、半銭半穀原則はあくまでも原則で、その一半の半銭原則は終始（米一斛実価五〇～一〇〇銭の限りにおいて）貫徹するが、残る一半の半穀原則は米の実価が俸給専用設定穀価と等しくなった時にはじめて完成する。
②後漢初期には既に米一斛五〇銭未満の場合を想定する必要がなかった。米の実価は既に五〇銭を越えていたのである。[6] それと同時に一〇〇銭には未だ遠く、将来の米価上昇が見込まれても、当分は建武例の運用で対応することが可能と

予測されていた。逆にいえば、その予測を長期間確実化するためにこそ、米の実価に対し、より余裕を有たせる意味と、計算上便利な区切りのよい数値であることから俸給専用穀価として「一斛一〇〇銭」が設定された。

③上記のごとく考えると、俸給専用穀価とは、米、粟何れとも断ぜず、抽象的穀価として設定されたという当初の仮説は放棄されてよく、改めて俸給専用に設定された米価と見なすべきであろう。こう見なすことによって、前頁〈表Ⅳ〉の意味するところは一層鮮明化する。したがって、第一の問題は解決を見たといえよう。然りとすれば、漢代、少なくとも後漢の俸給制は粟建てではなく、米建てであったと考えるべきである。では、何故建武例の俸給月額（斛高）を米、粟何れとも明示しなかったのかといえば、それは漢代ではあまりにも常識的すぎたからであろう。

④「三百石」の官は俸給月額米四〇斛であるが、半銭半穀原則によってまず半額の俸銭分が俸給専用米価によって銭額支給され、その額は米価の変動に関係なく常に二〇〇〇銭で一定しており、俸給穀額と実米価に見合った実収とが一致するように調整された俸穀分、すなわち俸米が支給される。その米額が仮に米一斛の実価が七〇銭の場合は一一・四二八斛、八〇銭の場合は一五斛となる。そうすると、彼の俸米額一二斛は、米一斛が七〇銭の頃の額であったと推定される。さらに一歩進めて、試みに三百石の官の俸米額一二斛であった時の米価は七一・四二銭であったとする宇都宮氏の計算値を本表に当てはめて検証すると、(A)の俸給は七一・四二銭×四〇斛＝二八五六・八銭、その中の二〇〇〇銭が俸銭支給分であるからこれを差し引いた実価八五六・八銭相当の米斛額がちょうど一二斛となる。この計算並びに数値は氏の米価計算の正当性を補強する。

ただ筆者の七一・四二銭は半銭半穀原則から出発してこれに終始して出てきた数値であるが、宇都宮氏は半銭半穀原則に由らずして正確な七一・四二銭を算出されたわけである。筆者と氏との根本的な相違は、氏は米価七一・四二銭を根拠にして七銭三斛説を唱えられたのであるが、実はこの七：三という比率は、漢一代を通じてどころか、米価がその上下に数銭程度変動すればたちまち変化する性質の数比にしか過ぎないのである。したがって、後述するごとく、後漢初～中期のほぼ安定し続けていた限りにおいて適合する数値なのである。

さて、行論の便宜上延平例「三百石」の官を例に説明、作表して、以て上述のごとき諸考察を加えてきたのであるが、ここで三百石以外の官についても検証の必要がある。先掲〈表Ⅲ〉延平俸給表には百石、二百石、三百石、四百石、六百石、千石、二千石、中二千石、都合九例の俸給月額並びに延平支給例がつけられてあるが、これによって検証を試みる。その方法は次にのべるごとくである。

まず、各官の俸給月額（斛高）の銭額を延平例の米価七一・四二銭によって算出し、さらにその数値から俸銭月額（月銭）を差し引いた残りの俸穀分の銭額を算出する。（ここまでは〈表Ⅳ〉における想定実価七一・四二銭時の「三百石」の官の場合と同じであるが）この数値は米一斛七一・四二銭と俸穀額とを掛け合わせた数値であるから、〈表Ⅳ〉のやり方とは逆に、この数値を七一・四二銭で割ってみる。これによって計算上の俸穀額が算出されると同時に、各官ごとの検証も簡易に済ますことができると想われる。この目的で延平例百官俸給検証表を作ると次頁〈表Ⅴ〉のごとくである。なお、この計算上の俸穀額と延平例の俸穀額が如何なる対応関係にあるかを検証して、もし一致する場合は延平例俸穀額は右に見た半銭半穀の原則通りであったことが認められ、不一致の場合はその理由を求めて推察する必要がある。

次頁〈表Ⅴ〉によれば次の三点が指摘できるであろう。

①まず、最初に明らかになることは、六百石までの官と千石以上の官との間に明確な一線が画されることである。すなわち百石、三百石、四百石、六百石の各官においては、半銭半穀原則に従って算出された推論上の俸穀額、すなわち（E）欄の数値が延平例の俸穀額すなわち（F）欄の数値と完全に一致すると言ってよいことである。なお、二百

表Ⅴ　百官俸給検証表

	(A)	(B)	(C)	(D)	(E)	(F)	(G)	当○
	俸給月額	(A)的銭額	俸銭額	(B－C)	(D)÷71.42	延平例	(F)－(E)	否×
百　石	16斛	1,142.72銭	800銭	342.72銭	4.799斛	4.8斛	0	○
二百石	30	2,142.60	1,000	1,142.60	15.998		－7	×
			1,500	642.6	8.997	9	0	○
三百石	40	2,856.80	2,000	856.8	11.996	12	0	○
四百石	50	3,571	2,500	1,071	14.995	15	0	○
六百石	70	4,999.40	3,500	1,499.40	20.994	21	0	○
千　石	90	6,427.80	4,500	1,927.80	26.002	30	3	○
	80	5,713.60	4,000	1,713.60	23.993		6	×
比二千石	100	7,142	5,000	2,142	29.991	34	4	○
二千石	120	8,570.40	6,500	2,070.40	28.989	36	7	○
中二千石	180	12,855.60	9,000	3,855.60	53.984	72	18	○

石の官はその延平例俸銭額が「銭一千五百」とあるべきところを「銭一千」と誤ったために生じた食い違いであって、仮に一五〇〇銭に訂正すればこれ亦完全に一致すると言ってよい。

②次に明らかになるのは、上に比べて千石以上の官は推論上の俸穀額すなわち（E）欄の数値と延平例の俸銭額すなわち（F）欄の数値との間にズレがあるということである。このズレすなわち官が上に昇るほど等比級数的にその差が開くという傾向である。これはより上級の官ほど俸給月額に見合って俸銭、俸穀両額が上昇するという極めて当然の数差と解釈されるのである。然りとするならば、千石の官の（G）欄の数値は三斛が妥当で六斛は妥当ではない。この相違の根源は千石の官の俸給月額を九〇斛と八〇斛という二通りの値に基づいて別々に計算したことにある。九〇斛の史料的根拠は李賢注と顔師古注であり、八〇斛のそれは続百官志である。したがって俸穀額の妥当性に拠って両者を見る限りにおいては、九〇斛説を採る李賢・顔師古の記事の方がより信頼できそうである。

③以上のことから、延平俸給額は原則通りであると言ってよく、千石以上の官もより上級へゆくほど優遇的に増額されることを含

んで、原則にしたがっていると言ってよい(7)。

以上の諸考察によって、後漢の俸給例およびその運営が延平例を中心にして円滑に説明され得たとすれば、行論の必要上立てた仮説すなわち延平例は建武例と基本的に差異はなく、その俸給月額並びに半銭半穀原則は明記されていなくても建武例に同じと見なしたことに大きな誤りはなかったようである。また俸給専用の抽象的観念的穀価を国家が便宜上設定したという仮説、更にこの仮説と連結せしめた「穀価一斛一〇〇銭」という半銭半穀原則から算出した数値も許容されることと思う。

ただ運用上、半銭半穀の半銭分は貫徹しているが、残る半穀分が流動性を有ち、為に米価の変動に対応して半銭半穀が現象上は五：〇～五：五（米価が一〇〇銭を越えれば五：六、五：七……と昇って行く）の間を動く可能性があったことが明らかになったので、半銭半穀は、あくまでも大原則であったと修正する必要が生じたわけである。しかし、半銭は貫徹した上で残る半穀分に流動性を有たしめたことと、俸給専用穀価（それは結局米価なることが行論上推察されたが）を一斛一〇〇銭に設定して実価との間に余裕を有たせたことが、後漢の俸給例運用の融通自在の巧妙さを如実に示してくれる。後漢の俸給例とその運用システムは穀価上昇に完璧に対応――ただし米価が一斛一〇〇銭を越えた場合は半銭半穀の原則が崩れることさえ意に介しないとすれば――できる仕組み（スライド制）に作り上げられていたと評価して大過ないであろう。

三　漢代穀価の動向と後漢の俸給制

後漢の建武時より延平時にかけては日常穀価を記す史料はほとんど見出せない(8)。しかし後漢後期のものであれば数例知られている。また、前漢の日常穀価についても推測せしむる史料を見出すことができる。そこで当該時期の日常穀価を算定するためには、前漢から後漢にかけての巨視的な観点より穀価の動向を見定めることによって推定するという方法が妥当と思われる。

漢代を通じての穀価の動向については既に本書の前論(9)にて論じてあるので、ここでは行論の必要上から要約的にその考察結果を述べておく。まず前漢初～中期に当たる武帝時の日常穀価を知る手掛かりとなるのが『史記』貨殖列伝の次の記事である。

封者食租税、歳率戸二百、千戸君、則二十万、朝覲聘享出其中。庶民農工商賈、率亦歳万息二千、百万之家、則二十万。而更傜租賦出其中。衣食之欲、恣所好美矣。故曰、陸地牧馬二百蹄、（中略）名国万家之城帯郭千畝畝鍾之田、云々。

大略次のような内容を司馬遷は述べている。すなわち千戸を領有する封建諸侯に二〇万銭の年間収入があるのと同じく、庶民の農工商賈においても一〇〇万銭の資産があればそこから二〇万銭の利を生み出すことができるというのである。その具体例の一つとして、大都市近郊の畝鍾の田を所有しこれを耕作することによって二〇万銭の収入が得られることを挙げている。右の文脈を素直に解するならば、千畝畝鍾の田を資本と見たときに、その価格が一〇〇万銭であって、そこから収穫を見込まれる千鍾（六四〇〇斛）の穀価が二〇万銭相当であったことになるであろう。これによって当時の穀価を求めると、粟一石（＝斛）当たり三〇銭強（すなわち米価に換算すると一石五〇銭強）であったことになる。この石三〇銭は武帝期特有のものではなく、戦国時代以来続いていた価格であった。そのことは『睡虎地秦墓竹簡』の秦律十八種一三六簡の司空律に

繋城旦舂、当責者、石卅銭。

とあり、さらにこの秦律の施行されていた秦時をやや遡る戦国期の魏においても、李悝の述べた尽地力の教の中に「石三十」（『漢書』食貨志）と記されてあることによって知られるのである。戦国期の諸国はすでにほぼ統一した度量衡を使っており、[10] また貨幣価値についても諸国に共通であったと見て大過ないと思われる。故に、「石三〇銭」という穀価（粟価）は戦国の諸国に共通であったと見られる。〈補注〉そして同時に、これが当時の日常穀価に近い額であったと思われ、この安定価格が原則として前漢中期まで続いていた。

次に、前漢末期ころの日常穀価を探るための史料としては『漢書』平帝紀元始六年（西暦前六年）の条に

天下女徒、已論帰家、顧山銭月三百。

とある。顧山とは労役代替者を雇うための銭（これを功直という）を納入することによって女徒の労役免除を認めた制度であり、その功直の月額が三〇〇銭、すなわち日額が一〇銭であった。一方、秦律における債務労役者の日額は

日居八銭。

とある通り、日給八銭であった（ただし国から食の支給を受ける者は食費として二銭を引いた六銭が手取りとなる）。漢は制度上はほぼ秦を受け継いでおり、漢初における労役賃も「日居八銭」を継いでいたと考えられる。ところが前漢末期には功直の日当は一〇銭となっていた。すなわち賃銭が四分の一ほど上昇していたと思われ、この賃銭上昇の主要因が穀価の上昇にあったと思われるのである。このことから、前漢末期の粟価は石三〇銭より二五パーセント増しの石四〇銭弱（米価で石六〇銭強）であったと推定されるのである。

次に、後漢中期以降の安定穀価を記す史料としては次のようなものがある。まず安帝時の武都郡において「米石八十（銭）」で安定したとあり、同郡における霊帝時の穀価を記す建寧四年（一七一年）建立の李翕西狭頌には、豊作が続いて「粟麦（斗）五銭」となったことが記される。これら諸史料により、後漢中～後期における穀価は米一斛八〇

銭（粟一斛五〇銭）程度が安定価格であったことが知られるのである。また、李翕西狭頌と同じく霊帝時の安定穀価を記す光和六年（一八三年）建立の白石神君碑には、常山国において「粟斗五銭」であったとあり、また『華陽国志』によれば、同時期の益州では「米一斗八銭」で安定していた。これらの諸史料より、霊帝時には武都ばかりではなく、常山や益州においても米一斛八〇銭程度であったことが知られるのである。

以上の考察から、後漢中～末期の安定穀価は辺境を除けば帝国内のいずれの地域にあっても米一斛八〇銭（粟一斛五〇銭）程度であったと認められる。これは、前漢初期の推定粟価石三〇銭に比べると三割強の上昇率である。すなわち前漢初期より後漢末期にかけて日常粟価は一斛三〇銭から五〇銭（米価では五〇銭から八〇銭強）へと上昇したことになるのである。その中にあって、前漢末（米価六〇銭強）と後漢中～末期の米価は一斛七〇銭程度であったと推定できるのである。それは穀価の上昇を大局から見れば安定した変化であったと認められるからである。右の考察によって求められたこの価格は、宇都宮氏算定の延平例における米価一斛七一・四二銭とまさしく符合するのである。

以上の検討により、百官受俸例によって宇都宮氏の算定した一斛七一・四二銭という米価は確かに建武例乃至延平例制定当時の穀物価格を反映していたことが認められるのである。と同時に、原則としての半銭半穀から出発して右の穀価を得た筆者の仮説、すなわち建武例と延平例とが基本的に相違なく、延平例にも半銭半穀原則が貫かれていたこと、および俸給専用米価が一斛一〇〇銭と設定されていたことも容認されると思われるのである。

むすび

これまでの考察を整理して要約するとおよそ次のようになるであろう。後漢の百官俸給制を記す建武例と延平例との間には基本的に差異はなく、そこには「半銭半穀」の大原則が貫かれていた。それは、米建てで表現される百官の俸給月額を「米一斛一〇〇銭」という俸給専用穀価によってその半額をまず「俸銭」月額として支給し、次いで残る「半穀」分を穀（月米）で支給するという制度であった。俸給専用穀価というのは俸銭額を定めるための観念的な穀価（虚価）であったと言える。この「半銭半穀」は柔軟性を秘めた制度であり、米価の変動に対応することができた。すなわち米価一斛五〇銭から一〇〇銭までの場合なら「半銭」原則で完璧に対応することができ、残る「半穀」分が流動性を有ち、ために半銭半穀が現象上は（五：〇から五：五の間を）動く可能性があった。而して延平例における現象上の半銭半穀は一斛七一・四二銭という米実価に対応して七：三という見事な整数比をとっているのである。

延平例におけるこの一斛七一・四二銭という米価は平年作における実価であったことは宇都宮氏の指摘される通りであった。その値は漢代の大勢に沿っていることも第三章において検証されたのである。氏はさらにこれを根拠にして七銭三斛を唱えられた。しかしながら前述の如く七：三は現象上の値であって、不変のものではなかった。すなわち後漢の初～中期の穀価の安定し続けている限りにおいて適合する数値であったのである。一方、布目氏が延平例における半銭半穀の存在を見抜かれたのはこれまた卓見だったと言える。しかし氏は虚価たる「一斛一〇〇銭」という（俸給専用に設定された観念的）斛価を粟実価と見なしたために、粟一斛一〇〇銭の説明に終始せざるを得なかったのである。なお、建武例に記す百官の俸給額については当時の常識に従って米建てで記されていたことが行論のなかで明らかとなった。(11)

以上によって後漢の百官俸給例解釈のポイントであるべき半銭半穀の原則及びその運用法についての筆者の視点を示し得たことと思う。

注

（1）①宇都宮清吉・藪内潔「続漢志百官受奉例考」（『東洋史研究』第五巻第四号、一九四〇年）および②宇都宮清吉氏「続漢志百官受奉例再論」（『東洋史研究』第一一巻第三号、一九五一年）。以上は『漢代社会経済史研究』（弘文堂、一九五六年）の第六章および第七章として再録。

（2）布目潮渢「半銭半穀論――宇都宮清吉・楊聯陞両教授の論争をめぐって――」（『立命館文学』第一八四号、一九五七年、後に『布目潮渢中国史論集（上巻）』〈汲古書院、二〇〇三年〉に再録）。

（3）『後漢書』光武帝紀建武二六年の条に「有司に詔して百官の奉を増し、其の千石已上は西京の旧制より減じ、六百石已下は旧秩を増せり」とある時点を指す。しかしながら、「百官の奉を増し」た具体的数値については目下のところ不明である。

（4）なお、二百石の俸銭額の「一千」は「一千五百」の「五百」が脱落したものと宇都宮氏は見る。その見解が妥当であることは筆者の作成した〈表Ⅴ〉によってほぼ明らかである。比二百石の俸穀額が二百石の俸穀額に紛れ込んだ可能性が考えられる。

（5）二百石の官については前注を参照。二千石の官については俸銭額が割増しになっている。〈表Ⅴ〉および注七を参照。

（6）漢代の穀価の動向については次章に論ずるが、後漢時の穀価を記す史料で最も廉価な例としては明帝紀の永平一二年（六九年）の記録に「歳比登稔、百姓殷富、粟斛三十」とあり、三公山碑の元初四年（一一七年）の常山における記録に「国界大豊、穀斗三銭」とあり、列伝六三劉虞伝には初平元年（一九〇年）に「民悦年登、穀石三十」とある。いずれも粟価で石三〇と記されてあるが、これを米価に換算すると「石五〇銭」である。前漢では「石十数銭」或いは「石数銭」という極端な例が見られたが、後漢では米価が石五〇銭を下ることはまずなかったと見て大過ないようである。このことは〈表Ⅳ〉の有効性を示していると思われる。つまり、後漢の俸給例は、米価が石五〇銭を下ることがないという前提で作成されていると思われ、後漢時の経済的安定がその背景にあったと思われる。

（7）ここで二千石の官の場合を考えてみる。半銭半穀の原則からすれば二千石の俸銭額は「六千」とあるべきであるのに「六千五百」としているのは理由があるはずである。試みに原則通り六〇〇〇銭を支給されたと試算してみると、（E）の数値が三五・九八九九となって、（F）欄の数と一致してしまう。すなわち六百石以下の官のグループと同じになってしまうのである。五〇〇銭は上級官ほど優遇すべきとする身分制度上の通念に適合させるために敢えて（E）の値を二九程度に抑えてこれを俸銭分にまわしてバランスを保たせたと考えることができるであろう。

（8）例外的に明帝紀永平一二年の条に「粟斛三十」とあった（注六を参照）が、これは廉すぎる価格であって日常価とは言い難いであろう。

（9）第三部「漢代の穀価」を参照。

（10）関野雄「古代中国の尺について」（『東洋学報』第三五巻第三・四号、一九五三年、後に『中国考古学研究』〈東京大学出版会、一九五六年〉所収）を参照。

（11）宇都宮氏は建武例に記される各官の俸穀額は米額であり、実際の支給に当たっては、大斛と小斛が存在したので粟であれ米であれいずれでも支給が可能であったと述べる。これに対して布目氏は大斛と小斛の用い方について『漢書』等の文献に見えないことが宇都宮説の難点であるという。しかし、『中国古代度量衡図集』によれば、七八番めの「子禾子銅釜」は「銅釜」と銘が刻まれている（釜の容量は本来六・四石、すなわち一二リットルであったはず）にもかかわらず、その容量は二〇リットル強である。「子禾子銅釜」は粟用の「大釜」として用いられていたことをこの容量が証しているのである。「大釜」は「小斛」と容量がほぼ等しく、これが「小斛」として用いられたことも疑いないところである。また容量が二七〇〇立方寸の「大斛」については『九章算術』に記されている通りである。「子禾子銅釜」については本書四〇九—一〇頁および四二六—七頁を参照されたい。

〈補注〉戦国時に精巧に造られた「斉法化」が各地で多量に出土している。その裏面には「三十」の文字が浮刻されており、ここから重要な歴史的意義を汲み取ることができる。すなわち、当貨幣の流通価格が三〇銭であったと推定されるのである。これは「石三十」という粟価が戦国時の斉においてのみならず、諸国においても共通する価格であり、かつ諸物価の基準ともなるものであったことを示すのではないか。この「斉法化」こそが戦国時の貨幣（銭）と穀価との関係を示す象徴であり、

「銭」の起源を考察する上での重要なヒントを与えることになるであろう。第一部第三章の補注三を参照されたい。

なお、布目氏の半銭半穀論においては、戦国時代と漢代との連続性についての情報に欠けるところがあった。戦国時に石三〇銭であった穀価が、『史記』貨殖列伝の記す前漢武帝期に石一〇〇銭となっていたとするならば、その急激な変化をもたらした社会的背景についての説明が求められるであろう。拙論により、戦国時代より漢代にかけての連続性という視点を提示することができたならば幸いである。

〈付記〉　本論は本来、牧野修二先生との共著として発表されるべきものであったが、仮に若江の名で発表させていただいた。俸給専用の抽象的穀価なるものを想定して、もしその穀価が一斛一〇〇銭だったとすれば確かに布目氏のいうように半銭半穀がそのまま成り立つかに見えるが、もしそれが九〇銭であったらどうなるか、というアイデアは牧野先生による。そうすると、その場合は銭と粟との支給の割合が〈表Ⅳ〉の（H）欄にあるように、五対四というスッキリした数値となり、それが八〇銭の場合を想定すると五対三となる。そしてそれより少し穀価が下がって七一・四二銭であったらどうなるか。そのときに支給される銭と粟との割合がちょうど七対三となる。これが宇都宮氏のいう「七銭三穀」であり、穀価の変動を前提として、ある時点（延平元年）でたまたま七対三となったということが知られ、延平例の俸穀は「米」での支給が明記されているので、仮定として用いた「俸給専用の穀価」も同じく米価であったことが明らかになる。以上の見通しが、一瞬のうちに牧野先生の頭脳に閃いた。この結果が第三部「漢代の穀価」の考察結果と見事に一致した。ゆえに、本稿は師弟共同の記念すべき研究となったことを記しておきたい。延平例は偶然的状況を捉えて宇都宮氏のいう七銭三穀となる美しい数字を残した。いずれにしても、後漢において穀価の上昇を見すえて俸給のスライド制が採られていたと理解せざるを得ないのである。

『史記』列伝のテーマについて

はじめに

『史記』についてはこれまでに厖大な研究の蓄積がある。(1) なかでも司馬遷の人生と社会と歴史に対する思想を吐露した言として、これまで多くの研究者によって取り上げられてきたのが列伝第一伯夷列伝に記された「その所謂天道は是か非か」という問いかけの語であった。ここに込められた司馬遷の天道観を問うことは、とりも直さず彼の歴史観を問うことに他ならない。故にこの語が記される伯夷列伝が列伝の冒頭に位置していることの意義を強調する人は多い。しかし列伝の実質上最後に位置する貨殖列伝との対比において司馬遷の意図を把握しようという試みはこれまでにあまり見られなかったようである。実は、この貨殖列伝こそが、司馬遷の歴史意識を知る上での重要な鍵を秘めた史料なのである。すなわちそこにこそ「人は歴史の中で、いかに主体的に生きることが可能であるか」という伯夷列伝において提示された問いに対する司馬遷自身による回答が用意されていたと筆者は見るのである。

本論においては司馬遷が運命と人生との関わり、歴史の方向性と人の営みとの関連をどのように捕らえていたのかという観点を中心に据えて、彼の歴史意識を浮き彫りにすることを目標とする。その方法として、まず第一章で儒家的とも或いは道家的ともいわれる司馬遷の思想的位置についてその史観の問題を中心に考察し、続いて第二章では天道についての根源的な問題提起のなされる伯夷列伝を検討し、第三章では六九篇に亘る列伝部の結論ともいうべき貨殖列伝について司馬遷の史観の特質を浮かび上らせ、最後に第四章では『論語』における孔子の「述べて作らず」をそのまま自らの『史記』叙述の立脚点とする司馬遷の視角について論究する。これによって司馬遷の歴史意識の特質の一端を明らかにできればと考える。

一　司馬遷の思想的立場と循環史観

司馬遷の父親である司馬談は道家思想を信奉していたけれども、その息子司馬遷は儒家の立場に立っていた、というのが今日における通説となっている。では、前漢初～中期の儒家とは如何なるものであったのか。本論では『史記』自叙伝に儒家の特色として述べる記述が当時の儒家思想を適切に表現したものとして考察を進めたい。前漢初期における儒家の定義は同伝中に記される「儒家は六芸を以て法と為す」という語で示し得るであろう。すなわち六芸と称される易・書・詩・春秋・礼・楽の各経典に基づく思想が当時の儒家であったのである。次に、儒家思想の特色を挙げる司馬談は併せて陰陽・儒・墨・名・法・道の各家の「要旨」を述べて以下のようにいう。

儒家は博にして要寡なく、労して功少なし。是を以て其事尽くは従ひ難し。然れども其の君臣父子の礼を序べ、夫婦長幼の別を列つは易ふべからず。

これによると、儒家は「君臣父子の礼を序べ夫婦長幼の別を列つ」ところにその特色があるが、広博にすぎて要領がつかみ難く、労多くして功が少ないのがその欠点であるという。なお、司馬談はこれと対比して法家については次のごとく述べてある。

　法家は厳にして恩少なし。然れども其の君臣上下の分を正すは改むべからず。

すなわち、「君臣上下の分を正す」という法家の特色は、儒家と共通するところであったことが知られるのである。司馬談は法家と儒家との間に共通性を見出すことのできる第三の立場にいたからこそ、それが可能であったのである。そしてまた、儒家と法家とは分化してよりさほど時が経過していなかった当時の状況をこの語が反映していると思われる。

かくの如く、儒家と法家は共通する土壌をもっていたのであるが、その方法においては、儒家は迂遠であり、法家は「厳にして恩少なし」という点において違いがある、という。また、父子・夫婦・長幼という家庭内の倫理を重視するのが儒家であり、これに対して法家は

　親疎を別たず、貴賤を殊にせず、一に法に断ずれば則ち親親尊尊の恩絶へ、以て一時の計を行ふべきも、長用すべからず。

と述べるごとく、人倫の自然なあり方に悖るところがあり、その故に、一時的には有効であっても、長期に亘ってこれを用ゆべきではない、という。一方、儒家はというと

　夫れ儒者は六芸を以て法と為す。六芸の経伝は千万を以て数へ、累世其の学に通ずる能はず。故に曰ふ「博にして要寡《すく》なく、労して功少なし」と。

とあり、六芸といわれる膨大な経典に習熟しなければ儒教の礼を究めることができない、という方法論上の欠点をもつというのである。さらに司馬談は陰陽・儒・墨・名・法の五家の特色を順に記した後に道家について次のごとく述べる。

道家は人の精神を専一ならしめ、動は無形に合し、万物に贍足す。其の術たるや陰陽の大順に因り、儒・墨の善を采り、名・法の要を撮《と》り、時とともに遷移し、物に応じて変化し、俗を立てて事に施して宜しからざるところなく、約を指《しめ》して操《と》り易く、事少にして功多し、云々。

すなわち道家こそ陰陽・儒・墨・名・法の各家の長所をすべて具えた思想であるという。このことから、司馬談自身が道家に共鳴し、道家の思想を支持していることは明らかである。では、父司馬談の後を嗣いだ司馬遷は、その道家の立場をそのまま受け継いでいたのであろうか。司馬遷の司馬談観は如何、というところも併せて確認しておきたいところである。

それはさておき、上の考察により、司馬談が儒家を相対化して見ており、自らの重心を道家においていたことがほぼ明らかとなった。司馬遷が父を敬い、その故に父の影響を受けていたことは疑いない。しかし一方では武帝期の大儒董仲舒との間に交誼があり、少なくとも彼の影響も受けていた。そのことは『史記』高祖本紀の末部に

太史公曰く、夏の政は忠なり。忠の敝れば小人は以て野なり。故に殷人はこれを承くるに敬を以てす。敬の敝《やぶ》れば小人は以て鬼たり。故に周人はこれを承くるに文を以てす。文の敝れば小人はもって僿《うす》し、故に僿きを救ふは忠を以てするに若くはなし。三王の道は循環するが若し。終われば復た始まる。周秦の間、文敝ると謂ふべし。秦政改めずして反りて刑法を酷にするは豈に謬りならざらんや。故に漢興りて敝るを承けて易変すれば、人をして倦まず、天統を得しめん。

とあり[2]、ここには「夏忠、殷敬、周文」という、注目すべき循環史観が述べられている[3]。これは次に掲げる董仲舒の言に依ってこれを独自に再構成したものであることが確認される。その董仲舒の言とは武帝への対策の中で

夏は忠を上び、殷は敬を上び、周は文を上ぶ。継ぐ所を捄ふには当に此れを用ゆべし。孔子曰く「殷は夏の礼に

因り、損益する所は知らるべきなり。周は殷の礼に因り、損益する所は知らるべきなり。その或いは周を継ぐ者は百世と雖も知らるべきなり」と。此れ百王の用ふるは此の三者を以てするを言ふ。夏は虞に因りて独り損益する所を言はざるは、其の道一の如くにして上ぶ所を同じふすればなり。道の大原は天に出づ。天変ぜずば道も亦た変ぜず。是を以て禹は舜を継ぎ、舜が堯を継ぎ、三聖相ひ受けて一道を守りて、救弊の政亡ければなり。故に其の損益する所を言はざるなり。是に繇りて之を観るに、治世を継ぐときは其の道同じく、乱世を継ぐときは其の道変ず。今漢は大乱の後を継ぎて、若し宜しく周の文致を少損すれば夏の忠を用ゆべし。（『漢書』巻五六、董仲舒伝）

と述べてあるのがそれである。[4] すなわち董仲舒は『論語』為政篇に「殷は夏の礼に因り、損益する所は知らるべきなり。周は殷の礼に因り、損益する所は知らるべきなり。その或いは周を継ぐ者は百世と雖も知らるべきなり」とある孔子の言を根拠として、おそらく前漢の当時言われていた「夏忠、殷敬、周文」という三王朝の特質について解釈したものと思われる。孔子は同書雍也篇において

質の文に勝れば則ち野、文の質に優れば則ち史たり。文質彬彬として然る後に君子たり。

と述べ、君子たらんとする者にとって、文・質の二要素の兼ね合いの大事なことを説く。これを歴史の進展を見る史観に応用し、しかも要素の数を一つ益して忠・敬・文の三要素を夏殷周の各王朝に当てはめる歴史論としたのが董仲舒であり、この部分を受け継いで循環史観として完成させたのが司馬遷であった、と言えるのではなかろうか。

なお、董仲舒は時代に治世と乱世とがあり、夏王朝以前においては絶対的な治世であり桀王の出た夏王朝の末期以降から乱世となると見る。ここに尚古主義的史観、或いは下降史観ともいうべきものがその底流にあったと認められる。そして漢代は大乱の世を承け継いだのであるから、周王朝の「文」の度合いをゆるめて三代前の夏王朝の特質で

あった「忠」の要素を加えるべきである、と説く。しかしながら、董仲舒は「循環」という語の使用には至っていない。このことに我々は注目したい。というのは、当時すでに五行相克説、或いは五行相生説は知られていたのであるから、循環的史観も存在した可能性も考えられるからである。しかるに董仲舒が「循環」の語を用いないのは何故か。おそらくは意識の底流に下降史観が存在し、これを脱し切ることができなかったのではなかろうか。すなわち彼は、堯・舜・禹以前は治世であって、その時期には文化の継受において循環的変化はなかったと見るのである。循環的変化が再び始まるのは夏王朝の末期からとする。

ところで、董仲舒の言わんとするところは周文の敝を承けた漢王朝に夏忠の要素を加えることによって循環の流れに載せようというものでは必ずしもなかった。おそらくそうではなくて、夏王朝以前の治世に戻すこと、すなわち「復古」が董仲舒の目指すところであったのではなかろうか。ところが漢王朝創業より数年を経過した実際の社会の動きはというと、漢初の無為を重んずる素朴な文化は変化しつつあり、中央集権的な国家体制が強化され、「忠」的な要素が次第に消失し、形式を重んずる「文」的要素が強まり、酷吏が暗躍して刑罰は厳しさを増し、司馬遷自身が李陵の禍によって宮刑という屈辱的刑を受けるのである。こうした時代の動きを見据える司馬遷は、おそらく董仲舒の史観と現実の時代の推移との間の矛盾を感じ取っていたと思われる。そこで董仲舒の論を修正して一歩進展させたのが「三王の道は循環するが若し」とする循環史観ではなかったか。循環史観であれば、夏王朝以前を絶対的な治世とする見方にも変化が出てくる。周の世も乱れ、戦国期より漢代にかけて、軍事と経済の進展とを背景として、社会は急激な変化を呈することになる。同じ漢王朝であっても、創業の時期と武帝期とでは状況が異なっている。そのことを司馬遷が見逃すはずはない。その故に「三王の道は循環するが若し」を高祖本紀に付けたのではなかろうか。高祖劉邦は漢王朝の創業者であったが、漢王朝がその後変化することがあってはならない、とする立場は取らない。やはり循環しながら変化すべき、と彼は考えたであろう。

以上のような循環史観を前提として、司馬遷はさらに父司馬談の語を引用して次のごとく述べる。

太史公曰く、「先人言えるあり『周公卒してより後今に至る五百歳にして孔子あり、孔子卒してより今に至るは五百歳、能く明世を紹ぐものあらば、易伝を正し、春秋を継ぎ、詩・書・礼・楽の際を本にせん』と。意は斯に在るかな。小子何ぞ焉に譲らんや」と。（『史記』巻一三〇、自叙伝）

右記の「先人」は司馬談を、「小子」は司馬遷を指す。(5) 右文では、周公より孔子まで五百年の間隔があり、孔子から前漢の現在までがまた五百年の隔たりがあるという。すなわち、今こそ周公や孔子の業績に匹敵する史書を残すべきである、と司馬談は我が子に託したのである。司馬遷がこれを自叙伝に記したということは、それはとりも直さず彼自身の自負心の表明に他ならず、またこれは、司馬遷が父と自身の存在を歴史の上に位置づけんとする自己実現への欲求でもあった。

さてここに前掲董仲舒の「今漢は大乱の後を継ぎて、若れ宜しく周の文致を少損して夏の忠を用ゆべし」の観点を重ね合わせるとどうなるであろうか。周公に起源を有つ儒家思想が「文」に象徴されるということが認められるであろう。さらに、「無為」すなわち素朴さを強調する道家が「忠」に象徴されることもこれまた認められるのではなかろうか。そうすると、現時点で『春秋』を継ぐということは、循環史観からするならば、周公や孔子の時代へと復帰することではなく、道家的な「忠」へと立ち戻るべきことが求められているのではないか。このように解するなら、道家思想を最も尊重する司馬談が、「春秋を継ぐ」ことを我が子に託したということの意義がより鮮明となる。そしてこれを高祖本紀の「太史公曰」として司馬遷が記したものとも考えられる。一方、『史記』の中には「太史公曰」として司馬遷独自の観点を記す箇所もより多くある。司馬遷と司馬談父子は父子一体の思想的立場にあったという可能性も考えられ、両者の境界線を求めることは困難な作業ではある。その境界線についての考察は第三章の貨殖列伝との関連において論ずることとする。

二　伯夷列伝について

『史記』列伝の冒頭に位置するのが伯夷列伝である。殷周革命の時期に生きた伯夷・叔斉の兄弟の生き方を記した伝であり、六九篇の列伝の中では時期的にも最も古い。しかし、列伝の最初に取り上げられた理由は単にそれだけではなかったと思われる。司馬遷は、高潔に生きたにもかかわらず世に受け入れられずして首陽山で餓死した伯夷・叔斉の伝を取り上げて、この不幸が天道＝運命によって定められたコースであったとするならば、そのような天道は果たして是なのか否なのか、という深刻な問題提起をするのである。以下に同伝の概略を記しておく。

孔子は伯夷・叔斉の人生を評して「彼らは旧悪を念うことなく、その故に怨念というものを懐いてはいなかった」と言い、また「彼らには仁を追求してそれを彼らの人生の中で（自己主張を貫き通すという行為そのものによって）獲得したのであるから、どうして怨むことがあったろうか」という。私は伯夷の心を思って悲しむ。というのは詩経の三百篇に採用されなかった逸詩の中に「我れ安くにか適帰せん。やんぬるかな、命の衰へたる」という内容があり、ここには伯夷らの怨念が吐露されていて、単純に孔子に追随することはでき兼ねるのである。その伝には次のようにある。

伯夷・叔斉は孤竹君の二子であり、父は末子叔斉を後嗣としようとしたが、果たさずして没した。長子であった伯夷は、父の命であるとして叔斉に位を譲ろうとしたが、叔斉はこれを受けず、共に逃げ出して中子が後を嗣ぐことになった。二人は周の文王が老人を大切にするというその評判を聞いて西行したが、文王は既に死し、時恰も息子の武王が父の位牌を戦車に載せて殷の討伐に出発するところであった。そこで伯夷・叔斉は武王の馬を叩いて、「父王の喪も明けない時点で兵を起こすのは孝の道に反し、また、主君を弑することは仁の道に背く行為に他ならないではございませんか」と力説し、「ただちに軍を引き上げられるように」と諫めた。しかし聞き入れられることはなく、そこで二人は周を去って首陽山に隠れ、やがて餓死した、と。

あるひとは『老子』を引いて「天道にはえこひいきがなく、常に善人の身方をする」（七九章）という。ならば伯夷・叔斉は善人ではなかったのか。孔子の最愛の弟子であった顔回はどうしてあのように若くして死んでしまったのか。盗跖の如き大盗賊が天寿を全うしたのに、善人であった伯夷・叔斉・顔回らがどうして天寿を全うできなかったのか。このような不合理と見られる例は歴史上には数限りなくある。いったい、天道というものは是なるものか、それとも非なるものなのか。

右が伯夷列伝の大綱である。多くの人は、所謂李陵の禍[6]に遭って宮刑を受けることになった司馬遷自身の運命と伯夷・叔斉の運命とを重ね合わせ、司馬遷は自らの鬱屈した思いをここに吐露したものと解している。しかしながら、司馬遷の『史記』編纂の動機は、必ずしもかくのごとき私的感情に由来するものではなかったはずである。にもかかわらず、彼が『史記』の著述半ばにして宮刑を受けたことが〈補注〉『史記』の内容そのものに深く影を落としていることも、これまた否定のしようのない事実であると言わねばならない[7]。

ところで、「天道は是か非か」という問いかけは、正義のために李陵を弁護し、為に一度は死刑の宣告を受け、結果的には宮刑という最大級の苦痛と屈辱を代償として生を持続した司馬遷にしてこそ発することのできるものであり(8)、いわば生の根源からの問いかけであった。しかして、この問いを発したということは、その答えを求めて既に一歩踏み込んでいたということであり、自己の全存在を賭けての問いかけであった。その司馬遷の眼に焼き付いたのが伯夷らの残した逸詩であり、そこに彼らの思いを読み取った。ことに「我れいづくにかへらん、やんぬるかな、命の衰へたる」という表現は歎きの吐露であることは疑いなく、司馬遷も深く共鳴した、と思われる。その共鳴を歴史編纂へのエネルギーへと彼は転じていった。歴史の中に埋もれ去ろうとする人々の伝を後世のために残し、後世に繋げゆく事業によってこそ、伯夷等の無念の思いを共に昇華させようとしたのではないか。それは同時に父司馬談の遺言の完遂への道でもあったのだ。

こうして『史記』を完成させた時点での司馬遷の心境については『漢書』巻六二、司馬遷伝所引の「仁安に与ふるの書」の中に

僕誠に已に此の書を著し、これを名山に蔵し、これ（副本）を其の通邑大都に伝ふれば、則ち僕は前辱の責めを償はん。万戮を被るとも、豈に悔るところあらんや。

とある通りである(9)。この大著を完成させてこれを後世に伝え、また人の眼にふれて真の理解者を得るならば、万度刑戮を被ったとしても決して悔いるものではない、とその思いを記している。ここには、かつての鬱結した思いは跡形もなくきれいに拭い去られていることが認められるのではなかろうか。筆者には彼の透明な内面が見えてくるように思われる。

さて、伯夷列伝においては「天道は是か非か」という根源的問いを提示した司馬遷であったが、彼はその答えを同伝中に記さない。すなわち伯夷列伝はまさに問題提起の序章であったのである。

ところで、天文を宰る太史令の職にあった司馬遷にとって「天道」とは決して曖昧な概念ではなかった。これは個人の意志を越えたところに存在する道であり、運命であり、そして歴史家の眼からは、歴史法則ということにもなるかも知れない。この天道が善人にとって非であるとするならば、人が運命と抗いながら生きてゆくということが、如何なる意味をもつことになるのか。これを問い続け、ともすれば歴史の中に埋没し、もし彼が掬い挙げねば後世人々から忘れ去られてしまうであろう人々によって鮮烈に残された足跡を辿って行ったのである。

三　貨殖列伝について

前章においては、司馬遷の『史記』編纂へのエネルギー源が、司馬遷自身の怨念にあったというよりも、人々が時代と現実社会の中で生きてきたことのまた生き行くことの意味を問い続けたというところにこそあったことを述べた。その例証が各列伝の中に留められ、水澤利忠氏のいう「鎮魂歌」ともなっているのであるが、(10)その集大成に当たる章が貨殖列伝であったのではないか、というのが筆者の結論でもある。つまり、「天道は是か非か」という問いかけに対する結論としての位置を有つのが貨殖列伝であったとする視点である。

ところで、『漢書』司馬遷伝によれば、司馬遷が李陵の禍に遭ったとき、もし彼に財力があったならば宮刑に処せられずにすんだであろうという感想を述べ、親戚知人の中には彼を救済してくれる者のいなかったことを併せ記している。(11)司馬遷はこの経験を通して、いざという時に自身の身を護ってくれる忠実でしかも強力な身方こそが財力である、という事実を身に浸みて感じていた。したがって、もし彼が自身の不遇を託ち、それをもたらした社会に対する怨念に執われ続けたとすれば、財力がなかった故に自身へ屈辱を強いた天（道）の不公平に対し、また財力というものに対してまでも不公平感と嫌悪感を拭い去ることができなかったのではないか。しかるに彼は、この貨殖列伝において、「素封家」について語り、彼らの経済活動について積極的に肯定しているのである。本列伝の冒頭は次のごとくである。

老子曰く「治の極みは隣国相臨み、鶏狗の声相聞こゆるも、民各々其の食に甘んじ、その服を美とし、其の俗に安んじ、其の業に楽しみて、老死に至るまで相往来せざるにあり」（八〇章）と。必ず此を用て務と為し近世に輓きて民の耳目を塗がんも行はる無きに幾からん。

ここに見られるごとく、自給自足型の自然経済社会を理想とする老子の思想は、権勢や文化の華やかさに目を奪われがちであった戦国時代の人々に警告を発したものであり、欲望に支配されると、本来の自己が失われてしまうという危険性を訴えている。しかしながら、現実社会は刻々と変化しているのであって、老子の理想を今の時代に教条的に振りかざそうとしても、それは無理であると司馬遷は言う。そして彼は、人々が交易して付加価値を生み出す経済活動に対して、積極的に肯定するという立場を取っていることが重要なポイントである。

その置かれた風土や経済が人の生き方に及ぼす影響は大である。若き日に中国各地を踏査した司馬遷の眼は、各地域の多様性を見据え、人々の生活との関連を見抜いていた。貨殖列伝には次のようにある。

これを総ぶるに、楚越の地は地広くして人希れに、稲を飯いて魚を羹とし、或いは火耕水耨し、果堕蠃蛤は賈を待たずして足り、地勢食饒くして飢饉の患なし。故を以て呰窳偸生し、積聚なくして多くは貧なり。是の故に江淮以南は凍餓の人なく、亦た千金の家もなし。沂・泗水以北は五穀桑麻六畜を宜くし、地小にして人衆く、数々水旱の害を被り、民は好んで畜蔵す。故に秦・夏・梁・魯は農を好みて民を重んずるなり、云々。

これによると、自然条件に恵まれ、果物や海産物等の食料豊富な地域の人々が蓄えをしないために却って貧しく、江淮以南では飢えたり凍えたりする人もいないかわりに千金の家もないという[12]。これに対して土地が狭い割に人口が多く、またしばしば洪水や旱害に見舞われる沂水・泗水以北の地では農業が重視され、人々は蓄えを好み、民を重んずるというのである[13]。

右文からは司馬遷の次のような視点が窺われる。すなわち人は恵まれた環境の中で、自然に順応して受動的に生きるだけでは進歩というものがなく、身は怠惰になって却って貧しくなる。これに対して自然条件の厳しい所に生きる人々は、むしろその条件の厳しさをバネにして、積極的に蓄えと経済活動とを行うものである、という考え方である。しかして、そうした中での人のあり方を問うて『管子』（牧民）を引いて次のように述べる。

故に曰く「倉廩実ちて礼節を知り、衣食足りて栄辱を知る[14]」と。礼は有に生じ、無に廃る。故に君子は富みて好んで其の徳を行ふ。小人は富みて以て其の力に適ふ。淵深くして魚はこれに生き、山深くして獣はこれに往く。人は富みて仁義焉に附き、富者は埶を得て益々彰はれ、埶を失すれば則ち客は之く所なく以て楽しまず。夷狄は益々甚だし。諺に曰く「千金の子は市に死せず[15]」と。これ空言には非ず。故に曰く「天下熙熙として皆な利の為に来たり、天下壌壌として皆な利の為に往く」と。夫れ千乗の王・万家の侯・百室の君も尚ほ貧を患ふ。況んや匹夫編戸の民をや。

すなわち魚が深淵に、獣が深山にそれぞれ所を得て棲むごとく、人は経済的条件が整ってこそ人らしい生き方ができるのであって、君子であろうと小人であろうと、共に利を求めて生きる存在であることに変わりはない。これは伝統的な儒家の発想からもさらに一歩抜け出した一種の欲望肯定論であると言えよう。伝統的儒家の発想では

君子は義に喩《さと》く、小人は利に喩し。（『論語』里仁）

とあるごとく、小人と君子とを区別し、君子には利害を超越して生きることが要求される。同じく顔淵篇には

死生命あり、富貴は天に在り。君子は敬して失無けれ。

とあり、衛霊公篇に

君子は道を憂へて貧を憂へず。

とあるごとくである。しかし考えてみるに、『論語』において追究される君子とは、ある程度以上の生活基盤をもった人々に限定されることは否めない。飢えた者に礼節を求めるには無理がある。君子たろうとする人々に要請される事柄は、たとえ貧であっても鈍することなき自律的向上心であった。こうした伝統的君子観に対し、司馬遷の立場は「富貴は天に在り」とする受動的な態度からは一歩脱している。そして「千乗の王・万家の侯・百室の君も貧を患ふ」とする彼は、自律向上的な君子人のところに引かれていた礼的秩序の範囲を、向上可能な一般人、すなわち中人、乃至は小人にまで押し広げている。然る後に一般人といえども努力と工夫の如何によって、千戸の君と同等の富貴を獲得し、彼らと同じ人生の楽しみを享受することが可能であると述べ、その具体的な事例を列挙しているのである。[16]

なお、司馬遷は富の追求を以て人生究極の目標とすべきと述べているのでは勿論ない。財力は自由を獲得するための手段に過ぎない。そのことについてはやはり『管子』(権修)に引かれる諺を引いて

諺に曰く「百里に樵を販らず、千里に糴を販らず」と。これに居ること一歳ならば、これに種うるに穀を以てし、十歳ならばこれに樹うるに木を以てし、百歳ならばこれに来すに徳を以てす、と。徳とは人物の謂ふなり。[17]

と述べている。すなわち、薪を販売する場合には百里の範囲を超えては輸送費の元がとれず、穀物を販売する場合は千里の範囲でなければならない、という諺があり、また、その地に一年単位で住むのであれば穀物の栽培が最も適しており、十年単位で住むのであれば果樹等の樹木の栽培が有利である。(樹木はその成長に年月を要するが、成長すればそこから得られる利益は穀物による利に勝る。)しかしながら、百年も住むのであれば、それらの方法には限界がある。詰

まるところ、百年後の繁栄を保障するものは人しかない。故に経済の発展も人材の育成とつながってゆくのでなければ未来の繁栄はない、という経済哲学が語られるのである。(18)

以上考察してきた内容に基づいて、我々は次のような結論を引き出すことが可能かと思われる。すなわち、人は運命というものを智恵と努力とによって自らの手中に握ることが不可能ではない。このことを司馬遷が後生に示唆として伝えたかったのではないか。現実は封建社会の中である。そのこと自体は天道が直接人の手には届かないところに存して、個人が恣意的に変更することはできないのと同じである。しかしてその天道のなかに自己を如何に位置づけてゆくか。それは自身に掛かっている。例えば、飢饉に苦しむ経験を持つ者は蓄積の必要性に気づくのであって、富による恩恵もそこから得られるのである。このように見れば「死生は命あり、富貴は天に在り」のうちの、少なくとも富貴に関する考え方においては、伝統的儒家思想の枠を越えていることになる。そしてさらにいうならば、司馬遷は死生に関してすら財力が大きくものをいうという自らの体験をしたのである。その故にこそ、ともすれば外在的な束縛の為に圧し潰されそうになる自己の主体を、彼は支え続けることができた。その心情については「任安に与ふるの書」に記してある如くである。宮刑による身心の深手を乗り越えて、『史記』の完成により「後世の聖人君子を俟つ」ことを楽しみに、これを目標として鮮烈に彼は生き抜いた。そこに「天道は是か非か」の回答が示されており、おそらくは司馬談父子のその思いを集約したのが貨殖列伝に他ならなかった。

四　「述而不作」について

司馬談が『史記』著述を息子に遺言して没してより八年後に、太史令司馬遷らによって太初暦が完成した。自序伝

において司馬遷はこれが施行された太初元年（前一〇四年）の自身の言として

先人言へるあり「周公卒してより五百歳にして孔子あり、孔子卒してより今に至るは五百歳、能く明世を紹ぐものあらば易伝を正し、春秋を継ぎ、詩・書・礼・楽の際を本づかしめんか」と。意斯にあるか、意斯にあるか。小子何ぞ敢て譲らんや。

を引用した後、詹事の壺遂をして

昔孔子何の為にか春秋を作れるや。

という問いを発せしめ、然る後に次のように答える。その答えの内容は史書に関する司馬遷の基本的見方を示しているが故に重要であり、煩を厭わず以下に引用する。

余聞く、董生（仲舒）曰く「周道衰廃して孔子は魯の司寇と為り、諸侯はこれを害なひ大夫はこれを擁せり。孔子は言の用ひられず道の行はれざることを知り、二百四十二年の中を是非して以て天下の儀表と為し、天子を貶し、諸侯を退け、大夫を討ち、以て王事を達せるのみ」と。子曰く「我れこれを空言に載せんと欲せるも、これを行事の深切著名なるに見はすには如かじ」と。夫れ春秋は上は三王の道を明らかにし、下は人事の紀を弁じ、嫌疑を別ち、是非を明らめ、猶予を定め、善を善とし、悪を悪とし、賢を賢び不肖を賤しめ、亡国を存し絶世を継がしめ、敝を補ひ廃を起つるは王道の大なるものなり。易は天地・陰陽・四時五行を著す。故に変に長ぜり。礼は人倫に経紀す。故に行に長ぜり。書は先王の事を記す。故に政に長ぜり。詩は小川谿谷、禽獣草木の牝牡雌雄を記す。故に風に長ぜり。楽は立つる所以を楽しむ。故に和に長ぜり。春秋は是非を弁ず。故に治人に長ぜり。是の故に礼は以て人を節し、楽は以て和を発し、書は以て事を道びき、詩は以て意を達し、易は以て化を道びき、春秋は以て義を道びく。乱世を撥めてこれを正に反すは春秋より近きはなし。春秋は文数万と成り、其の指は数千。万物の散聚は皆な春秋に在り。春秋の中、殺君は三十六、亡国は五十二、諸侯奔走して其の社稷を保ち得ざる者は勝げて数ふべからず。其の所以を察するに、皆な其の本を失すればなり。故に易に曰く「これを失すること豪釐にして差は以て千里」と。故に曰く「臣君を弑し、子父を弑するは一旦一夕の故に非ず、其の漸く久しければなり」と。故に国を有つ者は春秋を知らざるべからず。前に讒ありて見えざれば、後に賊あるも知らず。人臣たる者は以て春秋を知らざるべからず。前に讒有りて見えざれば後に賊あるも知らず、人臣たる者は以て春秋を知らざるべからず。経事を守りて其の宜しきを知らざれば、変事に遭ひて其の権を知らず。人の君父と為りて春秋の義に通ぜざれば必ずや首悪の名を蒙らん。人の臣子と為りて春秋の義に通ぜざれば、必ずや簒弑の誅に陥り、死罪の名あらん。其の実は皆な以て善と為すもこれが為に其の義を知らず。これに空言を被るも敢て辞せず。夫れ礼儀の旨に通ぜざれば、君は君たらず、臣は臣たらず、父は父たらず、子は子たらざるに至る。君は君たらざれば則ち犯され、臣は臣たらざれば則ち誅せられ、父は父たらざれば則ち無道に、子は子たらざれば則ち不孝たり。此の四行は天下の大過なり。天下の大過を以てこれに予ふれば、則ち受くるも敢て辞せず。故に春秋は礼儀の太宗なり。夫れ礼は未然の前に禁じ、法は已然の後に施す。法の用ひらるる所は見易く、礼の禁を為すところは知り難し。

右文に記されるように、為政者及び臣下の行為における判断の基準を示したものが『春秋』であった。すなわち、『春秋』は天子をも従わせるほどの権威ある書と位置づけられていたことが知られるのである。司馬遷はその『春秋』の義を継いで『史記』を完成させるという自負心を吐露してみせた。これに対して壺遂はすかさず「春秋の時は為政者が愚かで孔子は用いられなかった。だからこそ、孔子が『春秋』を著したのであるが、今は皇帝も名君であるし、あなたも用いられているではないか」と司馬遷に問い糾す。これに対して司馬遷は弁明する。「漢王朝は立派な皇帝に恵まれて素晴らしい時代が現出した。然るに天子の徳があまねく天下に知れわたらないとするならば、それは臣下たる者の過失となる。だからこそ、盛世の徳を記さねばならない。自分は故事を述べ伝を整理するのであって、所謂「作る」ということではないのです（非所謂作也）」と。そして、自身の編纂する『史記』を『春秋』に比するというのは「とんでもない誤解であります」と、一応は否定してみせるが、その本音がどこにあるかは「後世の聖人君子」の理解するところ、というところにあったことは疑いない。

さて、ここで問題となるのは、「非所謂作也」という語の意味するところは如何、ということである。司馬遷の本音は歴史編纂の目標を『春秋』のレベルに置いたことは謂うまでもない。そのことは壺遂との問答があってより七年後の天漢三年（前九八年）に李陵の禍に遭い、その結果宮刑を受けたときの自身の思いを記して

夫れ詩・書の隠約なるは其の志の思いを遂げんと欲すればなり。昔西伯は邑里に拘われて周易を述べ、孔子は陳蔡に戹《くる》しみて春秋を作れり。屈原は放逐せられて離騒を著し、左丘は失明して闕の国語あり。孫子は臏脚せられて兵法を論じ、不韋は蜀に流されて世に呂覧を伝へ、韓非は秦に囚はれて説難・孤憤あり。詩三百篇は大抵賢聖の発憤の為り作せる所なり。此の人皆な意に鬱結する所ありて其の道を通ずるを得ざりしなり。故に往事を述べて来者を思ふなり。（同右）

とあることによって証せられるであろう。宮刑という最大の屈辱を受けた後の司馬遷は孔子世家で孔子の言を伝えて

後世の丘を知る者は春秋を以てなり。丘を罪する者も亦た春秋を以てするなり。（『史記』巻四七、孔子世家）

とある。これは司馬遷自身の心境と重なり合う言葉であったろう。

これまでの考察から、司馬遷が『春秋』を強く意識していたことは確かといえるが、同時に『論語』の「述べて作らず、信じて古を好む」も意識していたはずである。孔子は史実を記すがそれは「作」ではない、というのである。

ところが前掲の孔子世家では「春秋を作れり」と記している。これは一見、矛盾する。しかし、司馬遷の中では両者は矛盾しなかったということになる。司馬遷が「述而不作」の語を意識しなかったはずはないからである。すると彼の意識の中では

作＝不作

であったことになる。作為はないが『春秋』を作ったことは事実である。この図式は『老子』三七章にある

道は常に無為にして為さざること無し（道常無為而無不為）。

の構造と符合する。道というものは無為だからこそ何でもできないものはない、ということを示している。孔子の場合も、決して恣意的に作ったのではない（すなわち述べただけなのだ）けれども、結果としては『春秋』を立派に作ったというのが司馬遷の立場からの認識である。『史記』を編纂した司馬遷の立場からすると、自身を孔子に擬えるつもりはないのだけれども、後世のために客観的な史実を残したということである。しかして彼の『史記』編纂も「述べて作らず」という点で孔子と同じ視点に立つものであった。自序伝の末尾には

これを名山に蔵し、副を京師に在らしめて、後世の聖人君子を俟つ。

と記すのである。(19) この表現から、これを記した司馬遷の視線を逆にたどることにより、司馬遷の視角を求めることが可能と思われる。自身の千年前に周公がいて、五百年前（実際には四百年前）に孔子がいて、そして今の時点で「後世の聖人を俟つ」ということであれば、孔子と後世の聖人との中間点にいる彼自身が、実は聖人と同レベルに立っていなければならないことになる。司馬遷が密かに懐くその思いを理解するであろう未来の知己こそが「後世の聖人」に他ならない。ここにこそ、司馬遷による『史記』編纂の密かなる立脚点があった。

むすび

司馬遷は太史令たる司馬談を父にもち、若いときから中国各地を旅し、史蹟を訪ねる機会に恵まれ、しかも父の死後に自らも太史令となり、宮廷中に所蔵せられる史書を渉猟することのできる立場にあった。父の遺言を踏まえ、『史記』編纂に取り組んでいる時点で李陵の禍に遭って宮刑を受けることになる。そこで司馬遷は考えた。孔子が陳・蔡において危難に遭ったことが契機となって『春秋』を著し、屈原が放逐されて『離騒』を著したごとく、多くの賢聖が心中の憤りを発せんとするところから成されたものが後世に伝えられたのである、と。そうした先人の苦難と自らの受けた屈辱感とを重ね合わせて『史記』完成へのエネルギーとした。

その際の編纂方針をいかなるところに置くか。それを端的に表現するのが「述べて作らず」であり、司馬遷の表現では「非所謂作也」であった。『史記』全体の半ばを越す列伝の中にその編纂者としての手法を見てとることができる。列伝の第一に伯夷列伝をおき、その中で「その所謂天道は是か非か」という深刻で根源的な問いを設け、これを受けた各列伝を総括する貨殖列伝第六九には、経済活動によって富を獲得した人々の伝を記した。これは人事を超越した「天道」に対して、これに積極的に働きかけゆく主体のあり方、すなわち「人道」こそが歴史進展の原動力であり、「天道」を是とするも非とするも、すべては人に掛かっている、というのが司馬遷の視点であったと思われるのである。

以上見てきたように、『史記』全篇の中でも、ことに伯夷列伝と貨殖列伝とに司馬遷の思いが込められていた。そのことは「太史公曰」が伝の末尾ではなく、堂々と本文の中に入り込んでいるという加地伸行氏[20]の指摘からも確認できるであろう。また、太史令の職務にあった司馬遷にとっての「天道」とは天人相関を前提としたものであり、「天道」を無視した「人道」はあり得ない。而して彼にとっての天人相関は（天を主体としたものではなく）、人を主体とした天人相関であったのである。

論を結ぶに当たって『史記』編纂の目的について再説すると、司馬遷の意識は『春秋』を編纂したとされる孔子の立場と同じであった。すなわち史実を通して君臣・父子等のあり方の基準を示すことを基本とし、運命と挑戦し続ける中にこそ「人道」があることを提示した。「夫子の性と天道とを言ふは得て聞くべからず」（『論語』公冶長）とあるように、孔子自身も「天道」については語ることがなかったという。(21)「人道」こそが追究すべき課題であるとする司馬遷の帰着点と期せずして一致することとなった。歴史の中を歩んだ人々のこうした主体性の探究、これこそが『史記』列伝における秘められたテーマであったと言えるであろう。さらに敷衍して言うなら、『老子』七九章にいう「天道」の語を取り上げた伯夷列伝の問題提起は実は司馬遷の父司馬談から引き継がれた問題意識でもあったに違いない。まさにこうして問いを発し続ける中にこそ、太史公父子の鮮烈な人生が表現されていたのである。

注

（1）藤田勝久「『史記』はどのように読まれたか」（愛媛大学資料学研究会編『資料学の方法を探る（一一）』二〇一二年）を参照。

（2）「夏之政忠、忠之敝、小人以野、故殷人承之以敬。敬之敝、小人以鬼、故周人承之以文。文之敝、小人以塞、故救塞莫若以忠。三王之道若循環、終而始。周秦之間、可謂文敝矣。秦政不改、反酷刑法、豈不繆乎。」

（3）夏忠・殷敬・周文の解釈については、第二部「漢代の不敬罪について」の二五〇―一頁を参照。

（4）「夏上忠、殷上敬、周上文者、所継之捄、当用此也。孔子曰、殷因於夏礼、所損益可知也。周因於殷礼、所損益可知也。

其或継周者雖百世可知也。此言百王之用、以此三者矣。夏因於虞而独不言所損益者、其道如一、而所上同也。道之大原、出于天、天不変、道亦不変、是以禹継舜、舜継堯、三聖相受、而守一道、亡救弊之政也。故不言其所損益也。繇是観之、継治世者、其道同、継乱世者、其道変、今漢継大乱之後、若宜少損周之文致、用夏之忠者。」

（5）そのことは同伝に、司馬談の遺言を聞いた司馬遷が「小子不敏為るも請ふらくは悉く先人所次の旧聞を論じて敢て闕けざらしめん」と述べていることから確認される。

（6）天漢二年（前九九年）の匈奴征伐の折り、李陵は五千の兵を率いてよく闘ったが、漢の援軍が得られず、矢尽きて匈奴に降り、為に漢に残された家族は族刑を受ける結果となる。司馬遷は李陵の弁護をしたために、そのことが李陵を援護できなかった貳師将軍李広利への非難と取られ、彼は「誣罔」の過を得て「大不敬（不道）」とされたと推測される（注三の拙論を参照されたい）。大不敬は不道罪と結びついて死刑となる。文帝の改革によって既に宮刑は廃止され、刑罰体系からは消失していたが、死刑の代替として、情状酌量の余地のある希望者がこの刑を受けた。

（7）宮刑を受けることの屈辱について司馬遷は「任安に与ふるの書」において「人は固より一死あり。（中略）尤も上なるは先を辱めざるなり、其の次は身を辱めず、其の次は体を屈して辱めを受くるなり。其の次は服を易へ辱めを受くるなり。其の次は木索に関られ箠楚を被り辱めを受くるなり。其の次は毛髪を鬄られ金鉄に嬰られて辱めを受くるなり。其の次は肌膚を毀なひ肢体を断ぜられて辱めを受くるなり、最下は腐刑に極まれり」とあり、宮刑を受けることは既に廃止されていた肉刑を受けるよりもさらに屈辱感の極まる刑であったことが吐露されている。

（8）注三の拙論を参照。

（9）「僕誠已著此書、蔵之名山、伝之其人通邑大都、則僕償前辱之責、雖万被戮、豈有悔哉。」

（10）水澤利忠「司馬遷『史記』術作の本意を探る」（酒井忠夫先生古稀記念論集『歴史における民衆と文化』〈国書刊行会、一九八二年〉所収）を参照。

（11）『漢書』司馬遷伝によれば、司馬遷が獄中の仁安に与えた書簡に「明主なれども深暁ならざれば、以為らく、僕は貳師を沮りて、李陵の為に遊説せるならんと。遂に理に下せり。拳拳の忠も終に自ら列つ能はず、因りて誣上と為し、卒に吏の議に従へり。家貧にして財賂は以て自らを贖ふに足らず、交遊も救ふものなく、左右近親も壱言も為さざりき。」とある。

（12）「千金」とは漢代では一千万銭を意味する。漢では黄金一斤（方一寸）を一金（一万銭）としたが、秦では一鎰（二五〇グラム）を一金とした。

（13）「民を重んず」というのは国家権力に対して民衆の力が強かったということではなく、人間関係を重視しないと自然の脅威に対して対抗できない、という意であろう。結果として黄河流域の河北では強力な国家権力が発生する基盤が整えられたとするのがヴィットフォーゲル以来の通説である。

（14）『管子』牧民第一に「倉廩実、則知礼節、衣食足、則知栄辱。」とある。

（15）千金については前注一二を参照。「市に死す」とは死刑を受けることを意味する。この諺がいつ頃成立したものかは不明であるが、おそらくは春秋時代まで遡る。「千金の子は市に死せず」は実際に死罪を宣告された司馬遷の言葉であってみれば、俄然現実味を帯びて後世の者に迫って来る。

（16）「封者は租税に食む。歳々率ね戸ごとに二百ならば千戸の君ならば則ち二十万」とあるように、領地内に一〇〇〇戸の民を有する封建君主であれば、一戸当たり二〇〇銭の租税を徴収することができるから年間二〇万銭の収入が得られる。しかし、一般の農民や商人であっても同等の収益を求めることが可能である、と司馬遷は述べ、実際に富を得ることに成功した人物の伝を列挙しているのである。

（17）この経済思想の原型は『管子』の権修第三の中に見られ、そこには「一年の計は穀を樹うるに如くはなく、十年の計は木を樹うるに如くはなく、終身の計は人を樹つるに如くはなし。一たび樹へて一たび獲るは穀なり。一たび樹へて十たび獲るは木なり。一たび樹えて百たび獲るは人なり」とある。

（18）『管子』には戦国から漢代にかけての後世の情報が入り込んでいるといわれるが、しかし、そこには春秋時代の管仲にまで遡る情報が含まれていることも確かである。そこに記される経済哲学も、決して後世に付け加えられたものばかりではない。司馬遷が『管子』を重視したことは、司馬遷自身の経済観を理解する上でも必須のことがらとなる。

（19）「蔵之名山、副在京師、俟後世聖人君子。」

（20）加地伸行『孝研究——儒教基礎論』（研文出版、二〇一〇年）の第二部第二章「「太史公自序」の成立」を参照。

（21）孔子が何故「天道」を語らなかったかという問題について宇野精一氏は「孔子は人間中心の思想であって、天の定めた道理ということは考へなかったのではないか。少なくとも門人に対して天の道理を説くなどということは考へていなかったと思はれる。（中略）道は人間の道であり、人間が作り上げてゆくべきものという考へを示してゐると思ふ。」と述べている。宇野精一「論語の天道について」（東方学会創立五十周年記念『東方学論集』東方学会、一九九七年）を参照。

〈補注〉司馬遷が宮刑を受けるに至った経緯については第二部「漢代の不敬罪」末尾の補注および本論の注六を参照されたい。「罔上」の罪によって死刑を宣告された司馬遷は、宮刑を受けることによって自らの死を贖った。

あとがき

私と『漢書』刑法志との出会いは一九七〇年であった。恩師牧野修二先生と中国文学の中島千秋先生と古代史専攻のもうお一方とで月一回の『漢書』刑法志の講読会を始められるということを聞き、学生も参加可、ということで、学部の三年生となった私も出させていただいた。当初は文帝が刑法改革をしたということすら知らなかったし、まして白文の文章ではほとんど意味が理解できなかった。ただ、古代史には、現時点でも部分的に解釈不能に近い史料があるのだ、という事実だけは確認することができた。恩師が元史のご専門なので、卒業論文は元代を扱うかそれとも古代を扱うか迷ったが、この『漢書』刑法志に見られる文帝の法思想および改革の背景を追究することにした。

今にして思えば、古代史を専攻したことは幸運であった。『元典章』等を通して元という比較的新しい時代から古代を見ることによって、その温度差というものが感じられ、確かに千年という時を隔てることによって人々の考え方や社会が変化している、ということを、漠然とではあるが、肌で感じ取ることができ、日本との違いについても、さまざまにその比較の視点が見出し得ることも認識した。

その後、一九七五年末に湖北省雲夢県の秦の始皇帝時代の墓から大量の法律関係文書が出土したというニュースが伝わり、やがてその釈文が一九七六年六月号より『文物』に公表されるということを知った。大学院生であった私は、『漢書』刑法志の文帝の刑法改革に関する、かつては全く読めなかった一節について、ともかく原文に誤りはなかったという前提での謎解きを試みた。その上で『睡虎地秦墓竹簡』との対面となった。そして、この『睡虎地秦墓竹簡』

と文帝の刑法改革とが私の生涯のテーマとなる。

その後、恩師等のご尽力により、母校愛媛大学に奉職する幸運を得た。以来三十五年にわたって恵まれた環境のもとに研究を継続することができた。お向かいの牧野先生の研究室はとても敷居が低く、先生はしばしばおいしいコーヒーを入れてくださって、ときに史料を一緒に読んでいただいた。なかでも荻生徂徠の『度量衡攷』は深く印象に残っている。私が「漢代の穀価」を発表した際にも様々なアドバイスを頂いたが、これに続く「後漢官僚の俸給制における半銭半穀」の稿を練っていた時、「俸給専用の抽象的穀価」というアイデアを牧野先生より頂いた。このアイデアにより、宇都宮清吉氏の「七銭三穀」と布目潮渢氏の「半銭半穀」という一見相互に相入れない論を止揚することが可能となった。この半銭半穀の制度は実に巧妙に作られており、穀価の上昇を見込んでこれに対応することが可能な仕組みであった。しかも、穀価が変動する中での偶然的要素を生かした、いかにも中国的な智恵の結晶とすら思われる。その成果については私自身驚いている。これにより、戦国時代よりほぼ一定していた穀価が前漢半ばより後漢末にかけて確実に、そして徐々に上昇していったことを跡づけることができた。その因を考えると、経済活動が活発で、年々多くの貨幣の発行を必要とし、長期的に見れば好景気が持続したことになり、これまでの漢代、ことに後漢時代のイメージが大きく変わってこざるを得ないのである。宮崎市定先生は趙翼の『二十二史劄記』を引いて「漢は黄金多かりき」と述べておられるが、秦漢の時代は、確かに多量の黄金がその好景気を支えていたという感がある。

一九八六年、拙論「漢代の穀価」及び「後漢官僚の俸給制における半銭半穀」の抜き刷りをお贈りした返礼として宮崎先生よりは、「今後の課題は銭とは何かという問題ですね」という宿題を戴いた。これはこれまで二〇〇〇年以上の間、誰も完璧には解き切れなかった問題であり、私ごときにこれが解けることはまずないであろうけれども、いずれこの問題に足を踏み込むこともあろうかと、時に試行的に思索するのも楽しかった。あれから約三〇年、今その解明への道がほのかに見えかけてきたように思われる。

青銅貨幣の鋳造が始まったのは春秋時代の後期からとされている。関野雄氏によれば、戦国時代には統一政権の成立する以前より商人たちが諸国間で交易をする上での必要により、刀や布の青銅貨幣の鋳造が諸都市で行われており、その際、統一の尺度が用いられていたことがつきとめられた。紀元前二二一年の秦による統一の直後に発せられた度量衡統一令には重要な意味合いがあったことは確かであるが、実は、すでに行われている度量衡を徹底するところに主旨があったということになる。一九九四年に筆者が上海博物館で実見した商鞅銅方升は幅三寸、長さ五・四寸、深さ一寸の枡であり、その容量は一六・二立方寸である。精巧に造られており、この存在によって量は度によって規定されていたことが知られる。一方、衡については、度や量とは別の原理原則で作られ、基本単位としては一石＝三〇キログラム、一斤＝二五〇グラムで、一二〇斤＝一石であった。『中国古代度量衡図集』の採録する九個（一六六〜一七四）に及ぶ一石の権衡の重量には数パーセント以上の幅があり、基準となったのは一斤＝二五〇グラムの原器であったと思われる。

ところで、「黄金方寸、而重一斤」の意味するところは何か。第三部に述べたように、黄金一立方寸の重量は二三二グラムであり、一斤の重さである二五〇グラムと比較すると、二三二グラムに七・五二パーセントを増した数が二五〇グラムとなるのである。ここから爵制を制定した商鞅の意図を読み取ると、次のようになる。すなわち、商鞅はこの一〇七五二銭を爵一級の価格としたということである。新たな爵制を制定する際、戦闘において敵の首一級を斬るという功績に対し、爵一級を与え、これに経済的な補償として田一頃と宅地九（八の誤り）畝とを加えた。つまり、田一頃と八畝を合わせた一〇八畝の地価を爵一級の価値としたと考えられるのである。一〇八畝の地価は漢代の価格から推測すると一〇八〇〇銭となる。これは標準的な価格であるが、実際の取引がなされた額はこれに近かったと思われる。秦代の基準となる銭額はすべて八の倍数となっていたことを考慮すると、『商君書』にいう九畝の宅は八畝の宅であった概然性もさらに高くなる。とするならば、爵価は一〇八〇〇銭となり、八甲の一〇七五二銭ともさらに近くなり、尽地力の教から推定される秦漢代の農民の年間収入総額である一〇八〇〇銭と合致するのである。

ここで秦爵と漢爵の関係について考えてみる。秦爵の一級一〇七五二銭（＝一金）に対して漢爵は一〇〇〇〇銭であった。「秦は溢を以て一金と為し、漢は斤を以て一金と為す」とある一金とは、実は爵価であり、秦漢を通じて金本位制が貫かれており、これをベースにして刑法を含む諸制度が設定されていたということではないか。（漢は一〇七五二銭という爵価を捨て、一〇〇〇〇銭＝一金というスッキリした爵価を採用したということである。）しかし、漢代には鎰という単位が消滅してしまったために、これが幻の単位となり、右の仮説を立証することは当分不可能であろうと思われた。

ところが、これまで何度も見ていたはずの『中国古代度量衡図集』の図版から、忽焉と現れたのが「益」の文字であった。すなわち同書の一五九番目に取り上げられた一九四五年、長沙出土の一〇個のセットになった「銅環権」の第九番目の銅権に「半益（鎰）」と読める文字があり、その重量が一二四・四グラムであった。すると、その倍の一鎰は二五〇グラムとなる。事実第一〇番目の環権の重量は二五一グラムであった。何と、実にこれこそが幻の重量として多くの人が求めてきた鎰の現物ではないか。（黄錫全氏は「試論楚国黄金貨幣小両単位〈半鎰〉」（『江漢考古』二〇〇〇年第一期）において、右の銅環権の文字を「間鎰」と読んだが、意味するところは筆者と同じと見ている。）

戦国の楚において秦の一斤と同量の鎰なる単位が用いられたとするならば、度量のみならず衡においても統一のものが諸国で用いられたという蓋然性が高くなる。秦（および漢）では、容量の単位が「黄金方寸」を媒介にして合致するという偶然性を利用した。「黄金方寸、而重一斤」とは実にそういうことであったのではないか。

漢は基本的に秦の制度を受け継いだ。ただし、貨幣制度においては、秦で用いられた甲や盾という単位を廃止し、新たに一万銭（黄金方一寸の価格）の一六分の一を一両とし、したがって一両＝六二五銭と定めた（秦の一両は五六七銭）。青銅貨幣としては流通価一銭の五銖銭が定着し、以後の貨幣のモデルケースとなる。漢代には「日居八銭」の原則はやがて変化し、その故にか、一両の額を八の倍数とする必要もなくなっており、前漢末には一日の労働価は一〇銭へと上昇していた。これは穀価をはじめとする諸物価の上昇と呼応するものであった。

なお、商鞅が貨幣制度や爵制（さらには秦律）の骨格を定めたにしても、無から有を産み出したわけではない。自然なかたちで度量衡がほぼ統一されていたことを受けて始皇帝が改めて正式に統一令を出したごとく、春秋時代までに出来上がりつつあった社会経済体制を受けて管仲らがこれを完成へと導いていったという前史が存在したはずである。その前史についてもさらなる未解決の問題だらけである。しかし、そのことが分かったことが一つの成果であり、本質的な解明への曙光がほのかに見え始めたというのが現時点での筆者の感想である。

さて、文帝の刑法改革の歴史的意義については第一部で述べたが、その具体的内容の解明に当たって『睡虎地秦墓竹簡』だけでは革下掻痒の感があり、多くの仮説を積み上げながら研究を進めざるを得なかった。高恒氏の無期刑説に対する筆者よりの反論に対して、当初は学界からの反応もあったのであるが、やがて省みられなくなってゆく。「急いでやらなければならない仕事は最初からしない方がいい」とは恩師牧野先生の恩師でもあった日野開三郎先生が、さらにその恩師の池内宏先生から受けた教訓の言葉であったという。日野先生には学部時代から集中講義でもお世話になり、その後、法制史学会等でもお会いする機会があった。一見ありふれた史料に様々な角度から光を当てて、多くの他史料との組み合わせによってその価値を輝かせて行く、という手法は窃かに日野先生より学ばせていただいた。革下掻痒ではあっても、試行錯誤を続けながら『睡虎地秦墓竹簡』及び『張家山漢墓竹簡』の背後にある時代を読み取ろうとしてきた筆者の努力は必ずしも無駄ではなかったようである。凡人は失敗することによって賢くなってゆくしかない。失敗によってしか得られなかったであろう視点が存在することも確かである。それはともかく、『二年律令』一二七簡の赤外線写真版により、「刑為城旦春」という刑名が「黥為城旦春」と「完為城旦春」との間に存在したことが明らかになった。このことにより、漢初の律に刑徒の刑期は存在し、その刑期の差が刑城旦春と完城旦春との差であったのだ、ということを何とか証拠づけることができたのではないか、と密かに思っている。

愛媛大学には中国古代史の研究者としてかつて東晋次氏、間瀬収芳氏がおられ、また、現在は藤田勝久氏、宋元を研究しておられる高橋弘臣氏、矢澤知行氏がおられる。同僚の方々のお陰で、ともすれば視野狭窄に陥りがちな私の視野を広げていただくことができた。その他、東京教育大時代の故木村正雄先生、筑波大時代の故岡本敬二先生、大藪正哉先生を初め、多くの方々のお世話になって今日がある。まだまだ未完成ではあるが、すべての学恩に対して多少なりとも報いられるよう、ともかく精進を続けたいと願っている。

本書の完成稿がまさにできあがらんとしたとき、牧野先生の訃報に接した。牧野先生が愛媛大学に赴任された昭和三十三年、その恩師藤野彪先生は四月二十九日、「館を捐て」られた。享年四十九歳であられた。私が赴任した昭和五十五年、牧野先生は四十九歳であられた。それから三十四年、先生がご自宅で安らかに逝かれたのは、恩師と同じ四月下旬の二十七日、享年八十三歳であった。私にとって、牧野先生ほど公私ともにお世話になった方はいない。牧野先生ほど人格の優れた方はいなかった。牧野先生ほど聡明な方は知らない。すでに記したが、半銭半穀の問題についてのご教示を願ったおり、じっと史料を睨まれて、一時間ほどでことの本質を見抜かれたのであった。牧野先生なかりせば、この問題はさらに次の世紀まで解決を持ち越したかも知れない。本書に収められた「黄金方寸」の問題についても、二千数百年の時を経ての新たな史料の出土という幸運を得て、長年の疑問がまさに解決せんとした時、先生はことのほか喜んでくださった。本書の刊行が間に合わなかったことが悔やまれてならない。謹んで御霊前に捧げたい。

平成二十六年五月二十一日

若江　賢三

汲 古 叢 書

1	秦漢財政収入の研究	山田　勝芳著	本体 16505円
2	宋代税政史研究	島居　一康著	12621円
3	中国近代製糸業史の研究	曾田　三郎著	12621円
4	明清華北定期市の研究	山根　幸夫著	7282円
5	明清史論集	中山　八郎著	12621円
6	明朝専制支配の史的構造	檀上　寛著	13592円
7	唐代両税法研究	船越　泰次著	12621円
8	中国小説史研究－水滸伝を中心として－	中鉢　雅量著	品　切
9	唐宋変革期農業社会史研究	大澤　正昭著	8500円
10	中国古代の家と集落	堀　敏一著	品　切
11	元代江南政治社会史研究	植松　正著	13000円
12	明代建文朝史の研究	川越　泰博著	13000円
13	司馬遷の研究	佐藤　武敏著	12000円
14	唐の北方問題と国際秩序	石見　清裕著	品　切
15	宋代兵制史の研究	小岩井弘光著	10000円
16	魏晋南北朝時代の民族問題	川本　芳昭著	品　切
17	秦漢税役体系の研究	重近　啓樹著	8000円
18	清代農業商業化の研究	田尻　利著	9000円
19	明代異国情報の研究	川越　泰博著	5000円
20	明清江南市鎮社会史研究	川勝　守著	15000円
21	漢魏晋史の研究	多田　狷介著	品　切
22	春秋戦国秦漢時代出土文字資料の研究	江村　治樹著	品　切
23	明王朝中央統治機構の研究	阪倉　篤秀著	7000円
24	漢帝国の成立と劉邦集団	李　開元著	9000円
25	宋元仏教文化史研究	竺沙　雅章著	品　切
26	アヘン貿易論争－イギリスと中国－	新村　容子著	品　切
27	明末の流賊反乱と地域社会	吉尾　寛著	10000円
28	宋代の皇帝権力と士大夫政治	王　瑞来著	12000円
29	明代北辺防衛体制の研究	松本　隆晴著	6500円
30	中国工業合作運動史の研究	菊池　一隆著	15000円
31	漢代都市機構の研究	佐原　康夫著	13000円
32	中国近代江南の地主制研究	夏井　春喜著	20000円
33	中国古代の聚落と地方行政	池田　雄一著	15000円

34	周代国制の研究	松井　嘉徳著	9000円
35	清代財政史研究	山本　　進著	7000円
36	明代郷村の紛争と秩序	中島　楽章著	10000円
37	明清時代華南地域史研究	松田　吉郎著	15000円
38	明清官僚制の研究	和田　正広著	22000円
39	唐末五代変革期の政治と経済	堀　敏一著	12000円
40	唐史論攷－氏族制と均田制－	池田　　温著	18000円
41	清末日中関係史の研究	菅野　　正著	8000円
42	宋代中国の法制と社会	高橋　芳郎著	8000円
43	中華民国期農村土地行政史の研究	笹川　裕史著	8000円
44	五四運動在日本	小野　信爾著	8000円
45	清代徽州地域社会史研究	熊　遠報著	8500円
46	明治前期日中学術交流の研究	陳　　捷著	品切
47	明代軍政史研究	奥山　憲夫著	8000円
48	隋唐王言の研究	中村　裕一著	10000円
49	建国大学の研究	山根　幸夫著	品切
50	魏晋南北朝官僚制研究	窪添　慶文著	14000円
51	「対支文化事業」の研究	阿部　　洋著	22000円
52	華中農村経済と近代化	弁納　才一著	9000円
53	元代知識人と地域社会	森田　憲司著	9000円
54	王権の確立と授受	大原　良通著	品切
55	北京遷都の研究	新宮　　学著	品切
56	唐令逸文の研究	中村　裕一著	17000円
57	近代中国の地方自治と明治日本	黄　東蘭著	11000円
58	徽州商人の研究	臼井佐知子著	10000円
59	清代中日学術交流の研究	王　宝平著	11000円
60	漢代儒教の史的研究	福井　重雅著	12000円
61	大業雑記の研究	中村　裕一著	14000円
62	中国古代国家と郡県社会	藤田　勝久著	12000円
63	近代中国の農村経済と地主制	小島　淑男著	7000円
64	東アジア世界の形成－中国と周辺国家	堀　敏一著	7000円
65	蒙地奉上－「満州国」の土地政策－	広川　佐保著	8000円
66	西域出土文物の基礎的研究	張　娜麗著	10000円

67	宋代官僚社会史研究	衣川　強著	品　切
68	六朝江南地域史研究	中村　圭爾著	15000円
69	中国古代国家形成史論	太田　幸男著	11000円
70	宋代開封の研究	久保田和男著	10000円
71	四川省と近代中国	今井　駿著	17000円
72	近代中国の革命と秘密結社	孫　江著	15000円
73	近代中国と西洋国際社会	鈴木　智夫著	7000円
74	中国古代国家の形成と青銅兵器	下田　誠著	7500円
75	漢代の地方官吏と地域社会	髙村　武幸著	13000円
76	齊地の思想文化の展開と古代中國の形成	谷中　信一著	13500円
77	近代中国の中央と地方	金子　肇著	11000円
78	中国古代の律令と社会	池田　雄一著	15000円
79	中華世界の国家と民衆　上巻	小林　一美著	12000円
80	中華世界の国家と民衆　下巻	小林　一美著	12000円
81	近代満洲の開発と移民	荒武　達朗著	10000円
82	清代中国南部の社会変容と太平天国	菊池　秀明著	9000円
83	宋代中國科擧社會の研究	近藤　一成著	12000円
84	漢代国家統治の構造と展開	小嶋　茂稔著	10000円
85	中国古代国家と社会システム	藤田　勝久著	13000円
86	清朝支配と貨幣政策	上田　裕之著	11000円
87	清初対モンゴル政策史の研究	楠木　賢道著	8000円
88	秦漢律令研究	廣瀬　薫雄著	11000円
89	宋元郷村社会史論	伊藤　正彦著	10000円
90	清末のキリスト教と国際関係	佐藤　公彦著	12000円
91	中國古代の財政と國家	渡辺信一郎著	14000円
92	中国古代貨幣経済史研究	柿沼　陽平著	13000円
93	戦争と華僑	菊池　一隆著	12000円
94	宋代の水利政策と地域社会	小野　泰著	9000円
95	清代経済政策史の研究	黨　武彦著	11000円
96	春秋戦国時代青銅貨幣の生成と展開	江村　治樹著	15000円
97	孫文・辛亥革命と日本人	久保田文次著	20000円
98	明清食糧騒擾研究	堀地　明著	11000円
99	明清中国の経済構造	足立　啓二著	13000円

100	隋唐長安城の都市社会誌	妹尾　達彦著	未　刊
101	宋代政治構造研究	平田　茂樹著	13000円
102	青春群像－辛亥革命から五四運動へ－	小野　信爾著	13000円
103	近代中国の宗教・結社と権力	孫　　江著	12000円
104	唐令の基礎的研究	中村　裕一著	15000円
105	清朝前期のチベット仏教政策	池尻　陽子著	8000円
106	金田から南京へ－太平天国初期史研究－	菊池　秀明著	10000円
107	六朝政治社會史研究	中村　圭爾著	12000円
108	秦帝國の形成と地域	鶴間　和幸著	13000円
109	唐宋変革期の国家と社会	栗原　益男著	12000円
110	西魏・北周政権史の研究	前島　佳孝著	12000円
111	中華民国期江南地主制研究	夏井　春喜著	16000円
112	「満洲国」博物館事業の研究	大出　尚子著	8000円
113	明代遼東と朝鮮	荷見　守義著	12000円
114	宋代中国の統治と文書	小林　隆道著	14000円
115	第一次世界大戦期の中国民族運動	笠原十九司著	18000円
116	明清史散論	安野　省三著	11000円
117	大唐六典の唐令研究	中村　裕一著	11000円
118	秦漢律と文帝の刑法改革の研究	若江　賢三著	12000円
119	南朝貴族制研究	川合　　安著	10000円
120	秦漢官文書の基礎的研究	鷹取　祐司著	未　刊

（表示価格は2015年１月現在の本体価格）

著者略歴

若江　賢三（わかえ　けんぞう）

昭和24年８月18日愛媛県に生まれる。父吉太郎、母百恵。同43年、愛光高等学校卒業。同年、愛媛大学入学(法文学部)。同47年、同学卒業。同年、東京教育大学大学院修士課程入学。同49年、同課程修了。同52年、筑波大学大学院博士課程３年次編入学。同55年、同課程退学。同年、愛媛大学講師。同57年、同助教授。平成７年、同教授。同20年～23年、長江大学客員教授。

汲古叢書118

秦漢律と文帝の刑法改革の研究

二〇一五年一月三〇日　発行

著　者　若　江　賢　三
発 行 者　石　坂　叡　志
整版印刷　富士リプロ㈱

発 行 所　汲　古　書　院
〒102-0072 東京都千代田区飯田橋二-五-四
電　話　〇三（三二六五）九七六四
ＦＡＸ　〇三（三二二二）一八四五

ISBN978 - 4 - 7629 - 6017 - 8　C3322

KYUKO-SHOIN, Co., Ltd. Tokyo.

索　　引

（目次に出てくる人名・項目は原則として省略した）

人　　名…… *1*
書名・篇名…… *6*
事　　項…… *13*

人名索引

あ行

天野元之介　441
安世高　364
飯尾秀幸　13
池澤優　210, 211, 224, 353, 357, 370
池田雄一　13, 116, 244, 274, 277, 280, 284, 287, 288, 290
韋昭　271
韋著　264
伊能忠敬　406
陰就　264
内田智雄　184
宇都宮清吉　8, 12, 417, 418, 425, 432～435, 440, 442, 445～450, 455, 456, 462～466, 492
于定国　237
宇野精一　490
衛宏　90, 136, 152, 153
衛紹王(后徒単氏)　300, 319, 320
英布(黥布)　130, 173, 288
慧遠　365
江村治樹　58, 415, 444
袁元服　332, 348
王晏　319, 320
王勳　263
王継祖　339, 343, 344, 350
王根・王況　242, 243, 264
王鍵　325
王充　14, 27
応劭　36, 37, 89, 90, 94
王先謙　34
王尊　201, 202, 230, 260
王仲禄・王仲福　339, 349
王奉訓　338
王鳴声　153, 417, 439
王楙　417, 439
王莽　405
王良輔　337
大川俊隆　415
大庭脩　29, 187, 189, 191, 204, 216～218, 227, 243, 244, 248, 270, 296, 318
小笠原宣秀　372
岡本敬二　11, 346, 496
荻生徂徠　393, 401～404, 406～408, 414
小島佑馬　252, 270

か行

(紀)恢説　197～199, 220, 235, 236, 359
炔欽　257, 261
賈捐之　241
賈誼　9, 252, 271
夏賀良　260
何休　320
郭菌　29
郭憲　261
夏侯勝　263
夏侯常　257, 261
何承天　224, 319, 345, 361

賀真真　339, 344
加地伸行　486, 490
華当(朝陽侯)　146
加藤繁　417, 440
賈彪　298
鎌田重雄　79, 85, 293～297, 306, 318
紙屋正和　270
灌賢　254
顔師古　19, 198, 220, 266, 295, 305, 447
韓昌　244
貫高　21, 38, 39
灌夫　259
韓樹峰　42
韓釈(沢)之　254, 259
邯鄲　256, 259
桓譚　295
義渠安国　256, 260
魏弘　257, 260
紇失烈胡沙虎　300, 319
季信成　255, 260
義縦　267
魏徴　405
吉四児　326, 328, 346, 347
紀通　197, 198, 220
季布　38
木村正雄　7, 12, 496
丘濬　321
仇覧　208, 214, 223
匡衡　260
龔勝　257, 261
許慎　270, 411, 412
金欽　264
金当　261
靳克忠　341, 342, 350
金秉駿　28, 116
虞詡　436
孔穎達　309, 310
矩斎　412
屈原　484, 486
瞿兌之　417, 439, 486
工藤元男　13, 84, 113
桑原隲三　192, 218, 221, 347
景毅　437
邢義田　104, 116, 274, 278, 279, 288
厳延年　244
建徳(術陽侯)　239
講(城旦)　102, 114, 130, 155, 156, 168
項羽　133, 174, 245
貢禹　296, 297
黄瓊　261
弘恭　229
孔光　237
孝公(秦)　422
衡山王劉賜　200, 201, 220, 359
孔子　410～416, 470, 473, 482, 486
公士婡　45, 379
浩商　242
黄伴哥　347
高誘　409, 425～427
高(鄗)厲王　300, 320
顧覬之　209, 224, 345, 360
胡三省　309
壺遂　482～484
瞽叟　352, 353, 370
呉大姐　340, 350
胡倍翟　383, 392
虎賁　264
賈彪　298

さ行

崔纂　360
蔡沈　312
崔敞　302, 320
斎藤秀明　43
蔡邕　271
崔烈・崔鈞　209, 212, 225, 307
佐藤武敏　417, 418, 440
左雄　298
滋賀秀三　216, 325, 330, 346
耏申　259
師丹　257, 264
司馬光　401, 402
司馬遷　162, 163, 263, 264, 272, 320, 467～490
司馬談　468～470, 473, 486～488
司馬貞　380, 381, 391
司馬彪　446
子反　295, 305, 308
周公　473
充国(衛尉)　255
周堪　229, 230
周平　260
周勃　17, 24, 181
宗密　366

周陽由　268
朱活　444
壽春県丞　259
朱靖　301
朱千秋　8,429,443
舜　352,353
荀勗　404,405
荀子　179,180
荀綽　432,445,448
如意　39
商鞅　7～11,26,51,387,391～393,422,493,495
蕭何　14,26,27
蕭勝　254,259
上官桀　238
商丘成　263,265
襄平侯(紀)嘉　197,235,236,359
襄平侯相夫　197,200,236
蕭望之　229,230,260
昌邑王　203,204,212,237
徐鍇　309
如淳　22,90,129,240,242,254,376,380,381,384,391,430
徐宗　7
新垣平　23～27,181
申咸　205,257,261
任安　476,481,488
沈家本　34,36,38,41,228,244,245,292,318
(臣)瓚　31,33,40,376,380,381,384,391
申屠嘉　262
随何　174
陶安あんど　13
速速　301
スピノザ　321
青翟　235
成方遂　241
関野雄　393～400,412～415,420,440,441,465,493
戚夫人　39,40
薛況　264,265
石顕　229,241
薛宣　205,215,242,264,304
薛況　264,265
蔵栄(宋栄)　341,350
曹翰　301
桑弘羊　238
曽参　357
曹植　299
繒它　259
蘇嘉　263,265,272
息夫躬　305
祖孝孫　407
祖冲之　404,405
蘇武　272
楚服　238
蘇林　43

た行

太武帝(北魏)　372
鷹取祐司　71,138,149
檀長卿　260
湛然(妙楽大師)　365
智顗(天台大師)　367
張晏　22
張奐　297～299
趙玄　263,265,408
趙高　134,157,191,359
張敖　38,39
張壽王　263
張守節　250,310
張昌　260
張釈之　18,25,29,182,183,232～235,253,270,296
鼂錯　9,10,183,235,236
趙増寿　228,229,233,245
張大栄　340,343,344,350
張徳安　338,349
張保児　347
張荼合馬　347
張譚　260
張敏　342,343,351
張不疑　259,270
張文収　405,406
趙翼　381,383
張鵬一　228,245
張保児　347
張猛　244
張預　259
陳偉　84,104,113,116
陳嬰·季須　202,221,359,371
陳慶　260
陳金生　91,92,97,98
陳皇后　238
陳顧遠　34～36
陳嘯江　417,439
陳元　208
陳寵　206,223

陳直　417, 439
陳湯　206, 215, 228, 229, 245, 263
陳平　17, 24, 181, 384
陳融　202
陳暘　398
廷尉穀·廷史申　196, 220, 275～277, 281, 282, 331, 332
緹縈　27, 30, 32, 43, 74, 153
丁義（楽成侯）　241, 244
鄭玄　250, 253, 392
程樹徳　219, 292, 318
鄭司農　76
程大昌　381
翟義　204, 222
翟方進　242
田延年　204
田蚡　254
田恬　254, 259
天石　441
田叔　38
竇嬰　254
鄧艾　303
董次　8
董卓　307
道襲　307
董仲舒　83, 205, 470～473, 482, 487～489
鄧丑丑　340, 350
董朝　147, 255, 259
鄧通　262, 263
東方朔　254, 259
杜貴墀　228, 245
杜業　260
杜周　240, 241
冨谷至　149, 184
杜預　295, 297, 308～310, 317

な行

中島千秋　491
中村元　354, 355, 371
南安王楨　302
仁井田陞　178, 183, 293, 294, 318, 347
任越　260
任子　423
布目潮渢　417, 418, 433, 434, 440, 445～450, 452, 463～466, 492,
捏克伯　342, 343, 351
寧成　268
根本誠　28, 293, 294, 318
野村茂夫　189, 217, 225, 401

は行

裴従義　342, 351
梅福　231, 232
伯夷·叔斉　474, 475
薄太后　253
白嬴　200, 201
畑野吉則　28, 71, 138, 149
馬非百　417, 439
浜口重国　34～36, 38, 42, 153, 159, 161
般若流支　356
班固　179～184, 201, 221, 236, 251, 271, 375
日野開三郎　495
秘蒙　246
平仲苓次　12, 57
広瀬薫雄　13
傅晏　257, 261
馮野王　260
福原啓郎　183, 184
藤田勝久　28, 487, 496
藤野彪　319, 496
藤原正　225
扶蘇　191, 193, 218, 359
武帝（北周）　372
武宗（唐）　372
文彦博　320
文侯（魏）　422
丙顕（博陽侯）　257, 260
平当　242
彭越　21～23
彭浩　84, 113, 288
龐参　435
彭信威　417, 432, 440
鮑宣　242, 244, 264, 265
彭友·彭仙　335, 343, 344, 348, 363
穆姜　208, 214, 223
堀毅　75, 84
堀敏一　73, 389

ま行

牧野修二　56, 319, 466, 491, 492, 495～497
松崎つね子　285
水澤利忠　477, 488

水間大輔　13
道端良秀　354, 371
宮宅潔　13, 85, 175
宮崎市定　417, 418, 425, 426, 431, 440, 442, 492
孟子　210
籾山明　12, 13, 72, 86
孟康　34〜37, 41, 266
孟舒　13, 38, 39
蒙恬　191, 218

や行

藪内清　391
藪田嘉一郎　415
庾登之　319
楊惲　237
楊寛　412
陽虎(陽貨)　410, 415
楊興　241
楊顒　302
楊秀　302
羊続　298, 320
楊震　319
楊素　302
羊陟　298
煬帝　302, 367, 372
姚鼐　81
楊秉　264
楊倫　261, 262
楊聯陞　417, 433, 440
米倉豊　28
米田賢次郎　431, 443

ら行

来俊臣　301
羅福頤　412
欒巴　298
李悝　8, 14, 26, 419, 421, 422, 493
李奇　174
李開元　162
李学勤　196, 219
李翕　436, 461, 462
李斯　89
陸渕　246
李賢　231, 307, 432, 436, 447
李広利　236, 237
李斯　89, 240, 310
李師虔　307
李尋　271
劉雲　204
劉英　364
劉延年　260
劉懐玉　347
劉学林・王楠　210, 211, 224
劉熙　270
劉恭(著作郎)　404
劉歆　260, 401, 402
劉虞　437
劉屈氂　236, 237
劉建　246
劉孝　200, 201, 220, 359
劉晃・劉剛　207, 215, 223
劉更生(劉向)　229, 230
劉受　255, 260
劉拾　260
劉汝霖　417, 439
劉昭　445, 447
劉斉　263
劉爽　200, 201, 220, 359
劉輔　271
劉良　264
劉綰(離石侯)　147
梁冀　261, 298
梁玉縄　29
梁の武帝　303
呂后(高后)　19〜21, 29, 39
李陵→李陵の禍
礼忠　7, 85, 424, 441
労幹　417, 439
魯家亮　148
路博徳(邳離侯)　239
路驢児　347

書名・篇名索引

あ行

雲夢竜崗秦簡41簡　57
　同上129簡　97
淮南子要略訓高誘注　409, 425
　同上精神訓　91
塩鉄論申韓篇　266
演繁露(程大昌)　381

か行

陔余叢稿　381
楽書(宋陳暘)　398
嶽麓書院蔵秦簡80-0458　52
　同上82-0957　45, 379
　同上83-0970　45, 379
華陽国志巻４南中志　437, 462
漢旧儀　59, 70, 89, 90, 136, 152, 153
管子牧民　479, 489
管子権修　480, 489
漢書
　巻１高帝紀　22, 36, 384, 423
　　同応劭注　36
　巻２恵帝紀　20, 23, 33, 63, 81, 138, 423
　　同孟康注　34
　　同顔師古所引の応劭注　89
　巻３高后紀　19, 20
　巻４文帝紀　23
　巻５景帝紀　197, 220
　巻６武帝紀　315
　巻８宣帝紀　434
　巻11哀帝紀　434
　巻12平帝紀　430, 461
　巻15上王子侯表　147
　巻16功臣表　146, 147
　巻17功臣表　236, 259, 263
　巻18外戚恩沢侯表　256, 257
　巻19百官公卿表　255
　　同顔師古注(漢制)　363, 445, 447
　巻21律暦志　401, 414
　巻23刑法志　14, 17, 22〜24, 30〜32, 75〜77, 79, 84, 106, 109〜111, 127, 132, 144, 153, 179〜181, 246, 251, 266, 267, 271, 272, 313〜315, 318
　巻24食貨志上　9, 10, 13, 83, 419, 423, 427〜429
　巻24食貨志下　375, 383, 385
　巻25律暦志　401, 414
　巻32張耳伝　260
　巻40張不疑伝　259
　巻42申屠嘉伝　262
　巻44淮南王伝　201
　巻45江充伝　238
　巻45息夫躬伝　295, 305
　　同顔師古注　305
　巻48賈誼伝　252, 271
　巻49鼂錯伝　151, 313
　巻51賈山伝　294
　巻52灌夫伝　259
　巻53劉斉伝　263
　巻54李陵伝　263, 264, 272
　巻54蘇武伝　263, 272
　巻56董仲舒伝　470〜472, 487, 488

巻57下司馬相如伝　222
巻60杜業伝　260
巻62司馬遷伝　162, 476, 488
巻64下賈捐之伝　241
巻65東方朔伝　259
巻66劉屈氂伝　236
巻66楊惲伝　237
巻67梅福伝　231
巻68霍光伝　203, 221
巻69趙充国伝　428
巻69義渠安国伝　260
巻70陳湯伝　206, 222, 228, 245
巻71雋不疑伝　241
巻72鮑宣伝　242, 271
巻72龔勝伝　257, 261
巻72貢禹伝　264, 296, 297, 315
巻75李尋伝　271
巻75夏賀良伝　260
巻76王尊伝　201, 230, 245, 260, 371
巻76王章伝　271
巻77劉輔伝　271
巻77壇長卿伝　260
巻78蕭望之伝　229, 260
巻79馮奉世伝　260, 429
巻81孔光伝　236
巻83薛宣伝　205, 222, 347
巻84陳慶伝　222
巻84翟義伝　204, 222, 242, 371
　同如淳注　242
巻86師丹伝　257
巻97上陳皇后伝　238
巻98元后伝　242, 243
巻99王莽伝　307
巻100下　27
漢書補注　34, 81
魏書(三国志)巻19陳思王(曹植)伝　299
魏書巻111刑罰志　346, 360
魏書釈老志　364, 372
居延漢簡甲乙編
　19･26簡　8, 429
　24･1B簡　7
　36･7簡　85, 430
　37･35簡　7, 441
　110･14簡　441
　198･11A簡　430, 431
　214･4簡　436
　303･3簡　8
　387･4簡　443
九章算術巻7盈不足　422, 441
　同上巻8方程　422
儀礼喪服の鄭玄注　382
儀礼正義の胡倍翬注　382
金史巻64衛紹王后伝　300
　同上巻93衛紹王六子伝　320
　同上巻114斜卯愛実伝　300
金石粋篇巻14　436
　同上巻17　437
　同上白石神君碑　462
旧唐書食貨上　403
元史
　巻3憲宗本紀　320
　巻35文宗本紀至順2年条　301
　巻103刑法志2　326, 336
　巻104刑法志3　325, 328, 339, 363
　巻106刑法志5　335
元典章
　巻17戸部3　337, 338, 349
　巻19戸部5　337

巻30礼部 3　327, 328
巻30礼部 3 礼制葬礼　336, 349
巻39刑部 1 遷徙　338
巻40刑部 2 繋獄　311
巻41刑部 3 悪逆　326, 329
巻41刑部 3 殺奴婢娼　327
巻41刑部 3 主戸打死佃客　327
巻41刑部 3 不義　349, 351
巻41刑部 3 不孝　339～342, 349～351
巻42刑部 4 殺卑幼　325, 335, 348, 363
孝経
1 章　41
5 章　251
11章五刑　188, 194, 202, 203, 323, 346, 353, 357, 370
孔子家語　212, 225
效律(睡虎地秦墓竹簡) 3 簡　378, 386
後漢書
巻 1 光武帝紀　430, 432
巻 1 光武帝紀建武26年条　432, 445, 446
巻 1 光武帝紀百官受俸例李賢注　432, 445～447
巻 2 明帝紀　431, 464
巻 3 章帝紀元和元年詔　294, 318
列伝 4 斉武王列伝　207
列伝18上桓譚伝　295, 297
列伝19鮑昱伝　304
列伝21羊続伝　298, 320
列伝28馮緄伝　231
列伝36陳寵伝　15, 206, 223, 231
同李賢注　231
列伝40下蔡邕伝　271
列伝41龐参伝　435
列伝42崔烈伝　212, 225, 307
列伝44楊震伝　319
列伝48虞詡伝　436
列伝51左雄伝　298
列伝55張奐伝　297～299
列伝57党錮列伝　298, 306
列伝59下儒林伝何休　320
列伝62劉虞伝　464
列伝66循吏仇覧伝　208, 223, 359, 371
列伝69上楊倫伝　261, 262
列伝69下何休伝　320
列伝74列女穆姜伝　208, 209, 223
百官志巻 5 百官受俸例　446
国語巻 5 下魯語　398
同上巻 6 斉語　271, 390

さ行

冊府元亀巻85帝王部赦宥 8　302, 310, 319
左伝
宣公12年伝　252
成公 2 年条　295, 305, 308
襄公21年条　293, 294, 301
襄公22年条　294
算数書　415
史記
巻 1 五帝本紀　250
巻 6 秦始皇本紀　158, 175, 310
巻 6 秦始皇本紀集解所引の如淳注　89, 95
同上、史記正義、張守節注　310
巻 7 項羽本紀　141
巻 8 高祖本紀　245, 250, 347, 470
巻 9 呂后本紀　20, 39
巻10孝文本紀　18, 23, 231
巻11孝景本紀　314

巻15上　260
巻18功臣表　259
巻19名臣年表　259, 260
巻20　260
巻21　260
巻25律書　401, 414, 424
巻30平準書　380, 424
　同如淳注　381
　同臣瓚注　381
巻47孔子世家　410, 415
巻53蕭相国世家　27
巻55張不疑伝　359
巻68商君列伝　393
巻87李斯伝　191, 218, 240
巻88蒙恬列伝　157
巻89張耳伝　38
巻91黥布列伝　91, 158, 173, 174
巻96上申屠嘉伝　262
巻100季布伝　39
巻101鼂錯伝　41, 162
巻102張釈之伝　25, 29, 232, 245, 253, 259, 292
巻104田叔伝　38
巻106呉王濞伝　235
巻107魏其武安侯列伝　254, 259
巻118淮南衡山王列伝　200, 259
　同上、淮南王伝の応劭注　36, 37
　同上、蘇林注　43
巻122杜周伝　240, 241, 245
巻122義縦伝　267
巻122周陽由伝　268
巻129貨殖列伝　53, 423, 424, 460, 478～480
巻130自叙伝　482～485, 489
史記集解　22
　同上秦始皇本紀、如淳所引律説　89, 90
資治通鑑
　巻212　301
　巻262　307
　巻268　307
　　同胡三省注　309
事物紀元巻10錮身　308
釈名　249, 270
周礼
　司厲　76
　司厲鄭司農注　76
　秋官司寇　179, 239, 267
　冬官考工紀　397, 408, 409, 416, 426
　天官小宰　252
　地官郷八刑　188
荀子正論　180, 222, 347
春秋正義巻18　309
商君書境内篇　7, 47, 51, 81, 493
小爾雅広量　382
尚書周書康誥　189
書経集注巻 1　312
晋書巻 3 武帝紀　303
　同上巻30刑法志　14, 26, 27, 249, 327
新書巻 6 春秋　92
新唐書食貨志　403
晋百官表注　432～434, 448
秦律雑抄　72, 114, 115, 139
秦律十八種
　16－7 簡厩苑律　65
　41簡　441
　46簡盗律　52, 53
　48簡倉律　66, 167
　49簡倉律　65, 66, 93

49-52簡倉律　64, 420
51簡倉律　67
55-6簡倉律　93, 94, 137, 420
59簡倉律　67, 119
61簡倉律　127
61-2簡倉律　6
62簡倉律　68
67簡金布律　12
77-9簡金布律　65
92-3簡金布律　95
94-5簡金布律　94
95簡金布律　80, 85
106簡工人程　69
108簡工人程　67, 68
110簡工人程　68
113簡均工律　68
134-5簡司空律　66, 69, 120, 121, 166, 170
136簡司空律　8, 166, 421, 460
138簡司空律　82, 93, 176
138-9簡司空律　421
139-40簡司空律　63, 140, 173
146-7簡司空律　68, 95, 96, 118, 119, 126, 171, 172, 177
152-3簡司空律　85
156-7簡軍爵律　5, 6, 46, 68, 80, 81, 129, 155, 283
193簡内史雑律　123
隋書
巻2開皇20年条　248
巻2高祖本紀下　320
巻16律暦志　404～407
巻19下南安王楨伝　302
巻25刑法志2　303, 325, 347, 361, 362
巻45文四王列伝　302
説文解字
荀部　249
水部　317
尺部　397, 398, 412
巻8下　410～412
而部　35, 293
金部錮の条　294, 309
臼部　92
説文繫伝　310
宋季三朝政要巻2淳祐4年条　304
荘子天下篇　42, 420
同上大宗篇　91
奏讞書31簡　107
同上99-123簡　155, 168, 195, 196, 332
同上180-96簡　274, 275
宋書
巻3武帝本紀　319
巻53庾登之伝　319
巻64何承天伝　224, 319, 345, 359
巻81顧覬之伝　209, 324, 345, 360
続漢書百官志劉昭注所引荀綽晋百官表注　432, 433, 445, 448
続資治通鑑長編
巻19太平興国7年条　301
巻71真宗大中祥符2年条　311
巻93真宗天禧3年条　301
巻95真宗天禧4年条　311
巻211　320
巻374哲宗元祐元年4月条　311

た行

大学衍義補巻11　321
通典巻21上　414
同上巻55歴代所尚　414

唐六典刑部　37
唐律疏議　192
　巻1名例　195,248
　巻1名例悪逆　325,326
　巻1名例不孝　329,331,362
　巻10職制　333
　巻12戸婚　331,332
　巻13戸婚　311,332
　巻17賊盗　320,328,348
　巻18賊盗　330
　巻22闘訟　326,330
　巻23闘訟　330
　巻24闘訟　331
　巻25詐欺　324
度量衡攷(荻生徂徠)　401～407

な行

南斉書巻42王晏伝　320
二年律令
　29簡賊律　144
　36簡賊律　286
　55-6簡盗律　52,420
　82簡具律　41,138
　83簡具律　41,138
　88-9簡具律　282
　90-1簡具律　90,125
　105簡具律　86,87,145
　119簡具律　52,108,112,129,156,390
　122-3簡具律　144
　127簡告律　50,53,101～106,132,146,148
　137-8簡捕律　107
　151-2簡捕律　10
　157簡亡律　125,166
　164簡亡律　143
　165簡亡律　167
　173簡亡律　135,144
　174-8簡収律　16,17,145,146
　204-5簡銭律　86,145
　307簡戸律　71,124,141,177
　310-16簡戸律　78,118,125,126,157,392
　364-5簡傅律　124,157,217
　392簡爵律　10,284
　393簡爵律　10,82,376
　435簡金布律　60,176

は行

白虎通　414
風俗通巻2　332,348
封診式(睡虎地秦墓竹簡)
　8-12簡封守　141
　49簡遷子　77,193
　53-4簡告子　190,218,286,346,358
　84-90簡出子　69
　98簡奸　280
仏説尸迦羅越六方礼経　364
法律答問(睡虎地秦墓竹簡)
　5簡　71,96
　6簡　19
　8簡　122
　35-6簡　96
　40簡　47
　42簡　49～51
　46簡　53
　63簡　80,155,161
　65簡　285
　69簡　155,161
　78簡　195
　92簡　54

102簡　190, 286
104簡　195, 213, 214, 218, 219, 225, 327
109-10簡　100, 111, 112
116簡　62, 67, 96, 171
118簡　78, 123, 165
124簡　62
127-8簡　142, 143
135簡　176
173簡　280
174簡　61, 124, 133
185簡　282
北史巻21崔敞伝　302
法華文句　367
本草乱髪　162

ま行

妙法蓮華経不軽品　368
孟子　57

ら行

礼記
大伝　250
曲礼　258
郊特牲　288
表記　210, 211, 224
雑記下　253
吏学指南　308
律説　89, 90
里耶秦簡第8層46簡　45, 379
同上第8層2034簡　137
同上第8層2196簡　119
老子
37章　485
79章　475, 478
80章　478
論語
2為政　210, 224, 471
3八佾　251
4里仁　479
5公冶長　487
6雍也　471
7述而　484, 485
12顔淵　479
13子路　27
15衛霊公　480

事項索引

あ行

生きては之に事ふるに礼を以てし　210, 224, 356, 369
鎰（＝溢）　381～385, 392, 494
賹貨　58, 444
一金　108, 383, 384
陰宮（官）　157, 158, 162, 163, 175
殷墟　411, 412
陰刑　313
殷尺　411, 413
殷周革命　474
盂蘭盆会　369
盂蘭盆供養　366
延平例百官俸給検証表　457, 458
黄金一斤、直万銭　129, 376
応死　335, 343, 363
王告不孝　200

か行

改過自新　160
開元通宝　402, 403
開皇の官尺　407
開皇律　247
外妻（子）　62, 66, 67, 69, 96, 120, 140～142, 170, 171, 418
枷錮　312, 316
嫁娵の禁止　317
夏忠殷敬周文　250, 251, 470～472, 487
貨幣経済　441
過房　339, 349
嘉量　405, 407, 409, 415
奸は耐為隷臣妾　278, 280, 285
漢委奴国王　386
奸を内れるは贖耐　285
吉凶慶弔の礼　304
吉凶の問　299
逆順を以て差と為す　233, 235
逆不道　239
逆無道　235
求羽　137, 148
宮衛令　254
宮刑　30, 32, 135, 183, 314, 316, 320, 475～477, 481, 484, 486
九章律（律九章）　14, 26, 27
九（八）畝の宅　7, 9, 12, 13, 47, 57, 58, 82, 391, 392, 495
挙哀　206, 215, 329, 333, 337, 341, 362
郷八刑　188, 217
享孝　210
居貲贖責　6, 45, 63, 65, 117, 119, 131, 170～174
禁固（錮）刑　293, 294, 318
禁錮不得為吏（貢禹の語）　296
禁錮勿令仕（杜預注）　295, 305, 306
禁錮の科　303
禁止錮閉　293
禁二業　295
金律（泰和律）　326～328
枸櫝纍杕　63, 140, 166, 173
供養有闕　192, 215, 329, 331, 332, 337, 343, 344, 362, 363
位におりて懈らず　253, 268, 269
刑罪　43, 88, 113
刑不上大夫（刑は大夫に上さず）　111, 258, 322, 269, 343, 345
刑罰中たれば民は愍む　17
刑辟　209, 224
刑名の学　17
刑余　133, 158～160, 162, 183, 245
決事比　15, 205
堅鬼薪　142, 143
侯　123
絞　326, 328, 330
狡猾不道　296
敖悍　273, 275, 279～281, 284, 288

工鬼薪　137
黄巾の乱　437, 439
豪傑　130, 131
孔子の身長　410, 412～416
黄錫全　494
黄鍾　401
校上　275, 277, 278, 280, 281, 289, 290
衡石の不正　378
孝の倫理化　370
工隷臣　72, 129
公室の告　213, 225, 327, 330
功直(銭)　430, 461
交通　130, 134
高奴禾石銅権　72
購二両　176
興滅継絶　303, 304
強略人為妻　107
更隷妾　69, 73
黄老の学　17
告王父不孝　201
穀価(の)上昇　435, 437, 438, 454
告言　192, 193, 215, 245, 329, 330
告子　190
告不審　44, 49～51
酷吏　241, 243
五刑の属三千　188, 194, 202, 203, 323, 353, 357
故妻　5, 6, 283
顧山　430, 461
錮身　308, 312, 316
錮商賈、不得宦為吏(桓譚伝)　295, 296
婚媾不通　299
痕累禁錮　302, 310

さ行

罪刑法定主義　19, 231
妻吏　170
歳而非禁錮者　110, 111
坐王告不孝　200
坐告王父不孝　201
作楽釈服　192, 215, 329, 333, 337, 339, 343, 344, 362, 363
作如　155, 161
作如司寇　127, 133, 136, 154, 155
殺人者死(傷人者刑)　242, 347
斬　326, 328
斬右止(趾)　181
三王の道は循環するが如し　472
三環　190, 218, 286
三章の法(法三章)　15, 26
三武一宗の難　368, 372
咫　397, 398, 411, 412
子禾子銅釜　409, 426, 427, 465
支解　346, 351
始皇詔銅権　377
司寇の盗　122
自告　101, 122
尺字の起源　413
実体貨幣　394, 414, 421
死人を傷つくる　360
次不孝　195, 196, 278, 279, 281, 291, 324, 348
赭衣　38～40
囚禁錮身　311, 316
周尺　410
収人　61, 71, 169
終身不得仕　295, 306
呪詛　238, 330, 334
循環(的)史観　472, 473
鍾　408～410
商鞅爵(制)　7, 9, 11, 46～48, 376, 387, 393, 495
商鞅銅方升　399, 400, 415
蕭何律　14
尚古主義的史観　471
城旦司寇　68, 72, 119, 171, 172, 177
城旦(舂)の司寇　170, 171, 173
冗辺五歳　46, 57, 78, 82, 83, 128, 133
冗隷妾　69, 73
終身不歯　361
終身不得仕(顔師古注)　295, 305
収律　16
儒家と法家　469
儒教の国教化　205, 207
除陰刑　41
小斛　408
将司　63, 140, 173
城旦(舂の)司寇　68, 72, 96, 98, 121, 126, 170～173,

177
贖耐　52, 108, 112, 129, 133, 156
歯列　298, 299
親告罪　325, 338
晋前尺　404
尽地力の教　8, 56, 392, 443, 461, 493, 495
秦は一鎰を以て一金と為し、漢は一斤を以て一金と為す　381, 494
晋百官表注　432～434, 448
秦律的不孝罪　203, 211, 214, 215, 221, 344
垂　44, 45, 48, 54, 56, 379, 380
スライド制　445, 446, 450, 459, 466
清議禁錮の科　361
西羌の反乱　428
成親　339, 350
井田説　57
斉刀　395, 414
斉法化(斉大刀)　58, 414, 444, 466
正法なければまさに糾を致すべからず　231
赤衣　39, 42, 63, 140, 147, 173
責衣　120, 121, 170
石三〇銭　8, 166, 419, 421～423, 427, 430, 431, 434, 437, 438, 460～462, 464, 466
籍没　301, 302, 304, 351
千金　479, 489
千戸君　424, 441, 442, 460, 480
戦国小尺　395～398, 400, 412, 415
戦国大尺　397
遷子　193
前主の是とする所は著して律と為し　241
造獄　246
曽子学派　210
葬儀　368
操土攻　137, 420
宗廟の服御物を盗む　232～234
贓吏　296, 297, 301
倉廩実ちて礼節を知る　479
族外刑・族内刑　252, 270
粟率　408, 414
詛詈　192, 193
尊祖　250

た行

耐城旦春　97, 99
大斛　408
耐罪　124, 125, 255
大逆不道　233, 236, 237, 240, 243
大逆毋道　238
大逆亡道　238
大逆無道　199, 234～238, 240, 243
大鍾　408, 410
大婢一人二万　7, 85
大釜　427, 465
(金の)泰和律　327
宅九(八)畝　7, 57, 58, 82, 387, 391, 392
断獄四百　27, 180, 182, 266
父は子の為に隠し　27
糶価　418, 425, 439
鎮護国家　365
陳純銅釜　442
追孝　210
罪の疑はしきは民に与ふ　183, 292
廷行事　49, 58
丁隣者　127, 128, 131, 133
糴価　418, 425, 439
佃戸　328
天道は是か非か　467, 475～477, 481, 486
天人相関　487
盗罪における秦律と漢律　55
道家　470
党錮　304, 316, 317, 320, 321
唐(大)尺　404, 406, 410
盗鋳銭令　30
盗羊　53, 54
都官　95, 98
杜夔尺　404, 405
奴故殺其主　328
斗食　434, 435, 448
徒長　130, 131, 134
度量衡統一令　397, 410, 418,

420
徒隷　6, 117, 118, 124, 128, 130

な行

内奸(奸をいれる)　285
内乱　188, 201, 215, 217, 247, 303, 323, 362
日居八銭　6, 45, 46, 54, 82, 86, 108, 133, 176, 380, 390, 421, 429, 461, 495
肉刑復活論　179, 180, 183, 184, 271
『二年律令』律名　15
奴婢捍主　327
納粟授爵　9

は行

売　168, 169
廃錮　305, 306
売子　13, 423
売爵子　9
馬甲　44, 46, 48, 379, 380
八議　247, 270
盤枷　308
比　229, 234
非所宜言　232, 245, 263〜265
柀事　66, 72, 167
羊の値段　53, 54
誹謗罪　231
百姓　311, 320, 428, 436
評尺　405, 406
標準金塊　386〜389
批林批孔　352
鬴(釜)　408, 409
封診式　390, 391
不加肉刑　35, 41
誣加　49〜51
不義　61, 188, 217, 218, 223, 247, 323, 351, 362
不孝罪グループ　188, 189, 204, 215
不孝は棄市　275, 276, 323, 332, 359
不孝不謹　204
誣蠱　238
不歯　303
不道罪グループ　187
不道は正法なし(不道無正法)　222, 223, 228〜230, 233, 234
不孝謀反　197〜199
不孝罪グループ　188, 189, 194, 199, 215, 223
不孝は棄市　359
不孝不友　189, 211, 217
不孝謀反　197〜199, 235
不忠孝　205, 207, 212, 215
誣罔　228, 241, 244, 263, 264, 488
復古　472
父母が殺さんと欲すれば皆之を許す　224
父母に不孝なるものは棄市　209, 224
部吏は皆法に正す　231
分異令　239
兵刑一源　42, 292
閉門不出　299, 313
別籍異財　192, 326, 329, 331〜334, 336, 337, 343, 344, 362, 363
卞和の璞玉　391
捕亡　71, 124, 141, 177
鮑昱　304
報恩　368, 370
俸給専用穀価　452〜456, 459, 462, 463, 466, 492
方卅歩　58, 126, 392
葆子　100, 111〜113
奉仕不敬　230, 256
奉仕無状　245
亡人臣の礼　242
法家と儒家　469
方肩尖足布　395, 396
亡罪　124, 167
法正しければ則ち民は愨しみ　23
法は已然の後に施す　483
法は天子の天下と公共する所　183, 245, 292
北斉律　247
甫刑三千　207
畝鍾の田　415, 425, 426, 442, 443, 460

ま行

未使　66, 167
無道　235
無為自然　287
免老　119, 120, 132, 136, 148,

190, 191, 217, 286, 346
免隷臣(妾)　67, 72, 119, 120, 122, 126
免城旦老三歳以上　119
罔上　241, 244, 490
茂陵博物館　42

や行

幽居守静　298, 299, 304, 317, 321
妖悪禁錮　318
抑商策　296
鋈足　77, 100, 111, 112, 193, 194

ら行

乱世を継ぐときは其の道変ず　471
乱ならば則ち刑軽し　180, 222
乱邦を刑するには重典を用ふ　179, 239, 240, 267, 272
詈　330
李悝　8, 419, 421, 422, 493
律説　89, 90
略妻　107, 108, 115
陵遅処死　328, 345, 351
李陵の禍　264, 271, 272, 320, 475, 477, 484～486, 488
流、放、竄、殛　312
陵(凌)遅処死　325, 328, 329, 345, 351
礼の去る所は刑の取る所　206, 223
隷臣妾の司寇　126
隷妾数字者　69
礼は未然の前に禁じ　483
礼は庶人に下さず　258
労役刑の代替　164
牢隷臣　69, 70, 190, 358
六計　252, 268

わ行

惑衆　228, 229, 234, 244, 245

伝統中国における「孝」と仏教の〈孝〉思想

原題「前近代中国における「孝」と仏教の〈孝〉について」『東洋哲学研究所紀要』第一二号、一九九六年一二月

第三部　中国古代史の基礎的研究

『漢書』食貨志の「黄金方寸、而重一斤」について——「黄金一斤、直万銭」との関連——　未発表

中国の古尺について

原題「中国の古尺について——荻生徂徠及び関野雄氏の方法論をめぐって——」『「社会科」学研究』(愛媛大学教育学部社会科編)第一六号、一九八八年一二月

漢代の穀価

原題「漢代の穀価」『東洋哲学研究所紀要』第一号、一九八五年一二月

後漢官僚の俸給制における半銭半穀

原題「後漢官僚の俸給制における半銭半穀について」昭和六〇年度科学研究費補助金総合研究(A)研究成果報告書『中国史における中央政治と地方社会』(代表、野口鐵郎)一九八六年三月

『史記』列伝のテーマについて

原題「史記列伝のテーマについて——運命観をめぐって歴史家司馬遷の思想的立脚点を探る——」昭和六二年度愛媛大学特定研究報告書『ヨーロッパと東洋における歴史思想の比較研究』(代表、溝口競一)一九八八年三月

第二部　秦漢刑法史研究

秦漢律における不孝罪

原題「秦漢律における『不孝』罪」『東洋史研究』（東洋史研究会、京都）第五五巻第二号、一九九六年九月

漢代の不道罪

原題「漢代の「不道」罪について」『歴史における民衆と文化――酒井忠夫先生古稀祝賀記念論集――』国書刊行会、一九八二年九月

漢代の不敬罪

原題「漢代の『不敬』罪について」野口鐵郎編『中国史における乱の構図』雄山閣、一九八六年一二月

『張家山漢墓竹簡』奏讞書の和姦事件に関する法の適用――公士の贖耐について――

原題「『張家山漢墓竹簡』奏讞書の和姦事件に関する法の適用――公士の贖耐について――」『社会文化史学』第五三号、二〇一〇年三月

伝統中国における禁錮

原題「古代中国における禁錮」平成二年度科学研究費補助金総合研究（A）研究成果報告書『中国史における正当と異端（二）』（代表、安藤正士）一九九一年三月

『元典章』および『唐律疏議』に見られる伝統中国の不孝罪

原題「『元典章』及び『唐律疏議』に見られる前近代中国の「不孝」罪」『愛媛大学法文学部論集人文学科編』第二号、一九九七年二月

七年六月
第六章　秦律中の城旦舂
原題「秦律中の城旦舂について」『愛媛大学人文学会創立十五周年記念論集』（愛媛大学人文学会編）一九九一年九月
第七章　秦律および初期漢律における「刑城旦舂」
原題「秦律及び初期漢律における『刑城旦舂』について」『愛媛大学法文学部論集人文学科編』第三五号、二〇一三年九月
第八章　秦漢律における司寇と隠官――刑と身分――
原題「秦漢律における司寇について――刑と身分――」『愛媛大学法文学部論集人文学科編』第二七号、二〇〇九年九月
第九章　秦漢時代の鬼薪白粲　未発表
第一〇章「罪人有期」について
原題「初期漢律における労役刑の刑期――『罪人有期』について――」愛媛大学「資料学」研究会編『歴史の資料を読む』創風社出版、二〇一三年三月
第一一章　秦漢律における労役刑の実態――繫城旦舂の役割――
原題「秦漢律における労役刑の実態――繫城旦舂の役割――」『資料学の方法を探る（一一）』（愛媛大学「資料学」研究会編）二〇一二年三月
おわりに　未発表

初出一覧

第一部　秦漢の律と文帝の刑法改革

序　章　隷臣妾と爵の価格——秦漢律における労役刑把握の基礎——　未発表

第一章　三族刑と誹謗妖言令の除去を巡って
　原題「前漢文帝の刑法改革考」『東洋学術研究』第一七巻第五号、一九七八年九月

第二章　髡刑および完刑を巡って
　原題「文帝による肉刑除去の改革——髡刑及び完刑をめぐって——」『東洋学術研究』第一七巻第六号、一九七八年一一月

第三章　秦律における盗罪とその量刑——ことに盾・両・甲の銭額について——
　原題　同右『愛媛大学人文学会論集』（愛媛大学人文学会編）第一五号、二〇一三年一二月

第四章　秦律中の隷臣妾
　原題「秦律中の隷臣妾」『愛媛大学人文学会創立二十周年記念論集』（愛媛大学人文学会編）一九九六年一二月

第五章　隷臣妾の刑期について
　原題「秦律における隷臣妾の特質とその刑期」『古代文化』（古代学協会、京都）第四九巻第六号、一九九九